真言謊言

大公報 文匯報
修例風波社評時評精選

香港文匯出版社

守望者

所有的美好都需要呵護，因為美好總有人無視、總有人覬覦、總有人掠奪、總有人滅絕。所以，這個世界需要美好的守望者。

香港無疑是美好的。在每一個熱愛她的人心裡，她的美好縱有千般模樣，愛她卻是一樣。我們，是愛她的香港人中的一員。因為愛她，我們願意盡自己的一切力量，做她的守望者。

2019年，香港回歸祖國22周年前夕，一場醞釀已久的巨大黑色風暴，藉着修訂逃犯條例的爭議，呼嘯着侵襲我們美好的香港，衝擊法治、摧毀秩序、撕裂族群、褻瀆人性、凋敝百業……香港在泣血，港人在泣問，為什麼會這樣？到底怎麼了？我們怎麼辦？在這個突如其來的變局面前，這是時代之問，也是人心之問，更是命運之問。

既為守望者，就要不負守望者的使命。我們要用理論，努力去揭示本質；我們要用事實，努力去戳穿謊言；我們要用理性，努力去傳遞真相；我們要用道義，努力去辨明是非；我們要用仁愛，努力去護衛民本；我們要用正氣，努力去凝聚人心。

很難忘記，那一次次輾轉難眠，半夢半醒間靈光閃現，起身記下一個命題；很難忘記，那一次次同事們在燈下、飯堂交流，互相碰撞激發；很難忘記，那一次次請教智者達人，醍醐灌頂，豁然開朗；也很難忘記，那一次次字斟句酌，直到截版死線已過。

整整半年，我們就是這樣竭力做好一個守望者。我們在黑色風暴早期曾經寫下一篇社評——《功過可留給歷史評說　是非必須當下辨清》，這既是我們對當時如何應對時局的呼喊，也是我們一直對自己的期許。

這本守望者筆耕的結集，希望能和每一個愛香港的人，分享、回味、踐行我們對香港不變的愛。

《真言・靜言》編委會
2020 年 3 月

目錄

第三章　辨是非

——解讀習近平就當前香港局勢重要講話系列社評之一

第四章　護民本

第五章　聚正能

第一章

揭圖謀

市民不需要那些抹黑家園的「說客」

「尊重自己的權利和自由，還要尊重他人的權利和自由」、「不僅須考慮個人的權利，還要考慮社會其他成員的權利，以至整個社會的利益」，終審法院首席法官馬道立近日獲頒港大名譽博士發言時，講明了一條淺顯的倫理，引發眾多共鳴。

還有一個淺顯的道理，也已成為世人共識，那就是「眾人拾柴火焰高」「上下同欲者勝」。倘若共有一個家園，同在一條船上，不是相互尊重、守護和鼓勵，而是澆冷水、撤梯子甚或挾洋自重、引狼入室，這樣的「同胞」你會怎麼看？

連月來，陳方安生、李柱銘、郭榮鏗等反對派政客，與美國國家安全機構「密會」、跟反華政客與組織「座談」；要求美國當局「制裁」香港、乞求「支持」反對派組織；揚言排除中央對港管治權、叫囂香港「自決」權。近日，陳方安生又密謀五月去德國，李柱銘等人也將在本月「組團」到美加。「爭取民主」的口號、「維護自由」的標語，一臉受壓迫的可憐、滿嘴煽動性的謊言，為了自己的政治野心，這些號稱代表「香港市民」的人在上演怎樣的滑稽劇？

市民看得見，他們接二連三跑到國外，抹黑特區政府、攻擊中央政府，不遺餘力地唱衰香港；市民有憂慮，他們將顛倒了的事實、扭曲後的真相處心積慮地推至他國反華政客面前，堆高其破壞香港發展環境的「彈藥」；市民會發現，他們不是與港人志同道合的人，而是可恥地與外國反華亂港勢力「行埋一齊」。他們是市民「最熟悉的陌生人」，他們與民意背道而馳。

香港能有今天的繁榮穩定，靠的是什麼？靠的是「一國兩制」的制度保障，是港人的勤勞與智慧，是國家的大力支持。繁榮穩定絕非必然，安居樂業需要基礎。當來自於內部的破壞力量，勾結外來的政治勢力，最終將會怎樣？凡有美國

政治介入的地區，結局又將如何？

拆港人台反對派要幹什麼

　　不論是上月底陳方安生、郭榮鏗等人去美國「告洋狀」，還是羅冠聰、涂謹申等人去年底的美國「密會之旅」，也不論是接受美國哪個組織邀請、到了美國哪個城市接受哪些人的款待，反對派跑到美國有一點是永遠不會改變的：「唱衰」香港。抹黑「『一國兩制』徹底失敗」、攻擊「中央干預香港」、「香港人權自由倒退」……，等等。

　　而相較於這些口號式言論，反對派「唱衰」香港、抹黑香港的行為，在近期進一步升級，他們不再滿足於簡單的立場表達，而是採取了實際的政治行動，站在美國人的立場上，赤裸裸地要挾香港市民「就範」。

　　2014年4月5日，也即非法「佔中」爆發前的五個月，陳方安生在與時任美國副總統拜登會面時，主動要求對方介入香港的政制發展；2019年3月23日，陳方安生與同樣是副總統的彭斯會面，又一次主動要求美國介入香港、「關注香港人權自由」，並建議以「取消香港單獨關稅區」為手段，逼迫特區政府推行他們所要的政策；同一次「美國之旅」，郭榮鏗等人在與美國眾議院院長佩洛西會面時，公然要求對方介入香港事務，阻止《逃犯條例》的修訂；而李柱銘、李卓人等人在預告下月去美國時，同樣揚言，會要求美國當局改變對香港的政策，包括「制裁」特區官員。

　　取消單獨關稅區、阻止《逃犯條例》的修訂、改變對香港的公平政策……所有這些將嚴重削弱香港經濟金融發展、嚴重影響香港司法獨立、破壞香港社會穩定發展的所謂「建議」，不是出自美國國會議員與反華政客之口，也不是出自美國安全部門的政策文件之內，而是出自於香港特區立法會議員與前政府高官之口，豈能不讓人憤怒？

環顧世界上任何一個地區，有誰敢如此狂妄地拿本國民眾的切身利益為威脅對象？又有誰敢如此囂張地要求外國政府「制裁」本國居民？反對派不僅是在「抹黑」香港，也不只是簡單的「唱衰」，而是在拆港人的台、倒港人的米，用一位商界人士的話：「是阻港人『搵食』、阻市民『發達』」！

陳方安生上周在總結其美國之行時有這麼一番話：「《香港政策法》是基於美國認同『一國兩制』在香港全面貫徹、落實，才給予香港優惠待遇，一旦覺得『一國兩制』是受到削弱，人權、自由、法治是繼續有衝擊，美國可能重新考慮。」她建議稱，「特首和政府官員需親自到訪各國，釋除國際對香港狀況的疑慮，解釋一下香港目前還是不是全面貫徹『一國兩制』，究竟是中央管治香港、還是特區政府管治香港？」

這番話說出來，毫無半點香港人的味道。在他們眼中，香港市民有沒有發展機會、能否有更好的發展環境，通通都不重要，重要的是美國人「滿不滿意」、美國當局「同不同意」。這何異於站在美國當局的立場、代美國政客去威脅、恐嚇、勒索港人？

陳方安生還曾在國旗、區旗之下宣誓「效忠」香港特區，郭榮鏗等人更是現任中華人民共和國香港特區的立法會議員，如今竟是如此無視港人利益、無視市民福祉，豈能不令港人心寒？

打香港牌美國人豈能安好心？

正如論者所言，香港有反對派，外國也有反對派，但是人家的反對派，是忠誠反對派（Loyal Opposition）。不論他們多麼不滿意現政權的表現，他們都是忠於自己的國家，絕對不會勾結外國勢力，做出損害本國利益的事。而今陳方安生們又一次突破了底線。

反對派之所以有機會「外訪」，之所以能見到尊貴的美國副總統與議長，之

所以能獲得所謂的「高規格」款待，並非他們本身有多麼能耐，也非他們能說會道，更非他們能代表香港市民，根本原因在於，他們是美國當局一枚可用的政治「棋子」。

2月27日，美國駐港澳總領事唐偉康在以「香港在印太經濟的角色」為題的演講中，直白地透露了美國的意圖：在美國遏制中國的戰略中，印太戰略佔有重要地位，而香港則是可以用來打的一張牌。在「美國優先」的大招牌下，美國當局如此不惜工本地扶植這批反對派，會安什麼好心？香港反對派與美國當局走得如此近，又能談出什麼結果來？

國際政治的一條常識在於，美國不會做賠本的買賣。美國的任何政策，尤其是涉及他國外交與內政的，必然伴隨着美國利益最大化的考慮。近半世紀的歷史提供了無數的例子。但凡有美國介入的地區，不論是政治還是軍事，都伴隨着「政權的顛覆」與「人民的流離失所」。在南美洲的智利、尼加拉瓜、多米尼加、巴拿馬，美國當局要麼扶植親美政權，要麼推翻反美政權；在中東，美國要麼直接軍事入侵，要麼建立傀儡政權。「阿拉伯之春」、「茉莉花革命」、「顏色革命」等等，一個個國家的倒下，無不與美國密切相關。

就在不久之前，委內瑞拉再次出現美國顛覆政權的陰影。美國媒體就曾報道，在反對派領袖瓜伊多宣布成為「臨時總統」之前，美國與他進行了密切接觸，彭斯與他至少通話兩次。在第二次通話中，彭斯向瓜伊多保證：「我們為你祈禱，美國與你同在。我們欣賞你的勇敢。」令人唏噓的是，一方面，美國肆無忌憚地干涉委內瑞拉內政；另一方面，卻不停地指責俄羅斯干預2016年大選。雙重標準之下究竟是什麼，不言自明。

美國人真會關心委內瑞拉的民主與人權？彭斯真的「欣賞」反對派的「勇敢」？美國真的「與你同在」？所有這些，不過是干預內政的說詞、顛覆政權的抓手。美國人如此關心香港的「民主進程」、「自由權利」與「法治建設」，其

根本目的，是要複製在其他地區成功顛覆政權與製造政治混亂的經驗，將香港打造成反制中國、限制中國發展、圍堵中國崛起的「橋頭堡」。

此次反對派是受美國國家安全委員會的「邀請」，會見到最高級別的官員是彭斯。前者是美國戰略部門，是顛覆他國政權的「中樞大腦」；後者是長期的反華政客，支持「台獨」與「藏獨」。反對派的陳方安生、郭榮鏗等人與他們能談出什麼「好事」來？香港的繁榮與穩定、市民的整體利益與發展前途，又豈會是他們關心的內容？

可笑的是，陳安方生之流竟以為自己是「旗手」。剝掉他們代表「民意」的虛偽外衣，人們只會看到他們在「與魔鬼交易」中的可鄙嘴臉。他們自視「民主自由」的「旗手」，卻在香港喪失憑靠後，出賣了靈魂，擁抱了深淵，甘心與謊言和陰謀共舞。

心懷野心政客得利港人埋單

陳方安生之流不會不知道美國打「香港牌」會危及國家主權安全、會危及香港的根本福祉，更不會不知道若將市民利益拱手相讓，會對香港造成多大的破壞。但他們仍然如此，更不惜扮演美國政治代理人的角色，替美國「制裁」香港、對抗中國搖旗吶喊，原因何在？

答案是政治野心。

陳方安生以「香港良心」自居，郭榮鏗以「法律鬥士」自詡，而羅冠聰、黃之鋒等人更以「年輕人代表」面目示眾。他們要麼想延續自己的影響力、要麼想做反對派的「造王者」、要麼想成為新的反對派大佬。美國政客正是利用他們各自的「慾望」和「弱點」，下達命令、鼓動對抗、煽動對立。

電影《無間道》有這麼一句經典對白：「一將功成萬骨枯」。反對派的所作所為，正欲以香港市民的「枯骨」，去換取自己的「功成」。其言其行，是對港

人的背叛、對市民利益的出賣。他們成功之時，也即「單獨關稅區」被取消之日；他們慶祝之日，也即「香港政策法」制裁香港之時。郭榮鏗三度「訪美」，完全成了美國利益的捍衛者，還好意思自稱「替港人發聲」；陳方安生完全坐在了外國勢力一邊，還好意思自詡「香港良心」。無怪乎網民們斥責：「陳方安生不安生」、「郭榮鏗做美國大亨」！

香港早已是中華人民共和國直轄下的特別行政區，是在中央人民政府管理下享有高度自治權的地方政體。那些挾洋自重的反對派，總是不肯面對這一最基本的現實，還迷戀過去的一套，幻想把香港作為西方殖民地或者「飛地」。所幸，香港社會日益成熟，反對派這些表演，除了招來人們同仇敵愾的反感，沒能掀起多少波瀾。因為但凡有理性的人都知道，古往今來，凡與外部勢力勾結苟合的，都沒安什麼好心腸，也不會有什麼好下場。

接下來，反對派或可繼續「外訪」、或可繼續向外國政要「告洋狀」，但要再想欺騙市民已無可能。那些不請自去的「說客」，已經露出了騙子、混子和棋子的本相，他們的家園在他方，他們和市民不在一條船上，「歸去不來」才是他們最好的歸宿。

2019年4月10日　大公報　龔之平文章

美委會「報告」無中生有干預修例

美國國會轄下「美中經濟與安全審議委員會」前天發表有關香港特區政府修訂移交逃犯條例的「研究報告」，指修例一旦通過，將會擴大北京當局的權力，削弱香港的高度自治，也會對在港美國公民、公司及訪港美國軍艦官兵構成重大風險，云云。

美中經濟與安全委會（簡稱USCC）不是一般民間組織，在美國朝野都具有一定的影響力，其研究結果本該引起相關方面的足夠重視；然而對該委會前天發表的這份研究報告，卻只能使人感到震驚和憤慨，震驚的是作為一個權威機構竟會公開發表理據如此粗疏和薄弱的報告，而憤慨的則是，該委會到底憑什麼可以對中國香港特區的司法和法律內部事務如此粗暴地指手畫腳、說三道四？難道香港是美國星條旗下的一個州？難道特朗普可以下令在香港和內地之間築起一道圍牆就像美墨邊境那樣？

事實是，正如特區政府昨日在回應中所指出：移交逃犯一直是打擊嚴重罪案和避免罪犯在其他地方躲避以免受法律制裁的國際做法，香港特區的移交逃犯制度參考了聯合國制定的指引和範本，已與二十個司法管轄區，包括美國，簽訂了移交逃犯長期協定。

「報告」聲稱，「關注」在港八萬五千名美國公民、一千五百家美國公司以及靠岸美艦官兵的安全風險，擔心他們會被移交到「法律制度薄弱」和「實施政治檢控」的中國內地。但特區政府修訂的是個案移交條款，並不適用於已經簽訂的二十份長期移交協定，所有這二十份協定將繼續禁止將任何逃犯從香港轉移到另一個司法管轄區。

而且，就是政府建議修訂的移交個案，也白紙黑字寫明，移交必須符合兩地同屬犯罪原則、死刑不移交、不能移交至第三方、一罪不能兩審、政治罪行不移

交、可申請人身保護令，以及有上訴及司法覆核的權利等。

對此，美中經濟及安全委會表示「憂慮」和「關注」，到底是出於對情況眞的不了解，還是「揣着明白裝糊塗」，以至說出訪港美國軍艦官兵會被「移交」到內地這樣天大的謊言和笑話。

至於說在港八萬五千名美國公民和一千五百家美國公司的「安全」，美委會是否假設他們都已經觸犯中國法律，都已經是逃犯，因此才需要擔心被移交？難道香港和內地司法部門「得閒過頭」、無事找事嗎？

其實，美中經濟及安全委會發表的這份所謂研究報告，名副其實是廣東俗話中的「旗杆燈籠一照遠唔照近」，別國公民被無辜扣押並強迫第三國將之引渡移交的事例，的確有在太陽底下發生，不過這個「法霸」不是別人，正是美國自己，中國「華爲」公司的孟晚舟女士就是受害人。

該委會這份報告之所以如此盲目，除了「山姆大叔」一貫的狂妄自大外，香港反對派、包括連日正在加拿大進讒的李柱銘、李卓人等人，就是「賣港求榮」的罪人。

2019年5月9日　大公報社評

權力迷藥「上腦」　讓「胡志偉們」失心瘋

　　世事如棋，總有讓人始料不及的變幻，卻也必有邏輯可循。

　　一向標榜溫和理性的民主黨主席胡志偉，在反修訂《逃犯條例》中如「爛仔上身」，表現之激進無賴令不少人瞠目結舌。日前本欄專文剖析，指民主黨等「溫和民主派」在反修例中進一步撕破溫和外衣，志在討好激進選民，撈取選票。為尋事實底蘊，自明專門搵一位已經離開權力核心、處於半退休狀態的「泛民」前輩出來摸下酒杯底，向他討教求證。三杯過後，前輩吐真言：「話胡志偉變『爛仔偉』，溫和民主派變激進派，為博選票，那是無錯；再進一步講，還是權力慾作怪。這個權力慾，既是議員的權位，也包括他們在黨內的地位。」

　　前輩話，胡志偉師承司徒華，曾被指是「左膠」，2012年接替退下火線的李華明，當選九龍東立法會議員，因受司徒華影響甚深，向來走有底線抗爭的中間路線。然而，華叔走後，民主黨人才凋零，張文光、李華明等溫和派主持大局時，已遭到范國威之流的激進派挑戰，最後范國威拉隊走人，自立門戶，搶走了民主黨不少骨幹和選票。張文光、李華明退居二線，民主黨更加「蜀中無大將」，2016年12月民主黨改選領導層，胡志偉即使各方面表現都平庸無奇，但始終代表黨內主流，而且當時青黃不接，在無競爭下，他接替劉慧卿出任民主黨主席。

　　近年，林卓廷、許智峯等激進少壯派已經羽翼豐滿，雖然黨內有不少大佬不認同、不主張民主黨走激進路線，但少壯派越來越風勁氣盛，而且得到「泛民金主」黎智英的加持。2016年立法會選舉前夕，許智峯、鄺俊宇、林卓廷曾到黎智英家中「面聖」，選舉期間，鄺俊宇、許智峯更到黎智英家中進行直播拉票。少壯派有「金主」撐腰，胡志偉越來越駕馭不了他們。許智峯搶手機事件，民主黨處理方式高高舉起、輕輕放下，最後不了了之，背後的原因正在於此。

　　前輩點破，此次反修例，被「泛民」陣營視為「翻身仗」，各黨各派都要全力以赴，不論用什麼手段，都要「拉死」修例，胡志偉能否保住黨主席的寶座，此次也是「考牌」之作，他必須要用搶眼表現，向黨內少壯派和「泛民金主」交代。所以，大家看到一個激過「長毛」、威過范國威的「爛仔偉」，也就不足為怪了。

　　拆過黨內權力格局，再看政壇大勢。今年是區選年、明年是立法會選舉，選舉自然與選票、議席息息相關。而擁有選票、議席，不僅有豐厚的收入，更重要的是，在黨內外、政壇上有話事權，可以吸引媒體關注，政治前途光明。前輩指，經過「佔中」、「旺暴」之後，激進選民確有所催生，本來寂寂無聞的梁天琦、梁頌恆、游蕙禎等等激進分子迅速上位，不僅民主黨的少壯派眼紅、早已仿效，連胡志偉等所謂溫和派亦見獵心喜，如今梁天琦、梁頌恆、游蕙禎已被邊緣化，胡志偉等溫和派要取而代之，什麼「和理非非」自然置諸腦後，吸取激進選民票、爭奪議席大過天，不惜賭一鋪，搞一場史無前例的暴力騷。

　　前輩拆解局面，雖非全豹，卻也應是部分真相。

　　有人說「權力是迷人的東西」。但無數的歷史早已告訴世人，從政者用權為公為民，行為就會煥發高尚光芒，得到民眾的喝彩和支持；用權為私為己，行為必然乖張醜陋，就會像食迷幻藥上癮，「失心瘋」頻發。今次反修訂《逃犯條例》中，民主黨、胡志偉等政黨政客的激進卑劣言行，其中一個原因，正是權力迷幻藥「上腦」。

2019年5月17日　文匯報　李自明文章

余若薇惡意篡改　反對派居心惡毒

誠實，是對從政者最基本的要求。但對於公民黨前主席余若薇而言，大概最缺的就是誠實的品德。為求阻撓《逃犯條例》修訂，她不惜惡意篡改《大公報》對「權威人士」的訪問內容，無中生有，斷章取義，意圖散播政治恐慌。這種醜陋的政客伎倆，須予以強烈的譴責。

《逃犯條例》修訂，不同政黨有不同意見，這本十分正常。但只要基於事實，理性討論，再大的分歧也完全可以在對話協商中化解。然而，過去三個月來，公眾看到的並不是基於事實的辯論，而是反對派暴力與謊言的集中爆發。如果說立法會內的暴力還只是「偶一為之」的話，那麼充斥於反對派陣營的謊言，則已到了無日無之的地步。

《大公報》上周刊登了對「權威人士」的專訪，全面解讀中央領導人對《逃犯條例》修訂講話的內涵精神。這一專訪，澄清了許多坊間的誤會，也駁斥了許多別有用心者的錯誤觀點，對推動香港社會理性討論，起到了極其重要的作用。但余若薇卻在社交網絡上故意混淆視聽，一方面列出「四種引渡情況」，另一方面加上評論：「都話逃犯條例犀利過23條／危害國家安全罪行移交內地審」。

顛倒黑白，莫此為甚！專訪所列出的四種情況，清楚地引述了「權威人士」所說的「如果香港法律也認為是犯罪的，一般由香港司法機關適用香港法律處理。」這就是坊間所理解的「港人港罪港審」，根本不是余氏所聲稱的「危害國家安全罪行移交內地審」，也更不可能關係到23條立法。

連中學生都可輕易理解的表述，余若薇焉能不懂？更何況，她並不是普通政客，而是公民黨的創黨黨魁、資深大律師，更擔任過十多年的立法會議員。一個如此資深的政客，仍然要如此斷章取義，意圖何在？

事實上，過去三個月來，在美國等外國勢力的指示之下，反對派對《逃犯條

例》修訂進行了有組織、有策略的妖魔化、污名化操作。不僅是對《大公報》訪問的篡改，再早之前，反對派已經全面開動了文宣機器，各類歪曲言論層出不窮。余若薇本人，早前還散播了諸如「只要羅織商業／性罪行，可濫捕政治異見人士」、「黃台仰在德國接受政治庇護／香港不能再說沒有政治犯」等荒謬論調，其根本意圖，是要營造新的政治白色恐怖氣氛、製造人人自危的社會氛圍，以複製當年反二十三條立法的政治效果。

　　連向來自詡「有質素」的余若薇尚且如此，那麼早前民主黨胡志偉的暴力表現，也就不難理解了。乃至於，「林榮基逃港」、「黃台仰露面」、「集體外交照會」等等一齣齣政治醜劇的上演，也完全是「順理成章」之事。然而，如果反對派以為靠這種謊言就可以得到公眾支持的話，無異於對市民智慧的侮辱。余若薇的這一醜陋表演，實際上是剝下了反對派的虛偽外皮。

2019年5月27日　大公報社評

白皮書爆磋商破裂真相
港人更要團結愛國反對賣港

國務院新聞辦公室昨日發布《關於中美經貿磋商的中方立場》白皮書。

中美貿易戰自開展以來，美方惡言不斷，中方很少出聲，昨天發表的這份白皮書，終於以鮮明的立場和大量的事實，有力指出了美國特朗普政府的單邊主義和霸凌心態就是造成中美之間無法達成協議的眞正和唯一原因，令人看後不僅對事實眞相增加了解，更對美方一再出爾反爾、三番言而無信的惡行感到極大憤慨，支持自己國家以有力的回應堅決維護國家尊嚴、利益和底線。

白皮書全長八千多字，文中沒有政治口號、更沒有惡意謾罵和攻擊，而是以大量無可辯駁的事實，重現了自二〇一八年初至今中美貿易談判的全過程，內容和觀點均令人信服，撰寫具有高超水平。

白皮書內容分爲三個部分，包括：（一）美國挑起對華經貿摩擦損害兩國和全球利益、（二）美國在中美經貿磋商中出爾反爾不講誠信、（三）中國始終堅持平等互利誠信的磋商立場，此外還有前言和結語。從白皮書行文結構可以看到，儘管中國在這場貿易戰中面對巨大困難和損失，但中國不是爲金錢利潤而打、更不是爲自身利益而戰，而是爲維護包括美國在內的各國經濟共同利益和全球產業鏈合理結構而反對貿易保護主義和單邊主義，這種不惜自己吃虧受壓也要頂住霸凌強權的心胸和承擔令人佩服。

而三部分內容中，又以第二部分即揭露美國三次出爾反爾的過程最爲精彩和翔實，也令人恍然大悟。這裏面提到，雙方第一次磋商於二〇一八年二月初開始，中方展示極大誠意，數次會後已就中國擴大美國農產品及能源產品進口達成初步共識，磋商取得重要進展。但事隔一個多月，美國就於三月二十二日拋出所

謂對華「三〇一調查報告」，指中國「盜竊知識產權」、「強制轉移技術」，宣布對價值五百億美元的中國進口商品加徵百分之二十五的關稅。

之後雙方再有接觸、繼續磋商，並於五月十九日發表了「聯合聲明」，雙方達成了「不打貿易戰」的共識，美國政府公開表示暫停對中國貨加徵關稅的計劃。但言猶在耳、墨瀋未乾，距「聲明」發表僅十天，美國即單方面推翻協議，宣布繼續對中國貨加徵關稅。

再後，美國總統特朗普與國家主席習近平在 G20 峰會會晤，雙方同意停止互徵新關稅，其後再經多輪磋商，已就大部分問題達成一致，但美國得寸進尺，堅持要在協議中寫入涉及中國主權的強制性條款，以至協議無法完成，而美國更「倒打一耙」，反指中國立場「倒退」，把磋商受挫的責任全推給中國，並宣布向二千億美元中國商品加徵百分之二十五的關稅。

事實擺在眼前，一再言而無信、三番出爾反爾的是美國而不是中國。而面對美國特朗普政府的霸凌主義和極限施壓，中國政府堅決維護國家主權、尊嚴和權益。白皮書指出：中國始終堅持平等互利、相互尊重精神，本着善意和誠信，希望通過磋商解決問題，以貿易戰相威脅、不斷加徵關稅的做法無益，也無助於問題的解決。磋商必須尊重對方的社會制度、經濟體制、發展道路和權利，不能以犧牲一方的發展權為代價，更不能損害一國的主權，中國在原則問題上決不讓步，談，大門敞開；打，奉陪到底。任何挑戰都擋不住中國前進的發展步伐，中國將繼續深化改革開放，迎難而上、化危為機，堅持做好自己的事情，壯大自己、開拓新天。

事實是，通過仔細閱讀這樣一份有理據、有觀點、有事實的白皮書，相信任何一位能客觀公正看問題的香港市民都會同意，國家在中美貿易戰問題上採取的立場和對策，都是符合國家人民利益，都是正確的，都是令中國人可以抬得起頭來而不是「低三下四」、委曲求全，而對一直以來把民主、自由和平等掛在嘴邊

的美國形象則「大開眼界」。

美國特朗普恃勢橫行醜態「日日新鮮」，包括近日出訪日本在橫須賀美軍基地要求用黑布遮蓋「政敵」「麥凱恩號」驅逐艦的名字，指負責「通俄門」調查報告的特別檢察官米勒是因爲當不上聯邦調查局長才說不能證明總統清白，都是跡近「癲佬」才說得出的話。

一場貿易戰，打不倒中國，一份白皮書，更令香港人進一步明白到「國家好、香港好」的根本道理。眼前，香港反對派李柱銘、涂謹申爲抗中亂港阻撓修改移交條例，「拉大旗作虎皮」，竟乞求美國政府取消香港的獨立關稅地位，不僅損害港人利益，更爲特朗普的威脅中國、遏制中國、損害中國「送柴添火」。現代「八國聯軍」不可懼，港版「吳三桂」更無恥，在事實面前，港人一定會提高認識、加強團結，支持國家在中美貿易戰中的原則立場，支持特區政府依法施政，反對一切損港害國的錯誤言行。

2019年6月3日　大公報社評

一場由美國主導的「反修例遊行」

　　由於外國勢力的介入，反對派的反對《逃犯條例》修訂的勢頭，已經超過了2003年反對《基本法》第二十三條立法。電子傳媒包括香港電台、社交群組、反對派的地區樁腳都動員起來；反對派更加出動旅遊巴士，從新界地區接載長者和婦女參加遊行；學校的黃絲帶教師和「學生動源」也全力煽動學生上街。各區的燈柱、電話亭、集體運輸車站外面，都張貼了煽動上街的標語。參加遊行的人，很多人都沒有睇過《逃犯條例》的條文，而是表示：「如果不出來遊行，今後將沒有集會和言論的自由」「外國人轉搭飛機經過香港，也可能被引導到內地審訊」云云，說明了外國勢力和反對派不斷運用恐嚇手段，蒙騙公眾。

反修例是非法「佔中」翻版

　　香港的反對派出盡九牛二虎之力，反對《逃犯條例》修訂具有內外勾結的背景，他們跑到美國和國務卿蓬佩奧、眾議員麥高文、參議員魯比奧等反華分子會面，共商怎樣向特區政府施加壓力，用各種威嚇措施企圖阻止香港修例，從而打擊和癱瘓特區政府的管治，重振反對派聲威，增加奪權能力。他們企圖製造一種局面：美國才是香港政治發展的「大波士」，攀附美國勢力的政黨才可以擴大聲勢。根據網上的反對派言論，他們提出議會內外互相配合，要武力鬥爭，大搞激進行動，這樣才可動員更多年輕人；更有人提出「違法達義」，必要時可以使用暴力；有些人則認為要在香港搞一場「太陽花運動」，最後運用佔領的方式阻撓立法。「民陣」更呼籲遊行人士在遊行結束後留下來參與「包圍立法會」的演習。

　　公眾可以看到反對派歪曲修例防止跨境犯罪的本質，提出了把「反對《逃犯條例》修訂」，當成了「反對二十三條立法的前哨戰」，號召要「晒冷」。這說明了反修例的街頭行動，很可能按照2014年非法「佔中」的模式發展，其最突出

的特徵是以民主黨為首的反對派政黨政團，聯同教協、「學生動源」等組織，大力組織和煽動學生參加昨日的遊行，並預早散播了激進行動的言論，堆放了乾柴烈火，讓青年學生頭腦發熱，充當反對派的炮灰。可以說，反修例是非法「佔中」的翻版，也是進行奪權的試探。

所不同的是，非法「佔中」時美國人躲在後面，透過黎智英、鄭宇碩、戴耀

■修例風波中，黑衣人常打着美國旗。

廷，聯繫台灣民進黨培訓香港的激進青年領袖，但今天美國已明火執仗站到台前。魯比奧提出了要培養黃之鋒和「港獨」青年人反對中國。2018年2月1日，美國國會及行政當局中國委員會（CECC）共同主席麥高文與有份聯署反修例的主席魯比奧、委員史密斯，提名黃之鋒、羅冠聰、周永康及非法「佔中」角逐當年的諾貝爾和平獎，最終沒有得逞；麥高文等人於去年12月7日把自己操控的

「蘭托斯人權獎」頒給黃之鋒。「賣港派」今年三月至五月，馬不停蹄組織美加團「告洋狀」反對修例；五月，李柱銘、李卓人、羅冠聰等人與蓬佩奧會面，為美國製造干擾香港事務的機會，威嚇特區政府有關制裁會進一步升級。

麥高文在其主持的美國國會聽證會做大騷，「妖魔化」修例，同台演出的魯比奧則以撤銷「美國—香港關係法」及美、港貿易談判等威嚇香港特區政府。

引外力干預賣國禍港

反對派和美國勢力的聯合行動，使得反修例變成美國對華貿易戰的籌碼，並且高壓干預香港高度自治。事件已經變了性質，牽涉到國家主權、安全、發展利益的重大問題。中國絕對不允許內部的反對派夥同外國勢力挑戰《基本法》，破壞和癱瘓香港特區政府的管治，一定要從美國的干涉內政鬥爭到底。

正如社會輿論所指出，反對派邀請美國干預香港內政，充當了現代吳三桂，他們變成了破壞了香港高度自治的罪人，還提出帶有域外法權的所謂「港人港審」，更加不可能得逞。他們的目的是把香港變成「獨立政治實體」，這邪惡目的是違反《基本法》的。

現在反對派和美國官員大談「在中央的干預下，特區高度自治的權力縮小了，一定要爭取人權和自由」，只不過是推動香港「變相獨立」的代名詞。問題的實質很清楚，《基本法》第九十五條規定，特區政府有權制定適當的法例，防止跨國犯罪，維護香港的社會安寧和經商環境。

因此，指責中央收縮了香港的權力和自由都是偽命題。現在反對派是舉起《基本法》賊喊捉賊，他們的行為一定要受到法律的制裁。香港立法會通過《逃犯條例》修訂，並不會受到外國威脅而改變。受到蒙騙參與遊行的某些群眾，將來一定會清楚《逃犯條例》對他們的人權和自由，根本就沒有影響。

2019年6月10日　大公報　陳光南文章

不問是非偏袒暴徒 「泛民」爛仔上身

昨日午夜，一群蒙面黑衣暴徒持械衝擊立法會，打傷多名警察和一名記者，暴力行徑人神共憤，法理難容。然而，「泛民」卻對嚴重暴力異常「溫柔」，聲稱他們的行為可以「理解」，引來一片噓聲。有警界老友質疑說：「暴徒行為令人髮指，罪行證據確鑿，卻有『泛民』議員站在暴徒立場指責政府，不免令人生疑，這些議員與暴徒根本是裡應外合搞事。」

對於昨日的暴力行動，民陣召集人岑子杰卻將矛頭對準特首，稱林鄭在遊行結束一小時發聲明，顯然是挑釁市民，言下之意是暴徒受到政府「挑釁」才施暴的。他還假惺惺地流下幾滴眼淚，稱明白年輕一代有多難受和無力，大眾不應問暴力升級策略是否合適，反而應該問政府為何如此殘忍，迫使年輕人選擇犧牲，落得頭破血流的田地。24名民主派立法會議員還向林鄭發聯署信，批評林鄭蔑視民意，對遊行視而不見，還稱林鄭漠視民意，比以往任何一位特首更甚，是觸發激烈抗爭、巨大民憤和社會不穩的罪魁禍首，故理解有示威者在知悉特區政府的聲明後，採取較激烈的抗爭行動。民主黨和工黨還號召支持者罷工、罷市、罷課、拒絕交稅等方式，以自己的方式癱瘓政府。朱凱廸甚至還號召支持者將矛頭對準建制派的地區組織。

民主派的這些言論，讓自明也不得不懷疑這些「泛民精英」已經陷入嚴重的邏輯混亂。試想一下，如果特區政府不發表聲明，反對派是否就滿足了呢？肯定不會。相反，如果政府不聞不問，反對派肯定會給政府貼上「漠視民意」的標籤。特區政府在遊行結束一小時就發表聲明，難道不是關心民意、傾聽民意的表現嗎？怎麼卻被批評成「蔑視民意，對遊行視而不見」呢？「對『泛民』的邏輯，真是只有『嘿嘿嘿』了。」老友搖頭嘆息說。

特區政府在遊行結束一小時後發表的聲明以及林鄭昨天會見記者時說的，都

反覆表示認同並尊重市民對廣泛議題有不同的意見，遊行是香港市民在基本法和《香港人權法案條例》保障下行使言論自由的一個例子，政府會繼續接觸各方及聆聽，透過冷靜和理性的討論，釋除疑慮和誤解。政府也再次就《逃犯條例》的修訂和修改作了解釋。老友說：「真想當面質問岑子杰，他是真的聽不懂還是假裝聽不懂，究竟聲明裡哪一句是在挑釁市民？」

俗話說，你永遠喚不醒裝睡的人。政府在過去4個月，三番五次苦口婆心地就修訂《逃犯條例》作解釋工作，並順從民意，對條例做了兩次修訂，但無論政府如何努力，反對派就是充耳不聞，頑固地堅持自己的立場，為了反對而反對，其實質就是要故意搞亂香港，癱瘓政府，借製造對立，為今明兩年的區議會和立法會選舉造勢。

自明早前在本欄剖析過，指民主黨等「溫和民主派」近期逐步撕破溫和外衣，志在討好激進選民，撈取選票，因此個個有如「爛仔上身」。4年前，「泛民」議員也是反對暴力的，當年多名民主派議員舉行「守護香港，莫忘初衷」聯合記者會，對示威者對老弱婦孺作出欺凌行為及對無辜市民作出謾罵深表遺憾。3年前，民主黨和公民黨在旺角騷亂發生後，也譴責暴力行為。可如今，勢隨時移，民主派不但沒有譴責暴力，還與暴徒沆瀣一氣同流合污。

不過，老友說話一語中的：「我還真不信，包庇爛仔、『爛仔上身』就可以爭到選票！」

2019年6月11日　文匯報　李自明文章

謊言難掩事實　反對派誠信破產

上周日上演的反修例遊行，反對派聲稱人數超過一百萬。但不論是警方的數字還是獨立學者的統計，都在顯示遊行數字遭到嚴重誇大，真實數字僅及其號稱的五分之一。一夜之間瘋狂「發水」八十萬，這究竟要怎樣的「膽量」才能做得出？面對基本的客觀事實，卻還能堂而皇之地造假，這又需要怎樣的「勇氣」才能下得了手？

事實上，瘋狂誇大遊行人數，還只是這次修例反對派大量謊言的冰山一角。從一開始對條例的歪曲與抹黑，到近期的赤裸裸的捏造與造謠。民陣、公民黨、民主黨等反對派各類組織，以五花八門的「懶人包」等文宣的手段，對《逃犯條例》的修訂進行全方位攻擊。要麼是攻擊內地司法環境散播政治謠言，要麼是歪曲移交理由製造政治恐慌。各類荒誕的反修例理由，在政治化妝術的包裝之下，不斷誤導着社會公眾，一時間謠言滿天飛，嚴重影響香港社會對《逃犯條例》修訂的理性討論空間。

然而，如果連最基本的遊行人數都能如此瘋狂造假，如果連白紙黑字的修訂條文都能如此「生安白造」，反對派還有什麼道德可言？事實一再說明，反對派的誠信已經徹底破產。市民要保持清醒，辨清真偽，切勿人云亦云，應共同努力支持修例如期通過。

遊行報大數編造民意假象

6月9日的遊行，民陣對外宣稱有103萬人參加。但數字一經公布便遭到公眾的強烈質疑。103萬是什麼概念？根據雷鼎鳴教授的科學計算，這意味着從遊行出發點到終點的一段距離，每平方米要容納多達22人，這符合常識嗎？更諷刺之處在於，民陣可以「精確」地算出百萬之後的3萬，卻不願公開統計的數據和方

式，這正常嗎？面對公衆的強烈質疑，自始至終，民陣沒有任何人對此作出過回應。市民無法不質疑的是，如果能將百萬之衆的數據「精確」到3萬，想必會有一套極其科學的演算法，但卻不敢向公衆交代，到底是害怕「統計秘方」被泄露，還是憂慮謊言被揭穿？

事實上，誇大遊行人數，已經是反對派的慣用手段。2004年民陣聲稱53萬人遊行，警方的數據爲20萬；2013年民陣數字高達43萬，但警方的數字僅6.6萬，民陣的數字是警方數字的6.5倍。上月底的反修例遊行，民陣號稱有13萬，但警方只算出22800人，兩者也相差5倍之多！13萬、43萬、53萬，和這次的103萬，每一次遊行都能驚人地出現「3」這個數字，民陣總能在數萬、數十萬乃至上百萬的遊行人數中，精確地找到「3」。這到底是「科學的巧合」，還是「人手的整合」？

其實，只要是一個普通、有正常辨別能力的人，都可以看到當中荒謬之處。明明可以按科學方法去計算，卻偏偏要用政治需求來決定人數多寡；明明可以理性回應質疑，卻偏偏要用誇張失實的數據去愚弄大衆。正如反對派「御用民調師」鍾庭耀當年所坦言：「從主辦機構，甚至是普羅市民的角度，充滿水分的遊行集會人數，可能已經見怪不怪，變成常理。如果突然變得科學，某次公布的人數突然減少，可能破壞了多年來以習非成是建立起來的感覺。」顯而易見的是，反對派已經習慣了造假、習慣了誇大，已經徹底喪失了對客觀事實的最基本的尊重。

抹黑內地法治散播政治謠言

一方面是對遊行人數的瘋狂造假，另一方面則是無孔不入地散播謠言。過去一段時間以來，尤其是近兩星期以來，反對派通過各種手段，捏造了大量毫無根據的荒誕反修例理由，尤其是針對內地司法環境，進行了極端的抹黑。見諸於反對派媒體及社交平台上，一些根本無關《逃犯條例》的內容，也都直接與內地司

法制度拉扯上關係。什麼人權沒有任何保障、打工仔追討欠薪會變「尋釁滋事」、基督徒聚會印刷單張會變「煽動顛覆國家政權」、關注污染會觸犯「反間諜罪」、社工關注工人福利會被控「聚眾擾亂社會秩序」、記者報道上訪案件會涉及「敲詐勒索」、律師處理維權案件會被吊銷職照等等。

顯而易見的是，只要對修例內容稍有了解，便能發現上述問題根本不可能存在。一是只有在內地干犯刑事罪行，在香港也屬刑事犯罪，即符合「雙重犯罪」原則才會涉及移交。二是移交僅限三十七項嚴重罪行，上述行為根本與修例沒有直接關係。三是移交罪行完全不涉及新聞、言論、出版等方面的行為。更何況上月底政府已經作出了三項重大調整，一是將移交門檻由三年提升至七年或以上；二是在啓動移交時為疑犯加入更多保障，在協定中加入無罪假定、上訴權、不強迫認罪等符合人權的條件；三是只會處理當地最高檢察機關提出的引渡要求，如內地只會接受最高人民檢察院提出的移交要求。這些安排都對可能移交的當事人予以最全面的人權保障，即便是移交到內地，也絕不可能出現反對派所渲染的黑暗情況。

當然，反對派抹黑內地司法，意圖十分明顯。但事實是，內地自十八大以來，法治建設取得了長足進步。基本法委員會委員、港大法律學院教授陳弘毅日前就表示，內地司法水準不低於國際標準，亦不低於一些與香港已簽訂長期移交逃犯協議的國家，他所接觸的不少內地檢察官和法官，都受過嚴格的專業訓練。前刑事檢控專員江樂士亦指出，內地司法制度近年有很大進步，香港社會不應過分憂慮。而香港每年有數千萬人次回到內地，又何曾聽到「隨時被內地抓捕」的情況出現？港人完全不必對此有任何擔憂。

歪曲移交理由製造政治恐慌

而除了對內地法治環境的極力抹黑，反對派同時還千方百計放大政治問題，

歪曲稱政治理由將會成為日後移交內地逃犯的主要內容。什麼「香港新聞自由死亡」、「每個人都可能變成政治犯」、「中央一聲命令，林鄭必須移交」、「香港會變成中共引渡港」等等。大律師公會更是編造了一個「懶人包」24條問答，全面歪曲修例初衷。反對派的目的很明顯，就是意圖以製造意識形態上的對立，去達到煽動社會恐慌氣氛、鼓動更多市民上街遊行的目的。

但是，《逃犯條例》修訂，絕不可能出現上述情況。第一，一切政治罪名都不可能被移交；第二，即便表面不是政治原因但實質是因政治理由而被要求移交，特區政府也不因當事人的種族、宗教、國籍或政治意見而作出檢控或懲罰，也絕不會作出移交決定。雖然《逃犯條例》第24條列明，中央可藉着因國防和外交利益受重大影響為由，向特首發出移交逃犯與否的指令。但行政長官林鄭月娥明確表示，移交疑犯涉及很謹慎的程序，她強調：「並不存在話，我可以繞過法律，只係聽一個中央的命令，以國防外交的理由將一個不能移交的人移交。」

熟悉「一國兩制」運作情況的北京大學法學院教授、前基本法委員會委員饒戈平進一步指出，香港與內地雖然從體量上並不對等，但兩者是「一國」內兩個既密切相關但是又相對獨立性的司法領域，兩者「在刑事司法領域裏面都是在依法辦事，不存在誰服從誰的問題」，大家都只服從法律。事實說明，即便涉及移交個案，一切都是以法律為基礎的，不會存在要強制接受的問題。更何況，中央也絕不會做出損害或削弱「一國兩制」和香港繁榮穩定的事，所謂的新聞自由受損、人權保障不足，都是與事實嚴重不符的。

反對派反《逃犯條例》修訂，已幾乎到了瘋狂程度。從嚴重誇大遊行人數，到抹黑內地司法散播政治謠言、歪曲移交理由製造政治恐慌。所有這些，都在說明一個最基本的事實：反對派已經誠信破產。一個不尊重事實、肆意造假、漠視真實民意的反對派，對香港是福還是禍，已經不言而喻。面對謠言滿天飛的當前

環境，香港市民更不能爲反對派所蠱惑，需要保持淸醒的頭腦，冷靜辨別事實與眞相，維護香港的繁榮穩定，支持修例如期通過。這不只是全體立法會議員的責任所在，也是全體守護香港這個安全家園的市民的共同期許。

2019年6月12日　大公報　龔之平文章

草蛇灰線伏脈千里
外國勢力策動港版暴動

反對派反《逃犯條例》修訂，至昨日終於演變成一場嚴重的暴動。數千名暴徒有預謀有組織有計劃的衝擊下，警方被迫採取行動，確保了立法會的安全以及社會的整體安寧。然而，面對如此嚴峻的安全形勢，面對多名警員因暴力衝擊而嚴重受傷，市民不禁要問，到底是誰在操縱這場嚴重騷亂？

草蛇灰線，伏脈千里。種種證據顯示，以美國為首的外國勢力是幕後元兇。這些勢力早在今年2月已經吹響了反修例的集結號，在這幾個月裏，美國、英國、歐盟、加拿大、德國等紛紛通過會見反對派政客、發聲明或官員言論干預香港修例工作，而美國從官方機構到非政府組織各種聲明干涉更是多達40多次，干預之早、力度之大、頻次之密，近年罕見。不僅如此，外國勢力更作出了三方面配合：包括為暴徒提供保護傘、威脅制裁香港並為反對派造勢、利用Facebook、Google配合動員。

昨日觸目驚心的騷亂，以及行動如軍事指揮一般的示威暴徒，一連串的事實都在說明，外國勢力正在操控着一場新的大規模反政府運動。其針對的已經不是修例，而是企圖全面癱瘓政府管治，迫政府就範，從而奪走香港的管治權，全港市民對此必須保持高度警惕。

規模及動員是「佔中」翻版

2014年的非法「佔領」，能夠在短時間內發動如此大型的街頭政治運動抗爭，組織如此大量的物資補給，並且令到各反對派政黨完全聽命於學民思潮和學聯調動指揮，這一切如果沒有外國勢力在背後指揮，根本不可能做到。在「佔

領」期間擔任美國國防部顧問的白邦瑞（Michael Pillsbury）在接受訪問時，亦親口承認美國政府有份介入行動，又指美方有份透過美國國家民主基金會（NED）提供數以百萬計的資金，協助香港推動「民主」。大量的證據亦已證明美國是如何介入「佔中」。

而此次反對派發動的反修例事件，論規模及動員力度絕不亞於當年的非法「佔中」。過去數日，在多個網上討論區以及社交群組中，充斥着大量煽動包圍立法會、堵塞主幹道、襲警乃至搶槍的訊息，甚至是製作汽油彈等武器的指南，有的群組人數高達兩萬人之多。前晚開始，示威者開始在灣仔、金鐘等地囤積食水、乾糧等「戰略物資」。從昨日所見，什麼人提供物資、什麼人提供接應、什麼人負責衝鋒、什麼人負責運送……顯然經過「專業人士」的指點與訓練，與一支軍隊別無兩樣。現場數以萬計的示威者，頭盔、工具、兇器等等，裝備之齊全、部署之嚴密，堪稱前所未有，如果沒有巨大的資源投入，何以出現？

不僅如此，此次反對派行動所針對的不是一條法例修改，而是要在香港發動一場暴動。6月9日以「白衫」爲標認、6月12日以「黑衣」爲標識，這樣的政治符號與2014年的「黃雨傘」是如出一轍。以往美國在世界各地策動的動亂，都有一套模式和方法，包括在事前派出美國中情局人員，以商人、留學生、旅客、義工等身份進入目標地區進行滲透；發動之前收買的政客、知識分子全部出來，由他們號召對社會現狀不滿的人加入抗爭；與西方媒體配合，反覆宣傳抗爭是因爲社會不公平不公義所致；甚或煽動一些暴徒，以武力挑釁警方，迫使警方使用武力。在過程中更會不斷發動當地政客到美國、歐盟、聯合國陳情，令目標政府受到國際制裁。這一連串操作，眼下正逐步在香港上演，而外國勢力在整個部署中更扮演着操盤的角色。

明火執仗干預香港事務

　　風起於青萍之末，浪成於微瀾之間。有人說過，當陳方安生高調與美國政要會面之時，那一年香港一定有大事發生。2014年4月，陳方安生與李柱銘訪美，與時任副總統拜登會面，整個過程在秘密情況下進行，接着那一年「佔中」爆發。今年3月22日，陳方安生又聯同莫乃光及郭榮鏗應美國國家安全委員會邀請訪美，不但與委員會亞太資深官員會面，及後更與美國鷹派代表副總統彭斯會面，數月之後的昨日，又一次暴動出現了，兩者難道只是巧合？

　　美國駐港總領事唐偉康早在2月底已經開始連番表示反修例立場，到了陳方安生訪美後，外國勢力亦由醞釀期進入動員期。香港反對派政客絡繹不斷的到外國「唱衰」修例，各國領事、外國機構也開始密集式就修例向特區政府施壓。

　　3月29日在特區政府剔除九項罪類後，香港美國商會發聲明稱這不足以緩解他們的「嚴重憂慮」，並「強烈相信」修例安排會減低國際企業考慮在香港設立區域業務基地的吸引力。4月4日「美國國會及行政當局中國委員會」（CECC）主席麥考文和國會議員魯比奧發聲明稱《逃犯條例》若修例成功，會「侵蝕」香港法制中心和商業中心的聲譽。同樣在4月初，美國駐港副總領事何志更是直接稱，對當時有超過一萬名香港人上街示威抗議「感到高興」。4月25日美國國務院發表聲明，稱美國和其合作夥伴會「密切監察」香港修訂《逃犯條例》。5月4日唐偉康再次指香港特區政府對於香港社會和國際上對修例的關注「視而不見」。5月7日由反華政客主導的「美中經濟與安全審查委員會（USCC）」發表報告稱，《逃犯條例》的修訂令美國有需要審視是否鼓勵美國商人來港做生意，甚至會影響美國《香港政策法》。一時之間，彷彿黑雲壓城城欲摧。

全方位操控煽動嚴重暴亂

　　到了6月9日的反修例遊行以及暴力衝擊立法會行動的關鍵性戰役，外國勢力更加全力介入，做了三方面動員工作：

一是為暴徒消除後顧之憂。德國在幾個月前，突然向兩名被香港警方通緝的暴動罪犯黃台仰和李東昇提供難民庇護，兩人不但在2016年「旺角暴亂」中觸犯暴動罪而棄保潛逃，兩人更是「港獨派」及暴力衝擊路線的標誌性人物。德國在這個敏感時刻的舉動，客觀效果是為激進分子提供了保護傘，就算將來觸犯如黃台仰兩人的罪行，也可以得到德國庇護，變相是鼓勵了激進分子更加無後顧之憂的策動暴力衝擊。這次反修例迅速演變成暴亂，與外國勢力的煽動、包庇明顯有直接關係。

二是美國在修例一役中愈益有恃無恐，不但口頭聲明干預，近日更提出具體威脅行動，美國國務院在反修例遊行後回應指，對於允許疑犯引渡到中國表示嚴重關切，並警告此舉可危及華盛頓對香港提供的特殊地位。這個赤裸裸的干預言論，隨即引起反對派的歡呼雀躍，反映美國已經公然為反對派的反修例鬥爭提供支持，全力配合。

三是利用社交軟件配合反對派動員。香港市民常用的Google地圖，在遊行當日竟然為遊行造勢，問題在於：一，Google地圖一向只標示地點名，不標示活動，何以突然在6月9日的反修例遊行標示遊行地點？二，「反惡法」、「反送中」是反對派對於修訂的攻擊和抹黑，Google地圖竟然照單全收，反映Google地圖不但認同這個遊行，更利用其程式去宣傳、鼓吹這個遊行，不但為反對派造勢，更是赤裸裸的干預香港事務。

Facebook同樣在這場風波中扮演不光彩的角色。一直以來Facebook都強調大力禁止假新聞，帶有煽動性、挑釁性、製造仇恨的報道都會被一概禁止。但在這次修例風波中，不少反對派及支持者不斷在Facebook上散播各種無事實根據的假新聞，例如在遊行前夕發生「燃燒彈」事件，不少反對派支持者以至楊岳橋都藉此大做文章，含沙射影指是特區政府自編自導。這些毫無事實根據、帶有誤導性以至誹謗性的帖子，Facebook竟然完全沒有處理；一些反對派人士公然在網上恐

嚇官員及建制派議員，有激進派組織甚至在 Facebook 上進行暴力動員，但 Facebook 卻聽之任之，任由他們利用 Facebook 作攻擊抹黑、暴力動員的平台。Facebook 選擇性的不作為，令人質疑是有意配合反修例行動擔當外國勢力的輿論打手。

　　6月12日的嚴重騷亂說明，在這場修例風波中，外國勢力中由以往的幕後操盤，走到前線指揮；由以往的發聲干預，到現在有具體行動，足以說明這場修例風波背景並不簡單，目的不單是要迫政府撤回修例，更藉此癱瘓政府，重擊管治威信，在香港社會掀起連串政治風浪，以配合美國對中國的貿易戰打壓。這是一場巨大的政治角力，關係香港的長治久安和繁榮穩定，不論是特區政府和建制派都沒有退後和讓步的理由，只有打贏這場修例戰，香港社會的安寧穩定才會有保障，香港市民的安全利益才會有保障。

2019年6月13日　大公報　龔之平文章

煽罷課反對修例　教協有辱專業尊嚴

反修例的暴力衝擊升級，反對派拉港人做炮灰的卑劣行徑也不斷加碼。前日有教育界老友向自明斥責本港一些「專業組織」利用年輕人做炮灰，以達政治目的，「害人子弟、淪喪人性」。言猶在耳，號稱擁有9萬會員的教協，昨日正式宣佈發動全港罷課。教育界老友火滾：「教協在反修例抗爭事件上深度介入，騎劫學生學校作為政爭工具，推學生做炮灰，為反修例的暴力衝突推波助瀾，完全違背教界春風化雨、導人向善的專業傳統和良知道德。教協根本是一個披着教育外衣、本質反中亂港的政治組織。」

此次反修例，反對派傾巢而出，無所不用其極，教協作為反對派一個重要分支，怎可能缺席？為了給本已熾熱的反修例氣氛火上加油，教協終於出手，使用煽動教師、學生罷課的慣用伎倆，破壞教育界的祥和，把教師、家長、學生通通捲入政治泥淖之中，替反對派反修例助拳。

教育界老友批評：「教協現時煽動罷課，極不負責，造成的後果亦極其危險。第一，目前正值考試期間，包括考關乎大學入學的DSE試，不少學校表明，目前的考試不設補考，如果學生請假不考試，學校將當缺席處理。學生若聽教協支笛，參與罷課罷考，日後升不了級、入不到大學，教協如何補救？第二，現在罷課，大學生、中學生『無王管』，容易頭腦發熱，誤信反對派的慫恿，貪得意參與衝擊警方的暴力抗爭，置自己於極度危險之中，出了事，教協如何負責？第三，小學罷課，又不知要罷多長時間，家長要安排照顧子女，教協有無考慮過給家長添煩添亂？」

教協昨日的罷課聲明中聲稱，政府不惜一切硬推惡法，立法會主席梁君彥不斷加開會議配合政府，做法必須譴責，更指「現時有大批市民於金鐘一帶聚集，教協強烈要求警方克制，並強調警方使用過分武力，將市民和政府的關係推進深

淵」。

　　教育界老友對這種說法十分鄙夷：「這就是教協的一慣作風：顛倒是非、敎壞學生。明明反對派不講道理、煽風點火挑起暴亂，要逼政府『跪低』、撤回修例草案，香港警方更加是全世界最克制、最文明的執法隊伍，教協不譴責暴徒，不譴責暴亂的幕後主事者，反而譴責政府、誣衊警方使用過分武力，教協分明是嫌香港還不夠亂，妄想刺激更多人參與暴亂。」

　　教協長期騎劫教育界，強霸話語權，由「反國敎」事件到違法「佔中」，教協曾多次發動罷課，肆無忌憚推出「佔中」通識教育，把教師、學生綑綁上激化政爭、撕裂社會的戰車；「港獨」思潮戕害學生，教協則以言論自由、學術自由為名，為「港獨」思潮進入學校大開方便之門，對青年學生「洗腦」，玷污了純潔校園，敗壞了教界的專業形象。

　　教育界老友直指：「近日的暴力衝突中，有不少年輕人參與，令人痛心，暴力行為損害香港的法治穩定，參與暴力行為的年輕人，日後極可能要承擔法律責任，自毀前途。造成這樣的局面，教協難辭其咎！教協犧牲學生前程、犧牲香港繁榮穩定，以達到自己的政治目的，實在侮辱教師神聖的稱號，不配作為代表教師的組織。」

　　　　　　　　　　　　　　　2019年6月13日　文匯報　李自明文章

「以暴抗暴」還是以暴抗法
是非黑白不能混淆

　　6月21日（上周五），大批示威者在多個政府部門製造混亂、干擾服務，更包圍灣仔警察總部（警總），數千警務人員被困長達16小時，連老弱、病患、孕婦不適求醫也受阻。這一幕，令港人震驚痛心。警察總部作為本港維護法治、保障公眾安全和社會秩序的中樞機構，遭大批示威者長時間包圍，警總運作幾乎停頓，等同置香港於極大的安全風險之中。這場行動是否違法，執法部門當然會跟進。但包圍警總行動的煽動者、策劃者、核心參與者、庇護者，仍然將示威者無法無天的行為自我定義為「和平示威」，更以所謂追究警察在「6‧12」事件中濫用暴力為由，將包圍警總的暴力衝擊美化為「合理抗爭」。

　　事實果真如此嗎？包圍警總是否也是一場「和平示威」？事實是，包圍警總期間，示威者用鐵馬及雜物堵塞警總出入口大閘、向警總擲雞蛋、在外牆塗鴉、用膠紙遮蓋設於警總外牆的閉路電視，更向警務人員淋油。示威者的行為不僅明目張膽挑戰法治，更公然侮辱警方。這一切，全港市民都看得清清楚楚、明明白白。有法律界人士指出，「6‧21」圍攻警總的行動，示威者已涉嫌干犯非法集會、公眾妨擾、「阻差辦公」、公眾地方內擾亂秩序等罪行。包圍警總的示威事前並未獲得許可，示威者出言侮辱恐嚇警方，警總內警務人員出入自由都被剝奪，更遑論執行公務，種種罪行皆嚴重擾亂社會秩序、挑戰本港法治。包圍警總絕對不是「和平示威」，只要是尊重法治的人，都不會否認這一點。

　　明知違法而為之，自然要自製合理的藉口。「6‧21」事件的煽動者、策劃者、核心參與者提出了四大要求，其中有三項是針對「6‧12」暴力衝擊的，他們要求收回暴動定性、撤銷檢控被捕者和追究警察濫用暴力。

　　對於「6‧12」的暴力衝擊，警方真的是向「手無寸鐵的學生」開槍？相信所有客觀中肯、有良知重事實的市民，看到的是大批示威者戴着頭盔、護目鏡、口罩，向警方擲磚、擲削尖的鐵支，有組織、有隊形不斷衝擊警方防線。警方在安全受到嚴重威脅的危急情況下，為了保護自己，更為了避免更多市民受傷害，防止局面不可收拾，不得已才使用有限度武力，有效制止暴力衝擊。如果警方不使用武力，後果不堪設想。警方平息「6‧12」暴力衝擊，使用適度武力的合法性是毋庸置疑的。

■反對派政客散播歪理，煽動年輕人以暴抗法。圖為暴徒在商場圍毆落單警員。

　　「6‧21」事件的煽動者、策劃者、核心參與者、乃至庇護者，以警方「濫用暴力」為由，將擾亂政府機構運作、長時間圍堵警總的違法行為，包裝成因為

警方濫用暴力在先，示威者唯有「以暴抗暴、對抗強權」。這種說法，完全無視法治和基本社會規則，而是顛倒是非，企圖誤導公眾同情支持反對派和激進派煽動、策動的挑戰公權行動。在法律層面，警方「6‧12」制止暴力衝擊和「6‧21」包圍警總的違法行動，根本沒有可比性，後者絕不是「以暴抗暴」，而是以暴抗法，任何借口都改變不了包圍警總行動的非法性質。

「6‧21」圍攻警總事件，不具備合法性，也沒有正當性。

退一萬步說，政府、警方已清晰表明，對警方執法手法有不滿和疑問，質疑警方使用過分武力，本港有監警會等成熟、可信、專業的投訴機制來處理。如果對警方使用武力有不同看法和不滿，在公義機制健全的情況下，不透過合法合規、行之有效的途徑來表達和爭取公正結論，卻訴諸干擾政府機構運作、圍堵警總的違法暴力行動，這種行動的正當性何在？

香港尊重和享有高度自由，法律也保障表達不同意見的權利。但是，自由的底線，是不能妨礙他人的自由；表達訴求、採取抗爭的底線，是不能挑戰人性。「6‧21」圍攻警總期間，有13名包括孕婦、患癌和患長期病的警總工作人員需要求醫，但因警總出入口均被示威者阻塞，救護員遲遲未能到場，要苦捱多時才被救護員抬出警總救治，還有病人被示威者用鐳射燈照射雙眼及謾罵。

警務人員也是人，他們的基本人權同樣必須得到尊重和保障。但是，示威者包圍警總10多小時，被困的警務人員備受責罵，有病得不到及時救助，連基本人權都不能保障，甚至安全也受到威脅，他們的無奈、困擾，全港市民感同身受。任何示威行動，一旦騎劫他人權利，以損害無辜者的利益為籌碼，這樣的示威會否受法律制裁，有法律部門來處理，但肯定不符公義、不得民心，沒有任何正當性。

香港社會法治良好，充滿愛心。我們深信，絕大多數港人堅守法治信仰，有深厚的正義感、同理心。「6‧21」圍攻警總事件中，反對派、激進派政客重施

散播歪理、顛倒是非故伎，煽動示威者、年輕人以暴抗法，反對派、激進派再次扮演傷害社會的始作俑者的不光彩角色。廣大市民不禁要問反對派、激進派政客，你們煽動圍攻警總、以暴抗法，看到違法行動對香港法治的傷害了嗎？看到違法行動對香港市民心理的傷害了嗎？看到違法行動對香港國際形象的傷害了嗎？如果這些政客對市民的質問視若無睹、充耳不聞，還不收手，不改顛倒是非抹黑政府、攻擊警方的劣習，終將遭到民意唾棄。

2019年6月24日　文匯報社評

認清民陣「五大訴求」的無理無恥和違法本質

在修例風波中，策動了幾次以「和平示威」包裝的暴力行動之後，民陣仍不收手，昨日繼續宣揚「五大訴求」，包括：完全撤回逃犯修例、追究警方開槍責任、不檢控及釋放示威者、撤銷定性6月12日集會為暴動，以及林鄭月娥問責下台，以此脅迫政府、煽動對抗，支持、支援嚴重騷擾市民的激進行動。這五個訴求，無論從法理，還是社會正當性和民意取態來說，都是無理、無恥而且具違法性的。民陣囊括了幾乎所有反對派政黨和組織，是反對派政客表達政治訴求的「白手套」。對於民陣在此次修例風波中的所作作為，反對派政客都有無可推卸的責任義務，向全港市民清楚表明，民陣的訴求是否代表自己的立場？是否支持民陣策動的連場違法暴力行動？全港市民也會問，這些以「和平示威」包裝的違法暴力行動，對香港良好法治、政府有效運作、市民正常生活都造成巨大傷害，反對派應該承擔什麼責任？

我們和市民大眾一起來辨析一下民陣的「五大訴求」。

第一個要求：完全撤回逃犯修例。政府已經多次表示停止了修例的立法工作，沒有取得社會廣泛共識，不會重啟。政府宣示，意味着停止修例和撤回修例，本質上沒有任何差別，民陣為何還要在是否「撤回」這個字眼上糾纏不休？有判斷力的市民都會明白，民陣的目的有兩個：一，借助「撤回」的意涵，證明政府提出修例，從一開始就是錯的，也反證明民陣、反對派對修例進行無所不用其極的抹黑、攻擊天經地義、正當正確；二，如果政府答應其要求，宣佈撤回修例，管治威信會進一步遭受打擊。這正是民陣要求「撤回」修例的盤算。但是，退一萬步說，即使政府宣佈撤回修例，民陣、反對派就會善罷甘休、停止對抗？答案很清楚，肯定不會。因為還有四大咄咄逼人、不依不饒的訴求。民陣明知要求撤回修例沒有實質意義卻死纏不放，足以證明此一訴求無聊而且無理。

第二個要求：林鄭月娥問責下台。對於這個訴求，全港市民可以從兩個方向思考。第一個方向：回首特首林鄭月娥上任兩年以來，致力營造有商有量的社會氣氛，帶領香港和港人全力發展經濟、改善民生，推動香港主動融入國家發展大局，積極擁抱粵港澳大灣區建設機遇，成績有目共睹。此次修例風波，引起社會較為激烈的爭議，林鄭月娥以大局為重，停止了修例工作，並且已經就工作的不足和缺失真誠道歉，竭力讓事件告一段落，讓香港回歸正途。所謂瑕不掩瑜，林鄭月娥兩年施政的成果，並不能因為修例工作的不足和缺失而抹殺。民陣堅持要求林鄭月娥下台，實在於理不合。第二個方向，林鄭月娥是由1,200名選委組成、具有廣泛代表性的選委會，通過公平公正公開的選舉產生，並經中央政府正式任命。按照程序正義，不經法定機制，任何人都無權要求林鄭月娥下台。民陣要求林鄭月娥下台，是完全沒有法律基礎的無理要求。

第三個要求：撤銷6月12日集會的暴動定性。警方、律政司已明確表示，「暴動」是對「6・12」事件中部分暴徒暴力衝擊行為的描述，而不是指整個集會，不針對未涉及暴力行為的和平示威市民。而且，在法律上，香港也沒有所謂「定性」問題，不是「定性」了就會自動犯法。無論是否「暴動」，都不會影響律政司的檢控，律政司只會根據個案的證據，作出法律判斷。民陣要求撤銷6月12日集會的暴動定性，只是為了混淆法律概念，把當日非暴力表達訴求的大多數集會參與者，和部分實施暴力衝擊的暴徒綑綁一起，令大多數集會參與者、同情者產生誤解，以為所有人都要負上法律責任，以此煽動他們對政府的不滿和憤怒。此一訴求，在法律上無理，在道義上無恥。

第四個要求：不檢控及釋放示威者。「6・12」事件的大規模暴力衝擊，有示威者以磚塊、鐵支、大型鐵馬等攻擊性武器，明目張膽衝擊警方防線、以暴力襲警，市民看得清清楚楚。到目前為止，警方總共只拘捕了32人，當中只有5人涉暴動罪，有8人因沒有足夠證據而無條件釋放。如此令人震驚、參與者至少以

千計的暴力衝擊，警方的拘捕數字，只能顯示警方沒有胡亂捉人，而是在掌握充分證據的情況下才依法拘捕。而且，被捕者是否被檢控、以什麼罪名檢控，由律政司根據證據獨立決定；而是否定罪，則由法庭審理裁定。在沒有經過非常嚴謹、港人信任的法定程序的情況下，民陣竟然要求不檢控及釋放示威者，這是公然踐踏香港的法治和司法獨立。香港作爲國際知名的法治社會，沒有任何人和組織可凌駕法律、凌駕程序公義。因此，民陣要求不檢控及釋放示威者，無理、無恥，而且違法。

第五個要求：追究警方開槍責任。這個要求帶有強烈的誤導性、欺騙性。警方眞的開槍了嗎？在法律上，開槍具有非常嚴謹的定義，是指使用眞槍實彈。在制止「6‧12」大規模暴力衝擊中，警方使用的是催淚彈、布袋彈和橡膠子彈。在場面失控的危急情況下，警方迫不得已才使用低傷害性、適度的武力，避免了更多市民和前線警員受到傷害。警方運用的武力合法正當、專業克制，這一點不容置疑。民陣把警方採取必要的低殺傷力武力形容爲「開槍」，更要求追究警方「開槍」責任，根本是編造謊言，誤導公眾，抹黑警方正當行使公權力。這種輿論攻擊，當然是無理、無恥。

民陣以無理無恥而且違法的所謂「五大訴求」，連日來不斷煽動、支持、聲援部分市民，尤其是心智未成熟的青年學生，肆意進行癱瘓政府運作的「不合作運動」，包圍警察總部、政府部門、稅務局、入境處，作出一系列騷擾政府部門運作、干擾市民正常生活的違法行動，破壞了香港的社會秩序，法治再次受到挑戰，讓香港蒙羞，令港人痛心。民陣爲達至自己的政治目的，騎劫香港和市民，良知何在？沒有良知，謂之無恥！

修例風波發展至今，違法暴力行動一波未平一波又起，民陣在背後策動、推波助瀾負有最大責任。民陣是反對派表達政治訴求的最大平台和行動策動中樞，香港主要的反對派政黨政團，包括民主黨、公民黨、工黨、香港本土、職工盟、

人民力量等等，都是民陣的成員團體。因此，港人有權要求參與民陣的反對派政黨、組織、政客站出來，清晰明白地告訴市民，民陣的「五大訴求」，是否也是你們的訴求？民陣策動、支持的違法暴力行動，你們是否也認同支持？在這些大是大非問題上，請反對派政黨、組織、政客，不要隱身民陣之後，更不能閃爍其詞、語焉不詳。這是政治人物應有的基本道義擔當。

2019年6月25日　文匯報社評

警隊已極度容忍　法治不容再踐踏

昨日凌晨，反修例示威者再度包圍警察總部，其間再度發生嚴重違法行為。暴徒公然挑釁、侮辱甚至襲擊警員，肆無忌憚地破壞警總設備，威脅恐嚇途人與記者。看到近於瘋狂的示威者，以及警總大門外的混亂場景，無法不令港人痛心並質問：香港何以墮落至此？針對警察的暴戾之氣何時才能停止？

過去四個月來，香港遭遇到了一場前所未有的危機。不僅僅在於發生多起大規模的示威遊行，也不僅僅在於社會對立形勢極度嚴峻，更在於香港法治賴以維護、社會秩序賴以維繫、港人利益賴以保障的香港警察，遭到了極其嚴重的抹黑、攻擊與侮辱，情況一次比一次嚴重，問題一次比一次惡劣。顯而易見的是，反修例暴徒意圖以這種行為，去報復警方的執法、限制警方的權力、打擊警方的士氣。

如果同樣的事件發生在美國或歐洲國家，會有怎樣的結果？美國的「佔領華爾街」運動、法國的「黃背心運動」，其警方處理的手法與過程，早已為世人所共知，不必贅述。但只要作一簡單對比，便很容易得出一個結論，世界上很難找到一支警隊像香港警察這樣，高效且克制，文明且理性。在面對大規模的暴力衝擊之時，能及時果斷有效地掌控住形勢；在面對鋪天蓋地的抹黑以及挑釁之時，能以最大限度的容忍去化解問題。即便是面對極其屈辱情況，他們仍能堅守崗位，以維護香港的安定和秩序、以服務市民為最高的使命要求。

維護法治是警察的天職，面對暴徒絕不能後退。但香港警察也是人，他們下班後換下制服，便和所有香港人一樣，沒有什麼本質區別。正如保安局局長李家超昨日會見記者時所指出的：「警察與每一位市民一樣，都是一個市民，有他們自己應該享有的權利。」不論持什麼樣的政治立場，表達意見時都應該保持和平理性，這是一個文明社會的標誌。而在警員履行責任時，所有市民都應以體諒尊

重的態度面對警方。畢竟，如果不是他們的努力與付出，如果不是他們的鮮血和汗水，香港不可能有今天的繁榮與穩定。

　　行政長官林鄭月娥昨日在會見警方代表時，給予了高度讚揚，指出在現時困難時刻他們仍然一如既往保持高度專業和克制，不偏不倚對違法行為採取執法行動，她本人及管治團隊會繼續全力支持。這道出了許多市民的心聲，也道出了警隊現時所最需要的支持和鼓勵。

　　針對警察的暴力行動已經多次發生，警隊也已展現出最大限度的容忍，但這種容忍絕不應視作懦弱。所有關心愛護香港的市民，都應當盡自己一份責任和力量，共同努力化解這場針對警方的政治報復行動。更何況，香港法治已經遭受到嚴重的踐踏，社會秩序也已屢遭嚴重的破壞，香港社會需要這支優秀的香港警察隊伍繼續服務市民，維護法治，伸張正義。

2019年6月28日　大公報社評

打開潘多拉盒子的政棍們
還能找回你們的良知嗎？

前天晚上，一群暴力示威者再次圍堵警察總部，重演如上周五一樣無視法治、瘋狂暴力、喪失理性的一幕，讓人怵目驚心。施暴者肆無忌憚衝擊、破壞，展現的根本不是和平理性表達訴求，而是反社會的暴力惡行。每一位熱愛香港的市民都不禁要問：是誰培植、造就了這些示威者的反社會人格？是誰煽動他們做出令人震驚痛心的反社會行徑？那些躲在背後，長年累月對年輕人洗腦，不斷散播歪理、顛倒是非，鼓動部分年輕人沉溺反社會迷思的政棍們，負有不可推卸的責任。請問打開潘多拉盒子的政棍們，你們會找回良知，為了香港社會穩定繁榮、為了年輕人的未來正途，負責任地出來收拾亂局嗎？

最近一段時間，受到反對派、激進派煽惑，一些年輕人上演了一系列挑戰社會和人性底線的違法暴力醜劇，包括圍堵作為本港執法指揮中樞的警察總部，對警員及其家人作出侵犯私隱的「起底」、恐嚇；嚴重擾亂政府機構運作和交通秩序，干擾普羅市民的日常生活；甚至發展到威脅記者安全、妨礙正常的新聞採訪報道。這些明顯違反法治和公義的暴力行為，不僅與表達意見與言論自由無關，而且挑戰社會的基本價值觀，破壞香港法治、和諧、安寧的社會環境，從法律上來說已屬違法行為，從社會公義層面來說則是嚴重的反社會行為。施暴者暴露出不可理喻、不能容忍的反社會人格。通俗地說，施暴者已經喪失基本人性，暴露無遺的是乖張的魔性。

不可否認，任何社會都會有反社會的人與行為；但在正常的社會，這些反社會的人和事，通常只是極少數，而且不敢張揚囂張。令人嘆息的是，在香港這樣一個具有優良法治傳統、市民以理性溫和著稱的文明社會，竟然會有人成群結

隊、肆無忌憚地衝擊警察、擾亂公共秩序，公然做出反社會的行為。亂局不僅令人痛心，更發人深思，大多數香港市民都會質問：這些人的魔性從何而來、如何形成？為何敢於橫行無忌？

歷史和事實已經無數次昭示和證明，一個社會，如果黑白不分、是非顛倒，必然妖孽橫行。當下的香港，反對派、激進派政棍和他們的代理人，正在上演顛倒是非、煽惑人心、欺世盜名的鬧劇醜劇，荼毒年輕人，令年輕人走火入魔。理性分析近期兩個備受關注的「爆款」個案，就足以看到反對派將歪理當真理、誤導部分年輕人成魔的陰毒。

第一個例子，是所謂「勇母」。這位名叫陸錦城的工黨成員，在「6‧12」暴力衝突後，站在警察防線前，對着電視鏡頭聲淚俱下地說：「他們還是孩子啊，是手無寸鐵的學生」；其後又指稱：「林鄭月娥這麼做，是家暴」。兩句話的確很煽情，不明真相和事理，乍聽之下似乎還有道理。但是，只要尊重基本事實，明白是非曲直，立即可判斷這兩句話都是不堪一擊的謊言。透過各種新聞報道，沒有盲眼的港人都看到，那些戴着頭盔口罩、向警方擲磚和鐵支、用鐵馬瘋狂撞向警方的示威者，是手無寸鐵的孩子嗎？警察迫不得已、採用最低限度武力制止暴力、避免局面失控，所針對的是手無寸鐵的孩子？答案當然是「絕對不是」。

至於所謂「家暴」，確實發生了，但施暴者不是特首。如果將香港看作一個大家庭，事實真相是，家中有一些被人洗腦誤導的孩子大肆搗亂撒野，已經傷害到其他兄弟姐妹，眼見這個家就要被毀，為避免家破人亡，「家長」不得已出手制止搗亂撒野。這能稱之為「家暴」？如果說「家暴」，那些走火入魔的施暴者的違法暴力行徑，才是對所有香港人實施「家暴」。

第二個例子，是英華女校的一位女生，講述對學校教育的困惑、困擾與不安。透過她的講述，我們看到，在她接受的學校教育中，所謂的獨立、多元思

考，實際上是學校並沒有向學生提供完整的事實眞相，而是選擇性地提供教材，例如在解釋這次修例風波，校方只邀請明確持反修例立場的人士給學生舉辦講座。如此偏頗的教學，能引領學生進行全面、客觀、公正的判斷與思考嗎？這顯然不是教學，而是邪敎式的洗腦。

以上兩個例子雖然是個案，但絕不是孤立的個案，而是有強烈的普遍性和代表性。長期以來，香港有一部分政黨政客，以自己的政治立場凌駕法治和社會價值，不斷挑戰人倫底線。這些政黨政客通過他們以意識形態把持的相當一部分學校，以及被他們鼓吹散播的歪理所迷惑的教育工作者，不斷對學生洗腦，培植魔性，最終導致魔性深入學生骨髓，社會價值觀完全被顛倒。

無論在什麼國度、社會，無論抱持什麼政治立場，任何人試圖培植年輕人滋長反社會的魔性，誘導、煽動他們憎恨法治、社會和政府，乃至憎恨養育他們的父母，做出大逆不道、無法無天的惡行，就是泯滅良知、喪盡天良的行為。因為，沒有什麼比毀掉下一代、毀掉社會進步的繼承人，更令人不齒，更人神共憤。廣大熱愛香港、富有良知、珍愛法治秩序的市民，只要明白這個道理，就會看清政棍們為了一黨一己的政治私利，竟可以無所不用其極誤導青年的醜陋眞面目。

香港的法治正遭受嚴峻挑戰，香港市民的安全和利益正受到嚴重威脅，一些心智未開、是非模糊的年輕人，正在違法犯罪的歧途上越走越遠，情況極度堪憂。事態發展至此，那些讓年輕人成魔、敎唆煽動暴力衝擊的政棍們，不能也不應再躲在幕後，繼續讓那些年輕人魔性難收，自己準備收穫未來的選票利益。如果你們還有一絲良知，對香港還有一絲感情，對年輕人還有一點責任感，必須立即站出來，至少做三件最基本的事情：第一，呼籲已入魔的施暴者，馬上停止一切反社會的違法暴力行為；第二，呼籲所有被你們歪理誤導的人，不要再挑戰、攻擊、侮辱維護法治的警察；第三，痛改前非，停止再對心智尚未開蒙的年輕人

洗腦。

　　只有做到這三點，才能顯示你們願意收回打開潘多拉盒子的魔手，向市民顯示你們開始找回基本的良知。否則，亂局日益不可收拾，後果越來越嚴重，你們的罪孽就更深重，廣大市民更不會放過你們。

2019年6月28日　文匯報社評

香港今日之亂，反對派識驚未？

　　大半個月之內，暴徒衝擊警察總部又衝擊立法會大樓，昨日更衝入立法會大樓內大肆破壞，市民看到這一幕，無不義憤填膺。有觀察事態發展的資深行家發現，昨日暴徒衝擊立法會現場，多名反對派議員突然「良心發現」，胡志偉、毛孟靜、林卓廷、梁耀忠等人，曾試圖勸阻暴徒收手。行家向自明分析：「今日亂局，實在多得呢班反對派議員唔少。正是他們長期顛倒黑白，做壞榜樣，更包庇縱容暴力，才令這些人人性泯滅，喪心病狂。他們這時候惺惺作態制止，只不過是擔心暴力失控，引來民意反彈和懲罰。講到底，反對派還是為自己的政治利益盤算。」

　　自特區政府提出修訂《逃犯條例》以來，反對派議員不斷抹黑歪曲，「堵塞法律漏洞的修例，是誰將修例污名為『反送中』？是誰將修例歪曲為破壞法治？」資深行家話，「呢班反對派長期指鹿為馬，早已令一些人積非成是，思維

■暴徒圍堵警察總部，挑戰警方。

邏輯顛倒。這一次，政府對修例已經解釋過好多次，反對派議員卻越講越過分，說什麼修例將港人變成政治犯，令香港失去自由，顛倒是非黑白。正是他們長期散播歪理，令示威者以為反政府、反修例是英雄正義行為，行為再怎麼過分也沒問題。這是種下今日惡果的一個原因。」

　　昨日暴徒對立法會的暴力手段，令人觸目驚心，好多市民不解，素來文明有禮的香港人，為何會變成這樣？行家指出：「這也是拜反對派議員的『好榜樣』所賜。反對派在立法會內的言語行動暴力愈演愈烈，這次反修例風波中，反對派議員進一步上演激進暴力，個個爛仔上身，粗口橫飛，上演『全武行』，事後還為自己狡辯。這些行為正正向年輕人示範激進暴力有理。」

　　從6月9日以來，示威者三番四次衝擊立法會、包圍警察總部、霸佔道路，資深行家質問：「是誰鼓動這些人上街？是誰支持這些人用激進手段表達訴求？每次暴徒無論是衝擊立法會還是警察總部，反對派都將責任推到政府身上，從不譴責暴徒，反指示威者是『手無寸鐵的孩子』，抹黑警方『濫用暴力鎮壓和平示威』，咄咄逼人要求追究警方『開槍』責任，這不是包庇犯罪、煽動暴力，又是什麼？」昨晚暴徒衝擊、毀壞立法會之時，民主黨竟然發聲明要求特首落台，仍然隻字不譴責暴徒的暴行，「天下間還有比這更荒謬的事嗎？」行家質問。

　　香港社會尊重法治理性和平，香港人對暴徒的行為深惡痛絕，煽動暴行不得人心。行家分析，一些反對派議員在鏡頭前突然「轉性」阻止暴力，只是擔心民意逆轉。「班後生仔咁搞落去，無人可以控制得到。反對派一開始煽動反修例，是為了增加政治本錢，為選舉造勢。但如果局勢失控，搞出個大頭佛，就會偷雞不成蝕把米。所以他們假意勸阻，其實着緊自己的選票，在失控的關頭與示威者割席，為自己撇清責任。」行家繼續話，「不過，市民的眼睛雪亮，要騙到他們，等下世啦！」

2019年7月2日　文匯報　李自明文章

吃着蘸血饅頭的亂港派

七月一日發生的極度暴力衝擊立法會的行為，讓所有眞正愛護香港的人們感到無比的震驚和痛心。人們無法不質問，一個向來強調並尊重法治精神的社會，何以演變至此？一個崇尚和平與理性的地區，何以淪落到今天的地步？到底是什麼原因，令一個曾被廣泛稱頌的文明香港，變成一個暴力橫行、顛倒黑白、無法無天的城市？

所謂的「泛民主派」政客，要爲這場暴力事件負上所有主要責任。如果不是他們無所不用其極的煽動與挑撥，如果不是他們顛倒黑白的攻擊與挑釁，如果不是他們對年輕人的洗腦與蠱惑，也就不會出現如此瘋狂的一幕。而令人尤爲痛恨之處在於，事發之後，這批平日開口閉口談「法治」，動不動就講「道德」的「泛民主派」尊貴政客們，無視嚴重被踐踏的法治，不僅沒有半句對暴行的批評或譴責，反而倒打一耙、倒果爲因，將責任全部推給特區政府。其無恥之態已到了無以復加的地步。

然而，再多的謊言，也掩蓋不了「泛民」所作之惡；再多的藉口，也挽回不了香港所受到的破壞。香港來到了一個前途與生存的關鍵時刻，在維護「一國兩制」與香港的繁榮穩定、維護法治精神與港人安全方面，沒有半點退讓餘地。所有港人都要有清醒的認識，放下歧見團結起來，堅定地與這股亂港惡勢力作鬥爭。

顛倒是非的冷血政客

但凡有正常思辨能力的人，都可以看到前天所發生的暴力衝擊事件，所體現出來的已經不是簡單的對政策議題的不滿，而是赤裸裸的武力脅迫與暴力襲擊事件，是對法治前所未有的踐踏，其兇殘程度，已遠較旺角暴亂更加惡劣。然而，過去四個月以來不斷在背後推動的立法會的反對派政客，對此沒有絲毫的反省，甚至於不

僅沒有對暴力有半句批評，反而將所有責任推到了特區政府身上。在昨日記者會上，市民看到了什麼叫做「顛倒是非」與「指鹿為馬」的淋漓盡致的表演。

例如，議會陣線的毛孟靜稱，問題本質是香港市民對特區政府管治失去信任，妄言扭曲制度的暴力比現實暴力更嚴重，要求林鄭回應示威者五大訴求；兩度要林鄭「去死」的民主黨主席胡志偉稱，年輕人對政府失去信任才做出這種事；而教育界功能組別議員葉建源及人民力量的陳志全更為可笑，稱示威者「自制」，「佔領」期間保護了立法會圖書館以及文物，呼籲大家不要只看到「死物的損毀」，云云。

世間荒謬之事，莫此為甚。到底誰在「冷血無情」？用鐵通、鐵車、鐵支衝擊立法會大樓，跑到議事廳打砸毀大肆破壞，竄入建制派議員辦公室內盡情毀壞，對經過的途人往死裡打，所有這些惡行難道就是所謂的「克制」？滿目瘡痍的立法會幾乎成為一個廢墟，維修費將超過一億元，這樣的結果就是所謂的「克制」？砸壞立會圖書館，塗污立法會高懸的區徽就是「克制」？「泛民」講出這樣的話，實在是侮辱公眾的智慧。這種不問是非、不問對錯，只問政治立場、只求政治私利的言行，說明一個事實，即所謂的「泛民主派」已不僅僅是在包庇縱容暴力，而根本就是暴徒的同夥、幫兇。

虛偽至極的大狀黨徒

如果說民主黨、議會陣線等反對派政黨政客已到了毫無底線的地步，那麼平日以一副「法治化身」形象示人的公民黨，此次表現更是虛偽到極限。七月一日的24小時裡，沒有任何人看到該黨大狀們有過任何的「作為」；但警方清場之際，該黨黨魁楊岳橋就精準「現身」協助暴徒逃離現場，對着暴徒說「要保護好自己」，公然教唆暴徒逃避法律制裁。到了昨日「泛民」記者會，卻沒有一個是該黨的大律師出現，為什麼他們不敢站出來回應公眾對法治的質問？為什麼他們

不敢直面幾乎被毀於一旦的立法會議事廳？他們在怕什麼？

公民黨怕的是他們最後一張「畫皮」被揭開示眾。過去四個月，跑在反修例最前線、言行最兇惡的，就是公民黨的一眾資深大律師們。從到美國謁見副總統與國安委要員要求美國干預介入，到出席聽證會抹黑修例，乃至各種在立法會內騎劫議會、到各學校去貫徹極端思維的行為，無不是這幫衣裝鮮潔、西裝革履的公民黨尊貴的大狀們。平日裝的是法治的「鬥士」，滿口的仁義道德，滿嘴的法治公義；但到了暴亂發生之際就原形畢露，做的是煽惑暴力、挑釁衝擊的骯髒勾當。直到前晚，還在發出所謂的聲明，沒有半字譴責暴力，沒有半句批判違法行為，更沒有半點承擔責任的意思。

當大律師公會主席也看不過眼要發出譴責暴力聲明時，公民黨在替暴徒開脫；當港大法律系教授陳弘毅發文狠批該黨踐踏法治之時，公民黨在忙着推卸責任。終審法院首席大法官6月22日時曾指出：「法律界所有成員均有責任在法治受到不公平的批評和受損時，挺身而出。」公民黨這幫大狀們，余若薇、吳靄儀、梁家傑、郭榮鏗等袞袞諸公們，面對香港前所未有的法治衝擊事件，不僅沒有做到「挺身而出」，恰恰相反的是，該黨成了暴徒的「庇護所」，親手扼殺香港最後的法治尊嚴。如此公民黨，畫皮除去之後的真實面目，恐怖得令人心寒。

助紂為虐的「香港良心」

不論是公民黨還是民主黨，演變至今天的地步，並非沒有原因。而在回歸之前就倍受英國人寵信、被外國媒體冠之以「香港良心」的陳方安生，過去二十二年來在惡化香港管治、污名化「一國兩制」、極端化香港政治環境方面，可謂「功不可沒」。事實上，在此次反修例事件上，陳方安生夥同李柱銘等人，打着「維護香港法治」的旗號，站到了反政府的最前線。但對於前日的極度暴力行為，這位「香港良心」又一次失去了「良心」。

　　陳方安生昨日接受訪問時，展現了她一貫以來的轉移焦點的港英政務官能力。先是稱香港一向習慣以和平、理性手法表達意見，十分希望示威者「唔好用暴力」。其後話風一轉，稱政府應想想年輕人為何認為除了使用暴力外已另無他法，「要諗下點解年輕人覺得除咗用暴力，係無其他選擇呢？」云云。這種言論，和上述「泛民」政客沒有兩樣，不追究暴徒法律責任，不去講維護法治，何異於助紂為虐、為虎作倀？

　　在其邏輯之下，彷彿七月一日的大批暴徒是「無辜」的，有錯的是政府；彷彿只要是政治立場正確，就可以採取一切可用的手段；彷彿立法會大樓沒有被破壞過、當天沒有發生過任何值得譴責之事。如此思維，哪有半點「良心」的體現！諷刺的是，陳方安生的同夥李柱銘，日前還在大言炎炎地稱：「年輕人用武力一定輸」，但面對前日的極度嚴重暴力，這位在香港大律師公會資歷排名榜上排名第一位的「大狀」，此時竟然沒有半句話吐出來，由此可見法治在其心目中的真正地位到底有多低！

　　七月一日的極端暴力事件，放諸世界上任何一地區，都不可能被接受，任何稍有良知的人都會作出強烈的譴責。香港的一眾所謂「泛民主派」政客們，為求把控對事件定性的話語權，為求一己之政治私利與選票，而不惜放縱、包庇、美化暴力行為，對於香港所受到的傷害、市民利益所受到的破壞，統統棄之不顧。警察隊員佐級協會主席林志偉昨日就對此作出嚴厲譴責，並質疑：「這樣的議員，如何可以代表香港市民發表意見！」

　　眼下的香港正在流血，「泛民」還在消費着香港市民的痛苦，其言其行，何異於吃着蘸着港人鮮血的饅頭！「泛民」的政客不要自鳴得意，也不要再惺惺作態，更不要再假仁假義，一場暴力衝擊已經撕破了他們僅存的偽裝，站在港人的對立面，絕不會有好的下場！

2019 年 7 月 3 日　大公報　龔之平文章

無事「黑警」有事求警　反對派玩晒？

　　一小撮極端示威者在過去大半個月的連串暴力行為，讓港人大為震驚，在各界齊聲譴責極端暴力之際，反對派政客竟然「轉型」做「暴力受害者」，紛紛報警聲稱遇襲。昨日，反對派立法會議員郭家麒聲稱在尖沙咀站被乘客撞到膊頭，林卓廷又為星期日離開立法會時「遇到襲擊」，再到灣仔警署報案。自明一位老友是退休阿Sir，他大為光火：「反對派開口埋口就鬧『黑警』，警察克制平息暴力又被他們鬧『濫權』，但他們有事就搵『警察』求助，認真『有事鍾無艷，無事夏迎春』。郭家麒、林卓廷之流，真係想自己玩晒？」

　　在修例風波中，反對派把矛頭指向警方，警察總部兩次被包圍，他們亦從未譴責暴徒，反而一再阻礙警方執法。儘管如此，香港警察專業公正，盡忠職守，對反對派政客的報警求助，警方仍然公正、高效地處理。林卓廷曾去「撐警集會」挑機，當然引人反感，結果是警察護送他安全離開。

　　不過阿Sir話：「警察保護反對派政客，但這些政客不會有半句多謝，隨時會反咬一口。好似7月1日暴徒衝擊立法會，反對派議員莫乃光還帶外國記者去現場，聲討警察，質問『警方怎可接管立法會？』到了暴徒『佔據』立法會大樓大肆破壞，另一個反對派議員張超雄又企出來指責警方擺『空城計』，任由示威者佔領是『執法不力』。真是『公我贏、字你輸』，咩都他們講晒。」

　　阿Sir繼續話，「不但如此，反對派和追隨者還用P圖、造謠的方法，中傷詆毀警方。網上流傳一名女生受傷嚎哭的短片，反對派就大肆宣揚警察打傷『手無寸鐵的女生』，還批評警察『扮好心』，但實情是女生整傷自己，警察為她治療。」

　　反對派在這次反修例風波中，大肆散播仇恨警方的謠言、謊言，這是人所共見的。阿Sir分析：「反對派刻意煽動仇警情緒，無非想迫警察放軟手腳，好等他

們可以為所欲為。反對派煽動示威者用極端暴力手段衝擊法治、癱瘓管治，警察是最後一道防線。唯有警察投降，他們才能達到不可告人的目的。」

在反對派掀起的反修例風波中，警方成了磨心，不斷受到暴徒用磚頭、鐵馬、鐵支襲擊，但仍然忍辱負重、克盡己職。反對派不但沒有譴責暴力行為，更沒有替警方說句公道話，反而一再要求成立什麼獨立調查委員會，要追究警方「濫用暴力、鎮壓和平示威」的責任。「這真是荒謬之極。」阿Sir表示。

事實上，在廣大市民眼中，警方秉公執法，香港沒有因為反修例風波而完全癱瘓，警方功不可沒，廣大市民絕對信任、支持警方。「誰人顛倒是非、混淆視聽，市民心中有數。上周日的撐警集會，市民逼爆添馬公園，就說明公道自在人心，絕大部分香港人是明事理的，邪一定不能勝正。」阿Sir欣慰地說。

2019年7月5日　文匯報　李自明文章

美政客高調接見黎智英
印證反修例「顏色革命」本質

　　壹傳媒創辦人黎智英獲美國副總統彭斯、國務卿蓬佩奧在華府接見，討論香港修訂《逃犯條例》議題。中國外交部、外交部駐港公署嚴詞批評，強調外力亂港注定不能得逞。黎智英是美國勢力在港的最重要的代理人之一，黎智英旗下的媒體是反中亂港的指揮部、心戰室，是香港動亂的一個重要源頭。美國毫不掩飾地由高官接待黎智英，傳遞利用代理人搞亂香港、遏制中國的強烈政治信號，充分印證暴露反修例事件的「顏色革命」本質，目的是企圖衝擊香港法治，奪取管治權，把香港變成顛覆內地的橋頭堡。廣大市民必須心明眼亮，提高警惕，挫敗外部勢力和黎智英之流內外勾結反中亂港的圖謀。

　　多年來，本港每次大型爭拗動亂事件，黎智英一再出錢出力充當總指揮。反23條立法、反國教、違法「佔中」、反「一地兩檢」都少不了黎智英的身影。反「佔中」一役，黎智英被揭發是幕後「金主」，秘密捐款予反對派政團及政客逾4,000萬港元。此次修例風波，黎智英旗下《蘋果日報》天天煽動市民上街，刊印抗爭手冊教授暴力示威，各種政治操作、行動模式與「佔中」如出一轍，幕後黑手、金主和總指揮的角色呼之欲出。

　　黎智英作為美國反華勢力代理人是公開的秘密，此次反修例動亂中，黎智英「勞苦功高」，獲美國高官高格調接見，既是對其的犒賞，更顯示美國和黎智英已毫不避嫌，利用香港遏制中國的圖謀完全公開化。

　　眾所周知，出任黎智英助手近20年的Mark Simon，曾是美國中情局前僱員；現任國務卿蓬佩奧是惡名昭著的對華強硬派，曾擔任中情局局長，有人算過，過去一年多時間，蓬佩奧已成為被中國外交部點名最多的外國政要之一，而中情局

正是「顏色革命」的最大操盤手。這次會面，不能不令人質疑，美國將賦予黎智英新任務，鼓勵其繼續賣力反中亂港、出賣國家。正如外交部駐港公署發言人所指，「黎智英是什麼人、一貫持什麼立場、在香港社會扮演着什麼樣的角色，美方心知肚明。美政府高層在當前香港局勢的敏感時期，排着隊會見這麼一個人，別有用心，發出嚴重錯誤信號。」

修例風波期間，以美國為首的外國勢力，頻繁接見本港反對派政客，為反對派把修例問題國際化提供機會，並發表數十次聲明，直接插手修例問題，美國國會議員更提出所謂《香港人權與民主法案》，向香港特區政府和立法會議員施壓，黎智英則替外力干預香港搖旗吶喊，推波助瀾。現在，美國政要公開接見黎智英，更加證明外國勢力對香港內部事務介入的時間之長、力度之大前所未見，而且越來越表面化，越來越肆無忌憚。

因此，看待由反對派和外力互相勾連引爆的反修例事件，一定要在中美關係、美國竭力壓制中國崛起的大背景來分析，才能看清反修例只是表面藉口，實際是要動搖特區政府管治，衝擊香港法治根基，干擾香港經濟民生發展，最終目的就是要奪取香港的管治權，將香港變成遏制中國發展的工具。

國家主席習近平在慶祝香港回歸祖國20周年大會發表重要講話時強調，任何危害國家主權安全、挑戰中央權力和香港特別行政區基本法權威、利用香港對內地進行滲透破壞的活動，都是對底線的觸碰，都是絕不能允許的。黎智英充當外力打手、棋子，策動反修例風波，衝擊香港法治、動搖特區政府管治，正是觸碰逾越國家安全底線的行為，也破壞「一國兩制」和香港的繁榮穩定。對此，中央不會坐視不理，廣大市民也應堅決反對，支持特區政府依法捍衛國家安全和利益，果斷制止反對派和外力搞亂香港。

2019年7月10日　文匯報社評

陳方安生狂抽水　鍾庭耀豬籠入水

修例風波持續，社會紛爭未息，公民實踐培育基金將發起眾籌，目標金額是100萬元，委託剛脫離港大獨立運作的香港民意研究所，進行民意調查，並撰寫所謂民間「反送中民情報告」。有資深行家向自明分析：「陳方安生與鍾庭耀密切合作，陳老太繼續抽反修例的政治水，鍾庭耀的民意研究，本來就是一盤生意，這次與陳老太合作，正好豬籠入水，雙方各取所需，都要顯示各方僅餘不多的政治價值。」

陳老太日前稱，鍾庭耀的報告除了派發予市民和不同機構，亦會送到香港各外國領事館，作為較可靠的資料庫。資深行家指出：「『維基解密』2011年公開的美國駐港總領事館的機密電文披露，陳方安生和『禍港四人幫』的其餘3人，包括黎智英、李柱銘、陳日君，不時向美國駐港領事『匯報』最新的政治情況，並聽取『指示』。陳方安生將鍾庭耀的報告送到香港外國領事館，是否向美國駐港領事『匯報』香港最新的政治情況，不言而喻啦。」

資深行家又指，今年3月陳方安生聯同反對派議員莫乃光、郭榮鏗「應美國國家安全委員會邀請」，在美國國會發表有關《香港政策法》的報告前，赴美「反映」修訂《逃犯條例》等事宜。美國國家安全委員會邀請陳方安生等人赴美，明顯是將香港作為制衡中國的棋子，他們主動配合美國遏華戰略，愧對香港，是赤裸裸的賣港行為，「現在陳方安生搞什麼民間『反送中民情報告』，不過是向主子表明，『我仲有利用牙力』，『香港良心並非浪得虛名』」。

至於鍾庭耀，資深行家認為，「鍾氏民調」只是一個收錢辦事的傀儡組織，這門生意收取酬金為包括外國反華勢力僱主和香港反對派僱主提供所需要的民調服務。「鍾氏民調」曾接受「美國民主基金會」（NED）及下屬「美國國際事務民主學會」(NDI)的資助，也曾受僱於反對派政黨和組織進行民意調查。「鍾氏

民調」每次結果都能令到僱主滿意，連立場親反對派的評論員也直指：「鍾庭耀的民調受『泛民』各大小金主所託，或明或暗地進行工作，根本是公開的秘密。」

　　資深行家指出：「一貫以來，每逢香港有重大事件，鍾庭耀都千方百計利用所謂『民意調查』，製造虛假的民意，為反對派護航。這次是通過陳方安生所屬組織發起眾籌，目標金額是100萬元，撰寫民間『反送中民情報告』，不用問，結果老細一定鍾意。」

　　「鍾氏民調」如今沒了港大的招牌，斂財肯定無以前就手。鍾庭耀以眾籌集資，維持民調運作，言下之意是要靠人輸血。資深行家指出，鍾庭耀生意豬籠入水，就是靠市民輸血。

2019年7月11日　文匯報　李自明文章

從「為反而反」到「為反而暴」
反對派正急速淪為「縱暴派」

一股極端暴力的邪惡力量，正在美麗、寧靜、璀璨的維港集聚、蛻變、生長，而反對派正在急速地淪為「縱暴派」。「縱暴派」不再只是「為反而反」，而是悍然策動、煽動、推動嚴重暴力衝擊事件，其取態與行動已由他們過往的「為反而反」蛻變為「為反而暴」。「縱暴派」糾集了三類人，包括外部勢力的香港代理人，激進暴力勢力的代表、核心和政治領袖，和為選票討好激進選民、不再顧忌基本政治底線的政棍。「縱暴派」合理化甚至美化一切反政府、反法治、反秩序、反社會的暴力行動，以擁有制度背書的權力作惡，試圖毀掉香港的基本管治制度，以暴民政治毀掉香港年輕一代的未來。由反對派急速蛻變而成的「縱暴派」，正成為當前本港極端暴力勢力的精神支柱，成為激進暴力行動的共犯。如果任由他們為惡，就會危及香港的法治秩序、繁榮安定。

《逃犯條例》修訂風波後期的一個多月來，發生了圍堵警總、暴力進佔衝擊破壞立法會、屯門九龍上水沙田多地區連串嚴重暴力衝擊等令人震驚的事件。香港社會各界對事態發展越來越感到憂慮，也越來越強烈地發出反對、譴責的正義聲音。但是，香港的反對派，不僅從來沒有譴責過這些嚴重暴力事件和暴徒，反而為暴徒暴行辯護、美化，甚至有一些反對派參與暴力事件的策動，有一些反對派議員公然在暴力事件中阻撓警察執法、為暴徒做掩護，而對於警方的執法行動，他們不斷地用「暴力執法」加以抹黑。有人說，反對派表現的是「雙重標準」。

但究其實質，已遠遠不是「雙重標準」這麼簡單，這已是反對派為了自己的政治目的，為了自己的政治利益，在悍然策動、煽動，並通過庇護與縱容，去推

動嚴重暴力事件。他們成立以來的「爲反而反」的取態與行動，已經蛻變爲「爲反而暴」的取態與行動。反對派正在急速地淪爲「縱暴派」。

縱觀這一個多月反對派政治頭面人物的表現，大致可分爲三類：第一類，是外部勢力在香港的代理人。在暴力事件中，他們未必站在最前線，也未必站在前台喧囂，而是在背後策劃、組織、指揮。第二類，是激進暴力勢力的代表、核心和政治領袖。他們很多時候都會出現在極端暴力衝擊的前線，利用議員的身份，用各種方式，阻撓干擾警方執法，責難警方執法，爲暴徒提供掩護與保護。第三類，是爲了選票、爲了討好激進選民、甚至連基本的政治底線都毫不顧忌的政棍。

從他們在對待暴力衝擊事件，和對事件中施暴者與執法者的絕然對立的兩種態度，香港市民都可以清晰地看到，所有反對派政治人物都有一個共同點，就是完全無視事實，顛倒黑白，將法治視作無物，不問是非，只講政治立場。凡是反政府、反法治、反秩序的，甚至是反社會的，反對派都不僅不譴責，反而以各種借口、各種方式，加以合理化甚至美化；凡是政府依法行事、警隊依法制止暴力，凡是各界反對暴力、支持警隊執法，反對派都進行攻擊甚至污名化。這三類反對派政治人物，儘管有不同的政治動機和目的，但是在「反政府、反法治、反秩序、反社會」的大是大非問題上，站到了同一個陣線。在幾次嚴重暴力衝擊事件之後，這些反對派政治頭面人物，以聯署方式綑綁發出了縱容包庇暴力、抹黑警方的一致聲音。他們這種作爲，事實上已經成爲激進極端暴力勢力的精神支柱，甚至已經成爲激進暴力行動的共犯。

策動、煽動、推動暴力的人，比站在前台的公然施暴者，無疑更加危險，社會危害性更大。因爲，施暴者只是一個個個體，隨時會受到法律的制裁。而這些施暴者背後的政治力量，可以不斷地煽動一些極端暴力分子，進行一波又一波的暴力衝擊活動，以此獲取各種政治利益的回報。可以說，在不停的極端暴力活動

中，在施暴者和執法者的激烈對抗、受傷流血中，施暴者背後的政治力量，也就是香港的「縱暴派」，先製造「人血饅頭」，然後吃「人血饅頭」。

施暴者背後的政治力量的作為，首先已經喪失了人性，嚴重踐踏社會的基本良知，其結果是毒化人心、破壞社會公序良俗。其次，他們濫用議員權力，對警方的執法，冠冕堂皇地行使着另類制度暴力，其結果是毀壞香港的管治，以制度背書進行權力作惡，其結果必將毀壞香港的基本管治制度。第三，他們濫用民主自由權利，將正當意見表達異化為暴民政治，其結果是毀掉下一代賴以生存的包容、共識土壤和法治、安定社會。

善良而守法的香港人，必須認清反對派正在急速淪為「縱暴派」的危險傾向，以及將產生的極其嚴重後果。對這一點，香港各方都不能有任何的掉以輕心。當此轉折關頭、危機之時，香港市民要發出強烈的警告：正在急速淪為「縱暴派」的反對派，如果你們還有一點良知，請懸崖勒馬，千萬不要把香港拖入萬劫不復的深淵，背上千古罵名。

2019年7月16日　文匯報社評

堅信法治堅信「一國兩制」
港版「顏色革命」絕不會得逞

衝擊香港法治和管治的暴力衝擊不斷升級，發展到圍攻中聯辦、公然玷污國徽。一個多月來，越來越變本加厲的暴力運動，破壞法治，癱瘓施政，製造民怨，令經濟民生乃至整個社會運作受到越來越大的影響，更發展到直接挑戰「一國兩制」底線，這場暴力運動的發展脈絡和特徵顯示，其目的就是企圖進行一場港版「顏色革命」，顛覆香港「一國兩制」的政治制度。但是，要警告暴力運動的背後策劃者、「縱暴派」和所有暴力活動的參與者，在香港搞「顏色革命」注定失敗，別再癡心妄想。因為香港在「兩制」之上有「一國」，在自由的同時有法治。中央政府一定會以堅定決心捍衛「一國兩制」，堅決支持特區政府和警隊、支持廣大香港市民依法恢復香港的法治和秩序，確保香港不會偏離發展正軌。

歷史是一面鏡子。回看過去十數年，中東、東歐等國發生的「顏色革命」，通常遵循以下幾項套路：製造顛覆現政權的輿論，建立反對派的政治組織，培植反對派骨幹分子，利用並且放大突發事件製造街頭抗爭活動，煽動民怨癱瘓施政。對照之下，本港2014年的違法「佔中」，到如今借反修例發動的暴力運動，種種手法伎倆與這些「顏色革命」的套路高度吻合。「佔中」失敗收場，暴力運動借反修例捲土重來，說明外部勢力和反對派從未放棄在本港策動「顏色革命」，一直處心積慮做足準備，一有機會就製造管治動盪和社會失序，以圖借亂奪取管治權。

但香港的政治社會現實始終完全不同。儘管「顏色革命」在埃及、突尼斯、烏克蘭、利比亞等國家屢試不爽；儘管目前本港違法暴力氣焰囂張，本港

法治、管治正受到前所未見的衝擊，暴徒明目張膽進佔立法會、衝擊中聯辦，侮辱國徽，對國家主權、中央權威進行赤裸裸的挑戰，暴力運動演的「顏色革命」特徵明顯，但可以肯定的是，這場港版「顏色革命」一定不會成功，必定如違法「佔中」一樣，難逃落敗的下場。因為香港是實行「一國兩制」的香港，香港是有良好法治土壤、深厚法治傳統、堅定法治信仰和強大法治力量的香港。

首先，中央政府絕不會允許港版「顏色革命」得逞。對於衝擊中聯辦、侮辱國徽的惡行，港澳辦、中聯辦發表措詞嚴厲的聲明，譴責有關行徑公然挑戰中央政府權威，觸碰「一國兩制」底線，堅決支持特區政府和警隊依法嚴懲違法暴徒，維護香港社會穩定。中聯辦主任王志民昨日會見傳媒，也強烈譴責示威者圍堵中聯辦的行為，相信特區政府及警方一定會依法嚴懲追究到底。《人民日報》、新華社也罕見在前晚深夜、昨日凌晨接連發表評論文章，直斥衝擊中聯辦、侮辱國徽的惡行性質嚴重，不能容忍。中央態度鮮明的表態，是莊嚴鄭重的宣示，展示中央堅定貫徹「一國兩制」方針，支持特區政府和香港警隊，嚴厲執法、遏止暴力、懲治暴徒，保障法治安寧。

確保「一國兩制」方針不會變、不動搖，確保「一國兩制」實踐不變形、不走樣，是中央對港一以貫之的方針政策，中央全面準確落實「一國兩制」的決心和意志，從來未曾動搖和偏離。「一國兩制」的「總設計師」鄧小平曾指出：「有些事情，比如1997年後香港有人罵中國共產黨，罵中國，我們還是允許他罵，但是如果變成行動，要把香港變成一個在『民主』的幌子下反對大陸的基地，怎麼辦？那就非干預不行。」國家主席習近平2017年7月1日在新一屆特區政府就職典禮上發表講話時也強調：「任何危害國家主權安全、挑戰中央權力和香港特別行政區基本法權威、利用香港對內地進行滲透破壞的活動，都是對底線的觸碰，絕不允許。」重溫這些高瞻遠矚、擲地有聲的預見和立場宣示，可以更

加清晰地領會中央捍衛國家主權安全、捍衛「一國兩制」的鐵一般的決心，香港各界更加有信心維護「一國兩制」，遏止一切暴力運動。

中央政府堅定不移支持特區政府和警隊，相信和期待特區政府和警隊嚴格執法。在此關鍵時刻，特區政府更要充滿信心，振奮士氣，譴責各種暴力行徑，拿出更加具體有效的全盤方案，創造最好的條件，從資源和精神上給予警隊最充分的支持，以利警隊無畏無懼、盡忠職守、從嚴執法、拘捕暴徒、加快檢控。警隊長期獲得香港市民的尊重、信賴和支持，中央政府、特區政府同樣高度信任和支持警隊。滄海橫流，方顯英雄本色。維護法治安定，警隊責任重大，目前正是考驗警隊的時候，警隊無論從人手、裝備和各種應變都要做得更完善，以更專業、更有效的部署，重振法治，制止暴力。

建制派愛國愛港，是保障「一國兩制」成功落實的中堅力量。在抵制反修例暴力運動中，建制派始終保持本色，一直站在反暴力的輿論前線，勇於對一切暴力惡行針鋒相對。日前由建制派發起的集會，近32萬市民聚集添馬公園，光明磊落表達反對暴力、維護法治、守護香港的強烈心聲，是特區政府和警隊遏止暴力、維護法治最有力的支持，彰顯了抵制港版「顏色革命」的強大民意。

環顧世界，「顏色革命」沒有給任何一個地方帶來法治安定，也沒有帶來民主自由和繁榮昌盛，帶來的只有動亂無序，甚至是人道災難。港版的「顏色革命」也用民主自由的外衣作包裝，但反修例暴力運動已給香港帶來混亂撕裂、流血衝突，香港市民已經看清其本質和危害，市民更尊重和信仰法治，更珍惜安定，絕不能認同「顏色革命」，更不希望香港墮入萬劫不復的境地。

中央政府、特區政府、香港市民不會在國家主權安全和「一國兩制」底線上有絲毫讓步和妥協。外部勢力、香港外部勢力的代理人、「縱暴派」政客以及充當「棋子」、「炮灰」的暴徒，如果仍對搞港版「顏色革命」存有一絲幻想，那

就請打消癡心妄想。搞港版「顏色革命」的結果，肯定不同於全球各地曾發生過的「顏色革命」，港版「顏色革命」結果只有一個：徹底失敗，所有策動者、參與者，必將受到法律的制裁和民意的審判，必將被釘在歷史的恥辱柱上。

2019年7月23日　文匯報社評

暴力惡行現恐怖主義特徵
以最有力手段避免最壞結果

　　昨日，國務院港澳辦新聞發言人楊光表示，香港激進極端示威者喪心病狂，屢用極其危險的手段攻擊警察，已構成嚴重暴力犯罪，並「開始出現恐怖主義的苗頭」，表示要依法堅決打擊示威者的暴力行徑，毫不手軟、毫不留情。本港激進暴力行動持續升級，對警察、市民安全構成全面嚴重威脅，試圖癱瘓管治、經濟和民生。暴力行動呈現越來越明顯的反法治、反社會的恐怖主義特徵，若進一步惡化，勢必將香港推入危險的深淵。因此，警方必須採取更果斷、迅速、嚴厲的執法手段，阻止極端激進暴力蛻變為本土恐怖主義，廣大市民更應堅決支持警方毫不手軟、絕不姑息地遏止暴力。政府、警方和社會各界高度重視激進暴力的嚴重危害性，做好最充分準備、用好最有力手段，才能避免最壞情況的出現。

　　持續兩個多月的反修例暴力行動未有平息跡象，反而愈演愈烈，近日變得更瘋狂猖獗，非法集會遊行「遍地開花」，屢屢演變成大規模暴力襲擊，黑衣人四處流竄，在銅鑼灣、灣仔、太古、鰂魚涌、深水埗等多區拆毀公物、堵塞道路、圍堵警署，以游擊戰方式消耗警力，令香港區區變戰場，市民人心惶惶。激進分子昨日圍堵香港國際機場，導致下午所有離港航班和大部分抵港航班取消，影響大批市民、乘客，香港作為國際航空樞紐的形象遭受重創，蒙受巨大損失。更令人憂心憤慨的是，暴徒使用的武力亦不斷升級，出動大殺傷力、疑似仿製M320榴彈發射器的大型氣槍，暴徒還在鬧市向警員投擲汽油彈，而投進警署的燃燒彈導致最少一名警員雙腿被燒傷。

　　根據《聯合國（反恐怖主義措施）條例》的定義，包括「導致針對人的嚴重暴力」、「導致對財產的嚴重損害」、「危害作出該行動的人以外的人的生

命」、「嚴重干擾或嚴重擾亂基要服務、設施或系統(不論是公共或私人的)」的行為，都屬「恐怖主義行為」。

過去兩個多月的暴力衝擊，嚴重破壞法治、撕裂社會，傷害經濟民生，威脅市民生命財產安全；暴力肆虐全城，針對警察和市民的惡性暴力襲擊不斷發生；「不合作運動」嚴重干擾港鐵、隧道、機場運作，綁架全港市民，令香港雞犬不寧。反修例的暴力運動已經變質，衍生出各式各樣的反社會、針對全體市民、無日無之的嚴重本土暴力活動，已經非常接近「恐怖主義行為」的定義，正急速演變成破壞香港社會安全、安寧的毒瘤。為避免暴力行動成為禍港殃民的本土恐怖主義，政府、警方不能作絲毫讓步，必須依法嚴懲、堅決止暴制亂。

事實上，警方近期已開始採取更果斷的強硬止暴制亂手段，特別是重點拘捕核心激進暴徒，提升打擊暴力的力度、針對性和有效性，這正是廣大市民所渴望的，絕對值得支持。但是，本港的社會安全形勢依然嚴峻，能否迅速重振法治、恢復安寧，仍面臨重大考驗。有人揚言，將再策動癱瘓機場的行動，逼政府「跪低」；有女示威者眼球被射傷，原因為何尚待查證，但有人咬死是警方所為，威脅要「以眼還眼」，難保會出現針對警方，甚至普通市民更血腥殘忍的襲擊，令人髮指的恐怖主義行為也極可能發生。

為避免暴力惡行失控，香港法治安全蕩然無存，導致玉石俱焚的惡劣結果，政府是時候做好預案，認真考慮一切可動用的法律手段打擊暴力、控制局面。例如，行政長官會同行政會議宣佈戒嚴令或發佈行政命令；根據《基本法》第18條規定，由人大常委會宣佈香港進入緊急狀態，行政長官會同行政會議再制訂符合公眾利益的法例；甚至考慮根據駐軍法，請求中央出動駐軍，協助維護香港法治秩序的預案。

當然，這些是最壞情況下使用的最後手段。目前，我們相信警方仍然有足夠的力量遏止暴力，阻止局勢進一步惡化。但只有把情況考慮到最壞，政府做好最

壞局勢下的所有預案，做好最充分準備，用好目前的最有力手段，才有可能爭取最好的結果。同時，所有熱愛香港、珍視法治、渴望平安的香港市民，更不能受謠言謊言誤導，更應清楚認識到，目前針對社會、針對警方、犧牲市民利益作為要挾的極端激進暴力行為，已經具備恐怖主義行為特徵，如果還不及時遏止，對其聽之任之，對港人、香港和國家都是一場災難和悲劇。廣大市民必須更堅定不移支持警方嚴正執法、平息暴亂，支持特首和政府迎難而上、勇敢作為，帶領港人走出危局。

2019年8月13日　文匯報社評

「香港之路」「港獨」意味呼之欲出

昨晚有人發起在港島、九龍組成人鏈的活動，仿效1989年的「波羅的海之路」，藉以吸引國際社會的關注。「波羅的海之路」活動是爭取獨立自決的經典劇目，台灣陳水扁主政時期、西班牙加泰隆尼亞獨立運動都曾舉辦，如今香港這些人起而仿效，「港獨」的政治意味呼之欲出，更同樣帶有希望外部勢力插手、為「港獨」撐腰的企圖。「波羅的海之路」運動並沒有令獨立的國家變得富庶繁榮，反而弊端纏身，「港獨」對香港更意味着災難，廣大市民必須抵制一切鼓吹「港獨」的政治活動，不容分離運動將香港推上不歸路。

1989年8月23日，波羅的海三國、亦是蘇聯的加盟共和國，愛沙尼亞、拉脫維亞、立陶宛的200萬人，手牽手組成一個長達600公里的人鏈，穿過三國，表達三國爭取脫離蘇聯、獨立成國的意願。該活動獲得以美國、德國為首的國際輿論叫好，西方不斷為三國獨立搖旗吶喊，三國最終在1990年先後宣告脫離蘇聯獨立，事件更成為導致蘇聯解體的第一根稻草。

「波羅的海之路」兵不血刃實現獨立，被國際社會視為「和平演變」的「典範」，之後多國多地爭相仿效。2004年，台灣的「228百萬人手牽手護台灣」運動，聲稱有超過百萬人參與，聲稱要「抗議大陸對台的軍事威脅」，實質是宣揚「台獨」立場，更為主張「台獨」的陳水扁連任造勢；2013年，加泰隆尼亞獨立運動也曾聚集160萬人，發起長達400公里的「加泰隆尼亞之路」。

今年適逢「波羅的海之路」30周年，有參與「香港之路」的「網民」聲稱，天降時機，盼望「香港之路」引起國際關注香港抗爭；更聲言「港人總有辦法將不可能變成可能」。在「一國兩制」下，香港的問題，為什麼要國際關注？外部勢力有什麼權力干預香港事務？別有用心之人不敢明言的「不可能」是什麼？是要仿效波羅的海三國，謀求「香港獨立」嗎？

　　國務院港澳辦及中聯辦較早前在深圳舉行座談會，國務院港澳辦主任張曉明在會上表示，修例風波已經變質，帶有明顯「顏色革命」特徵。中聯辦主任王志民指出，現在這場鬥爭已經是一場關乎香港前途命運的「生死戰」、「保衛戰」，已經到了退無可退的地步。的確，反修例風波有人喊出「光復香港、時代革命」口號，肆無忌憚地污損國徽及國旗，公然挑戰「一國兩制」原則底線。如今的「香港之路」，是「波羅的海之路」的翻版，並非普通的和平集會、示威那麼簡單，對其背後隱含政治企圖、傳遞的政治信息，必須高度警惕。

　　波羅的海三國獨立已經30年，當地人民過上國富民強的日子了嗎？有不少曾在當地生活過的外國人士發現，當地種族矛盾、政客貪污、薪資低落，種種問題積重難返，人民的生活水平遠不如獨立前。事實上，所有經過「顏色革命」折騰的國家和地區，輕則社會撕裂、發展停滯，重則內戰不停、生靈塗炭。這些慘痛的前車之鑑，不值得港人引以為戒、避免重蹈覆轍？

　　香港從來是中國不可分割的一部分，700萬港人與14億內地同胞同呼吸、共命運，中央政府，以及包括全港市民在內的全國人民都不會允許把香港從國家分離出去，任何形式的「港獨」言行必以失敗告終。

2019年8月24日　文匯報社評

「人鏈」集會其實是一場「港獨」鬧劇

從前有個人窮困潦倒，躺在樹下做了個美夢，夢中他升官發財，封妻蔭子，樂得他笑出聲來，不料這一笑就醒了，原來是南柯一夢。別以為這是笑話，亂港分子山寨「波羅的海之路」，欲走出一條「港獨之路」，也注定是一場自娛自慰的鬧劇。

三十年前的昨日，波羅的海三國有數十萬人手拉手，組成數百公里長的人鏈，宣示脫離前蘇聯獨立的決心，這就是著名的「波羅的海之路」。亂港集團對歷史一知半解卻東施效顰，主辦方狂妄地揚言「要創造歷史，要使不可能變成可能」，這就徹底暴露其「港獨」狼子野心。

「亂港四人幫」的幫主黎智英更是不打自招，一早揚言「為美國而戰」，近日又聲言「改變香港的將來，甚至中國的將來。另一個要考慮的因素，就是年底區議會選舉。」可見這場運動打從第一天起，就與逃犯條例無關，真正目的是通過未來的多場選舉，奪取香港政權，進而改變中國內地的政治體制。亂港集團不僅要在香港發動「顏色革命」，更欲進一步禍水北引，真可謂「深謀遠慮」。

■亂港分子仿傚「波羅的海之路」的「人鏈」伎倆，暴露「港獨」本質。

　　明乎此，就知道反對派「五大訴求」的內容及排序為何一直在調整。開始時，企圖迫使特首林鄭月娥下台，後來改為「啓動政改，落實眞普選」。到最近，這條原本排在第五位的訴求已升至第一位了。而民陣事先張揚的八月三十一日大遊行，矛頭則是衝着五年前的中央「八三一」框架而來。道理很簡單，「八三一」框架好比如來佛的五指大山，亂港勢力欲藉所謂「眞普選」奪權，就不自量力地謀求撼動「八三一」框架。

　　另一方面，三萬多警員作為香港唯一的武裝力量，是支持特區政府的堅強後盾，更是「港獨」勢力無法跨越的萬里長城，因此成為「港獨」分子的眼中釘，肉中刺。黑衣暴徒瘋狂針對警方，無所不用其極地傷害警員身體，更通過造謠、辱罵、詛咒、起底、欺凌警員家人等下流招數，企圖摧毀警方執法意志，削弱其戰鬥力，令香港陷入無政府狀態，他們才好乘亂起事。這也正是其他地方「顏色革命」的慣用手段。

　　可惜，蚍蜉撼大樹，可笑不自量。亂港勢力狂則狂矣，卻不知「港獨」是死路一條。老實說，黑衣暴徒搞「不合作運動」卻不知甘地為何方神聖，自然對「波羅的海之路」的內在邏輯完全無知，罔顧現實，貽笑大方。中國不是前蘇聯，香港更不是波羅的海三國，再說事件過去三十年，世界早已翻天覆地，中國崛起為全球第二經濟大國，軍事、科技等綜合國力亦大大提升，有足夠的力量及方法粉碎一切「顏色革命」的圖謀。

　　有必要為頭腦發熱的「港獨」分子潑盆冰水。「台獨」勢力也山寨過「波羅的海之路」，結果陳水扁還不是親口承認「台獨不可能就是不可能」！亂港集團藏着掖着的「港獨」尾巴露出來，只能適得其反，遭到包括香港同胞在內的十四億中國人民的唾棄！

2019年8月24日　大公報社評

水炮車該用就用
撑警要更見真章

周末兩天，九龍大亂，新界西大亂，暴徒的破壞活動更加猖狂，使用燃燒彈等野蠻攻擊手段使警員受到更大威脅，局勢若失控將危及更多市民生命財產安全。因應暴力活動升級，警方昨天首次出動水炮車協助清場，這是完全必要的，值得一讚！希望警方更加大膽地發揮水炮車威力，為止暴制亂作出貢獻。

早在上世紀三十年代，德國就開始使用水炮車。上世紀六十年代，美國廣泛使用卡車型水炮車鎮暴。許多歐洲國家頻頻使用水炮車對付足球流氓。2011年倫敦出現大規模騷亂，前倫敦市長利文斯通公開呼籲：「使用水炮對於那些縱火行為將會非常管用。」法國在對付黃背心運動時，水炮車、裝甲車都出動了。台灣警方2004年出動水炮車驅散因領導人選舉爭議而抗議的人群，2014年在「太陽花學運」中也出動水炮車驅散佔領者。一句話，水炮車是全球警方通用的老式常規武器，只要需要，該用就用。

香港這些暴徒的野蠻遠遠超過歐美的示威者，暴力程度仍在升級，警方疲於奔命、很多人受傷，控制局面越來越困難，早就該出動水炮車讓暴徒清醒清醒了！任何人對此說三道四，不是無知，就是暴徒的幫兇。

當前香港局勢更加危急。中美貿易戰激化，香港區議會選舉11月舉行，台灣地區領導人選舉激戰正酣。外部勢力絕不會自動收手，他們要為香港反對派和台灣當局蔡英文助選，也要借香港動亂向中國施壓。香港的暴徒也絕不會自動收手，違法暴力活動正向新型恐怖主義升級。

止暴制亂主要靠警方在一線奮戰，但警方面對的壓力和困難越來越大，執法環境越來越惡劣，香港各界要拿出更多實際行動，撑警要更見真章。

　　特首和特區政府要更有擔當，不能單靠警方在前線死守。特首正嘗試建立對話平台化解困局，這一努力值得肯定。政府需要做好應對局勢進一步惡化的預案，還有哪些更有力的手段可用，都要研究和準備使用，要力爭香港自己解決止暴制亂問題。

　　香港司法機構需要公正司法，捍衛法治。警方對暴徒不能驅散了之，要更加堅決地拘捕暴力犯罪分子。檢控和審判部門需要依法辦事，提高效率，真正發揮遏阻暴力蔓延的作用。

　　相關機構和人士不要再發出干擾警方執法、打擊警方士氣的噪音。裝開明，扮好人，只知責難警方，對執法行為吹毛求疵，向警隊施加壓力，實質是偏幫暴徒，變相支持暴力。

　　建制派、工商界要做更多實事撐警。止暴制亂不能靠喊幾句口號、做一些廣告式表態，就交差了事。商界領袖們，請管好你們的僱員，管好你們的媒體，用實際行動向暴力說不。

　　當前壓倒一切的是止暴制亂、恢復秩序。警方是止暴制亂主力，正在一線浴血奮戰。是否真心實意支持警方，是否旗幟鮮明反對暴力，請用行動說話！

2019年8月26日　大公報社評

警惕暴力活動「變形」
嚴防本土恐怖主義

持續近三個月的連串激進暴力運動，在政府和警方持續打擊、民意強力反對下，最新跡象顯示，暴徒的行動正在轉化爲零散的、針對特定群體主要是警隊的恐怖暴力活動，而暴戾血腥程度更甚。特區政府對於這種趨勢必須高度正視，賦予警隊更大的執法授權空間，讓警隊做好有效防範和遏制打擊的全盤計劃，嚴防本土恐怖主義在香港生根，成爲「風土病」的噩夢。

在昨日警方的記者會上，警方通報了兩宗令人驚愕的案件。一宗是北角一客貨車上有男子以仿製手槍指嚇警員，並帶有兩把約14厘米長的刀具。另一宗是在屯門一架可疑車輛上檢獲鎚、鉗、螺絲批等，並發現幾張印有警員個人資料的紙張，紙張被製作成類似有屋出租的街招，藉此大量散播仇視和傷害警員的信息。

警隊在過去三個月受到種種挑戰和壓力，至今已有214名警員受傷，1,800多名警務人員及其家屬的個人資訊被「起底」。儘管這樣，香港警隊在處理激進暴力活動中依然保持專業和克制，使用了最低適度的武力。近期的種種跡象顯示，在大規模暴力受到警方打擊瓦解、廣大民意清晰抵制之下，一小撮核心「勇武」暴徒的暴力行徑，正開始轉化爲零散的、主要針對警務人員的恐怖暴戾行動。從早前葵涌警署外休班警員被斬傷，到最近警方檢獲的武器和仇恨宣傳單張，都有這種明顯的本土恐怖主義特徵。

警察執法打擊暴力，自然成爲暴徒的眼中釘，過去近三個月來，各種針對警隊的抹黑造謠、「起底」恐嚇、欺凌騷擾，從未停止。策劃暴力行動的幕後操盤手一直有計劃地煽動仇警，目的就是以針對警察的恐怖暴力，除掉特區守護社會秩序的最重要防線，這已是不折不扣的本土恐怖主義的表現。種種苗頭顯示，暴

徒正在策劃一些獨狼式的血腥恐怖暴力，目的是在精神上摧毀警方防線，實現其奪取特區管治權的陰謀。

本來，香港是世界上最安全的城市之一，發生恐怖襲擊的風險十分低。但經歷連串激進暴力活動之後，暴徒的行為已遠超文明社會底線，持續煽動仇恨，令本地恐怖活動的風險比過往大為提升。特區政府和警隊對此必須高度重視、積極研究，為遏止這種趨勢做好全盤防範計劃。尤其是現時警隊的執法權力和方式，似乎不足以應對漸漸顯現的恐怖主義暴徒有組織、有策劃的恐怖暴力行為，特區政府必須檢視本地法例，探討賦予警隊更大的執法權力和空間；各政府部門也要積極行動起來，配合支持警隊的執法行動。

社會治安關係到每一位市民的生命安全，無休止的暴力活動是所有人的共同敵人，因此全社會必須行動起來，一同向暴力說不，一同支持警隊強勢執法，為止暴制亂發出最強大的呼聲。當前急務是吹響香港社會的集結號，尤其是具有公權力的機構，必須動員起來，以實際行動支持警隊，讓警方在無後顧之憂下，完成止暴制亂重任。

2019年9月6日　文匯報社評

造謠栽贓是顏色革命的例牌操作

　　香港黑色暴亂已持續整整三個月，伴隨無底線暴力的則是謠言滿天飛。近日又有兩大謠言瘋狂流傳，一曰太子站「有人被警方打死」，二曰港鐵將對涉及警方施暴的視頻「毀屍滅跡」，儘管特區政府嚴正聲明從未發生死人事件，港鐵也澄清站內錄影保留三年，但這無阻暴徒們借勢鬧事，在太子一帶瘋狂縱火、襲警及毀壞公物。謠言之威力巨大由此可見一斑，難怪反中亂港勢力有如吸毒上癮，如此熱衷於充當謠言工廠了。

　　類似的政治謠言，實在是多不勝數。以「爆眼女」事件為例，亂港勢力一口咬定是被警方布袋彈擊中，為此發起「以眼還眼」行動，連日癱瘓機場，毆打及禁錮內地遊客與記者。但事過逾月，爆眼女選擇不向警方報案，不公開露面，甚至不准警方索取醫療報告。事非尋常，其中必詐，如果不是有不可告人的隱情，爆眼女又怎麼會作出連串反常的舉動呢？

　　還有，早前一名英國領事館職員因在深圳嫖妓而被行政拘留十五天，因不欲醜事曝光而央求深圳警方為其保密，這就為造謠中傷創造了空間，說他是因為「反修例」被捕，且是在高鐵香港站內被公安「擄走」，說得有鼻子有眼，連英國駐港領事館、英國外交部都表達關注，要求中方「放人」。內地部門為正視聽，不得不公布真相，謠言製造者自取其辱。

戲精上身以假亂真

　　再如黑衣暴徒使用各種致命武裝襲擊警員，有警員被燒傷，有警員被活生生咬掉手指，有警員的背部被長矛類物體刺出血洞，但在反中亂港勢力的文宣中，只有警方執法的鏡頭，沒有黑衣人施暴的畫面，更胡說「沒有暴徒，只有暴政」。當謊言無法掩蓋時，他們又大玩栽贓陷害的把戲，將一切暴力推給「臥底

警察」，爲求「逼眞」，更派人假扮警察。亂港分子做戲做上癮，什麼「香港媽媽」、「尋子母親」等在鏡頭前七情上面，一時間迷惑了不少人，事後均被揭發是政棍扮演。部分「戲精」則白骨精上身，一個人可以扮演多個角色。說回所謂「太子站打死人」，只見有人又送花又點燭「悼念」，煞有介事，但至今不見一具「屍體」的影子，連一個「死者家屬」都沒有，假得不能再假。

綜觀整個所謂「反修例」運動，就是從「製造謠言」開始。縱暴派政客聲言，一旦通過修例，不僅港人在香港犯法會被送到內地審訊及服刑，外國人或遊客在港犯事都會被「送中」，而製造及傳播這謠言的包括李柱銘、余若薇等。本來「送中」都是無稽之談，但由於這些人都精通法律，披着大狀的外衣，這就有很大的迷惑性及欺騙性，令不少不明眞相的人信以爲眞，人云亦云，成功地製造了社會恐慌情緒，終釀成今日不可收拾的局面。

都說謠言止於智者，問題是社會上有多少智者呢？事實上，謠言先入爲主，如瘟疫一般傳播得極快，受害者往往有口難言，想澄清也來不及。三人成虎、積羽沉船、積毀銷骨這類成語，無不反映謠言的殺傷力，足以量變成質變。「曾子殺人」的典故則證明，謠言甚至可以離間家庭信任，連親人都難免上當受騙。謠言後來更上升至政治理論，文藝復興時代的意大利哲學家馬基雅維利在其「君主論」中提出「政治無道德」論，爲了達到某種目的，可以不擇手段，什麼卑鄙下流賤格的事都做得出，也就是「目的證明手段正確」。這一理論後來被很多陰謀家所利用，納綷德國的宣傳部長戈培爾更因爲一句「謊言說上千遍，就會變成眞理」而被釘上歷史的恥辱柱。

當今美國爲維持其世界霸權地位及推廣美式民主，在世界各地策動顏色革命，造謠成爲例牌動作。無論是東歐的「天鵝絨革命」還是中東北非的「茉莉花革命」，都充斥大量針對當地政府「殘暴貪污」及警方「濫殺無辜」的謠言。一九八九年，羅馬尼亞有傳言指控政府殘殺七百多名示威者，引發全國暴動，政權

變色。事後二十多年，歷史學家及傳媒調查發現，所謂「大屠殺」乃子虛烏有。甚至遠至非洲的埃塞俄比亞，亦難逃顏色革命及謠言之禍。三年前，該國一個慶典活動出現人踩人悲劇，導致一百多人死亡，有謠言卻指政府軍在直升機上向人民開槍，挑起了國內的種族仇恨，當局不得不實施戒嚴以控制局勢。事後，一間由歐洲及南美記者籌辦的記者協會調查發現，「政府軍在直升機上開槍殺人」的謠言源自美國。

美國師傅漢奸學生

說美國是國際「謠言製造中心」，一點也不過分。最著名的謠言，莫過於薩達姆治下的伊拉克「擁有大殺傷力武器」這個驚天大醜聞了。好端端的國家被打得稀巴爛，生靈塗炭，更導致歐洲難民潮及催生恐怖伊斯蘭國，但美國人並不為此感到羞恥，反而津津樂道。「我曾經出任中情局局長。我們撒謊、我們欺騙、我們盜竊，我們還有一門課程專門來教這些。這才是美國不斷取得進步的榮耀」，美國國務卿蓬佩奧早前在一大學發表演講時如是說，而台下竟然響起了掌聲。美國傳媒還統計過，在特朗普上任以來的兩年多內，平均每日說謊的次數多過美國人日常洗手的次數。早已淪為笑柄的「另類事實」一詞，則出自堂堂白宮發言人之口。如今，崛起中的中國成為美國眼中的頭號敵人，自然也就成為謠言的最大受害者，看看美國政要為打壓中國高科技公司華為而滿世界造謠，就知端的。

很明顯，反中亂港勢力都是美國中情局的好學生，也學會了造謠、欺騙、盜竊這些招數。所謂「違法達義」，就是為達到「顏色革命」的目標，可以不惜造謠惑眾欺騙公眾。「太子站死人」、「布袋彈傷眼」、嫖客變「英雄」、暴徒成「義士」、「每一個香港人都可能被送中」，等等，莫不是無恥的讕言。謠言造得多了，非但可以欺騙別人，誤導國際輿論，造謠者甚至被自己的謠言「感

動」。不是嗎？顏色革命搞了九十多天，超過了「佔中」，已是強弩之末，但反中亂港勢力仍然一廂情願地相信，只要堅持下去，他們還有成功的機會。直至今天，他們還在高呼「光復香港，時代革命」、「五大訴求，缺一不可」，可見他們仍活在自己製造的謠言中且陶醉着，仍在做着奪取香港管治權的美夢。

然而，謊言可以欺騙一時，不能欺騙永遠；謊言可以蒙倒部分人，但無法騙倒所有人。隨着「反修例」露出顏色革命的本質，愈來愈多市民與暴徒割席，示威者及暴徒數量明顯減少，反中亂港勢力內心焦慮、恐慌，但不甘心失敗，因此需要製造更大的謊言及更嚴重的暴亂為顏色革命「續命」。

秋後的蚊蟲長不了，秋後的蚊蟲也是最瘋狂、最嗜血的。叛國亂港「四人幫」近日再次密會，預示暴亂有可能升級，特區政府及警方必須嚴陣以待，香港人更要擦亮眼睛，堅定支持警方執法平叛。

2019年9月9日　大公報　龔之平文章

暴力衝擊更顯「顏色革命」本質
挑戰國家主權難逃失敗下場

　　昨日，有暴力運動搞手在中環遮打花園發起集會，部分參與者高舉美國國旗，遊行至美國駐港澳總領事館，促請美國國會通過《香港人權與民主法案》。反修例暴力風波持續三個月，「顏色革命」的本質進一步顯現，已經發展到越來越公然挑戰國家主權、挑戰「一國兩制」下中央對港的全面管治權、逾越「一國兩制」底線。煽暴派、縱暴派為了自己奪取香港管治權的政治圖謀，自甘充當美國反中亂港的棋子，為美國遏止中國崛起效犬馬之勞，不惜摧毀香港的繁榮穩定。但無數事實證明，發生「顏色革命」的國家和地區沒有一個有好下場，只會淪為被人用完即棄的工具。中央堅定不移在港落實「一國兩制」，有足夠多的辦法、足夠強大的力量穩定香港，港版「顏色革命」注定失敗，煽暴派、縱暴派必將被釘在歷史的恥辱柱上；而對外部勢力抱有幻想者，如果不幡然悔悟，最終亦會為自己的反智埋單。

　　反修例暴力風波以來，幾乎每次激進活動都有人舉起英國旗、美國旗，企圖打「國際牌」，乞求外部勢力撐腰，逼特區政府滿足煽暴派、縱暴派提出的「五大訴求」，甚至令香港達至所謂「真正的雙普選」。暴力場外，黎智英、李柱銘、陳方安生等亂港、賣港政棍，和黃之鋒、羅冠聰等後起「港獨」分離分子，頻頻與美國、西方政客唱和，要求美國、西方加碼施壓，甚至以通過所謂《香港人權與民主法案》相要挾。這種高舉美國旗向美國表忠心，主動邀請美國干預的行為，令反修例暴力風波的圖謀昭然若揭，就是要把香港從中國脫離出去，變成美國的附庸。國務院港澳辦主任張曉明上月在通報中央重要精神時指出，修例事件已經變質，帶有明顯的「顏色革命」特徵。昨日激進示威者舉起的美國旗之

多，乞求美國「給予香港自由」之聲嘶力竭，進一步暴露暴力風波的「顏色革命」本質。

　　這場暴力風波發生在中美貿易戰的大背景下，香港作為「一國兩制」下的國際城市，因為深度融入全球經濟，也就成為美國要挾中國乃至遏制中國發展的重要抓手。今年3月到7月，美國副總統彭斯、國務卿蓬佩奧、眾議院院長佩洛西等以反華著稱的政客，先後與黎智英、陳方安生、李柱銘等「禍港四人幫」頻繁

■修例風波的本質是「顏色革命」，挑戰國家主權。圖為黑衣暴徒燒毀國旗。

會面，面授機宜；「港獨」分子黃之鋒、羅冠聰等人被拍到與美國駐港人員密會；在反修例的街頭暴力活動中，不僅出現了大量的外國人身影，美國旗屢見不鮮，越舉越多，暴徒向美國示好，企圖換取美國庇護；美國政客竟然把香港的暴力衝擊，美化為「美麗風景線」。美國總統特朗普更把香港作為中美經貿談判的籌碼，他曾發推文揚言，中國想要達成貿易協議，先要「人道地」處理香港問題。種種跡象證明，美國在香港問題上下其手，唯恐香港不亂，是香港近期亂象的幕後黑手。

　　歷史的殷鑒並不遙遠。美國作為策動「顏色革命」的罪魁禍首，在埃及、烏

克蘭、利比亞等國家，製造了一段段血淚交織的悲慘歷史。不久前，有人在本港多個社區播放講述烏克蘭「顏色革命」的紀錄片《凜冬烈火：烏克蘭自由之戰》，試圖將本港反修例暴力風波和烏克蘭「顏色革命」相提並論，煽動本港仿效烏克蘭，把反修例風波演變成「顏色革命」。環顧世界、回顧歷史，「顏色革命」沒有給任何一個地方帶來法治安定，更沒有帶來民主自由和繁榮昌盛，帶來的只有動亂無序、人道災難。這部影片隱去了烏克蘭「顏色革命」後淪落為歐洲最落後國家的結果，蒙騙部分不明真相香港人幻想香港可以成為另一個烏克蘭，真是其心可誅。

正是在一個個打着虛幻民主自由旗號的政治謊言誘騙下，讓一部分香港人尤其是被洗腦的年輕人，為令香港變天，引外力撐腰，竟然高舉起美國旗，促請美國國會通過《香港人權與民主法案》，甚至要求美國制裁香港，取消香港的特殊獨立關稅區地位，以此要挾中央和特區政府給予港人所謂「真正自由民主」。縱暴派、煽暴派迷夢不醒，舉動更無知、反智、荒謬。

反修例暴力運動給香港帶來混亂撕裂、流血衝突、經濟下行，港人需要看清其本質和危害，不要替這場港版「顏色革命」埋單。國家主席習近平曾擲地有聲強調：「任何危害國家主權安全、挑戰中央權力和香港特別行政區基本法權威、利用香港對內地進行滲透破壞的活動，都是對底線的觸碰，絕不允許。」中央捍衛國家主權安全、捍衛「一國兩制」的決心不容置疑，香港各界要堅定信心支持特區政府和警方止暴制亂，確保「一國兩制」行穩致遠，維護香港繁榮穩定。港版「顏色革命」結果只有一個：徹底失敗。

所有策動者、參與者，必將受到法律的制裁和民意的審判。

2019年9月9日　文匯報社評

恐怖暴力再升級　《緊急法》應即啟用

　　香港「黑色暴亂」已由「帶恐怖主義特徵」，一路狂奔至赤裸裸的恐怖主義。黑衣暴徒昨日瘋狂縱火、破壞公共設施、襲擊警察，無差別地狂毆無辜市民，有市民被毆至重傷危殆。這不是一般的暴力，而是明目張膽的謀殺。事件性質發生重大變化，警方再不能心慈手軟，必須使用一切手段，堅決鎮壓！政府應當審時度勢，立即啟動《緊急法》，止暴制亂，恢復秩序。

　　民陣無視昨日的遊行申請被警方否決，繼續發動暴徒上街，叛國亂港「四人幫」之一的黎智英又出現在暴亂隊伍中。而黎智英一出現，必然更加血腥與暴力。事實上，昨日的暴力升級到新高度，由無差別攻擊警方，發展到無差別襲擊平民。有暴徒近距離向落單的警員投擲燃燒彈，分明是要置對方於死地；有市民被拳打腳踢至昏迷倒地，不省人事，仍有暴徒揮傘攻擊，招招奪命。

　　恐怖分子殺警及謀取無辜平民的性命，堪稱處心積慮。在黑衣暴徒常用的社交媒體上，不少留言殺氣騰騰。有人宣稱「任打唔使負責、包實啲鏡都唔怕上」；有人狂言碰到藍絲就打，「一哄上，一哄退」；有人主張「對着頭部打」並「計時五分鐘」；還有人鼓吹對清理「流膿牆」的市民「殺無赦」。其心狠手辣，無法無天，非筆墨所能形容。

　　類似喪心病狂的一幕層出不窮。連日來，有抱着小朋友的老師因為唱國歌被打到出血，有女士被扯下電梯受傷，也有撐警的長者被毆至昏迷倒地。黑衣暴徒面目猙獰，窮兇極惡，連老弱婦孺都不放過，何止沒有底線，而是滅絕人性，徹底卸下「和平示威者」的偽裝，暴露恐怖真面目。

　　事實在在證明，他們主張的「自由」，是打人的自由、破壞的自由、周街縱火的自由、宣傳「港獨」的自由、謀殺的自由，而別人則被剝奪唱國歌、舉國旗乃至返工、上學的自由。他們主張的「民主」，其實是「主民」，即對其他人操

生殺予奪的絕對權力。如果真有一天，這些暴徒循「真普選」奪取了香港管治權，相信比法西斯還法西斯，比獨裁者還獨裁，比歷史上十惡不赦的暴君還要殘暴。

最最可恥的是，反中亂港喉舌《蘋果日報》竟然顛倒黑白，倒打一耙，在頭版大字標題寫着「藍絲四處行兇」，這其實是向暴徒們發出「行兇」的指令。

先是示威，繼而暴力，最後殺人，所有的「顏色革命」都離不開這三部曲。香港走到今日的局面，可以說是邏輯的必然。幕後黑手對顏色革命一無所獲極為焦慮，更不甘心重蹈「佔中」失敗的結局，勢必製造包括殺人在內的更大事端，以圖亂中取事，進而向洋主子邀功請賞。

一言以蔽之，這些黑衣暴徒並不是什麼香港的「未來主人翁」，而是由黑暗勢力孕育出來、埋葬香港繁榮穩定的恐怖分子。對恐怖分子不能「網開一面」，只能嚴厲打擊！

2019年9月16日　大公報社評

用霹靂手段　顯菩薩心腸

從今日凌晨起，任何人參與公衆活動不得蒙面，違者最高可判監一年及罰款兩萬五千元。另外，警方有權要求市民在公衆場合除下蒙面工具，違者可判監半年及罰款一萬元。特區政府引用《緊急法》訂立禁蒙面法，是止暴制亂、恢復秩序的重要舉措，有助減少年輕人墮入法網，體現了負責任政府的應有承擔。

黑色暴亂已持續四個月，暴力還在不斷升級，每逢周末港九新界更是烽火連天，迄今已造成逾千人受傷、近兩千人被捕。被捕者中年輕人比例最高，最年幼者只有十一歲，令人痛心。香港已不是我們熟悉的那個香港，安全、法治、自由漸漸離去，市民受夠了，香港不能再這樣沉淪了。值此危急存亡之秋，禁蒙面法雖有姍姍來遲之感，但亡羊補牢，猶未爲晚，特區政府打破心魔，終於跨出了這勇敢的一步，值得各界高度肯定。

推出禁蒙面法出於兩個目的，一是提高警方執法、搜證及檢控的效率，二是避免更多年輕人以身試法，留下一生遺憾。暴徒之所以肆無忌憚，除了自恃縱暴派政客及外部勢力撐腰，亦因爲蒙面，可以輕易逃脫法律的懲罰，而一旦禁止蒙面，就不敢肆意妄爲。事實上，不少年輕人蒙面參與暴亂，也是擔心被師長及家長認出。實施禁蒙面法後，多了家長及校方的監督，年輕人參與公衆活動時心理顧忌增加了，一失足成千古恨的機會就減少了。「救救孩子」並不是一句空話，這也是訂立禁蒙面法的初衷。

不施霹靂手段，怎顯菩薩心腸？禁蒙面法並非洪水猛獸，更非剝奪市民發表意見的自由，恰恰相反，市民繼續享有基本法規定的各種權利，包括上街遊行示威，只是不准蒙面上街而已，這就在行使個人權利及維護公衆安全之間取得一個平衡。必須指出的是，不少人言必稱「國際標準」，示威時動輒打出美國旗、英國旗，而禁蒙面法正是美國等西方國家首倡，香港只是採取拿來主義。而相對在

加拿大違法最高監禁十年，香港的刑期僅其十分之一，可見不是什麼「惡法」，而是相當寬容。

反對派例牌危言聳聽，大肆「抹黑」及「妖魔化」禁蒙面法，這不是無知，而是別有用心。正如特首林鄭月娥強調，引用《緊急法》並不代表香港進入緊急狀態，更不是繞過立法會獨斷專行。《緊急法》是港英時代創立，過去亦曾引用，為什麼特區政府不能引用？禁蒙面法只是先訂立，後交立法會審議，與大家都熟悉的樓市辣招立法程序一樣，無非時間緊迫，不得不爾。香港處於非常時期，早一些實施禁蒙面法，就少一些暴力，示威者及警方就多一分安全。

沒有人會天真地認為單一法律可以迅速止暴制亂。禁蒙面法勢必受到嚴峻挑戰，短期內暴力還有可能升級，昨晚的暴亂可見一斑，特區政府必須因時制宜。西方國家的經驗證明，禁蒙面法長遠而言有效阻止暴力犯罪，相信香港的情況也會一樣。

2019年10月5日　大公報社評

企圖殺警盡顯暴恐特徵
政府必須做反恐主導者

　　黑衣魔昨日又在全港四處施暴，以小規模、流寇式的形式，用更爲兇殘的手段，上演企圖殺警、無差別攻擊市民、濫用私刑、打砸燒的恐怖主義暴行。其中對前線警察的割頸暴行，完全泯滅人性，是赤裸裸的反社會恐怖暴力，已經盡顯恐怖主義性質。面對恐怖主義暴力持續升級，特區政府要充分預見本土恐怖主義的發展態勢，主動作爲，成爲反暴力、反恐怖主義蔓延的主導者；警方要根據暴力新形態和特點作出有針對性的應對，司法機構對兇殘殺警暴徒必須嚴懲，決不能再予以保釋；自認「和理非」的市民必須果斷堅決地立即與暴力切割，大商業機構和商場切勿再做黑衣魔的庇護所，應積極配合警方的執法行動，從而形成全社會合力制止暴行的態勢。

　　過去的周六日，全港多區違法暴力活動猖獗，恐怖主義的特點更加明顯。黑衣魔襲警、縱火、大肆破壞，極度仇警下更對警方發動多起恐怖襲擊。有警車在沙田被示威者從樓上投擲汽油彈，致警車陷入熊熊火光；警察經過旺角附近時，突然傳出疑似遙控炸彈爆炸聲；旺角警署被黑衣魔投擲超過20枚汽油彈，濃煙滾滾、火光熊熊；有警員在旺角被黑衣魔飛身凌空踢中頭部，遭鐵通擊打企圖搶奪警槍；在觀塘站更有黑衣魔以利器對警察從後割頸，所幸沒有傷及動脈，與死神擦身而過。

　　黑衣魔企圖殺警的血腥恐怖暴行，明顯是有人教唆的恐怖襲擊。近期網上出現教唆刀刺頸部動脈的詳盡示意圖，以藍色線標出位置，指以刀擊中頸動脈可能止不住血，不死也會變植物人；較早前，還有人在網上教授製造白磷彈殺警。這種公然教唆殺警的泯滅人性、赤裸裸反社會的恐怖行爲，提醒特區政府和香港社

會每一個人，本土恐怖主義在香港落地生根，絕對不是杞人憂天，而是近在眼前的現實威脅，不要視若無睹，也不應心存僥倖。只有政府和公權力機構及早採取措施，部分「和理非」港人及早有所改變和行動，才能阻止事態進一步惡化。

凡事預則立不預則廢。對於黑衣魔的暴力升級為本土恐怖主義勢力，特區政府要有清醒而充分的預見，不要到事態無法控制再被動應對，必須存底線思維和以先發制人的策略，動用更加嚴厲到位的法律措施，將本土恐怖主義勢力消滅在萌芽狀態；同時，政府還要用盡一切文宣手段，包括運用媒體平台、進行社區宣傳等等，揭露暴力真相、展示暴力危害，尤其是講明「攬炒」會危害每一個市民的惡果。只有這樣，政府才能成為反暴力、反恐怖主義蔓延的主導者，才能澄清瀰漫社會的謬誤看法和論調。

與此同時，警隊的執法行動，還要得到全社會各方面的支持和配合。過去四個多月來，黑衣魔的極端暴力行為，一直得到一些持所謂「和理非」觀點市民或明或暗的支持。面對暴力已經升級為恐怖主義暴行，「和理非」應該猛然驚醒，看清黑衣魔的本質，看清他們已經完全喪失常性，如果還要與他們「同行」，最後終自食惡果。

過去兩天，黑衣魔將暴力襲擊的主戰場轉移至各大商場。這的確給警方執法帶來很大的考驗，因為商場並非露天空間，並且內有大量普通市民和遊客，一般情況下，不適宜使用諸如催淚彈、橡膠子彈等武力，只能使用警棍等埋身肉搏的短武器。另一個難題，是部分商場不支持警方執法，甚至發生保安人員驅趕警員、禁止警員入內等荒唐場面。一些商場對警方不友善，無疑是屈服在黑衣魔的暴力淫威之下，不敢得罪黑衣魔。但這種態度無異於飲鴆止渴。商場是做生意的地方，包庇黑衣魔作惡，只會令商場的經營環境惡化，有心消費的人遠離、打砸搞事的人聚集；更何況黑衣魔是到商場內打砸不同政治光譜的店舖，這些店舖都是商場本身的客戶，商場的經營者不保護店舖反而縱容黑衣魔打砸，到頭來還有

誰敢租你的店舖？這種「引魔入室」的行為，豈不是自己打爛自己的飯碗？美心集團伍淑清近日在接受訪問時表示，有很多商界中人甚至大企業都不敢對暴力發聲，是十分可悲的；從更長遠的角度思考，香港商家如果對黑衣暴力縱容啞忍，只會令外資企業覺得香港不安全，對香港的投資環境產生負面影響。

　　當恐怖主義威脅就在眼前的關頭，鴕鳥心態和政策是最不堪、最可悲的，選擇裝聾作啞、選擇綏靖媾和，都是對香港、對自己不負責任。

2019年10月14日　文匯報社評

黑衣魔逼記者交記憶卡
公然搞「新聞審查」

　　黑衣魔近日的惡行發展到霸佔大學校園，堵塞校園周邊道路，儼然將校園當成「獨立王國」。一位傳媒界老友向自明大表不滿：「現在黑衣魔公然搞『新聞審查』。TVB一位攝影記者，昨早去中大採訪，竟然有蒙面人要求該名記者交出五張記憶卡，否則就威脅打爛攝影機。由於在黑衣人地頭，行家請示上司後，只能乖乖交出。這真是荒天下之大謬，一向口口聲聲追求『民主自由』的黑衣魔，竟然在香港搞『新聞審查』？」

　　經常跑前線的老友說，黑衣魔的暴力愈來愈恐怖，昨日又令他覺得有點搞笑：「黑衣魔真的當大學校園是自己地盤，當正已經『立國』一般。中大、理大、浸大都有這種現象，他們砌起高牆阻隔、築起崗亭放哨，中大甚至設置了出入境通道，寫明『入境』、『出境』，有人把守，學生、教職員或其他任何人，出入都要搜身。看似小孩子『玩泥沙』，但他們玩得『很認真』。」

　　黑衣魔的所作所為，更扯下他們所謂追求民主自由的假面具。老友話：「他們口口聲聲追求『民主自由』，但過去幾日，全港市民都深深感受到失去自由，甚至連返工、返學的自由都被剝奪。對於『新聞自由』，他們10月針對《大公報》在柯達大廈打爛玻璃投擲汽油彈，11月初打砸新華社亞太總分社辦公大樓，現在又對TVB的拍攝片段搞審查。一宗宗惡行說明，他們口中的『新聞自由』，只是為自己狡辯、抹黑警方、推卸罪責的自由。自以為霸佔了大學校園，就可以『統治』校園了，可以搞『新聞審查』了，真是可笑至極。」

　　對於黑衣魔粗暴剝奪新聞自由的行徑，煽暴派和長期為黑衣魔辯護的記協，都選擇了沉默。老友話：「TVB攝記被『審查』，為何不見記協發聲譴責？之前

也有少數所謂記者，去到警方記者會『踩場』，又戴頭盔貼標語、又大聲叫囂，指責警方對記者態度惡劣，粗暴干涉新聞自由。現在黑衣魔用威脅打爛攝影機的手段強迫交出新聞素材，怎麼不見這些人去中大校園伸張正義？是不是香港警察斯文克制，他們就要新聞自由；黑衣魔動輒對人拳腳棍棒相加，他們就只能噤聲？」

黑衣暴力肆虐5個多月，愈來愈多市民積壓的怒火爆發出來，老友觀察到：「過去幾日，各區都有市民站出來呵斥、制止暴徒，主動幫手清理路障，為警察打氣加油，這說明市民已經忍無可忍，被迫出手捍衛自己的生活。大家不應忘記，警察公共關係科總警司謝振中早前套用反納粹名句的話：起初，有暴徒四處縱火堵路，大家無出聲；跟住佢哋破壞中資的商店，大家無出聲；後來他們毆打不同意見的途人，大家仍然無出聲；最後當他們向你襲擊的時候，就不會有人再為你發聲。是時候覺醒了。」

2019年11月15日　文匯報　李自明文章

暴亂將香港推向「國際恐怖主義中心」

昨日是國際「人權日」，民陣發起大遊行，又一次演變成堵路及縱火。新一代漢奸岑子杰賊喊捉賊，聲稱過去半年全港市民不分老幼都遭到「警暴」，出現「人道災難」。但事實上，施暴的是黑衣暴徒，製造人道災難、踐踏人權的也是黑衣暴徒。最可怕的是，黑色暴亂催生本土恐怖主義，香港「中東化」的夢魘正在變成現實。

遊行開始前，警方O記進行「情報主導」行動，偵騎四出，在灣仔及炮台山破獲大型武器庫，包括半自動手槍、一百多發子彈、避彈衣、匕首、日本軍刀等，這也是過去半年來首次檢獲真槍實彈。八男三女涉嫌「非法集結」、「管有危險品」、「管有危險武器」被捕。涉案者屬於一個劣跡斑斑的激進組織，早前曾在旺角非法集結，以大量汽油彈攻擊旺角警署。警方研判這個組織計劃於當天遊行活動中使用槍械射擊警員，製造混亂，傷及途人後嫁禍警員。

使用真槍襲警及傷害無辜，再嫁禍於警方，這是「顏色革命」的套路，曾在烏克蘭出現。未必巧合的是，上月警方圍困被暴徒佔據的理大期間，就有臭名昭著的烏克蘭新納粹組織「亞速營」出現於香港街頭。接着，警方在城門水塘附近檢獲大量化學品，懷疑有人策劃污染水源，製造社會恐慌，而污染供水系統同樣是恐怖分子的慣用手段。

■警方在灣仔華仁書院範圍檢獲可致命的遙控爆炸品。

　　從暴力中來，到暴力中去，最終演變為恐怖活動，這是暴力本身的進化邏輯。人們已經親眼見證，暴徒由開始使用磚頭、鐵通，發展到使用汽油彈、土製炸彈、真槍實彈甚至化學武器；由襲擊警方到襲擊持不同意見的市民；由具情報背景的外國人充任暴亂指揮官，到國際極端分子湧來香港「刷存在感」。儘管警方成功偵破今次事件，但恐襲防不勝防，誰敢保證下一次不會釀成恐襲大災難？

　　曾為世上最安全城市之一的香港，已經面目全非，慘不忍睹。反中亂港勢力美其名曰為香港爭取「自由」與「民主」，事實卻是恰恰相反，「反修例」風暴打開潘朵拉盒子，暴力橫行。有人說，香港正由國際金融中心迅速滑向國際恐怖主義中心，這顯然不是危言聳聽。

　　事實上，自從黎智英、黃之鋒等大小漢奸揚言「為美國而戰」、「香港是中美冷戰的第一戰場」後，他們為香港「爭取」到的何止是暴力氾濫及恐怖主義呢？

　　香港由動感之都淪為動亂之城，是他們「爭取」的；美國推出制裁香港的《香港人權與民主法案》，是他們「爭取」的；香港經濟衰退，失業率上升，是他們「爭取」的；市民失去返工、返學、免於恐怖的自由，是他們「爭取」的；大量公共設施及私有財產被「裝修」，大量市民被「私了」，也是他們「爭取」的……

　　香港是「變好了」還是「變壞了」，社會是「進步了」還是「退步了」，市民是「快樂了」還是「悲摧了」，答案不言自明！

2019年12月9日　大公報社評

黑衣魔就是黑社會
堅決割席拒「攬炒」

聖誕新年假期本來是旅遊消費旺季，但黑衣魔近日接連搞「和你SHOP」，打砸店舖兼「私了」遊客。黑衣魔由攻擊異己，發展到搞所謂「黃色經濟圈」，發行「抗爭幣」，這種行為本質上是打着所謂追求社會正義的旗號，行「順我者昌、逆我者亡」的黑社會行徑，甚至比黑社會更明目張膽和囂張。黑衣魔就是黑社會，面對黑衣魔的肆意違法行為，特區政府和警隊必須嚴正執法，不容黑衣魔禍害基本的社會秩序和經濟秩序。廣大市民，包括那些所謂「黃店」的主事者也必須清醒地認識到，法治一旦失效，香港沒有贏家，再不堅決與黑衣魔割席者，最終都只會被黑衣魔「攬炒」，沒有人能夠倖免。

在借修例風波發動的黑色暴力運動中，黑衣魔持續砸爛與破壞很多的餐廳商舖，包括美心、星巴克、優品360、吉野家等等港人熟悉的品牌。黑衣魔破壞這些商舖食肆，宣稱是因為其老闆或員工曾經發表反對他們的言論，背後充斥一套「順我者昌、逆我者亡」的強盜邏輯。到了近期，黑衣魔及其支持者更組織所謂「黃色經濟圈」，這種毫無顧忌打擊不同意見商舖食肆的醜惡圖謀，進一步暴露他們煽動仇恨，嘗試用暴力手段迫使商戶「歸邊」，為達成自己的瘋狂政治目標造勢。

警方發言人多次強調，黑衣魔的手段已經與黑社會如出一轍。他們在網上公示所謂「入圈門檻」，要求店內要專門設有給暴徒黏貼文宣品的「連儂牆」，店內要不停播放「港獨」歌曲，給暴徒提供免費的「飯券」以及免費的交通卡，甚至要將收入的5%至10%捐獻給特定組織，然後門上方可貼上「黃豬」貼紙，暴徒們還會進行逐一「認證」，然後「接受黃色經濟圈社團保護」。稍有常識的人都

能看出，所謂的「黃色經濟圈社團保護」，無異於黑社會收「保護費」，是徹頭徹尾的違法行爲。

　　所謂「黃色經濟圈」，是虛妄、違法、違反文明底線的，只是黑衣魔、「黃絲帶」政治上腦的妄想臆語。本港生存所必須的食水、電力、食物不少都來自內地，要在經濟上「去內地化」，黑衣魔恐怕活不了幾天。本港四五十年前黑社會一度猖獗，到處欺行霸市、魚肉市民，那時候的黑社會就是要收「保護費」，訴求經濟利益。也因此，本港有完備的法律條例打擊黑社會組織，包括《有組織及嚴重罪行條例》、《社團條例》等等，不但參與暴力恐嚇活動者會被追究法律責任，任何聲稱是這些違法社團成員，或向這些社團付款或給予援助亦屬犯罪。在法律意義上，參與「黃色經濟圈」的所謂「黃店」主人亦很大機會涉嫌違法。

　　或許有黑衣魔嫌收「保護費」還是來錢太慢，一個名爲「香港公民鏈」的組織，早前乾脆宣稱發行一款名爲「抗爭幣」的加密貨幣，這種行爲更是公然擾亂金融秩序，完全是黑衣魔趁機斂財、巧取豪奪的違法行爲，企圖藉此搜刮誤信他們的市民的錢財，結果不出數日就宣稱「未處理好發行的安全問題」而停止運作。

　　今日的黑衣魔組織，比昔日的黑社會還要明目張膽，他們打砸商舖、「私了」市民、恐嚇遊客，甚至對凍結違法戶口的銀行進行暴力破壞，他們口口聲聲宣稱追求「社會正義」，逼政府接受他們的所謂「五大訴求」，本質上卻比黑社會更加惡劣。所謂「五大訴求」難道可以違背本港法治嗎？可以違背基本的社會秩序和市場秩序嗎？黑衣魔這種惡過黑社會的「攬炒」行爲，其實質就是違法，特區政府和警隊必須嚴正執法，堅決打擊。而那些所謂「黃店」的主事人，你們也應該醒一醒，不要以爲給了「保護費」就會受到黑衣魔的保護，等黑衣魔把市場徹底搞亂了，你們也是「攬炒」的犧牲品。皮之不存毛將焉附，香港法治基石一旦失去，沒有一個香港人是贏家。

2019年12月30日　文匯報社評

認清「民陣」綁架市民掩護暴行的真面目

「民陣」申請於明日元旦日發起遊行，由維園中央草坪至中環遮打道行人專用區。遊行雖獲警方發出不反對通知書，但眼見「民陣」自6月以來的歷次遊行都演變爲暴力打砸燒事件，尤其是這次有黑衣魔事先在網上宣揚「毋忘報仇、全城裝修」的海報，社會各界憂心忡忡。回顧過去半年多的事態，「民陣」通過策動遊行綁架大批市民，濫用遊行集會權利掩護暴力恐怖行動，明顯成爲暴力事件的煽動者、始作俑者和庇護者。這一點，縱使「民陣」百般砌詞狡辯，也難逃公衆法眼，切望「民陣」在元旦遊行中能切實擔當遊行集會組織者的法律責任，不要再與暴力同行。

自6月修例風波爆發至今，「民陣」發起過最少9次遊行，每一次都例必演變成暴力破壞，初時是撬地磚拆鐵欄，繼而堵塞道路、襲警，還伴隨對不同政見的市民、商家的私刑、打砸、縱火，被毀的公共設施和港鐵站數不勝數，很多市民、遊客被無辜打傷，黑衣魔的所作所爲無異暴徒，行徑無法無天，甚至比黑社會更不堪。在這些違法過程中，「民陣」遊行成爲黑色暴力的煙霧彈和保護傘，很多持不同意見的市民被遊行綁架，來爲黑色暴力作掩護。毫無疑問，「民陣」這種操作混淆了和平表達意見與違法暴力衝擊的本質分野。

客觀冷靜的市民都會發現，「民陣」遊行每次到尾聲，大會例必以大聲公宣告遊行結束，同時痛罵政府與市民「對立」，說這是「警察要求的遊行終點」，但同時「提醒」一衆黑衣人，香港現時「未曾戒嚴」，大家可以在街頭「自由活動」云云。然後，所謂「和平」遊行隨即演變爲暴力衝擊警方防線、霸佔行車路、對政府機構和商舖打砸搶燒等違法行爲。這種「『民陣』排頭，暴徒在後」已成爲既定模式，聲稱的「和平遊行」實際上處處掩護暴徒，讓暴力衝擊一再上演，根本無異於合謀施暴，借遊行示威之名，進行非法集結、管有攻擊性武器、

堵塞道路、刑事毀壞、惡意傷人等極端違法活動。

衆所周知，香港有保障和平表達意見的傳統，回歸後的20年沒有拒絕過一次和平表達意見的集會遊行，足以證明基本法保障的言論集會自由得到充分的認眞的落實執行，香港特區過往的遊行也大多和平有序。但過去半年多時間裡，「民陣」濫用集會自由的權利，綁架市民，利用和平表達意見的市民來爲違法活動作掩護。隨着暴力不斷升級，警方曾經多次不批准集會遊行的申請，結果「民陣」又惡人先告狀，指摘警方剝削市民合法表達意見的權利，「公佢贏字你輸」的無賴本色令人嘆爲觀止。

無論在法在理，身爲入紙申請的主辦者，「民陣」必須對遊行的秩序和後果負責，對所引致的所有違法問題承擔責任，這樣的要求合情合理合法。「民陣」跟暴徒同聲同氣，不但未有控制場面，反而處處煽風點火、唯恐天下不亂，其罪責又豈是一句「唔關我事」可以撇清？

最近黑衣魔的暴行變本加厲，這次元旦遊行前，網傳一張以「民陣」名義發出，以「毋忘報仇、全城裝修」爲題的海報，令人充滿憂慮，預示明日的遊行相當兇險，希望廣大市民珍惜生命，遠離暴力。雖然「民陣」自稱不是他們的官方海報，但是否官方海報大家心知肚明，沒有打上「民陣」的標籤就以爲可以逃避責任？社會公衆自有公論。對於「民陣」企圖撇清責任，警方以「歡迎與暴力割席」回應，明天大家可拭目以待，看看「民陣」是否能擔起遊行集會組織者的法律責任。

2019年12月31日　文匯報社評

火燒匯豐銅獅　衰過日本侵略者

新年伊始，本來應該是普天同慶的日子，但禍港殃民的黑衣魔沒有給香港片刻安寧，在元旦日繼續用堵路、破壞、縱火、傷人等暴行破壞香港，匯豐銀行總行外的一對銅獅子都「蒙難」，遭黑衣魔縱火塗污。一位資深傳媒老友不勝唏噓：「這對銅獅子屹立香港已經80多年歷史，見證香港滄桑變化。想不到，三年零八個月，日本侵略者鐵蹄下尚能逃過一劫，今天卻被一群叫着『守護香港』的黑衣魔蹂躪，黑衣魔真是衰過日本侵略者。」

■匯豐銀行的銅獅子遭黑衣暴徒縱火焚燒。

黑衣魔攻擊匯豐，是因為匯豐凍結「星火同盟」的洗黑錢戶口。老友話：「自警方公佈調查『星火同盟』涉嫌洗黑錢後，黑衣魔就將矛頭指向匯豐，破壞

匯豐多家分行和理財中心及櫃員機。黑衣魔這樣做，無非要顯示『順者昌、逆者亡』的強盜作風，不理你中資英資，不向暴力跪低，就無運行，香港只有他們認可的『民主、自由』。」

老友認為，黑衣魔一直叫囂「守護香港」，但他們的所作所為卻是毀掉香港，實在是最大的諷刺。老友指出：「匯豐的銅獅子是香港的『神獸』，在香港無人不識。張嘴吼叫的那隻叫『史提芬』（Stephen），另一隻靜臥的叫『施迪』（Stitt），這兩個名字分別源自1924年的香港總行總司理 Alexander G. Stephen 和1921年上海匯豐司理 Gordon H. Stitt。從1935年第三代香港匯豐總行落成時，這對銅獅便被放在大門前，計算起來已經85歲高齡。」

這對銅獅子還有一個歷劫重生的故事，老友娓娓道來：「1941年日軍攻佔香港後，一度將這對銅獅偷運到日本，打算熔掉用來製造武器。然而，可能還是有所顧慮，遲遲無動手。直到1945年日本投降，美軍在大阪發現了這對銅獅，並將其運回香港。『史提芬』和『施迪』安然回港。令人始料不及的是，見證香港發跡的銅獅，未被殘暴的日本法西斯熔掉，卻在自己的家門口被黑衣魔放火焚燒。銅獅子是港人的集體回憶，黑衣魔口口聲聲說自己是『真香港人』，實際上卻傷害港人感情，與港人為敵。有不少市民看到銅獅子被踐踏都傷心落淚。黑衣魔的暴行，比日寇有過之而無不及。」

半年多的暴行，不斷暴露出黑衣魔的真面目，老友指出：「銅獅子是香港歷史的一部分，黑衣魔放火燒之；融入大灣區和國家發展大局是香港的未來，黑衣魔要抵制排斥。請問這些侮辱歷史、放棄未來的黑衣魔，憑什麼說自己是香港人？他們懂得香港的歷史、珍惜香港的未來嗎？他們不斷破壞、葬送香港，根本是香港的敵人。真香港人愛惜匯豐的銅獅子，愛惜香港這個家，黑衣魔越來越暴戾，毫無人性，只會越來越神憎鬼厭。」

2020年1月3日　文匯報　李自明文章

「黃色經濟圈」
是謀取政經利益的「惡霸經濟圈」

縱暴派強行搞「黃色經濟圈」，給經濟活動蒙上暴力陰影。過去幾個月，有不支持暴力的商家不斷受到暴力襲擊；近日，元朗、灣仔及長沙灣再有店舖遭殃被毀。「黃色經濟圈」的本質，是順者昌逆者亡的「惡霸經濟圈」，以政治干預經濟，損害香港全球最自由經濟體的聲譽。縱暴派利用「黃色經濟圈」，牟取政治、經濟的不義之利，威脅了香港的營商環境、經濟繁榮、社會穩定，廣大市民必須堅決抵制。

「黃色經濟圈」的本質是強權經濟、順民經濟。黑衣魔一方面對持不同政見的商舖打砸燒，以黑社會手段迫令其噤聲，甚至導致商舖倒閉；另一方面，透過文宣對同情、包庇暴力的商舖大肆吹捧，製造客似雲來的假象，威逼利誘更多商舖加入，試圖形成「黃昌藍亡」的經濟怪圈，打壓敢於撐警護法的「藍店」，企圖不斷削弱反對暴力、支持法治的正義力量。

眾所周知，香港連續25年被評為全球最自由經濟體，香港注重捍衛自由開放的貿易體制，建設公平的競爭環境，為百業創造良好的營商環境，促進香港經濟增長。自由市場原則一直是香港經濟繁榮的基石。「黃色經濟圈」以政治先行，拉一派打一派，違反港人最珍而重之的自由準則，干擾自由市場經濟健康發展，自毀香港繁榮的基石。飲食界立法會議員張宇人表明，未見過以政治理念掛帥維持飲食業生意而有成功的例子，又指有食肆因此而大排長龍可以是假象。

稍有經濟常識的人都明白，香港作為細小的開放型經濟體，一向靠法治、自由、穩定的環境，吸收來自世界各地的資金、人流、物流，造就了香港成為國際金融、商貿中心。回歸以來，加強與內地的經濟融合、互利雙贏合作，更是香港

繁榮穩定、市民安居樂業的重要保障。

「黃色經濟圈」畫地為牢，搞經濟也要政治壁壘分明，根本是倒行逆施，違背經濟一體化的世界大潮。有經濟學者指出，「黃色經濟圈」很難做到「所有東西都是黃」，整個生產鏈和經濟環環相扣，以食肆為例，食材、廚具和供水本身就來自內地。以「黃色經濟圈」抗拒「送中」，實在太過自欺欺人。受修例暴力動亂所累，來港遊客、消費者大減，連海洋公園、迪士尼等本港指標性企業都陷入巨虧，甚或要向政府求救，參與「黃色經濟圈」的大多數是小微企，靠「塘水滾塘魚」能自給自足，乃至持續發展？真是天方夜譚。

「黃色經濟圈」根本不可行，縱暴派仍然大肆美化、推動，更以暴力來促成，目的說到底還是為了榨取政治、經濟利益。有黃店指出，進入「黃色經濟圈」並非免費午餐，店舖需向「星火同盟」、「612基金」等所謂「抗爭基金」捐款才可入圍；入圍後還要上繳費用作抗爭之用，以及向「黃絲」提供優惠。說到底，縱暴派從「黃色經濟圈」收取巨額「保護費」，來斂取不義之財。可歎的是，不少黃店加入「黃色經濟圈」未享其利，先受其害，被人貪婪吸血，無以為繼，最終走上關門末路。

「黃色經濟圈」還有更大的政治企圖，就是通過「攬炒」刺激、吸引反政府、反法治的力量，令暴力政爭歪風持續不息，助長暴力抗爭文化，為接下來的立法會、特首選舉謀局，以達到縱暴派逐步奪取香港管治權的目的。知名商界人士施永青亦認為，示威者呼籲抵制政治對立者經營的生意，「會激發社會矛盾，令社會變得更為撕裂，同時破壞香港營商環境」。

「黃色經濟圈」是違反法治、違背經濟規律的畸胎，對香港百害而無一利，港人應對「黃色經濟圈」高度警惕，勿任其坐大而禍港殃民。

2020年1月13日　文匯報社評

第二章

廓迷霧

到底是誰在破壞香港的法治？

法治精神是香港市民最為珍惜的「核心價值」，良好的法治環境也得到舉世的公認。但令人憂慮的是，當前某些政治勢力正在千方百計尋找藉口，唱衰、詆毀香港的司法制度。一股抹黑香港法治的「妖風」盤聚香港上空揮之不去。

政府修訂《逃犯條例》，本來是沿着法治邏輯處理殺人案引渡難題，彰顯公義也是完善法治的必要之舉，但來自於反對派政黨政客、外國政府及商會，以及諸如香港大律師公會等所謂的專業組織，採取了罕見的「聯合行動」，從不同方向、以不同的名義、在不同國家地區，對修訂作出完全與事實不符的攻擊。而隨着事態的演變，這種對法例審議的阻撓，上升到對整個香港法治的否定，乃至是對國家司法制度的攻擊與抹黑。

事實說明，那些平日喊維護法治口號喊得最大聲的，正正是破壞香港法治最兇狠的；那些聲稱「以香港為家」的，正正是踐踏法治最肆無忌憚的。這些香港政客與別有用心的組織，所作所為，不僅是在親手破壞香港來之不易的獨立司法制度，更是在摧毀香港市民的根本福祉與社會繁榮穩定的基石，與民為敵。維護法治，需要全社會長時間的努力；但破壞法治，往往在一小撮人短時間操弄下完成。當前是香港法治發展的重要時刻，堅定維護法治精神，吹散抹黑「妖風」，全體港人要勇於向這股惡勢力說「不」！

信口雌黃詆毀司法獨立

此次修訂《逃犯條例》目的非常單純，在於兩點：第一，讓香港有法律依據去處理「台灣殺人案」。客觀事實在於，由於香港目前沒有一個與台灣地區移交逃犯的法律機制，即便台灣當局提出移交逃犯的要求，香港也無可奈何。再加上處理疑犯具有期限性，不可能無限期拖延，有必要在短期內完成。第二，填補一

直以來存在的移交範圍不及內地及台灣地區的制度漏洞。行政長官林鄭月娥前日進一步解釋，「漏洞」的意思是指，有些人可以用一些合法的途徑去避免一些他想避免的事，堵塞這些漏洞，讓香港不會成為一個「逃犯天堂」。「個案」以及「制度」，這兩者無法割裂對待，在公義面前、在整體社會利益面前，作為一個負責任的政府，又豈能對此視若無睹？

　　但令人失望乃至憤怒的是，自修訂一推出來，反對派不僅沒有着眼於完善當前法律制度，反而是無限上綱上線，通過各種政治手段，意圖將事件朝「政治化」拖曳。其詆毀香港司法獨立的言論，層出不窮、不斷翻出新花樣。例如，攻擊稱「廢立法會把關權，特首隻手遮天」、「政治犯會被引渡，言論自由受壓」；而不知受何原因催使突然冒出來的律政司前高級助理刑事檢控專員白孝華，更稱引渡到其他地區受審，控罪可以與原本的控罪面目全非，云云。香港大律師公會又以「專業」作包裝，臚列種種似是而非的理由，極力攻擊特區政府。

　　然而，只要不帶任何政治偏見，都可以看出上述所謂的攻擊理由根本站不住腳，與其說是在「討論」，不如說是在「詆毀」。條例修訂後，第一，不會出現「特首一人話晒事」的情況；移交逃犯要經過三道關口，即律政司、特首、法庭共同完成。更何況香港司法獨立公正，基本法保障人權，這樣的制度設計，完全有能力依法把關。第二，不會出現「政治犯引渡」的問題。政府官員已經多番澄清，修訂條例已寫明，如是宗教、種族或政治原因，無論表面上是有關的，或是實質背後有關的，都會成為考慮因素，而當事人也可以在法庭上作出申請和主張，由法庭作出決定。法庭足可作出公正的裁決。第三，不會出現「引渡更寬鬆」的情況。條例已列明須有「雙重犯罪保障」，也即必須是香港法例中也屬刑事的罪行才可引渡。

　　至於反對派所指的「核證程序」，事實上這和證明有否犯罪是兩碼事，香港法庭對被指犯罪者的保障，是審視該人被引渡之後，會否受當地不公平審訊或對

待。認證與證明有否犯罪是兩件完全不同的概念。總而言之，修訂後香港的法治更完善、香港法庭的權力更大，絕無削弱之可能。這些修訂白紙黑字寫得清清楚楚，香港長期存在的良好法律制度更是不容抹殺，但反對派裝作視而不見，更將種種對被引渡者的保障，詆毀為「形同虛設」、放言司法獨立是「廢話」，信口雌黃真是莫過於此！

香港有今天的成就，得益於穩健的司法獨立制度，香港社會也一直以法治社會為傲，這次修例也正是沿着法治邏輯進行。但反對派為反而反，處處詆毀、不斷唱衰，顛倒黑白。正如資深大律師湯家驊所感慨的：「大律師公會作為專業團體，非常希望能用中肯、全面的角度提供專業意見，而非為推動某一政治立場。」這句話撕下了反對派「專業」的政治偽裝，也是戳破了反修例的真正用意。

賊喊捉賊唱衰香港法治

有句俗語叫「賊喊捉賊」，這句話正正是反對派當前的生動寫照。這些抹黑香港司法制度、攻擊香港司法人員的反對派政客，正正是那些平日高叫維護法治、尊重法庭獨立這類口號叫得最大聲的人。他們要麼在香港散播嚴重與事實不符的言論，要麼跑到外國去詆毀香港所擁有的良好法治環境，其所作所為，不僅是在以實際行動去破壞香港的法治，更是在破壞香港繁榮穩定的社會基石。

一周之前，陳方安生、郭榮鏗等人不遠萬里跑到美國「謁見」美國高官與政客，會面期間所講的、座談會上所演示的、對記者所描述的，並非香港的客觀情況，而是嚴重偏離實際的荒謬政治術語。唯一正確的一句是「香港法治遭受到嚴重挑戰」，但破壞香港法治的不是別人，恰恰是他們自己。邀外國勢力直接插手干預香港的本地立法，無異於將香港的司法獨立拱手相讓；在外國政要面前對香港法庭說三道四，實際上就是在拆毀法治賴以存在的基石。

　　一月之前，美國以及英國當局公布所謂的「香港報告」，對香港的法治與政治作出干預與無理的指責，有的聲稱「香港法治受到打壓」，有的聲稱「中央破壞香港法治」。然而，在這些所謂的「報告」的語句之下，難以掩蓋的是對香港法治肆意批評的破壞之舉，最受傷害的正正是香港的法治本身。但反對派對此有有半句「微詞」嗎？不僅沒有，反倒主動迎合加入到抹黑詆毀香港司法制度的逆流當中。

　　一年之前，中央批准香港與內地就高鐵西九龍站「一地兩檢」達成的合作安排，對於這項合憲合法合理合民意的決定，香港反對派刻意歪曲並散播政治歪論，攻擊中央政府。而所謂的大律師公會還發表聲明，批評人大常委會缺乏法理基礎，等同「但凡全國人大常委會所說符合的便是符合，是回歸後在香港落實執行《基本法》的史無前例的最大倒退，嚴重衝擊『一國兩制』的實施及法治精神」云云。如此漠視中央的憲制地位、如此歪曲香港所應遵循的憲制秩序，難道這就是「維護法治」的體現？

　　對待政府的合法行為，反對派無所不用其極去攻擊抹黑，但另一方面，對於一些顯而易見的違法行為與個人，則是肆意包庇美化。「旺角暴亂」主角梁天琦因暴動罪及襲警罪罪成，判監六年，反對派竟然形容梁某「勇於承擔、不放棄香港」、是「香港英雄」；隱性「港獨」組織「香港眾志」，涉嫌衝擊政府總部，政府檢控，反對派又是群起包庇，攻擊政府「政治檢控」。

　　事實說明，不擇手段破壞香港法治、唱衰香港司法制度的，不是別人，而是反對派一眾政客。他們出於即將到來的選舉考慮，出於外國政治勢力的亂港要求，不惜將香港的「法治基石」作為自己政治前途的「踏腳石」、將香港市民的根本利益當作自己的「私利」！

　　維護香港的法治，絕不只是中央政府以及特區政府的工作，更應當是全體港人的共同責任和義務。事實上，香港回歸至今21年來，維護法治方面的成就獲得

了舉世的公認。一個基金會將香港連續21年評為「最自由經濟體」，足以說明問題。如無高度的法治環境，試問自由從何而來？

捫心自問對得起香港人？

今年一月，世界正義工程（World Justice Project）公布的全球法治排名指數，香港在2017至2018年度法治指數中名列第16位，位居世界前列。如果香港法治程度像反對派所說的「已經不保」、「法庭不再獨立」，又何來如此高的排名？諷刺的是，在同一排名當中，反對派眼中所謂的「自由燈塔國」美國，其排名僅在第19位，落後香港三位。如此數據，美國的政客以及香港的反對派又有何臉面去攻擊香港的司法獨立？而以反對派此次反修例邏輯，香港不應與法治水平低於香港的國家地區簽訂「引渡協議」，那麼香港是否應該取消已經與美國所簽訂的引渡合作協議？

香港回歸以來在法治方面所取得的成就，絕非偶然。在普通法轄區擁有非常高聲望的英國最高法院院長廖柏嘉（David Edmond Neuberger），曾在一次公開演講中指出，如果他發現香港的司法獨立受到了損害，他就會要麼站出來說話，要麼辭掉香港終審法院的職務。而從他觀察到的情況，他可以很肯定和自信的說，目前還沒有發現香港的司法獨立受到破壞。

事實說明，儘管遭受外國反華勢力抹黑，儘管香港反對派極力詆毀，但香港的法律體系和法治依舊穩如磐石，這是所有人士有目共睹的事實。修訂《逃犯條例》，是伸張正義、填補法律漏洞的合法、合理也是合民意的「遲來之舉」，不僅無損香港原有的司法獨立，更是在完善香港現有的法律制度，必然能得到香港市民的支持。

反對派或許可以繼續唱衰下去，或許可以繼續詆毀下去，但香港的法治絕不會因此而輕易受損。但他們為求達到一己之政治私利、為求滿足於外國政治勢力

要求的所作所為，必須予以強烈譴責。他們應當捫心自問：對得起744萬香港市民嗎？對得起數萬忠誠於法治的法律工作者嗎？對得起在台灣冤死的香港少女嗎？行政長官林鄭月娥前日在立法會的一句話說得好：「任何立法會的議員詆毀香港司法制度、認為香港沒有司法獨立或者說香港司法獨立是『廢話』，是辜負香港市民！……時常這麼詆毀、唱衰香港制度，是否對得起港人？」

　　立即停止對香港法治的抹黑詆毀、回到理性討論的軌道，是當前反對派所最迫切要做的。怙惡不悛，與民為敵，必遭民意唾棄！

2019年4月5日　大公報　龔之平文章

陳同佳10月出獄　堵漏洞刻不容緩

涉嫌在台灣殺害女友的香港男子陳同佳，昨日在法庭「洗黑錢」罪名成立，被判囚二十九個月，扣除其已被拘留一年及在獄中「行為良好」，估計今年十月間就可以期滿出獄，回復自由身。

涉嫌殺人犯「甩難」在即，然而，反對派卻正以更大的力度在反對政府提出的修改移交逃犯條例，繼前天舉行所謂「反惡法大遊行」後，今日將會在立法會繼續阻撓修例草案委員會選主席，更揚言要在五、六月間組織「十萬人圍堵立法會」，實行如「佔中」般「煽惑公眾妨擾」，阻撓特區政府依法施政。

必須指出，如果反對派阻撓移交的圖謀最後得逞，必將會造成兩個嚴重後果：一是本港司法公義和法治聲譽受打擊，陳同佳在拘留期間對在台殺害女友一事已直認不諱，但在現行條例漏洞下，司法難奈其何，日後陳同佳可以隨時出現在市民大眾身邊，令社會治安氛圍蒙上陰影，在台慘死的女子也沉冤難雪，家人永難釋懷。

眼前反對派正不惜氣力公開進行煽惑。反對派「喉舌」《蘋果日報》老闆黎智英在遊行中一方面胡謅「香港就快變成大陸」，同時煽動更多的人「站出來」，聲稱只要「人多勢眾」，就可以「推翻修例」和「保衛香港」。部分激進青年和不明真相的市民信以為真，以為上街遊行是為了保護自己的權利，日後「圍堵」立法會也會奏效，不知道又一次上了反對派的當，成了違法亂港的工具。

反對派一夥在煽惑中最惡毒的一點，就是絕口不提本港司法制度和法庭的「把關」作用，把移交說成是「大陸要移交就移交」、「人人都有機會被移交」。他們利用市民一般對內地司法制度和法治了解不多的心理，片面誇大個別極端例子，以至有些市民會擔心自己過去說過一些批評內地的話、發表過一些不

滿意內地的文章甚或因出席過維園「燭光晚會」而被移交？……

　　所有這些「憂慮」，不僅全無必要，也並無任何事實依據。事實是，早在九七回歸前，李柱銘和已故司徒華就說過，解放軍會隨時到中環拉人，什麼「紅色豬籠車」會「直達赤柱」，但事實真相如何？李柱銘前天還在「反惡法大遊行」中繼續大放厥詞，說什麼「共產黨可以將任何一個人引渡到內地」，「求其話你販毒或強姦就得」，仍在光天化日下厚顏重複講了二十多年早已破產的謊言。

　　面對反對派的猖狂進攻，特區政府必須堅決站穩依法施政和堵塞司法漏洞的立場，一方面要耐心向市民解釋清楚修例的原因和必要性，重點要闡明本港法庭首重證據和「三不交」的「把關」作用，以釋除部分市民的疑慮；同時要果斷堅毅支持建制派議員必要時打破「選主席」慣例，爭取草案「直上」全體大會審議，在本年度立法會休會前通過修訂。只要為完善司法、為市民利益，依法施政，毋須過慮，不能退讓。

2019年4月30日　大公報社評

駁反修例七種錯誤觀點

《逃犯條例》修訂提出至今已逾三個月，儘管主流民意支持這一保障港人、堵塞漏洞、彰顯公義的舉動，然而，在反對派以及外國勢力空前集結之下，修例遭到了有組織、有計劃的抹黑，導致社會上出現各種各樣的雜音。諸如暫緩修例、取消追溯期、設立「日落條款」、「港人港審」等等，持這些觀點的，有些人是出於好心和善意，有些人是不明就裏地跟風，有些人是「揣着明白裝糊塗」，有些人則是為了煽風點火，甚至別有意圖、包藏禍心。

在反對派的推波助瀾下，這些似是而非的觀點，流布於香港社會，造成一定程度的認識混亂。一些觀點，猛一看可能在某一方面具有其合理性，然而，只要認真客觀分析便會發現，要麼不具備現實可行性，要麼在法律上不可行，要麼根本在前提上就站不住腳。深入來看，或是披着「法律外衣」進行錯誤詮釋，或是打着「反映民意」旗號刻意歪曲事實，或是造謠誣衊散播恐懼言論，背後都有反對派「為反而反」的不良居心。對於這「七種觀點」，必須做出必要的澄清，以利香港社會在修例這個問題上進一步明辨真偽，持有更加理性的態度。

第一，「暫緩修例」

不少人和一些媒體都提過這個觀點。然而，暫緩修例真的可行嗎？首先，今天已是5月20日了，距立法會休會只有不到2個月時間，而逃犯陳同佳最快將於10月釋放，如果修例無法通過，則逃犯很可能得不到應有的制裁，這恐怕既非香港社會所願見的結果，更不符合香港的法治精神。

其次，一些人所謂的「緩」，未必是真有此意，而是「緩兵之計」，真實想法是「永遠不要修例」。從反對派最近採取的一系列有計劃有部署的行動看，他們也完全沒有一點「緩」的意思，反而越衝越前、越搞越激進、越拖越離譜。市民可以看到，從「文鬥拉布」到「武鬥拉布」，立法會法案委員會開了四次會都

選不出主席，惡劣情況前所未有，其後又進一步弄出所謂的「三方會談」，意圖繼續拖延。

面對反對派的搗亂，如果什麼事都不敢做、不願做，那就真的中了反對派的圈套。正如前年「一地兩檢」的例子，當時反對派不也是傾巢而出、捏造各種恐怖畫面？民主黨的林子健甚至還自導自演了一場「釘書釘鬧劇」，如果當時香港特區政府猶豫了、退縮了、暫緩了，還會有如今的出行便捷、市民叫好的高鐵嗎？此次反對派故伎重演，製造了一齣「林榮基鬧劇」，明眼人都能看出，林並不在條例規定的移送犯人之列，無非就是一場「政治騷」。

看事物一定要看本質。只要是看準了的事、對市民對社會有利的事，就要保持定力、堅定前行。

第二，「不設追溯期」

有些人包括一些政團提出，可以支持修例，但有一個前提，就要明確不設追溯期，只懲罰修例以後的犯罪，不追究修例以前的犯罪，理由是「法不溯及既往」的原則。

然而，取消了追溯期，修例還有任何意義嗎？香港大學一位長期從事刑事法律研究的資深專家指出：「這個說法根本不值一駁。因為，『法不溯及既往』針對的是實體法，而《逃犯條例》是程序法，兩者根本不是一回事。」他並指出：「有些人是揣着明白裝糊塗，胡意混淆視聽，有些人則是真的不懂，只是因為反對修例就附和這種說法。」

這個問題說起來很專業，其實道理也很簡單，市民完全可以憑常識去作出基本判斷：移交逃犯的本意就是要懲治犯罪，如果沒有溯及力，那等於在還沒有抓到任何逃犯的情況下就先赦免一批逃犯，這是否合理？正義又如何能得到伸張？因此，這是一個似是而非、擾亂視聽的說法。當然要指出的一點是，有溯及力絕不等於濫用溯及力，兩者絕不能混同。

第三，「『日落條款』特事特辦」

有些人提出「建議」認為，一次性放寬《逃犯條例》不適用於中國其他地方的規定，處理完「陳同佳案」後，有關規定隨即復原。這就是所謂的「日落條款」。

然而，這並不是一個符合法治精神、符合實際情況的建議。因為，若真設「日落條款」，將意味着以後每當出現類似嚴重罪行，都可能需要通過「瘋狂拉布」程序才能啓動個案移交機制。這種「即用即棄」的做法，不僅勞民傷財、白白耗費立法會資源，在法律執行上也完全不切實際。

更何況，立法會的職能是立法，不是法庭審案，審理個案理應是法庭的事情。現在立法會因為一個「陳同佳案」都搞得一團亂，如果以後每個案子都讓立法會來插一手，誰知道會亂成什麼樣子？立法會還有時間精力討論經濟民生問題、處理撥款申請嗎？

第四，「擴大香港法院刑事司法管轄權」

普通法上有一個傳統原則，叫做「屬地原則」，意指在一般情況下，只有犯罪行為發生在本地時，法院才可以行使刑事司法管轄權。一直以來，香港也都嚴格執行這個做法，只在極少數例外情況下有所突破。例如，如果有港人在海外侵犯兒童，香港法院可以管。

反對派試圖證明，香港法院不僅可以管在本港發生的犯罪，對港人在外地發生的各種犯罪也都可以管。然而，他們舉來舉去也只有那兩三個案例，這恰恰說明一個基本的事實，即：擴大刑事司法管轄權是「特殊做法」、「例外情況」，不能隨隨便便普遍化、擴大化，否則就會動搖香港普通法制度的根基，帶來根本性影響。

第五，「港人港審」

這個說法聽起來「琅琅上口」，前段時間也比較流行。簡單來講，就是香港

人如果在外地（包括內地）犯了罪，只能回香港接受審判，不能由犯罪所在地審判。特區政府和社會上的不少有識之士已經從法律上，論述了「港人港審」爲何不可行，我們還可以從歷史視角來看。其實，「港人港審」並不是什麼新觀點，歷史上早有類似的做法，而且不是什麼好做法。

十九世紀西方列強曾在中國實行過所謂的「治外法權」，以保護本國僑民爲由，主張其駐華領館有處理本國公民在華犯罪案件的權力。所謂「港人港審」，說白了就是認爲內地根本不配審訊在內地犯了罪的香港人，要把香港倒退到英國殖民統治時期，讓香港享有已經被扔進歷史垃圾箱的「治外法權」，凌駕於內地法律之上。試問，這能行嗎？

今天的中國已不再是任由西方列強宰割的「東亞病夫」，不論是從法理上還是感情上，包括廣大香港同胞在內的14億中國人，會容許「治外法權」這種歷史垃圾再次出現嗎？今天的中國在國際上普遍受到尊重，有很多國家包括與香港一些價值觀相近的發達國家都和中國簽訂了逃犯引渡協議，況且中國已經恢復對香港行使主權，香港不是一個獨立的政治實體，怎麼可能享受什麼「治外法權」？

第六，「香港的『優惠』待遇會被取消」

有些人與美國等西方勢力一唱一和，聲稱修例一旦通過，美國可能要重新審視與香港的關係，考慮是否給予香港特殊的單獨關稅區待遇等等。然而，一個基本事實是，香港單獨關稅區和國際金融中心地位從來都不是美國政府賜予；而從規則上講，關稅待遇是按照世貿組織規則來的，不是誰想給就給、不想給就不給的，更不是美國單方面舉動就隨便取消的。

有學者曾經論述，美國所做的一切，「完全是國家利益主導，其他都是說辭。」最近有一本叫《美國陷阱》的新書，就揭露了法國能源巨頭阿爾斯通被美國企業「強制」收購的大量黑幕，是非常典型的「美國醜陋」。這兩年許多事例讓港人看得很清楚，美國如果想要制裁你，可以找各種各樣的藉口，就像他們對

華為的封殺一樣；如果不想整你，這些就都不是藉口，可以視而不見，採取雙重標準甚至多重標準。類似事情美國做得太多了。在香港的單獨關稅區地位問題上，千萬不要犯「政治幼稚病」。

第七，「修例後，內地想抓誰就抓誰」

這是《蘋果日報》近期大肆炒作的。正如資深大律師湯家驊所說，這是「建基於危言聳聽之上」，完全是反對派在蓄意製造「人人自危」的恐慌氣氛。特區政府多次說明，根據修例，移交必須嚴格按照「兩地同屬犯罪」原則處理，只有在香港也屬於犯罪的行為，且是相當嚴重的罪行，才可能會被移交。反對派卻聳人聽聞地造謠說「想抓誰就抓誰」，是他們真的不懂，還是故意造謠？只要認真想想就會有答案。香港居民現在每天在內地工作和生活的人數以十萬計，又有誰聽過哪位香港人無緣無故地被內地抓捕和判刑了？內地近年堅持全面依法治國，法治進步有目共睹，辦案都是講法講理的，炒作「想抓誰就抓誰」，完全是別有用心的胡說八道。

移交逃犯的初衷是懲治犯罪，根本不應該與所有守法市民掛鈎。近日一位香港工商界知名人士在股東大會上就反駁相關論調，指出：「我們到哪裏都守法，又不是逃犯，怕什麼修例？」那些恐嚇人心的伎倆，是對香港市民守法精神的侮辱，更是對香港法治的詆毀。

《逃犯條例》修訂對香港具有重要意義，不僅僅在於堵塞漏洞、彰顯公義，更在於鞏固香港的法治、保障香港免成「逃犯天堂」。修例有爭議並不可怕，真理需要越辯越明，但討論應該客觀理性，香港市民需要保持清醒頭腦，辨清什麼是事實、什麼是別有用心的抹黑。相信香港社會各界有足夠智慧去偽存真、凝聚共識，盡快完成修例，引渡罪犯、解決爭議，更好地保護社會安寧，維護法治公義。

2019年5月20日　大公報　龔之平文章

解析《逃犯條例》修訂的五大憂慮

《逃犯條例》修訂提出以來，儘管大多數市民支持這一堵塞漏洞、伸張公義、維護法治的舉動，但毋庸諱言，社會上的確存在不同意見。有的存有疑惑，有的抱有憂慮，有的存在牴觸情緒，這些不同意見在一些別有用心政客與傳媒的放大與激化之下，轉移了修例討論的焦點，也令社會主流聲音無法得到彰顯。

然而，只要我們放下政治偏見，心平氣和地對《逃犯條例》修訂本身進行審視，便會發現，其實許多疑惑、憂慮，都能得到清晰的解答與消除。法治原則以及事實本身可以說明，對《逃犯條例》的修訂，無損香港司法獨立地位，固有的人權保障不會有絲毫損害，新聞自由不會受到任何破壞，獨立關稅區地位不會受到影響，而香港良好的營商環境也會繼續得到維護。

真理會越辯越明，修例的合理性與正常性，也會在辯論過程中得到體現。所有的關鍵在於，能否以理性的態度、以客觀的立場、以務實的思維去討論問題。如果任由意識形態的爭辯去蓋過對事實的討論，讓極端言行的對抗去否定法律修訂的本意，則不僅無法彰顯真正的法治精神，香港市民的切身利益也將受到損害。

司法獨立

司法獨立無疑是港人最為珍視的核心價值，正因如此，市民對任何可能影響司法獨立的事件，都極其敏感。這本是很好的現象，說明了法治精神在香港社會根深蒂固的地位。但如果說《逃犯條例》修訂破壞了司法獨立，則是一個毫無根據的錯誤看法。

首先要認識一點，什麼是司法獨立？根據一個獲普遍認同的定義，它是指一個地區的司法系統，在「裁判上獨立」、在「制度上獨立」。那麼，香港過去有

沒有司法獨立？回歸近二十二年的事實說明，香港司法獨立的地位獲得世界一致認可。世界正義工程（World Justice Project）今年一月公布的全球法治排名指數，香港在2017至2018年度法治指數中名列第16位，比美國還高三位。

既然香港一直保持高度的司法獨立，那麼：第一，《逃犯條例》修訂並沒有改變香港的法律制度和司法制度；第二，《中華人民共和國刑法》等法律不會因修例而在香港特區實施，香港法院對刑事案件的管轄權並沒有任何改變或削弱；第三，修例並沒有引入任何內地法律制度，香港法院對案件獨立審判的權力並沒有受到任何影響。換言之，香港整套獨立的司法體系沒有受到任何影響，「損害司法獨立」又從何說起呢？

更重要一點在於，是否移交逃犯，固然需要由行政長官啟動第一道程序，但最終是否作出移交決定，其決定權依然在於香港的法院。和過去二十多年的情況一樣，「法官大人」仍然是「最終話事人」，香港司法獨立的地位、環境不僅沒有受到削弱，相反的是，法官的權力更顯凸出，司法獨立更加鞏固。

人權保障

將一名疑犯由香港移交到內地，從維護法治的角度，本來是再正常不過的。但一些別有用心的人，一方面稱內地人權狀況不佳，移交後人權無法得到保障；另一方面又稱，特區政府在修例中沒有盡到對人權保障的義務。但這些看法同樣都與事實嚴重不符。

首先，日後修例通過後，現行《逃犯條例》中所有關於人權保障的規定，仍然全面適用，並不存在「失效」的情況；其次，不論香港與內地在個案移交前還是移交後，當事人的人權和法律權利，包括獲律師代表、家屬探望、公平審訊等等權力，均會獲得最充分的保障；第三，即便發出移交申請後，也不意味着當事人就必須立即被移交，當事人還有多重權益保障，包括在香港可以通過司法覆

核、人身保護令、酷刑聲請、上訴等途徑尋求司法救助。在存在任何疑點情況下，法庭是不可能同意移交的。

當然，可能會有市民憂慮，會否出現「表裏不一」的罪名，即表面上是其他罪行，但實際上是政治原因而被要求移交。如果仔細閱讀《逃犯條例》修訂文本，可以輕易發現，當中已經排除了一切政治罪行；當局也已多次解釋過，不論以何種罪名，如果實際上是因當事人的種族、宗教、國籍或政治意見而被檢控或懲罰，也絕不會被移交。

昨日保安局局長李家超回應建制派議員建議時，對修例作出一系列新的安排：一是移交門檻由可判處最高刑罰的3年提高至7年；二是只處理由當地中央政府提出的移交逃犯請求，以內地為例，特區政府只處理由最高人民檢察院提出的移交要求；三是啟動特別移交安排時將加入更多限制，保障被移交疑犯在審訊中的權利，包括在移交協定中加入無罪假定、公開審訊、疑犯可有律師代表、有上訴權，以及不能強迫認罪等；法庭移交命令後、特首就是否移交作最後決定時，可以人道理由不移交疑犯。以上情況可見，修例通過後將疑犯移交到內地，和將疑犯引渡到美國、英國，本質上沒有差別，當事人的人權保障同樣堅固，並不存在削弱的情況。

新聞自由

反對修例的人士經常散播一種觀點：如果修例通過，香港新聞自由不保，屆時記者將沒有採訪自由、一切新聞都將受到審查……這又是一個聳人聽聞的謠言，只要我們回到修訂條例本身，便可以明白，《逃犯條例》修訂和「新聞自由」根本是風馬牛不相及的兩件事。

有三個基本的問題需要弄清楚：第一，所有可移交的罪行都必須是《逃犯條例》中訂明的37項嚴重罪行，那麼在此次修例中，有沒有一條罪行是與新聞自由

或言論自由相關的？答案是沒有；第二，除了新聞自由相關的罪名，修例還有沒有涉及言論、學術和藝術創作等方面的移交罪名？答案同樣是沒有；第三，修例有沒有針對記者、編輯或者是限制資訊流通、禁止合法採訪的條例？同樣沒有！

《逃犯條例》修訂，針對的是重大罪行疑犯的移交，而且必須符合「雙重犯罪」原則，意即除了內地屬於嚴重罪行外，同時也必須在香港也屬嚴重罪行，而香港並沒有所謂的限制新聞自由的罪行，連罪行都沒有何來移交？事實上，一切與新聞自由相關的合法行為，在香港都受到強而有力的保障。《基本法》對此有非常清晰的規定。《香港人權法案條例》以及其他現行法律同樣也有明確保障。

所以，問題其實很清楚，修例通過後香港新聞自由不會有絲毫損害。反對人士所說的馬凱事件、香港或外國記者到內地採訪易觸法網等等，其實與《逃犯條例》修訂沒有關係。前者不存在移交，只是工作簽證續簽與否的問題，後者則在於是否符合內地採訪規定的問題，都不是修例所涵蓋的事項。

關稅地位

美國當局以及一些國會議員，過去一段時間不斷發放一些訊息，有的稱修例會影響香港單獨關稅區地位，有的則稱一旦通過修例香港便會遭到美國的制裁。而香港是高度開放的自由經濟體，如果單獨關稅區地位出現變動，對香港會造成較大的衝擊。基於這一層關係，也基於對美國威脅的憂慮，不少市民便反對修例。

其實，《逃犯條例》修訂和「單獨關稅區地位」，兩者並無直接關係。美國要恐嚇香港、制裁香港，可以有很多理由，這次是拿修例來說事，下次可能是以香港允許外國油輪停港為由，名義千萬種，看美國選哪個而已。事實上，早在2018年，也即修例提出的一年之前，美國就已經作出類似威脅了。總之，是否制裁是美國強權霸凌的表現，在中美貿易戰之下，《逃犯條例》不過是「躺

槍」而已。

　　一個簡單的邏輯，如果香港因爲和內地移交逃犯就會喪失世界貿易組織地位，那麼早在二十年前，中國的法制還不如現在這麼完善的情況下，世界貿易組織又豈會接納中國作爲核心成員？聯合國2019年發布的報告顯示，中國已經成爲全球第二大外資流入國以及外資流入最多的發展中經濟體，如果中國法治和投資環境眞的如反對派人士所說的如此「惡劣」，世界各國和地區也不可能積極參與增加投資，更別說中國已經與二十多個國家簽訂了逃犯移交的相關協議了。

　　同樣，新加坡的政治紅線劃得比香港更加嚴格，卻從未影響美國等國際投資者對該地區的信心。而同爲實施「一國兩制」的澳門特區，通過基本法第二十三條都已經過去了十年之久，美國也依然保留其單獨關稅區地位。因此，修訂《逃犯條例》並不會直接影響香港的貿易與關稅地位。

營商環境

　　修例會影響香港的營商環境，這是一些商界人士以及外國商會的意見。其理由是，「港人可隨時被移交到內地」、「打擊投資者對香港法治信心」。昨日英國和加拿大更是罕見地發表「聯合聲明」，稱修例會影響大量居港英加公民，也會「波及香港的營商信心和國際聲譽」云云。

　　有些憂慮，是基於對修訂不了解情況下的誤會；但也有一些所謂的「憂慮」，是帶着政治意圖的干預藉口。一個好的營商環境要具備多個要素，包括：良好法治、自由保障、高效廉潔政府、低稅制度等等。而《逃犯條例》修訂所針對的是嚴重罪行的逃犯，根本宗旨是在保障香港特區守法的市民，保障商業活動免受罪惡威脅。並且：第一不會影響香港的法治，第二不會引入內地的司法與法律制度，第三人權自由保障不受影響，第四政府廉潔高效也無任何變化。在此情況下，香港營商環境與聲譽如何會受到影響？

　　實際上，過去一段時間以來，大量本港工商界人士都紛紛表態，指出修例不會影響對香港的信心，這足以說明事實本身。更重要的是，如果此次未能成功修例，導致台灣殺人案疑犯陳同佳被「放生」，等同是在向國際社會發出錯誤信息：香港是一個「避罪天堂」，不論罪行的輕重，即便犯了罪，也都可以在香港招遙過市。這才是眞正「波及香港的國際聲譽」！

　　對於美國、英國、加拿大而言，顯而易見的是，港人利益並非他們首要考慮的，香港是否「逃犯天堂」更不是他們關心的。他們如此高調的背後有無政治考慮，市民其實並不難作出判斷。不論如何，修例是免除香港成爲逃犯聚集之地的最有效方法，也是維護香港良好營商環境的一個有效做法。

　　《逃犯條例》修訂，本質上只是一次正常的法律修訂，所牽涉的只是部分極其嚴重的罪行，普通香港市民根本不可能會受到影響，而香港的法治、人權保障、新聞自由這些原則性保障，以及關稅地位、營商環境等現實因素，也都不會因修例而受到任何損害。總而言之，只要秉持理性態度，放下政治偏見，心平氣和，就事論事，就能發現：《逃犯條例》修訂其實一點也不「可怕」！

2019年5月31日　大公報　龔之平文章

修例三方面六措施大釋疑慮

特區政府保安局局長李家超，昨日就社會各界對修訂移交逃犯條例事宜的關注作出綜合回應，公布了三方面六項額外措施，包括移交刑期「門檻」由三年提高至七年。

自特區政府今年四月就修訂移交條例向立法會提交草案以來，反對派出於進一步抗中亂港的需要，不僅大鬧立法會、阻撓審議工作，而且四出向美、英等外國政府乞援。在反對派的煽惑下，本港一些市民不明就裏、心生疑慮，美英反華右派勢力更趁機大肆插手干預。在此情形下，如果任由各方疑慮和阻力繼續蔓延下去，不及時作出化解和消除，則不僅修例舉步維艱，港人社會的安定繁榮也將會付出代價。對此，特首林鄭月娥和相關官員已一直主動與各方溝通、聆聽意見，建制派議員也在議會內作出了努力。

在此情況下，早日消除各方疑慮，令條例得以在市民支持下於立會順利通過，已是當務之急和第一要義。

事實是，特區政府提出修訂移交逃犯條例，本意根本就是一項懲兇儆惡、堵塞漏洞的法治舉措，並無任何政治意圖在內，那麼又何必授人以柄，予反對派以可乘之機，將修例政治化、「妖魔化」而大肆反對呢？修例為社會、為公義、為市民，主動權在我，特區政府又豈可落於被動困窘的境地？事實勝於雄辯，只要條例得到通過施行，日後市民自然會從事實中進一步體會到修例的必要性和好處，今日多講無益。

因此，昨日李家超局長公布的三方面六措施，於當前修例局面而言，縱未至於陰霾盡掃、「一天光晒」，最少在釋疑解惑方面已經可以起到安定人心的作用，令不少人感到鬆了一口氣。這當中，移交「門檻」由三年提高到七年，以及由最高人民檢察院提出，應是重點和關鍵。

　　移交門檻由三年改七年，最大的改變在於移交的範圍大大收窄。修訂移交逃犯條例本來就是為了有力打擊犯罪，不讓兇徒惡棍有藏身脫罪之所，而其所犯罪行性質必然是相當嚴重的，否則難道會為一些鼠竊狗偷去大費周章移交嗎？因此，移交刑期門檻由三年改為七年，不僅無損修例原意，而且更能體現立法的本意，也與本港高等法院原訟庭所審理案件的七年刑期下限相符，於法有理有據。

　　至於規定由中央層級的司法機構如最高人民檢察院提出移交要求，毋庸諱言，一般商界、市民對移交的疑慮主要就是來自對地方執法和司法質素的憂慮，如今明確了「中央級」這一條，不啻是「打了保票」。

　　面對三方面六措施的提出，善良、守法的商界和市民應該會「照單全收」，並無異議，對中央落實「一國兩制」和特區政府維護本港司法獨立的決心更不應再有任何懷疑。至於反對派李柱銘、涂謹申之流和一些法律「權威」，還要指三方面六措施「不解決問題」，那就只能由他們的「吳三桂」角色繼續演下去好了，修例工作一定會順利依法完成。

2019年5月31日　大公報社評

修例增加人權條文已是最佳保障

立法會保安事務委員會昨日繼續就修訂移交逃犯條例草案召開特別會議，反對派議員繼續提出各種毫無根據的政治化臆測反對修例，保安局局長李家超一一予以解釋及回應。

在此之前，特區政府根據各方意見加以整合後，對移交草案作出了六項務實而又具針對性的修改，包括將可移交刑期「門檻」由三年提高至七年，並在原有的政治犯不移交、死刑犯不移交等「八不移交」之外再增加了多項額外人權保障，保障程度已大幅提高。

事實是，自特區政府今年四月間提出修訂移交逃犯條例至今，已到了拖無可拖、也「反無可反」的地步。特區政府對條例的修改已跡近極限，已再無退讓的餘地，試問七年刑期「門檻」難道還要再提升到十年二十年？新加入的多項額外人權保障，包括無罪假定、公開審訊、律師代表、盤問證人權利、不能強迫認罪等，以至被移交後可申請回港服刑也都列入了「同意這方面意見的方向」並承諾會在條例通過後跟進，如果連這樣的修例都不能獲得通過，如果反對派連這樣一再「加碼」的額外人權保障都不「收貨」，還要迫特區政府再讓，那麼，人們實在不能不要氣憤地問：這到底還是不是移交逃犯修例？或只是「聊勝於無」而已？

然而，反對派一夥在「反移交」一事上，是已經「吃了秤砣鐵了心」，是一於「打橫來講」、一反到底的了。不管特區政府作出何種修訂、一改再改，甚至已寬鬆到不能再寬鬆，他們還是不依不饒、不肯罷休。昨天在保安事務委員會的特別會議上，楊岳橋、林卓廷等人就一再追問，各項額外人權保障為什麼只在「移交協定」上以附加條文形式出現，而不是寫進法例之內？這就是一種「雞蛋裏挑骨頭」的態度。

正如李家超局長在回應中所指出，額外人權保障寫入「移交協定」而不是法例內，是爲了增加靈活性，可以彈性處理，在法律效果上是同樣具有保障作用的。

事實是，法律條文從來都不可能「包羅萬有」，把一切可能性和考慮因素都涵蓋在內，按楊岳橋等人的說法，難道連被申請移交者可以吃飯和上廁所的權利都要寫入法律條文才叫做有保障？特區政府以附加條文形式加入了各種額外人權保障，法院法官日後審理移交申請時不可能置諸不理，更何況被申請移交者還可向終審法院提出上訴，權利不可能被剝奪。

特區政府日前在公佈三方面六項額外人權保障時明確提到，在「移交協定」中加入這些條文，是爲了「進一步限制可移交的情況」，即目的是「限制移交」而不是「方便移交」或「擴大移交」，無論是動機還是目的性都已是十分淸晰的。可以說，眼前的移交逃犯條例修訂草案已經是最寬鬆、最可行，也最具人權保障和符合港人利益的，反對派堅持反對，是只爲政黨一己私利而損害港人利益的。

2019年6月4日　大公報社評

路透社的「獨家深喉」只是「路人甲」

國際大社果真不同凡響，路透社那篇說香港三個法官擔憂《逃犯條例》的「獨家報道」，至今仍然有人談論。政壇老友說，這個新話題的最新談資，是不同信源皆指，這個報道只是作者與個別法律界人士的社交談論，根本不是正式的採訪，「我同你傾談，你當我是接受採訪，同做假新聞有什麼分別？」

有司法圈老友告訴自明，路透社5月29日發出的那篇「獨家報道」，內文引用「不願透露姓名的三名資深法官」的話，其實並非來源於記者的正式採訪，而是他們在社交場合或酒桌上聽到的，或是與朋友茶餘飯後閒談中聊到的，有的甚至是道聽塗說撿來的。「這種完全有悖常規的報道和新聞寫作手法，對於一個資深記者來說，太不合常理了。莫非是記者太想出名了？」老友說。

自明5月30日即在本欄指出，路透社的那篇「獨家報道」疑竇重重，並指出該篇報道毫不顧忌路透社公信力風險，「用『不願意透露姓名人士』來表達一些個人觀點，對正統傳媒公信力是非常危險的……」

老友說，路透社那篇報道出街後，香港的法官私下裡哭笑不得。以往面對熟悉的記者朋友都會打個招呼，客客氣氣地寒暄幾句，如今「避記者好似避瘟神」，只要有新聞界的人在，無論是新朋還是老友，一律三緘其口，「免得他們再將茶餘飯後的談資當作新聞寫作的材料，將朋友間的飯局或社交場合當作採訪現場。」老友引述一個法官的抱怨說：「現在真是一點自己的空間都無。以前以為不錄音不錄影不放上網就沒事，沒想到他們還可以虛構現場和話語。以前以為自媒體不靠譜，現在連國際大通訊社的資深記者也跟着不靠譜，真是世風日下。」

在人人可以當記者的自媒體爆炸年代，不靠譜的自媒體早已毫無公信力。一些名人因為在社交酒桌上說了一些私下裡才會說的話，卻被在場的人錄影放上

網，結果在網上遭受「公審」，甚至有人因此丟了官、丟了工作。不過，嚴肅的傳統媒體，通常瞧不上這些下三濫的手法，因為新聞總是要經得起事實和時間的檢驗，主流媒體講求公信力，對新聞來源和事實總是會反覆求證，即使為了保護「深喉」，用「不願意透露姓名人士」作為消息源，也會反覆求證新聞的真實性，並有後續的進展報道，來證明新聞非虛構。

老友進而透露道，路透社的那篇「深喉」報道，就是記者跟司法圈朋友吃飯聊天時聽說的，而那幾位法官和律師也是在非正式的私下場合，隨意表達的一些看法而已。新聞出街後，司法圈人人擔心被對號入座，「我相信這會對圈內人造成極大的困擾和不安。」

一傳媒界資深人士對自明分析說，路透社這篇報道的做法，違背了新聞採訪的基本規律和職業規範：首先，記者不能將他人在非正式場合或私下場合的一些閒談話語當作新聞寫作素材。充其量只能當作一個新聞由頭；其次，如果記者需要引用他人的話作為新聞寫作素材，必須表明自己的身份，並在對方同意接受採訪的前提下，才可以引用被採訪者的話語或觀點；第三，記者不能先入為主，為達到自己的目的，將他人在毫無防範或酒後不清醒的情況下，從別人嘴裡套出的話當作自己新聞報道的內容。記者更不能將自己的話語或觀點套在被採訪人身上。

「看來，為了反修例，反對派和反華勢力都瘋了，連傳統老牌通訊社都可以這麼不顧顏面，搞到連自媒體都不如，真是令人唏噓。」老友譏諷道。

2019年6月6日　文匯報　李自明文章

「毒果報」發「港難財」
食咗背脊骨落

修訂《逃犯條例》的爭議，隨着政府宣佈停止立法工作，好似應該告一段落。擾攘幾個月，市民普遍覺得，反修例引發好大爭議，出現街頭抗爭，甚至演變成暴力衝擊，對香港有害無利，沒有贏家。不過，一名資深投資行家一語點醒自明：「這次反修例的大贏家當然是黎智英啦，他旗下的壹傳媒股價昨日（17日）又升兩成幾，不到兩個禮拜升超過一倍，『肥佬黎』發『港難財』，肥到着唔落襪啊。」

翻查過去幾日的走勢，壹傳媒的股價由本月4日的0.164元，在短短8個交易日內，飆升到昨日收市的0.38元，升幅高達132%。「這幾日壹傳媒市值由4億幾升到今日超10億，大家睇中什麼？」這位行家繼續說：「就是肥佬黎的『頭馬』《蘋果日報》動新聞宣佈6月17日起試行收費，3蚊可以睇到9月1日，但9月開始正式收費，恐怕就會加價了。本來『毒果』報造謠偏頗，哪裡有人睇？但『毒果』連續兩周為反修例極盡抹黑煽動伎倆，既為催谷遊行，更為吸引讀者。」

一直以來，《蘋果日報》都是反對派最重要的宣傳機器，在違法「佔中」、旺角暴動等事件中煽風點火，今次反修例抗爭亦不例外。反對派和激進派一直反對修訂《逃犯條例》，更在本月9日發動大遊行，而壹傳媒就是4日開始大幅上升，時間上十分巧合。「這些不是巧合，是『春江鴨』的操作。有人一早打算借修例爭議發大來搞，借社會爭議令訂閱數字大增，讓市場營造一個盈利將會勁升的預期。所有都是鋪排好的。」這位行家分析，「你不見『毒報』全力撐遊行嗎？日日頭疊報紙大半都是為遊行造勢，還出錢出力，聲稱讀者用3元訂《蘋果日報》動新聞，就會捐出1元支持示威者。應該明白激進示威者為何這麼賣命去

衝擊啦？」

　　其實壹傳媒的股價近年不斷尋底，原因是經營不善，廣告收益下滑，甚至要不斷在台灣和本港賣資產自救，投資界多不看好其發展前景。今次反修例，令其大發「港難財」。行家續指，「《蘋果日報》6月8日聲稱，已登記會員人數已超過600萬，就算一人3元，一個月收入都有1,800萬元，一年就是2億幾。這個數字，正是反修例的爭議所致。若社會回復穩定，讀者還會不會花錢去做會員，要打一個大問號。所以肥佬黎一定要不斷挑起社會矛盾，煽動市民反對政府，因為這關係到他的身家。」

　　最後，自明想八卦一下這位行家有無入幾手壹傳媒的股票，「對沖」一下反對派搞亂香港的風險。行家馬上義憤填膺地說：「這些『港難財』，食咗都背脊骨落。君子愛財，取之有道。希望市民都看清壹傳媒的真面目，不要讓有心人借搞亂香港發大財。」

2019年6月18日　文匯報　李自明文章

G20與修例風波「無一毫子關係」

　　面對修訂《逃犯條例》引發的風波，特區政府審時度勢、大局為重，已經停止修例工作，並就政府工作中的不足真誠道歉，但有少數激進分子仍然死心不息，計劃在明天到有份參與G20峰會的19國駐港領事館請願，要求這些國家向中國施壓云云，令人齒冷。一位政界老友直言，修例風波與G20峰會「無一毫子關係」，「想將修例問題鬧到G20峰會，讓問題國際化，真是想壞腦、得啖笑。」

　　在特區政府提出修訂《逃犯條例》之後，西方國家先後發出六十多次聲明，但絲毫改變不了這是特區內部事務的性質。「修訂《逃犯條例》主要是堵塞現時本港不能移交逃犯去無簽協定的域外，包括中國其他地區的安排，完全是中國內政和香港內部事務，與其他國家毫無關係。」老友清晰指出，「G20峰會是一個國際經濟合作論壇，討論的是國與國之間的雙邊或多邊關係。修例風波與G20峰會風馬牛不相及，又怎能、怎會被提出來討論呢？」

　　近年來，反對派將香港內部事務國際化，動輒走去美國、歐洲「告洋狀」，這次修例風波，反對派政客多次去美英唱衰修例。老友指出：「反對派就是要乞憐外力干預香港，借G20峰會的機會再炒熱修例風波，一方面引起國際關注，一方面增加、延續自身的政治能量。」

　　細看發起到G20峰會19國駐港領事館請願的請願信，內容提到「修例破壞香港司法制度」、「影響香港營商環境」，朋友表示：「特首林鄭月娥已經明確暫緩修例，沒有重啟的時間表。修例工作已停止，再糾纏下去，還要請外國介入，有何居心？講到影響香港營商環境，反對派策動的連場示威衝擊，癱瘓政府，堵塞交通，這些行動不正是在破壞香港的營商環境？傷害營商環境的人，竟然高叫保護香港的營商環境，不是賊喊捉賊，又是什麼？」

　　朋友特別指出，在中美貿易戰持續的情況下，有人借G20峰會的機會，刻意

將修例問題國際化，背後有着更陰暗的用心，「那就是給美國和西方反華勢力輸送『子彈』，將香港當作美國遏制中國崛起的棋子，其心可誅。」朋友繼續說，「香港的發展與內地密不可分，讓香港成為美國勒索、要挾中國的籌碼，無異於犧牲香港的利益，出賣香港、出賣國家。」

修訂《逃犯條例》的工作已經停止，事件已告一段落。香港當務之急是放下政爭，修補撕裂，聚焦發展經濟民生。老友強調：「香港專注發展、擺脫政爭，才能保障繁榮穩定。將香港擺上台，捲入國際政治博弈，損害香港利益，市民絕不認同，也不接受。政客真的為香港好，就不要做這些違背民意、損民利益的事。」

2019年6月25日　文匯報　李自明文章

大律師公會應追究
梁家傑鼓吹「暴力有用論」

　　香港大律師公會前主席、公民黨主席梁家傑日前出席港大校長張翔舉行的公開論壇時，竟然聲稱「暴力有時或可解決問題」，有市民去信公會投訴，批評梁的說法有鼓吹暴力的嫌疑，違反大律師專業操守。有教育界老友就對梁的言論極為不滿：「堂堂大律師，在莘莘學子面前大言不慚，鼓吹暴力，真是不知所謂。大律師公會絕對要向梁家傑追究他鼓吹暴力的責任。」

　　剛剛過去的星期日，發生暴力示威塗污中聯辦國徽、元朗暴力衝突，社會當然希望遏止一切暴力言行。「你睇《經濟日報》副社長石鏡泉，曾在公開場合講『藤條教仔論』，日前表示撤回言論，向社會、同事真誠道歉，又辭去報社副社長職務。立法會議員何君堯近日則成為縱暴派窮追猛打的目標，公民黨前黨魁余若薇向香港律師會執業操守組投訴何君堯，促請律師會盡快調查及處理，以維護該會及事務律師的名譽。但是，自己友梁家傑大大聲宣揚『用暴力解決問題』，余若薇、縱暴派完全當聽不到、看不到，梁家傑亦若無其事，即使有人投訴，亦堅持不道歉，縱暴派真是有口話人，無口話自己。」教育界老友說。

　　對於「暴力有時或可解決問題」一說，老友認為梁家傑說了「心底話」，「自政府提出修訂《逃犯條例》以來，縱暴派就一直諸多阻攔，妖魔化修例，繼而煽動、鼓吹一些人無底線衝擊社會秩序，使用暴力手段反修例，甚至說出『沒有暴民，只有暴政』的荒謬口號，明顯暴露策動港版『顏色革命』的居心。現在梁家傑鼓吹『暴力有用論』，不是露出了馬腳嗎？」

　　老友認為，為免香港暴力歪風愈吹愈烈，令香港陷入萬劫不復的災難，不論任何立場的人士，鼓吹暴力都應受罰、都應問責，才能明是非、正視聽，「法治

是香港社會的基石，暴力與法治水火不相容，否則還要法治何用？梁家傑身為大律師理應維護法治，拒絕暴力，但他發表與其身份不相稱的言論，大律師公會不發聲譴責，不追究梁家傑，何以服人？」

老友更擔心的是，暴力歪論將香港引入邪路，「香港是國際金融中心，盡享『一國兩制』之利，這些人鼓吹『暴力有用論』，難道是想將香港變成『暴力之都』、『動亂之都』？這絕對是被絕大多數香港人反對的，香港的主流民意、核心價值觀，還是尊重法治、堅持和平非暴力，這一點沒變。」

港大校長張翔明確指出：「不應教育學生暴力可解決問題」，曼城領隊哥迪奧拿來港後亦話：「暴力絕不能解決問題，最關鍵是各方面能放下成見，並心平氣和坐下商討，對話總會有助解決問題。」老友說：「梁家傑好好學吓嘢啦。」

2019年7月25日　文匯報　李自明文章

戴健暉播仇恨枉為人師
教協包庇縱容難辭其咎

　　真道書院助理校長戴健暉發表惡毒咒罵警察子女的言論，全國政協副主席、前行政長官梁振英去信涉事學校，要求校方革除戴健暉所有職務。教協聲稱，梁振英做法極不合適，是向校方施壓。教師公開咒罵警察、散播仇恨，明顯違反教育專業操守，枉為人師。教協一再包庇失德失格教師，打着「教育專業、言論自由」旗號為他們開脫，企圖混淆是非、大事化小，更加說明教協以政治立場蒙昧專業良心、褻瀆社會公義，如今有青年學生是非正邪不分，以違法暴力為榮，教協負有不可推卸的責任。

　　社會對為人師表者有很高期望，因為教師公開私下的一言一行，均對學生帶來深遠影響，更需謹言慎行，決不能允許帶頭鼓吹仇恨。香港教育專業守則規定，作為專業教育工作者，不應從事有損專業形象的工作；與學生討論問題時，應盡量保持客觀；當公眾意見分歧時，應教導學生尊重不同的立場和觀點。可見，無論公眾期望，還是專業操守，均要求教師面對不同立場的意見，都應保持理性客觀、求同存異的良好態度。

　　香港作為法治文明社會，即使普通人在社交網絡公然詛咒警察、煽動仇恨，也是社會不能接受的，更何況有關言論出自位居學校管理層的教師之口。戴健暉的仇警言論不僅令社會譁然，感到不安和反感，更令人憂心忡忡，帶有如此偏激情緒和立場的教師，因為對警察執法的不滿和偏見，就用泯滅人性的惡毒語言咒罵警察子女，完全粉碎教師有愛心講道理的形象，踐踏教師的專業底線，根本不是導人向善的天使，已淪為引人走火入魔的撒旦。公眾難免質疑，這樣的教師和學校，會教出什麼樣的學生？

　　對於戴健暉此類違反專業操守、失德失格的教師，為了保護學生，保障學校免受仇恨文化污染，社會各界有充分理由向校方作出投訴，要求校方對違規教師作出必要處罰，包括解除其職務，以免誤人子弟。《香港經濟日報》副社長石鏡泉因為戲言：「可拿藤條和軟膠通教仔」，遭反對派群起攻擊，最終要向公眾真誠道歉、撤回言論，並辭去副社長一職。戴健暉仇警言論惡毒百倍，不是更應該問責？

　　梁振英對戴健暉的惡毒言論直斥其非，斷然要求校方嚴肅處理，正常合理，這並非干預學校運作，而是明是非、正視聽，稍有良知、有人性的正常人都應該這麼做，也是保護校譽的必要之舉，有利挽回公眾對學校的信心。教協迫不及待跳出來反駁梁振英，搬出「校方不要受外間政治壓力影響，按既定程序公正處理事件」的擋箭牌，為戴健暉開脫責任。

　　較早前，通識課教師賴得鐘也曾發表仇警言論，令不少家長感到震驚憂心，多個團體要求校方辭退賴得鐘。教協同樣不理是非，將社會反對教師仇警言論的投訴形容為「恫嚇前線教師」、「製造白色恐怖」；並將煽動仇警言論包裝成為「享有言論自由、政見表達及參與政治活動的權利」，暗示外界的投訴是「對老師進行政治迫害」。正因為教協只問立場、不問是非，長期包庇袒護，宣揚仇恨、反社會、反文明的教師及惡毒言行才會層出不窮。

　　教協標榜是本港主要的教師團體，卻不尊重專業道德，顛倒是非，縱容暴力仇恨言論，將激進言行合理化，對社會遺禍無窮，反修例風波引發的暴力歪風愈演愈烈，教協正是幫兇之一。

2019年7月31日　文匯報社評

特朗普公然用香港作棋子
更顯示激進暴力本質危害

在中美將開始新一輪貿易談判時，美國總統特朗普昨公然明確把香港反修例暴力風波，與美中貿易談判掛鈎，表示若中方使用武力，便難以簽署美中貿易協議。特朗普的這番威脅，將美國關注香港目前問題的底牌徹底暴露，表明美國已將香港綁上貿易戰的戰車，要把香港作為貿易戰的一顆棋子，以此給中國添煩添亂、與中國討價還價。香港縱暴派配合美國，以當美國棋子來換取政治利益，不惜把香港變成美國的遏華武器。香港各界要清醒認識反修例暴力運動的本質和危害，充分認清縱暴派賣港禍港的真面目，更加堅定地對暴力亂港說不。

特朗普為向中國施壓，同時給香港暴力衝擊運動火上澆油，圖窮匕見，公然表示要把香港問題與中美貿易戰掛鈎。這番喊話說辭，道破了美國關注香港問題的真實目的，根本不是真心關心香港的民主發展和人權保障，而是把香港當成貿易戰中的制華武器，向中國討價還價的籌碼。正是為了達到這個目的，香港縱暴派與美國政客密切配合，以反修例為名，發動挑戰中央權威、動搖香港管治和社會安寧的激進運動，通過不斷升級的暴力衝擊，挑戰政府權威和警隊公權力，讓香港陷入危險境地，從而為美國干預香港事務、利用香港事務向中國施壓，製造機會和藉口。

「維基解密」曾公開的美國駐港總領事館的機密電文就證實，早於2011年起，壹傳媒創辦人黎智英、民主黨創黨主席李柱銘、前政務司司長陳方安生，就不時向美國駐港領事「匯報」最新的政治情況。在這次反修例暴力風波中，「禍港四人幫」黎智英、李柱銘、陳方安生、何俊仁，異常活躍地配合美國的亂港行動。他們四出赴外國去唱衰修例，頻頻去美國「告洋狀」，李柱銘、李卓人、羅

冠聰等，多番與美國國務卿蓬佩奧會面，為美國公然插手香港事務提供「子彈」。最惡劣的是，香港禍港勢力和縱暴派不斷採取行動，要推動美國修改《香港政策法》，意圖取消香港獨立關稅區地位；並與美國政客不斷唱和，試圖推動所謂《香港人權與民主法案》，為引美國干涉香港事務再添狠毒手段。

美國總統特朗普在對待香港問題上，態度飄忽，背後都是為自己的政治利益算計。特朗普早前指香港發生暴亂，認為處理暴亂是中國自己的事情，不需要別人建議。這是大實話。特朗普之所以說出這番實話，是因為他高舉「美國優先」大旗，要以美國利益為上，自然不會去理會香港的局勢和安危。可是，到中美貿易磋商又出現變化的關頭，他就馬上變臉，又將對華加徵關稅、兩國經貿磋商和香港問題掛起鈎來，把香港作為施壓中國的籌碼。國際輿論認為，特朗普要求中國人道對待香港暴亂者，另外一個目的是為了打壓其競選對手民主黨，搶奪政治光環。

美國明目張膽地要把香港當作貿易戰的武器、把香港當作遏制中國的棋子，對香港究竟意味着什麼？香港各方、各界確實有必要醒一醒，冷靜地想一想。

那些在非法集會、暴力衝擊現場，公開舉着美國國旗的人，你們知道自己只是美國的棋子嗎？知道當棋子的後果嗎？那就是隨時會被拋棄、犧牲，在美國政客的心目中，你們什麼都不是，只是用完即棄的棋子、垃圾。對商家來說，必須清醒地認識到，美國政客完全不會考慮香港和香港商家的利益，而只會做對美國有利的事情。賣港者要求外力制裁香港，推動關乎香港獨立關稅區地位的《香港政策法》修改等，香港一旦被直接捲進博弈的漩渦，美國對香港只會不斷下重手、取消各類優惠，以此對中國討價還價，這樣的局面下，香港商家還有好日子過嗎？對全體香港市民來說，香港被美國綁上貿易戰的戰車，美國將最大限度地利用香港，不惜一切地犧牲香港人的利益，損害香港經濟民生。本港目前因暴力衝擊而導致經濟下滑、民生活動難以開展，正是香港市民利益被犧牲的前奏。

　　認清美國干預香港事務，把香港綁上貿易戰的戰車，把香港當成遏華棋子這一本質，就能更清醒地意識到，目前香港止暴制亂、恢復秩序是最重要的首務；把香港置於國際大格局中，就更看清維護本港法治安寧的必要。這是香港凝聚社會共識和正能量的重要基礎。

2019年8月20日　文匯報社評

拒絕披記者外衣暴徒　保傳媒公信力

香港近日連場示威活動、暴力衝擊現場經常有大批記者採訪，但其中魚目混珠，夾雜了不少自稱「記者」的示威者，這些人阻礙警方執法，令暴力衝擊亂上加亂。個別記者組織對會員證發放制度疏鬆，令人有利用記者身份挑釁警方、製造混亂的機會，而部分媒體報道偏頗，處處針對警方執法，對暴徒惡行則輕輕放過，更是為違法暴力火上澆油。廣大市民強烈要求所有新聞機構都必須遵守客觀持平的專業操守，不要損害香港新聞機構的公信力、專業性。

香港近日連場示威活動、暴力衝擊吸引媒體高度關注，大批記者蜂擁近距離採訪，固然反映了本港新聞從業員專業拚搏的精神，但有些情況也越來越引起公眾的注意。不少佩戴疑似記者證、身穿寫有「記者PRESS」反光衣者，在示威區穿梭於警察與激進示威者之間，充當示威者的保護傘，甚至有恃無恐地挑釁前線警員。有媒體揭露，這些所謂記者不時換上不同裝束，以不同身份挑戰法治。

香港享有高度的新聞自由，媒體行使輿論監督的第四權，記者是無冕之王，

■修例風波中，有不少佩戴疑似記者證、身穿記者反光衣者，經常充當黑衣人的保護傘。

政府充分尊重新聞報道權利。目前本港證明記者身份的「記者證」，以各新聞行業組織或機構自行簽發為主，沒有統一的形式及法定管理機構，記者證五花八門，尤其當今網絡媒體大行其道，更加難以識別記者證的真偽。號稱會員最多的記協，是本港發放記者證的主要業界組織之一，記協聲稱記者證的審核、發放有嚴謹機制，但本報踢爆，記協的會員證申請門檻甚為寬鬆，學生會員證只需付20元就能得手；記協職員還透露，記協會員證不等於正式的記者證，但有時也可當記者證用。

記協會員證垂手可得，只要穿上「記者PRESS」反光衣，警方從尊重新聞自由和傳媒採訪權利考慮，一般不會質疑記者身份。在連場暴力示威、衝擊中，有記者指罵刁難警員，粗言侮辱，阻撓警方執法，這些人根本就是披着記者外衣的暴徒，令記者形象蒙污。

除了現場報道的記者龍蛇混雜外，此次反修例風波，個別媒體一方面用「放大鏡」、「顯微鏡」的報道手法挑警方的執法毛病，沒有將暴力事件的真相傳遞給公眾，刻意忽略反暴力、護法治的聲音，另一方面鮮有報道警察被暴徒攻擊以及暴徒滋擾商舖、圍毆市民的情況，不譴責內地記者被打，反重點報道「警察拔槍指向市民」；就內地記者被暴徒毆打一事，記協的聲明用大量篇幅怪責內地記者採訪時未佩戴記者證，譴責濫用私刑的暴徒就輕描淡寫。

外交部發言人華春瑩回應有關近期香港示威問題時曾表示，任何人包括記者和官員，要有是非黑白的觀念，區分和平訴求與極端暴力行為。她呼籲香港記者報道香港事態時，鏡頭不要只對着警方，也要對着極端的暴力行為，以此向世界呈現客觀全面的畫面，得出更公正和符合實際的結論。的確，新聞報道唯有持平公正，不帶偏見，才能做到求真求實，獲得市民、讀者的信任和尊重。

2019年8月23日　文匯報社評

路透社重施憑空爆料故伎
不如改名路邊社

　　路透社昨日綜合3名香港和內地的消息人士報道，指特首林鄭月娥早前曾向中央建議撤回修例，但北京拒絕，要求她不可向示威者任何一項訴求屈服。中央對林鄭月娥的工作充分肯定，對特區政府依法施政百分之一百支持。林鄭月娥信心堅定、迎難而上依法止暴制亂，香港形勢正在向積極方向好轉。路透社重施故伎，又拋出眞僞難辨的「深喉式」爆料報道，捏造事實，不過爲挑撥離間，破壞中央、特區政府和港人的互信，好讓香港亂局持續。謊言說一百次也成不了眞理，路透社賠上僅餘不多的公信力，不如改名路邊社。

　　路透社的報道拿「五大訴求」來說事，而「五大訴求」正是縱暴派、暴徒糾纏不放、夢寐以求的。包括本報社評在內，不少意見早已清楚分析「五大訴求」不合法、不合理，例如「撤回修例」及「成立獨立調查委員會」兩項，其實包藏禍心，並不可行。行政長官林鄭月娥對五項訴求的回應也從未改變。

　　路透社煞有其事、繪聲繪影地報道中央和林鄭月娥就「五大訴求」交換意見的經過，甚至指消息來源之一是內地高級官員。報道提到，8月7日，港澳辦於深圳舉行香港局勢座談會期間，林鄭月娥曾向中央提交報告，分析「五大訴求」，提出「撤回修例」及「成立獨立調查委員會」，政治上最可行，能安撫溫和示威者，但被北京拒絕，而且中央拒絕讓步來自最高領導層的決定。這篇報道的居心昭然若揭，就是要離間特首和中央、港人和中央的關係，向中央潑髒水，將矛頭引向中央。

　　事實上，中央對林鄭月娥在反修例風波的工作一直給予充分肯定和高度評價。就在深圳座談會上，港澳辦張曉明主任便指出：「中央對林鄭月娥行政長官

帶領特區政府依法施政是百分之一百支持的，也相信她有智慧、有能力應對好香港當前局勢，帶領特區政府管治團隊再出發、再前進。」中聯辦王志民主任亦強調：「在當前非常時期，必須堅定不移地與行政長官和特區政府同心同向，必須徹底擊碎反對派的謠言和幻想。」昨日，外交部回應有關路透社報道時也指出，特區政府宣佈暫緩修例之後，中央支持、尊重和理解，沒有補充。

中央已對反修例問題作出最明確清晰的表態，相信特首和特區政府有能力解決好問題。自深圳座談會之後，香港各界齊心協力支持政府反暴力、護法治。近日警方加大力度止暴制亂，拘捕煽動暴力搞手，香港逐步重回正軌。香港恢復法治安定，搞亂香港以利渾水摸魚功敗垂成，當然非縱暴派和外部勢力所樂見。製造謠言，搞心理戰和輿論戰是西方媒體所長，路透社這篇報道的出現，意欲何為，不言而喻。

記得路透社5月29日發表了一篇「獨家報道」，引用「不願透露姓名的三名香港資深法官」的話，指稱《逃犯條例》修訂是香港法律制度面臨的最嚴峻挑戰之一。當時有不少傳媒人士指出，路透社用「不願意透露姓名人士」來表達觀點，對傳媒公信力非常危險，因為根本無從證明消息來源「確有其人」。想不到僅隔了3個月，路透社又玩「匿名消息人士」的舊套路，只是此次身份由「香港資深法官」變成「本港和內地的高級官員」。難怪這篇報道一出，網民紛紛調侃：「消息人士又是ABC君」、「媒體整天憑空想像說如何如何，但永遠都無名無姓，靠製造假消息騙人，真無恥！」

2019年8月31日　文匯報社評

煽學童仇警令人髮指
港教育必須撥亂反正

　　播種仇恨可以多麼無良？有家長日前帶小朋友參加港大同學會小學面試，面試後小朋友竟稱「警察係壞人」，懷疑在面試時有人向小朋友灌輸仇警觀念。稚子何辜，有人不擇手段向年幼學童灌輸仇警觀念，令學童從小受到反政府、反社會陰暗心態污染，給孩子成長和香港穩定埋下重大隱患，行為令人髮指。這次借反修例發動的激進暴力運動，學生、教師是重災一族，教育難辭其咎。正由於部分學校長期被激進「黃師」佔據教育園地，學生年復一年被洗腦，才導致今日之禍。教育當局對於撥亂反正責無旁貸，必須迎難而上，整肅法治綱紀，別讓學校成為滋生反社會人格的法外之地。

　　這場暴力運動，是煽暴派、縱暴派將黑手伸向學校、荼毒學生惡行的一次大暴露。長期以來，激進「黃師」利用各種機會，以偏頗資訊甚至謠言誤導、煽動學生仇警、反政府，連天真無邪的幼童也不放過。之前曾揭發有幼稚園老師以動畫方式，向學生散播仇警意識；如今再有學童面試時被人灌輸仇警思想，即使家人即時糾正，學童思想仍深受影響。

　　年幼學童，心智尚未開蒙，沒有明辨是非能力，根本如白紙一張，可以畫上美好圖畫，開創美好人生；也可以抹黑塗鴉，對社會充滿仇恨。教師有靈魂工程師之稱，對學童影響較家長更大。本身帶有強烈政治偏見和社會不滿的教師，刻意向學童灌輸違反正常社會價值觀的意識，令學童是非觀念顛倒、正邪不分，日後走上極端激進「勇武」之路的機會就大增。

　　這場暴力運動中，不少青少年參與非法遊行示威，有人更充當破壞法治、衝擊警方的「炮灰」，對香港、對自己都造成嚴重傷害。目前，已經有將近20名未

滿16歲少年被捕，其中有人身上搜出汽油彈及鐵支等；在8‧25葵荃青暴亂中，更有一名年僅12歲的初中生被警方拘捕。這個年齡的學生，本應專注學習、健康成長，卻淪為「暴力前鋒」，實在令人痛心惋惜。出現這種亂象，一些喪失師德人倫的教師在背後長期教唆誘導，正是罪魁禍首。戴健暉、賴得鐘之流的教師肆無忌憚煽動仇警、欺凌警察子女文化，嚴重違反為人師表應有的專業精神和守則，甚至超出正常人應有的良知底線，這種教師會把學生帶向何處，不言而喻。

回歸以來，開展國民教育困難重重，不能在全港學校正式推行，相反「港獨」、「自決」歪理以言論自由、學術討論包裝，以講座、研討會等形式不斷入侵校園，荼毒學生；推行多年的通識教育，課程內容沒有任何規管，任由學校、教師自行掌握，讓賴得鐘之流的通識教師有機可趁，在課堂上向學生宣揚偏頗主張；戴耀廷、陳健民等披着學者外衣鼓吹「違法達義」，在校園內、學生中大行其道。

種什麼因，結什麼果。校園淪為激進思潮濫觴的溫床，必然出產黃之鋒、周永康、陳浩天等「亂港謀獨」分子；今天不少稚氣未脫的學生，不在課室讀書裝備自己，寧願選擇走上街頭，變成襲擊警察、摧毀港鐵的暴徒。可以說，「反修例風波之亂」源於「教育之病」，徹底醫治「教育之病」刻不容緩。全國政協常委陳馮富珍表示，香港年輕人變得越來越激進，根源在學校，關鍵在教育，特別是愛國主義教育的缺失。政府教育當局應痛定思痛，全面檢討教育上的制度性缺失，嚴正跟進教師的道德及專業操守，把培養愛國愛港教師隊伍作為工作的重中之重，清除教育界的害群之馬，才能培育出擁護、踐行「一國兩制」的合格未來社會主人。

2019年9月10日　文匯報社評

對暴力寬容養虎為患　浸大有辦睇

暴力惡行蔓延校園。一名浸會大學傳理系學生在北角被警察截查並搜出一把餐刀，因藏有攻擊性武器被拘捕。逾百浸大學生前日就在校內發起遊行，其後有部分學生到校長錢大康的辦公室，要求校方譴責警方「濫捕」。當時校長辦公室門已關閉，學生就用磚頭撞門，打爛門的玻璃窗，亦有學生噴黑辦公室附近的閉路電視。錢大康不在，學生就圍堵副校長周偉立。一位教育界的老友表示：「浸大激進學生的所作所為和黑衣暴徒有何區別？激進學生的極端要求根本不可能滿足。這件事再次說明，對暴力寬容，絕對換不來尊重，換來的只有更嚴重的暴力。對暴力寬容完全是養虎為患。」

在過去數月的暴力衝突中，被拘捕者有相當部分是大中學生，老友直言：「有學生被人洗腦，走火入魔，崇尚用暴力解決問題，令人惋惜痛心，值得本港教育界反思。但更值得注意的是，過去數月，教育界發出的反暴力呼聲極其微弱，雖然多位大學校長都有反對暴力的『循例表態』，但對於自己學校學生參與暴力活動，學校從未嚴格按校規處罰搞事學生，相反學生被捕，校方第一時間提供法律支援，又好肉緊『提醒』警方要『人道對待學生』。好似浸大學生會會長方仲賢，受到校方庇護，警方也奈他不何。」

老友繼續話：「此次浸大傳理系學生被捕案件，警方仍在調查當中，浸大校方已與警方溝通，要求警方公平處理。但是浸大學生不『收貨』，還要求校方『譴責警方濫捕』，這算什麼訴求？完全是未審先判，甚至惡人先告狀。更可怕的是，因為校方不答應學生的訴求，學生就砸爛校長辦公室，禁錮辱罵副校長。真替浸大校長、副校長乃至浸大感到悲哀。」

其實過去幾年，本港大學亂象叢生，學生包圍校長老師的事件屢見不鮮，但校方對此一直寬鬆甚至隱忍，種下今日的惡果。老友分析：「這幾年，大學生搞

亂開學典禮、畢業典禮司空見慣，他們完全不講文明禮儀，而是聲大夾惡。就算校長願意同他們對話，他們都蒙面戴頭盔，十足的暴徒裝扮，哪裡是知書識禮的大學生呢？校方不斷包容，換來的是學生得寸進尺。」

　　社會上有人認為，應該對年輕人「寬容」些，老友認為：「寬容的前提，是訴求合理，是當事人已經知錯，那麼在追究責任時，可有輕重之分。但現在激進學生的訴求是極端不合理，根本是強詞奪理，而爭取的手段極之暴力，還以為自己掌握民主自由的真理，可以橫行無忌。對這樣的人寬容，等同姑息縱容暴力，受害的是縱容者，例如浸大校長、副校長就自吃苦果。希望香港教育界痛定思痛，嚴肅校紀，整頓校風，不要再培育目無法紀、不識尊師重道的學生。」

2019年9月18日　文匯報　李自明文章

黃之鋒造謠抹黑
賣國賣港泯滅良知

　　美國國會及行政當局中國委員會舉行聽證會，聲稱討論香港最新情況，邀請「港獨」分子黃之鋒、何韻詩等人出席作證。黃之鋒之流借助外部勢力打擊香港、遏止中國崛起，為抹黑「一國兩制」，顛倒是非，無中生有，出賣良知，在美國國會詆毀中央和特區政府依法止暴制亂的正義之舉，乞憐美國通過《香港人權與民主法案》草案。事件令香港各界震怒，齊聲譴責。特區政府發出聲明，指黃之鋒等人作出嚴重失實指控，對他們促請美國國會通過《香港人權與民主法案》草案，表示深切遺憾，重申外國議會不應以任何形式，干預香港特區內部事務。

　　《香港人權與民主法案》是徹頭徹尾的霸權法案。該法案要求美國政府每年認證香港的自治狀態，從而決定是否維持香港所享有的獨立關稅區等特殊待遇，並制裁所謂「侵權官員」。法案一旦通過並實施，中美關係以及香港經濟將遭受衝擊。黃之鋒胡言亂語，為美國干預香港、箝制中國提供子彈，努力替美國效犬馬之勞。

　　借反修例策動的恐怖暴力愈演愈烈，暴徒以恐怖主義手段破壞公共設施，投擲汽油彈，四處縱火，禁錮毆打遊客和市民。香港警方一直保持高度克制，嚴格按照法律遏止暴力，保障市民大眾的生命財產安全，努力令社會恢復秩序。截至目前，已有200多名警員受傷，1,800多名警員及家屬被起底欺凌，個人及家人的安全受到嚴重威脅。黃之鋒罔顧事實，聲稱現時香港在警察打壓下面對人道危機，這種完全有悖基本事實的說法，顛倒黑白，泯滅最起碼的良知。

　　黃之鋒還誣衊香港正走向「一國一制」。但事實上，回歸22年以來，「一國

兩制」、「港人治港」、高度自治在香港取得極大成功，成就舉世矚目，這是黃
之鋒無論如何也不能否認和歪曲的。黃之鋒憑什麼資格、獲得什麼授權，竟然在
美國國會聽證會議上代表香港人抹黑香港？中央擁有對香港全面管治權，香港的
問題應在「一國兩制」基礎上，由特區政府和廣大市民共同解決，輪不到黃之鋒
之流到外國信口雌黃。

　　根據由菲沙研究所所作的人類自由指數2018年度報告，香港自由度全球排名
第三，美國的排名遠低於香港。不少有識之士質問：黃之鋒生活在「一國兩
制」、高度自由的香港，跑到自由度更低的美國去唱衰香港，是為港人爭取自由
民主嗎？抑或另有醜陋的政治圖謀？說穿了，黃之鋒之流的「新生代」漢奸，公
然賣身投靠美國反華勢力，配合美國打「香港牌」遏制中國，以期得到更大的青
睞和回報。企圖把香港變成中美博弈的棋子，嚴重損害香港的利益，就是公然與
包括港人在內的全體中國人為敵。

　　香港命運不掌握在美國的手中，美國沒有任何監督香港的權力，美國更不可
能遏制中國崛起。美國學者哈爾‧布蘭茲指出，美國無法忽視「中國世紀」到
來，遏制已變得不可能。黃之鋒之流鼠目寸光，看不懂這個大棋局、大趨勢，結
果淪為國家民族的敗類。

2019年9月19日　文匯報社評

抵制謠言污衊警隊
市民須防「被洗腦」

　　警方昨日指，近日坊間有不少人對警隊作出不實指控，警方深感遺憾，對於強姦、謀殺等嚴重指控，警方要求相關人等拿出證據來，不要憑空想像。警隊是止暴制亂的最重要、最可靠的力量，也是保障香港法治安定的最後一道防線，縱暴派、暴徒無所不用其極炮製、炒作各種言之鑿鑿的謠言謊言，污衊詆毀警隊，企圖對不明真相的市民洗腦，動搖市民對警隊的信心，亦將暴徒的暴力惡行合理化，甚至刺激支持者更肆無忌憚地「以武抗暴」，令暴力衝擊火上澆油。廣大市民更要擦亮雙眼、明辨是非，拒絕偏聽偏信「被洗腦」，堅定支持警隊依法止暴

■縱暴派造謠抹黑警方，「831警察太子站打死人」炒作得最厲害。

制亂，早日恢復香港和諧安寧。

煽暴派及內外各種勢力為打倒警隊，令香港法治、管治完全癱瘓，利用各種場合、開動所有文宣機器抹黑警隊，不斷炒作「831警察太子站打死人」、「爆眼少女被警方所傷」的傳聞，即使警方、消防等部門多次澄清，仍然繼續糾纏下去、咬住不放；作為本港最知名的高等學府香港大學，昨日校園內一度貼滿指控警方性侵被捕女性示威者的海報；同時，國際特赦組織公佈所謂調查報告，指責警方對被捕者施暴；陳淑莊日前還跑到瑞士日內瓦的聯合國人權理事會會議，公然發放謠言稱香港警方「濫權濫暴」情況升級，「香港正陷入人道主義危機邊緣」。事實上，香港面臨的不是「人道主義危機」，而是謠言滿天飛、是非被混淆、法治被衝擊的危機。

必須指出的是，目前所有針對警方的指控，全部都沒有真憑實據，從來沒有一個受害人或其親屬光明正大、以真實面孔、拿出證據向社會交代受害的事實。所謂受到警方迫害、遭暴力虐待的指控，完全靠「隱形」的所謂受害人的一面之辭。正如警方昨日記者會所指，國際特赦組織報告中提及21名聲稱被捕者，全部是匿名者，相關資料很零碎，連幾時發生亦沒有提及。

煽暴派、外部勢力借斷章取義，毫無事實根據地攻擊警方，更以訛傳訛，企圖達至「謠言重複百遍成真理」的效果，目的就是要令到不明真相的受眾、市民信以為真，不僅增加對警隊的反感厭惡，更刺激仇警情緒。既然警隊「不公不義」、「濫權濫暴」，暴徒以牙還牙、以暴易暴就變得理所當然、合情合理，暴徒甚至可以名正言順成為抵抗「黑警」的「勇士」、「義士」。如果任由假新聞、假消息搶佔輿論的主導權，市民被謠言謊語所蒙蔽，暴力愈趨激進，直至演變成層出不窮的恐怖主義活動，法治蕩然無存，香港人人自危，這才是香港最嚴重的災難。

戳穿謠言、穩定人心是當前止暴制亂的重要一環。政府、警方快速回應社會

疑問，主動釋疑止爭，避免市民被誤導，爭取更多市民信任，必不可少，更要持之以恒；愛國愛港媒體更要再接再厲，堅守法治信念，堅守傳媒社會責任，堅持以事實說話，揭露縱暴派、煽暴派以及暴徒的違法暴力亂港眞相，以充分的事實揭穿各種誤導和謊言，爲止暴制亂創造有利的社會氣氛；廣大市民想要香港早日平息暴亂、走出困局，更應保持冷靜客觀，抵制唯恐香港不亂的謠言謊言。

2019年9月21日　文匯報社評

岑子杰極速翻生點解咁好彩？

　　民陣召集人岑子杰前晚在旺角被人襲擊，但是昨日就極速康復，笑笑口見人。一位退休阿Sir對自明話：「當晚在新聞中見岑子杰倒臥在血泊中，成身是血，仲以為他傷得好重，但事隔一日就見有社交媒體鋪相，精神奕奕笑容燦爛，只是小小皮外傷。好得咁快，不是有『神跡』，就是嗰啲兇手太心慈手軟。不過，每每有大型遊行前夕，就有煽暴派的頭面人員被襲擊，但居然次次都好快無事，有無咁巧合、咁好彩？」

　　岑子杰遇襲案，阿Sir很關注，他說：「初初見到照片都好震驚，因為見岑子杰倒在地上，渾身是血，目光呆滯。據說陳淑莊還叫他『撐住』，《蘋果日報》昨日頭版標題還說他『重傷』。香港是法治社會，不論持什麼政治立場，暴力大家都反對。但是，岑子杰遇襲過了一夜，只是頭部幾處小小皮外傷，手腳無骨折，相信普通人都很驚訝。因為有四五個暴徒，又是鐵錘、又是開山刀襲擊，正常情況下攞唔到命，至少都是重傷。岑子杰竟然只是受輕傷，暴徒咁『錫住佢』，不是很奇怪嗎？唔通暴徒用的是棉花錘、豆腐刀？」

　　其實，愈細心分析，愈發現事件破綻重重。阿Sir話：「照片見到岑子杰兩隻手臂都是血，但他手腳都無明顯傷痕，這血怎麼來的，更似抹上去的。更深一層，岑子杰已報名參選區議會，他的競選團隊昨日（17日）周街派單張，單張上已宣揚岑子杰遇襲，還叫『十月二十日，香港人上街』。單張的印刷日期是17日。岑子杰16日晚遇襲，17日出來的宣傳單張就知他遇襲，是未卜先知，還是按劇本寫，大家心照啦！」

　　自反修例暴力風波以來，好幾個煽暴派的頭目受襲。阿Sir指：「從林卓廷、鄺俊宇再到岑子杰，據說有7個煽暴派人士受襲，單單岑子杰就已經兩次。上次襲擊岑子杰是8月29日，是8·31大遊行前夕；民陣計劃於本周日（10月20日）

發起九龍遊行，岑子杰又遇襲。事件難免令人聯想到是散佈政治恐慌，刺激更多人上街。岑子杰昨日透過民陣代表發出呼籲，聲稱什麼大家不要針對部分群體作『私了』，強調真正的問題源於制度暴力。好明顯，岑子杰叫支持者不要搞錯對象，要把矛頭對準政府。」

　　阿Sir又話：「不是用陰謀論看岑子杰被襲，而是反對派、煽暴派的苦肉計玩得太多。民主黨成員林子健前年就自編自導自演『釘書健』事件，話自己被『強力部門虐待』，結果反被判誤導警員罪成，判入獄5個月。如今煽暴派次次遇襲都煞有介事，聲稱相信是有人要打擊反修例者云云，但大家細心想想，逃犯條例修訂早就撤回，誰人要為不存在的議題動粗？是誰還在對反修例念念不忘？無休止借題發揮，讓暴力不停、血腥襲擊事件不斷，不正是煽暴派自己？」

2019年10月18日　文匯報　李自明文章

朱克伯格有何資格批「抖音」政治審查？

　　內地影音軟件「抖音（TikTok）」迅速發展，更打入了歐美市場，吸引眾多青少年使用。想不到竟惹得facebook創辦人兼行政總裁朱克伯格眼紅，更於日前點名批評「抖音」「審查政治示威內容」，還質疑「這是否美國人想要的互聯網」云云。有IT界老友笑指：「來說是非者，正是是非人。facebook近年打着打擊假新聞的旗號，大搞網絡監控，刪除數以十萬計不符美國價值觀的專頁。香港網媒《點新聞》的fb專頁一個多月內就被封號8次。facebook本身就是政治打壓、箝制言論自由的『高手』，還裝腔作勢指責別人政治審查，不覺臉紅虛偽嗎？」

　　眾所周知，facebook在社交網媒佔有壟斷地位，2017年的活躍註冊戶數已超過20億，線上線下的影響力舉足輕重、無遠弗屆。老友表示：「包括美國在內，不少評論開始反思，各界對fb過分依賴，令這個社交網巨無霸及始創人朱克伯格權力過大。民主黨總統參選人華倫更揚言，要分拆facebook。」

　　朱克伯格日前在演講時聲稱，「中國以外」的互聯網世界，一直「跟隨美國價值觀」，極「重視言論自由」，但中國正在「建立一個價值觀完全不同的互聯網」，更對外「輸出價值」，長遠下去由美國價值主導的互聯網未必能夠維持。

　　對此，IT界老友質疑：「朱克伯格捍衛言論自由說得冠冕堂皇，事實卻是說一套、做一套。2017年起，facebook推出多項監控與營運措施，包括為打擊假新聞而擴展萬人監控團隊等，被批評是打壓言論的舉措；facebook的前僱員揭露，facebook由面試開始，已打聽求職者的政治立場。」

　　美國總統特朗普於8月下旬聲稱，已將香港近期事件與中美貿易戰掛鈎後，美國兩大社交媒體facebook及Twitter即不斷選擇性開展「滅聲」行動，關閉或封鎖超過20萬個被認為是「抹黑反修例示威」的專頁、群組及個人賬戶。

　　老友認為：「最典型的例子是，《點新聞》揭露暴亂眞相、彰顯正義之聲，竟然遭 facebook 全面封殺滅聲，卻對山寨《點新聞》專頁及肆意散播謠言的縱暴派、暴徒的賬號視而不見、『手下留情』。facebook 聲稱不允許散播暴力及不實言論、朱克伯格強調『言論自由是世界上的新興力量』。可惜，在香港讓人看到的是，facebook 只有鼓吹散播暴力的自由，facebook 毫不掩飾地搞政治審查，這就是世人想要的互聯網嗎？」

2019 年 10 月 19 日　文匯報　李自明文章

「光復香港，時代革命」本質就是「港獨」

　　香港的暴亂延燒逾四個月，不論形勢如何變化，「光復香港，時代革命」的口號始終貫穿其中。有人認爲這只是「普通口號」，沒有篡權奪政的意思；也有人聲稱，這只是民間自發的主張，不應被賦予太多的政治含義。然而，事件眞的如此簡單？過去四個多月的事實清楚地說明，「光復香港，時代革命」絕非簡單的政見宣洩，所謂的「光復」實際上是「叛亂」，所謂的「革命」實際上是「顛覆」，這是一場有着清晰主張及行動綱領的激進分離主義運動，以暴力手段推翻「一國」，實現其「港獨」目標。任何政治人物認同並公開叫喊這一「港獨」口號，就是對「一國」原則的踐踏，絕不應該允許進入具有憲制角色的建制架構之內。

■「光復香港，時代革命」的口號，煽動暴力奪權，企圖實現「港獨」。

圖以暴力手段奪權

政治學常識在於，一場運動的政治口號，必然反映了其主事者的核心目標及主張，更何況是在一場大規模的暴力運動當中。從當年波羅的海三國到西班牙的加泰羅尼亞，從烏克蘭的「橙色革命」到「阿拉伯之春」，政治口號絕非可有可無的政治語言，而是具有鼓吹、煽動、集結的特殊意義。同樣的是，香港當前所發生的長時間大規模暴亂，雖然有各種各樣的口號，但流傳得最廣、最烈也是最受反對派政客認同的就在於「光復香港，時代革命」，而不論是提出的背景、欲達至的目標，都與上述「顏色革命」如出一轍，存在明顯的顛覆與分裂性質。

只要結合過去四個多月的客觀事實，便可以輕易發現這八個字當中存在的嚴重問題：第一，「光復」本身就包含推翻之意。辛亥革命時期，此二字就常用於推翻的意思。如孫中山先生語「驅除韃虜，光復我民族的國家」，章炳麟語「今中國既滅亡於逆胡，所當謀者光復也，非革命云爾」，意思已經十分清晰，即便是在現在，「光復」意思也沒有改變。問題在於，香港已經回歸祖國二十二年，叫喊「光復香港」，到底是想推翻什麼政權、要組建什麼制度？有些反對派政客辯解稱，「光復」是想「回到過去的香港」、沒有顛覆的意思。這都是自欺欺人的鬼話。回到過去，就是要回到港英統治的時期，也就是要排除中華人民共和國對香港行使的主權，這和「推翻」有何本質區別？

第二，「光復」的英文字意更加露骨。或許中文未必能全面反映這場暴亂幕後指揮者的真正意圖，其後又進一步以英文口號進行「註解」。這八個字口號的英文版是「Liberate Hong Kong, the revolution of our times」，翻譯過來就是「解放香港，我們時代的革命」。只要對 Liberate 這一詞有所了解，便可以看到當中荒謬之處。它是用「解放」的政治含義來形容這場暴亂的目的，也是直接將暴亂等同於上世紀的「民族解放運動」。然而，香港根本不存在所謂的「香港民

族」，那麼他們要「解放」的是什麼，要推翻的又是什麼？而當代國際政治史告訴我們，不論站在什麼立場或角度，「解放」二字本身就與暴亂、戰爭畫上直接的等號。顯而易見，「光復香港」就是要以暴力手段去達到顛覆的目的。

第三，「革命」所體現出的暴力本質。「革命」二字近年在許多領域出現泛用，但在政治及國際關係領域，「革命」二字的意思並沒有任何改變，是極其明確地與「暴力推翻政權」意圖掛鉤，在英文語義中更為明顯。「美國革命」就是推翻英國殖民者，「顏色革命」就是推翻原有政權。而所有「革命」都無一例外地等同於暴力。正如香港一名認同暴亂的反對派支持者所稱：「『革命』不同於『抗爭』，前者徹底得多，那是指推倒整個制度，然後建立一個新制度。」當前香港曠日持久的暴亂，其本意也在於「港獨」要推翻現有制度、建立新的脫離母體的政權。

「光復香港，時代革命」一前者說明了這場暴亂的根本目的，後者則表明了這場運動的性質，是一個徹頭徹尾的「港獨」主張。然而，正如一句名言所說：「別看怎麼說，要看怎麼做」。

如果僅僅是叫喊口號而無實質行動，或許還可以用「言論自由」來作掩飾。但過去四個多月來的無數事例說明，這不僅僅是一句口號，伴隨而來的，是大量的行動以及怵目驚心的暴力手段，所針對的目標、所要達到的目的，已經毫無任何掩飾。

實現「港獨」是終極目標

在「光復香港，時代革命」口號之下，從六月中開始，出現了大量針對國家主權象徵的非法行動。7月21日，大批暴徒包圍中聯辦並污損懸掛於大樓上的國徽，同一時間，黑衣暴徒在中聯辦大樓牆上噴上「光復香港，時代革命」的口號；而從6月至今，已有最少九宗因焚燒國旗而被捕的個案，沒有例外的是，每

一次的燒國旗行動，暴徒都會叫喊上述口號。而過去四個月以來，發生了大量針對駐港部隊、國旗國徽等國家在香港主權象徵的違法行為。更有甚者，9月30日，有暴徒宣讀《香港民憲草案》，宣布成立「臨時議會」；到了10月4日，更出現《香港臨時政府宣言》，叫囂推翻現有政府。所謂的「香港國歌」、「香港國旗」更是不斷以各種形式伴隨着「光復、革命」的口號而出現。

不僅如此，在口號煽動之下，暴亂的暴力程度不斷升級。幾乎每一次暴亂都會出現燃燒彈等武器，8月1日，警方突擊搜查一個單位拘捕7男1女，控以涉嫌「藏有攻擊性武器」、「無牌管有爆炸品」及無牌管有或分發含有大麻成分的精油。被捕者中，除被取締的「香港民族黨」頭目陳浩天外，另外7人都是「本民前」成員。這些都是明目張膽的「港獨」分子，所代表的政治主張、所要達到的政治目的已是不言而喻。

事實證明，「光復香港，時代革命」根本目的就要以暴力手段去推翻現有的憲制體制、顛覆國家主權。「港獨」學生組織「香港學生動源」召集人鍾翰林，早前在其推文中曾有這樣的解釋：「如何光復香港，完成時代革命？就是推動香港獨立直至香港共和國正式成立。」這已經是赤裸裸地道出了這一口號的根本意圖。

戳穿偽裝嚴禁蒙混參選

任何單一制的主權獨立國家，絕不會允許以推翻政權為目的違法言行的存在，更何況是讓持這種主張的政治人物堂而皇之地進入建制架構之內。八月初，國務院港澳辦發言人楊光曾一針見血地指出：「香港是中華人民共和國的一個特別行政區，在香港這樣一個地方，你們想『光復』什麼呢？你們想把香港『光復』到哪去呢？所以，從他們的口號就可以看得出來，他們的政治動機一目了然，路人皆知，就是沖着『一國兩制』中的『一國』這個根本來的，就是要挑戰

這個根本。」

　　當前涉及的嚴峻問題，無關普通市民的、言論自由，而是大量政治人物以及意圖參加區議會選舉政客的公然主張及叫囂暴力革命，儘管他們沒有明目張膽地講出支持「香港獨立」，甚至以各種各樣的理由百般掩飾，但所作所為與「港獨」沒有二致。事實上，公眾也從未見過他們發出任何反對「港獨」的言論，也從沒有見過他們有過任何擁護「一國兩制」、擁護國家主權的表態。

　　戳穿「光復香港，時代革命」的本質，遏止「港獨」在香港蔓延及肆虐，這是特區政府所有公權力不可推卸的責任，也是全體愛國愛港市民所必須承擔的共同義務。在攸關國家主權、安全與領土完整的大是大非面前，沒有任何妥協餘地。香港不應該、也絕不可能允許支持「光復香港，時代革命」政客參選並進入特區憲制架構之內！

2019年10月21日　大公報　龔之平文章

陳同佳被拒自首
蔡英文自暴其醜

「台灣殺人案」主角陳同佳昨日刑滿出獄，本擬去台灣自首並一早買定機票，終因台灣當局的刻意阻撓而無法成行。公義未能伸張，死者無以安息，兇手無以贖罪，受案件傷害的家人無以釋懷，也讓全世界看到台灣民進黨當局爲了選舉利益及破壞香港「一國兩制」，不惜將政治凌駕法治的險惡居心。

這宗轟動一時的殺人案分成兩部分，陳同佳涉於香港境內的洗黑錢案已經審判且服刑完畢，而涉及台灣境內的殺人及拋屍案則有待台灣方面來處理。由於港台之間沒有引渡協議，陳同佳同意出獄後自行赴台自首，本來是了結此案的最妥當方法。

但台灣當局存心搗亂，一再表演「變臉」絕技，一時胡說此案策劃於香港，要求港方繼續羈押追訴；一時指摘陳同佳是「被自首」，香港政府「推卸責任，主動放棄司法權，別有用心」；一時說派人到港「驗證」人犯身份並將其押解台灣，企圖越境執法；一時說對陳同佳只有「逮捕」，沒有「自首」。台灣當局的說詞一日三變，但有一個重要細節沒有變，台灣當局將陳同佳及擬陪同赴台人士列入了「管制名單」，拒絕入境。

一方面對陳同佳發出通緝令，矢言追究到底；一方面又拒絕陳同佳入境，不許其投案伏法，台灣當局自打嘴巴，簡直精神分裂。可見台灣當局根本就不想處理這宗殺人案，根本就不希望此案引發的香港黑色暴亂落幕，因此盡情「玩嘢」。

台灣當局唯恐香港不亂，有目共睹。台灣「法務部」曾對香港建議修訂逃犯條例「樂觀其成」，肯定「這是一個進步的立法」，但不旋踵又翻臉，指斥爲

「送中惡法」，即使香港通過修例，台灣亦不會同意疑犯移交。最陰險的是，台灣當局收買、煽動香港的年輕人進行暴力衝擊，安排暴徒到台灣接受暴力對抗訓練，並以「人道關懷」為幌子為暴徒提供庇護之所，免除其後顧之憂。香港亂到今日田地，美國的黑手操縱固然難辭其咎，與台灣當局的一再攪局同樣密不可分。

這幾個月來，蔡英文就是靠「打香港牌」而在台灣掀起「反中」情緒，從而築固綠色基本盤，拉升支持度。似乎香港愈亂，蔡英文的支持度愈高，連任的機會愈大。從台灣當局的角度看，就陳同佳一案反口覆舌，節外生枝，為香港暴亂火上添油，讓子彈繼續飛，可謂「順理成章」。什麼公義、法治，統統可以拋到一邊。蔡英文曾吹噓「台灣是有民主法治的地方」，然而陳同佳案好比試金石，證明台灣的法治同蔡英文的法學博士文憑一樣，都是假的。

樹欲靜而風不止。特區政府昨日正式撤回修例，但美國不會收手，台灣當局也不會收手。止暴制亂，恢復秩序，既不能幻想反中亂港勢力主動「放下屠刀」，也不能寄望外部勢力「良心發現」，唯有治亂世用重典一途。

2019年10月24日　大公報社評

從人死到狗死謠言不止
抹黑警方機心用盡

　　暴力示威持續不斷，警方多次出動警犬執行任務。近日網傳有警犬在執勤期間因沒有任何防護裝備，吸入大量催淚煙，神經中毒殉職。警方澄清，6月至今無警犬因為處理示威活動而死亡或不適。有資深傳媒老友對自明苦笑搖頭，指：「煽暴的人散播謠言，從人死到狗死，諸如太子站毀屍滅跡、知專女學生死、中大女學生被性侵，如今連警犬都被用上，令人眼花繚亂。有人千方百計抹黑警方，煽動對警察的仇視，可謂不擇手段，機心用盡。」

　　老友表示：「香港是文明社會，港人富有愛心，對許多影響到動物的不人道行為，不僅立法禁止，也會口誅筆伐。對於貓狗這類伴侶寵物，港人更加愛錫。煽暴派就是利用港人愛錫動物的心理，捏造警犬吸入催淚煙而死亡的謠言，煽動不明真相的市民，特別是愛護動物者，增加對警方的仇恨。煽暴派政客毛孟靜、鄺俊宇、譚文豪等人，就連同動物保護團體代表，煞有介事到警察總部投訴，指責警方虐待警犬，『草菅狗命』，敦促警員停止出動警犬云云。」

　　為駁斥謠言，警方迅速在社交媒體發表題為《網絡謠言這麼多‧警犬殉職？》的帖文澄清：「小編知道大家都好關心警犬嘅健康，其實每一個領犬員都好愛錫自己嘅拍檔，所以大家唔使擔心。千祈唔好誤信未經證實嘅謠言呀！」

　　老友憤然說：「煽暴派混淆視聽、煽惑人心的負面效應不可小看。但是謠言止於智者，稍有常識的人都知道，最愛錫自己拍檔警犬的，莫過於警隊的領犬員。領犬員與拍檔犬感情深厚、呵護備至，怎會虐待警犬、甚至『草菅狗命』呢？煽暴派挖空心思、不擇手段，反而暴露他們對警犬沒有常識，更沒有感情，只是把警犬當作攻擊警方的政治工具。」

　　反修例暴力運動以來，針對警方的謠言層出不窮。一個極度反智的謠言，是指8月31日晚，聲稱有示威者在港鐵太子站內被警察打死，且多達6人，而且「已經被毀屍滅跡」。即使政府、警方、醫管局、消防局連番澄清真相，「毀屍滅跡」謠言仍揮之不去。另外，知專設計學院15歲女生陳彥霖死亡事件，亦被利用來抹黑警隊。彥霖媽媽多次表明，確信女兒是自殺，希望造謠者「不要胡亂去講任何你們認為的事」，讓女兒安息。但是煽暴派不僅不收手，反而起底欺凌彥霖媽媽，更惡毒指罵她不是彥霖的親生媽媽。老友嘆道：「這些暴徒造謠中傷，何其無良無恥。」

　　「製造謠言、煽動民情，成本低而收效高，是各地『顏色革命』的『常規武器』。從人死到狗死，黑色勢力造謠煽動仇警情緒，為暴動提供『新燃料』，目的只是想香港亂上加亂。但謠言終歸謠言，謊話講一百遍也成不了真理，結果只能是煽暴派自暴其醜。」老友不無鄙夷地說。

2019年10月25日　文匯報　李自明文章

新聞業敗類為暴亂推波助瀾

黑色暴亂沒完沒了，不僅踐踏法治、撕裂社會、損害經濟，亦玷污新聞行業的金漆招牌。昨日的警方記者會遭一名掛着「香港記協」記者證的女子搗亂而被迫中斷，黃絲黑記者濫用新聞自由，揭開香港記協藏污納垢的冰山一角。

剛過去的周日，香港又淪為硝煙瀰漫的戰場，有市民及卧底警員被打得頭破血流，也有不少暴徒被捕。警方昨日舉行例行記者會介紹周日執法情況時，有一名女子用強光手電筒照射警方高層的眼睛，抗議「警暴」，宣讀不滿聲明後又煽動在場其他記者離開，企圖杯葛警方記者會，導致記者會一度暫停。其後警方要求該女子離開時，現場再次發生混亂。對於記者會被打斷及「騎劫」，警方狠批這等同剝奪公眾知情權。

警方經常舉行記者會，旨在向公眾提供止暴制亂的最新進展及解答疑問，也是為記者採訪提供方便。警方尊重記者，理應得到善意回應，雙方各司其職，相向而行，才能更好地為公眾服務。但令人遺憾的是，不少記者忘記自己的身份與職責，放棄客觀中立的應有職業操守，在記者會上言行出位，嘩眾取寵，甚至大肆搗亂，令人側目。出席記者會是為了採訪新聞，結果記者卻把自己搞成新聞焦點。部分人刻意自我炒作，也的確暴得「大名」，變成業內「奇葩」，但這種絕對的自私自利行為是以犧牲新聞行業的公信力為代價。

大鬧記者會，正正反映部分黃絲記者的醜陋及業界的墮落。自從黑色暴亂爆發以來，部分記者是非不分，黑白顛倒，美化暴力，英雄化暴徒，傳播謠言，同時為抹黑警方及特區政府無所不用其極，為暴亂火上添油。更有記者幹着與身份極不相符的勾當，如阻撓警方執法、掩護暴徒撤退、為暴徒通風報信、刁難外地記者等等。人們不能不強烈質疑，這些人到底是記者還是暴徒？抑或有多重身份，披上黃背心就是記者，脫下黃背心則為暴徒一分子？

　　事實上，身份可疑的記者不在少數，其中有剛剛出獄的暴亂分子，有牧師，有學生，有身份不明者。在部分暴亂現場，記者比警察甚至黑衣暴徒數量還多，魚目混珠，眞僞莫辨。究其原因，香港的記者證並非統一發放，人人都可以「記者」自居。警方曾破獲一個犯罪團夥，檢獲的犯罪證據中就有大量假記者證。

　　退一步說，就算記者證是眞的，不代表記者是眞的，只要向香港記協交納數十元費用，就可以弄到一張記者證，成爲記者如此「廉價」，自然大有漏洞可鑽。值得一提的是，昨日搗亂會場的女子就是一名自由職業者，掛的正是「香港記協」的牌子。

　　香港記協因立場偏頗早就臭名遠播，在今次黑色暴亂中又扮演極不光彩角色，贏得「暴力記協」之名。作爲香港核心價值之一的新聞自由因此而蒙污，令人可惜，更令人憤怒！

2019年10月29日　大公報社評

消除記者監管真空
勿讓記協獨斷專行

本港過去四個多月的違法暴力運動中，肩負報道眞相責任的記者亦備受關注。在暴力衝擊與警方執法最前線，既有盡力全面客觀報道事態的記者，也有一些人以記者身份阻礙警員執行職務，甚至被懷疑協助暴徒，令暴亂現場亂上加亂。作爲一個備受尊重的職業，記者頭頂的「無冕之王」光環，必須有與之相稱的專業素養、專業操守和專業規範，才能名副其實、不負衆望，而香港幾乎「無王管」的傳媒業界生態，與記者職業的神聖性背道而馳。香港社會充斥是非不分、黑白顚倒的劣質傳播，與記者隊伍良莠不齊、監管眞空有極大的關係，特區政府必須負起責任，認眞檢討現行制度漏洞，不能任由記協之類組織獨斷專行。

日前的一個警方記者會上，一名自稱記者的女性突然發難，打斷警方發言，並拿出手電筒照射講台上的警方代表。據悉，這名女性人士用以登記進場的所謂「記者證」，只是記協編號 F200 的會員證，根本不是傳媒機構的工作證和記者證。事實眞相是，任何人不需要有任何傳媒機構的固定工作，只要自稱 freelance（業餘兼職），都可以以記者名義去暴力衝突現場近距離阻擋警員執法，甚至高調地去警察總部聲大夾惡攪局。

香港一直以來沒有受監管的記者證簽發制度，各傳媒機構可以自行簽發記者證，基本靠傳媒自律。但良好的秩序一定要靠法治來監管，不存在沒有管理的天生的秩序。隨着反中亂港勢力和境外反華勢力勾結，在本港策動有「顏色革命」性質的暴力衝擊活動，記者「無王管」的問題就凸顯出來，集中爆發。

有人提出互聯網時代有所謂「公民記者」的概念，但這是指在網上發發貼文、照片，談談觀點評論，只要不抵觸法律，屬於個人言論自由。但這些所謂

「公民記者」，與傳統意義上服務於傳媒機構，代公眾行使知情權，被稱爲「無冕之王」的傳統記者，是有本質區別的。如果人人自稱「公民記者」，就個個都可以以「記者」名義去暴力衝擊現場干擾執法，就個個都可以去警方或政府記者招待會攪局，這正正阻礙了正規傳媒機構記者執行職務，而且玷污了「記者」的名聲。

眞正的記者，必須符合相當的職業要求、具備相關的專業操守，這就要求政府應該有一套嚴格的資格認證制度。在標榜民主自由的美國，各政府部門或國會的一些重要活動，主辦方都會發放他們的「記者證」，只會允許持證者進入指定採訪場地。紐約、洛杉磯等城市的警察部門，都有向全職或兼職記者發放記者證，只有擁有警方記者證的記者才可進入警方封鎖線範圍採訪。

記者是行使公眾知情權的主角，但不應成爲阻礙警方和政府部門執行職務的角色，更不能站在公眾利益的對立面。因此，社會大衆有權要求對記者的資格認定指定規範。以時常被詬病的記協爲例，如果記協會員證可作爲身份證明的話，記協本身就必須要有嚴格的認證規範，並且要得到社會的認可，否則那只是其組織內部的一張會員證明，不應等同記者證。

連月的暴力示威衝擊，凸顯了本港的一些制度缺陷，需要盡快修補。面對當前止暴制亂的急務，特區政府應該認眞思考特事特辦，對示威衝突現場的採訪報道制訂規範，只允許經過事先登記的眞實傳媒機構的記者，才可在事發現場採訪。對於魚目混珠的人應追究其阻差辦公或其他相關責任。

2019年10月31日　文匯報社評

污衊駐軍清障義舉
煽暴派豬油蒙心

最近一周，黑衣暴徒肆意設置各種路障堵塞主要幹道，令整個城市陷入半癱瘓的狀況。上周六下午，一批駐港部隊官兵，身穿便衣步出九龍塘九龍東軍營，協助市民清理路障，引來市民鼓掌稱道。但煽暴派政客上周六晚上立即發表聯合聲明，對駐軍義助清障上綱上線指責。有政界老友對自明話：「黑衣魔肆意設置路障，堵塞交通幹道，嚴重影響道路安全。駐港部隊官兵和市民站在一起，齊心合力清理路障，反映了駐軍始終保持人民軍隊本色和優良傳統作風，以實際行動為香港市民奉獻愛心，充分體現駐港部隊熱心公益、愛護港人的精神。對這種善心義舉都要橫加指責，煽暴派真是政治上腦、豬油蒙心。」

老友說，駐軍官兵自發出營清理路障，很合情合理嘛。現場所見，這批駐軍官兵行動迅速，徒手搬走馬路上大批磚塊、掃除雜物，還使用工具剪斷綑綁鐵柵欄的束帶，舉手投足間盡顯訓練有素，展現人民子弟兵新時代的精神風貌，不少市民紛紛為解放軍清理路障、助香港恢復正常交通拍手稱讚。「市民的正面反應，就是民心的體現。但煽暴派竟然聲稱今次事件不是自然災害，屬本地事務，解放軍上街清除路障，違反了基本法及駐軍法條文，是企圖逐漸將解放軍在港行動合理化，達到『溫水煮蛙』的效果。這是什麼邏輯演繹？」

老友說，去年颱風「山竹」吹襲香港造成嚴重混亂及損失，數百名解放軍士兵亦是自願出動協助清理樹木路障，亦受到市民歡迎。其實，駐軍官兵清理路障的行為，無涉任何「社會治安」問題，更不是執法，根本沒有違反基本法和駐軍法的問題。另外，從市民的鼓掌稱讚，可以看到駐軍官兵義舉受到港人歡迎，更加證明行動合乎情理、順民意得民心。「此次黑衣魔對香港的破壞，衰過『山

■駐港解放軍步出軍營，與市民一起清理路障。

竹』一百倍，正是煽暴派縱容、煽動導致的人禍。煽暴派現在還想通過抹黑解放軍，轉移視線，企圖爲自己煽動暴力推卸責任，實在天理難容。」老友表示。

　　老友憤慨地說：「煽暴派政客混淆視聽，高談『法治』，『譴責』解放軍擅離軍營違法，但黑衣魔暴力毀港，大肆破壞交通，不擇手段阻撓市民上班上學，無差別攻擊無辜市民，從當衆焚燒活人到擲磚奪去人命，不斷突破法律、道德、人類文明的底線，其暴行已經是恐怖主義的行徑，幾時見過煽暴派譴責黑衣魔、追究黑衣魔的違法暴行。煽暴派有何顏面、有何資格講『法治』？」

　　有參與清理的官兵接受傳媒訪問時表示，清理行動是爲了安全、祥和，止暴制亂，目標是讓道路暢通，讓香港安全穩定。老友說：「駐港部隊無疑爲煽暴派、黑衣魔上了一堂生動的文明教育課，也是向他們發出有力警示，讓他們意識

到『攬炒』暴行不得人心，煽暴派、黑衣魔不思悔改，不懂懸崖勒馬，多行不義必自斃。煽暴派借題發揮抹黑解放軍，枉作小人，自暴其醜。」

2019年11月18日　文匯報　李自明文章

高院判決與「止暴制亂」背道而馳

　　黑色暴亂嚴重損害香港的社會穩定與經濟繁榮，也揭示香港社會的深層次矛盾。高等法院昨日就特區政府引用緊急法通過「禁蒙面法」的司法覆核作出判決，政府敗訴，不僅為「止暴制亂」增添不明朗因素，更對特區政府今後依法施政造成負面影響。司法問題或者有人稱之為「司法亂象」，到了不能不認真審視的時候。

　　特首林鄭月娥會同行政會議早前引用緊急法，通過禁蒙面法，這是止暴制亂的重大舉措。緊急法被視為「尚方寶劍」，威力巨大，禁蒙面法只是初試啼聲，特區政府有權根據實際需要，制定任何法律。此舉受到市民熱烈歡迎，但同時也導致縱暴政客氣急敗壞，使出他們最擅長的司法覆核一招，企圖阻止禁蒙面法的落實，這並不令人意外。

　　高院就此案作出判決，認定緊急條例部分不符合基本法；禁蒙面法規例部分條文，也不符合相稱性驗證標準。法庭將就此作出進一步聆訊。撇開法律術語，最直觀的理解就是，特首無權引用緊急法止暴制亂，禁蒙面法自然也失效。因為違反禁蒙面法被捕者將獲釋放，其他涉暴亂被告也會被取消蒙面罪名，一切從頭開始，警方、律政司白費功夫。

　　禁蒙面法失效還在其次，最要害的是，特首被否決引用緊急法的權力。換言之，不管特區政府的法律工具箱中還有多少寶貝，都是能看不能用。人們無法理解，為什麼港英時代可以引用緊急法，回歸後卻不能引用？為何英國、美國、加拿大等「自由世界」的國家早已啟用禁蒙面法，且行之有效，香港司法機構的判決結果卻與所謂「國際標準」背道而馳？

　　眾所周知，淪為「兵工廠」及罪犯「窩藏地」的理大校園被警方圍困，數百名黑衣暴徒走投無路，急盼援兵。在警方的重兵佈防下，前來增援的暴徒損兵折

將，外部勢力又鞭長莫及。值此緊急關頭，高院判決對暴徒而言何異於「天降神兵」，蒙面人也隨即大量湧現街頭，後果堪虞！

國家主席習近平近日嚴正指出，止暴制亂、恢復秩序是當前「最緊迫的任務」，更首次提出「堅定支持司法機構依法懲治暴力犯罪分子」。言猶在耳，香港高院作出的判決，令人無法看到其對止暴制亂的應有承擔，甚至是背道而馳。「司法獨立」當然是好東西，但如果司法獨立不符合香港整體利益、市民福祉，衝擊「一國兩制」，人們難免會質疑，這到底是「司法獨立」，抑或藉「司法獨立」之名掩飾其他政治目的？

高院今次判決影響深遠，法律界人士建議特區政府上訴，可謂應有之義。又由於基本法第四十八條授予特首權力，有關條文或有不同理解，律政司大可考慮提請全國人大釋法，正本清源。回歸以降，人大曾五次釋法，非但沒有損害基本法權威，反而豐富了「一國兩制」的實踐。該釋法時就釋法，何懼別人說三道四！

2019年11月19日　大公報社評

「催淚彈釋放二噁英」歪論　煽暴派屈得就屈

警方繼續在理工大學圍捕黑衣魔之際，煽暴派又露出醜態，在立法會攻擊抹黑警方。昨日立法會上，煽暴派政棍追問食衛局局長陳肇始，指警方用催淚彈可能釋放二噁英。有學者直斥有關講法荒謬：「從未有研究顯示有催淚彈引致二噁英中毒個案，反而焚燒塑膠、垃圾、投擲汽油彈，就肯定會釋放出二噁英，這是人所共知的科學常識。黑衣魔周街燒塑膠垃圾，搞到黑煙滾滾，嚴重污染香港空氣，煽暴派就扮盲，隻字不提；卻煞有其事地追究『催淚彈毒害港人』的問題，這就是煽暴派一貫的賊喊捉賊、顛倒是非伎倆。」

黑衣魔和煽暴派將空氣污染歸咎警方施放催淚彈，並非始於今日。學者對自明話：「早前有個《立場新聞》記者就於社交專頁上稱，自己長了氯痤瘡，醫生說是人體積存高濃度二噁英的表徵，因此質疑與警方經常使用的催淚彈成分有關。九龍一帶的醫院、學校受到空氣污染影響，煽暴派毒媒又指是受催淚彈『毒害』。最近印尼有新聞報道指出，當地不少居民患上氯痤瘡，經調查發現，原來是當地人焚燒塑膠垃圾引起的。香港食安中心資料亦顯示，冶煉金屬、製模、燃燒含氯有機化學品如塑膠時，都會產生二噁英，不但會致癌，而且會殘留在食物鏈，遺禍無窮。」

學者質問：「究竟是誰在釋放二噁英，不是很清楚了嗎？現在香港誰在燒塑膠垃圾？黑衣魔為堵塞道路，經常焚燒垃圾作為路障，而且不斷搬垃圾往火堆裡面扔。為什麼有二噁英？為什麼有人長氯痤瘡？黑衣魔是罪魁禍首。冤有頭，債有主。煽暴派不追究黑衣魔，卻向警方發難，真是令人齒冷！」

學者又話：「煽暴派最叻就是玩雙重標準，選擇性失明。他們不是不知道黑衣魔燒塑膠垃圾製造二噁英，只是立場行先，被政爭蒙蔽了理智。環境局局長黃錦星指出，汽油彈、燃燒液體和雜物都會釋出二噁英，近期香港不斷發生燒商

舖、燒垃圾的情況，才是值得關注的源頭。事實上，環保署的空氣監測站發現，當附近有人縱火時，錄得的懸浮粒子濃度有數小時會上升，甚至高於當天正常水平2倍，這就是黑衣魔污染空氣的罪證，是有科學數據支持的。煽暴派的『催淚彈釋放二噁英』，分明是隨口噏、當秘笈。」

學者更指出：「更要看到的是，如果不是黑衣魔打砸燒搶，暴力衝擊警方，警方根本不必動用催淚彈。煽暴派顛倒因果，罔顧市民的生命財產安全。警方用催淚彈驅散暴徒，亦是堅持用最低武力制止暴力，不想造成嚴重傷亡。」學者最後笑道：「難道煽暴派希望警方用實彈對付黑衣魔？實彈倒是不會產生大量煙霧，夠晒『環保』，煽暴派滿意了吧？真係得啖笑。」

2019年11月21日　文匯報　李自明文章

不管風雲如何變幻　「一國兩制」絕不動搖
——如何看待區選後形勢系列評論之一

　　備受關注的新一屆區議會選舉曲終人散，儘管一早預計建制派選情危急，結果揭曉更是令人吃驚。建制派議席大幅減少，政治資源、話語權遭到嚴重削弱，全港十八個選區中，十七個選區的控制權落入反對派之手，地區政治版圖急速改變，有人形容區議會一夜「變天」。香港陷入前所未有的黑色暴亂，建制派遭遇前所未有的選舉挫敗，「一國兩制」受到前所未有的嚴峻挑戰，香港未來走向何處，「一國兩制」能否行穩致遠，成為目前大家最關心的話題。

　　那些不懷好意的人，一早攻擊香港已由「一國兩制」變成「一國1.5制」。經過黑色暴亂及區議會選舉後，更有人揣測中央將大幅收緊對港政策，甚至取消「一國兩制」。實際情況又將如何呢？

　　答案是否定的。區議會選舉是依據香港有關法律、由特區政府主導的選舉，儘管選舉氣氛對建制派極不公平，選舉結果也令很多人失望，但中央尊重這個結果，尊重香港民意，這就是「一國兩制」的具體體現。憑心而論，「一國兩制」符合香港民意的最大公約數，也符合國家與民族的長遠利益，這是既定的長期國策，因此決不會因為一時的風雲變幻而動搖。

　　回顧香港回歸的歷史，就明白中央為何堅持「一國兩制」堅定不移。早在一九四九年，解放軍揮師南下，勢如破竹，但打到深圳就停止前進，原因是當時以毛澤東為領導核心的中央高層，考慮到新中國成立後面對西方封鎖打壓的國際環境，對香港定下「充分利用，長期打算」的大政方針。這其實就是「一國兩制」的「雛形」。

　　「文革」結束後，以鄧小平為核心的第二代中央領導人，在推動中國改革開

放的同時着手解決香港回歸問題，在充分考慮香港的歷史、現實及國家需要後，明確提出「一國兩制」、「港人治港」、高度自治的方針，爲此制定了基本法。這一決策實現了香港的平穩過渡與順利回歸，香港在參與國家改革開放進程中，本身亦獲得升級轉型，成爲耀眼奪目的東方之珠及三大國際金融中心之一。

包容克制眞誠為港

香港回歸至今二十二年，「一國兩制」在實踐中不斷受到挑戰，包括2003年「二十三條」立法功虧一簣，2012年國民教育功敗垂成，2014年「佔中」事件，2016年「旺角暴亂」，但不管風雲如何變幻，中央從未改變初心，反而三令五申保持「一國兩制」方針不變形，不走樣，強調祖國永遠是香港的靠山。這次的黑色暴亂規模更大，時間更長，對「一國兩制」的衝擊更嚴重，更出現踐踏國家主權底線的違法犯罪行爲，中央一再發出嚴厲警告，同時堅持「一國兩制」原則，對林鄭特首率領特區政府止暴制亂、恢復秩序予以高度肯定及充分信任，而沒有輕易動用國家力量，儘管基本法明確授權中央可以依法介入。

就今次區議會選舉而言，由於黑色暴力不斷升級，建制派候選人的人身安全受到嚴重威脅，辦事處被破壞及縱火，無法展開競選工作，各方面要求押後甚至取消選舉的呼聲強烈。而根據香港有關法例，特區政府完全有權這麼做。然而，明知選舉對建制派極度不公平，明知反對派爲奪權而來勢洶洶，選舉依然如期舉行，而且對嚴重失利的選舉結果表示尊重。如果沒有「一國兩制」的加持，這是不可想像的。

說到底，「一國兩制」是前所未有的創舉，也是摸着石頭過河，允許在實踐中出現小波折，並不斷完善治理機制。在黑色暴亂持續數月、國家主權底線一再受衝擊的情況下，國家最高領導人強調堅定支持特區政府依法施政，堅定支持特區警隊依法執法，堅定支持特區司法機構依法懲治暴力分子；中央亦推出CEPA

補充協議等惠港措施，充分體現中央對特區政府的信賴，對香港的眞心關愛，更是堅持「一國兩制」的具體體現。

保持初心方得始終

不謀萬世者，不足謀一時；不謀全局者，不足謀一域。無論是老一輩國家領導人，還是當今的中央領導核心，都是高瞻遠矚，擘劃長遠，從國家的未來、民族的前途來看待香港問題，不會因爲一時一事而輕易改變大政方針。老實說，當年中國積貧積弱，尚且無懼「小小寰球，有幾個蒼蠅碰壁，嗡嗡叫」，今時今日國力空前強大，更不怕外部勢力與漢奸走狗狼狽爲奸打「香港牌」。

中國的發展是阻擋不了的，十四億人民的力量所向披靡，香港也是大局在握，再亂也亂不到哪裏去，不論出現什麼情況，都有足夠手段應對。任憑風浪起，穩坐釣魚船，信心源自實力，源自戰略定力，源自「一國兩制」符合港人和國家的根本利益。

中央高度重視香港的情勢發展，內地同胞也關心香港形勢，同時也很清楚香港與內地其他地方不一樣。就如一個被別人搶走最終回到父母身邊的孩子，經歷不同，受教育不同，文化有異，不管這個孩子是如何頑皮、反叛，哪怕「百厭」，但父母對孩子的關愛永不變，必要時給予教育、指點，同時又抱持極大的耐心，期待孩子成長、成熟，懂得父母的苦心。

一直有意見認爲，北京、上海、深圳等內地城市的經濟總值已後來居上，香港不如以前重要，沒必要繼續維持「一國兩制」。其實，內地不缺深圳這樣的城市，不管內地城市如何發展，都不會取代香港的角色，中央希望保持香港及澳門的特色，而不願意見到港澳變成內地化的城市。中華文化強調兼容並包，「一國兩制」深植於中華文化，過去沒有改變，現在不必改變，未來又何須改變？

中央堅持「一國兩制」是眞誠的，看得見、摸得着的。但維持「一國兩制」

需要各方面共同努力，大家都要拿出誠意，相向而行，而不能「剃頭挑子一頭熱」。不管政治立場如何，不論是什麼黨派，都要承擔起道德責任、歷史責任，要做「一國兩制」的建設者，而不能做破壞者。保持初心，方得始終，也只有全面、準確理解及貫徹「一國兩制」，才能保持其不變形，不走樣，行穩致遠！

2019年11月27日　大公報　龔之平文章

建制派仍是中流砥柱　化危為機必將東山再起
——如何看待區選後形勢系列評論之二

在此次區議會選舉中，建制派遭遇前所未有的重大挫折，在此形勢下，氣焰囂張的反對派固然冷嘲熱諷，建制派內部也不乏消極情緒，有的認為建制派失去江山，有的則稱建制派難以回到過去，等等，不一而足。毋庸諱言，建制派面臨回歸以來最嚴峻的發展局面。

選舉總有輸贏，願賭服輸，對於敗局沒有必要諱隱。但輸了一次選舉，絕非終局，至暗時刻依然要相信光明。應當看到，建制派的「基本盤」並沒有失去，民生、經濟一直是建制派的強項，這是建制派坦然、自信面對現實的本錢，更是未來全面壯大的「火種」。建制派依然是落實「一國兩制」的中流砥柱，作為不可替代的建設力量，一定會從失利中讀懂鞭策，看到民意，反求諸己，化危為機。

直面失敗看到民意

選舉落幕，痛定思痛，建制派的失敗並非因為做得不好、也並非因為候選人不夠努力。之所以失敗，是因為面對的是一個極其艱難的總體形勢。

這次區選，對建制派的不利因素前所未有。既有美國遏制中國發展的大氣候，他們利用修例風波煽動社會對立，支持、收買、訓練暴徒，社會處於數十年來最動盪的局面；同時也有香港內部自身的小氣候，長期累積的各種深層次問題總爆發，對建制力量極其不利；更有選舉過程中的不公平不公正因素，建制派遭遇到了前所未有的恐嚇和威脅，大量辦事處被燒毀，更有候選人遭遇謀殺，候選人甚至要身穿防刺衣才能外出拉票。在如此艱難局面之下，建制派頑強拚搏，許

多候選人將個人榮辱甚至人身安全置之度外，堅定地站在為基層市民服務的第一線。可以毫不誇張地說，建制派雖然敗了，但雖敗猶榮！所有建制派候選人都是不屈的戰士，是當之無愧的中流砥柱！

一次選舉的輸贏，不代表香港的終局。在這次極不正常的選舉中，建制派輸了議席，但沒有失去人心。向來以做實事、服務市民為己任的建制派，輸給只會叫口號的反對派甚至亂港暴徒，這絕不代表建制派「脫離了群眾」或「與民心悖離」，更不是政治立場出了問題，恰恰相反，雖然黑色恐怖瀰漫全港，仍有大批市民站出來支持建設力量。建制派的「基本盤」並沒有因席位的丟失而流失，支持的選民數目超過一百二十萬，較四年前大增近倍。以工聯會為例，在選舉中總得票約18萬，較上屆增加近一倍，平均每名參選人較上屆多1000多票，這是一個令人欣慰的數字，也是市民實實在在支持的體現。如果與2016年立法會的選舉結果相比，更可以看到，建制派與反對派的總得票比率，沒有多大變化，依然是「四六之比」。這意味着，建制派過去多年來真誠服務市民、真誠為民謀福祉的努力，是得到香港市民高度認可的；更說明了，建制派在維護國家主權、安全與發展利益大是大非問題上的堅定立場，是得到市民認同的。

堅定信心化危為機

當然，在看到真正實力對比的同時，建設力量更要清醒且謙卑地看到，提升自身工作水平永遠在路上。正如有評論所指出的那樣，在具體選舉議程的設置，在宣傳方式，在與年輕人溝通手段，在應對危機的處理方法等等方面，建制派都有很多需要改進的空間。從另一角度而言，通過一次選舉而看到自身的不足，正可以知恥後勇，化危為機；通過一次失利的選舉，鍛煉了建制派的組織動員能力、議政能力，一批年輕候選人經受住了考驗；而通過一場選舉，看清香港當前存在的種種嚴重問題，尤其是在教育、司法以及社會層面存在的嚴重缺失，將問

題暴露於陽光之下，也爲解決這些問創造了條件。

　　議席可以失去，信心不能丟掉。建制派一直以來都是香港無可取替的中堅力量，也是維護香港繁榮穩定的最寶貴力量。輸了選舉，可以傷心，但不必灰心。失去了議席，更要堅定信心，以實際行動贏得更多人心。區議會專注民生事務，這不是靠空喊政治口號能夠奏效的。市民們忘不了建制派落選議員過去多年的實幹政績，建制力量必將以更加出色的表現做好市民託付的工作。香港廣大的愛國愛港市民，中央政府以及祖國內地十四億同胞，過去是、現在是、未來也必定是建制派最堅實的支持力量。

　　十六年前，建制派曾經遭遇過一場區議會選舉的大敗；但僅僅是四年之後，又迎來大捷。同樣，建制派這次區選雖然失利，但臥薪嘗膽、浴火重生，未來的立法會選舉、四年後的區選就可能轉敗爲勝，開創一個嶄新的天地。習主席曾指出：「只要我們相信自己、相信香港、相信國家……就一定能夠開創香港更加美好的明天。」因爲在這個世界上，沒有最終的成功，也沒有致命的失敗，最可貴的是繼續前進的勇氣。滄海橫流方顯英雄本色，建制派仍然是建設香港的中流砥柱。

2019年11月28日　大公報　龔之平文章

止暴制亂必須更果斷、更堅決、更徹底
——如何看待區選後形勢系列評論之三

區選結束後，市區恢復平靜，紅隧重新開通，商舖開門營業，市民如常返工，學生回到校園，天空是如此湛藍，空氣是如此清新，一切彷彿回到從前。然而，街頭被拆毀的鐵柵、撬起的磚頭、隨處可見的仇警標語、理大事件未了、港鐵大學站因破壞嚴重繼續關閉……這一切都告訴我們，持續近半年的黑色暴亂並未結束，止暴制亂仍然是當前最緊迫的任務。

街頭暴亂忽然止息，原因不難理解。反對派挾黑暴之勢，在區議會選舉中攻城掠地，控制了全港十八個區議會中的十七個，香港基層諮詢架構可謂「一夜變天」。反對派從來沒有像今次這樣取得壓倒性勝利，他們沉浸在暴力收割政治果實的喜悅之中，連日忙於開香檳慶祝、拜票、張羅新議員辦事處等事宜，因此暫時鳴金收兵。

從國際大局看，中美貿易談判首階段協議正處在臨門一腳階段，美方不希望節外生枝；美國國會通過所謂《香港人權與民主法案》，特朗普簽署後正式成爲法律，爲美國干預香港事務提供「法律依據」。美國需要時間評估各方面的反應，而香港反對派跪求美國多年終於一償夙願，欣喜若狂，也需要時間來消化，研判下一階段如何配合美方的遏華戰略。

選舉結果助燃暴力

所以說，香港目前的狀況，其實是新一輪暴風雨來臨前的寧靜。只要美國不改變圍堵中國的戰略，香港牌仍有其利用價值，香港就不可能眞正穩定下來。有人認爲暴徒「累了」，會坐下來談判；有人認爲反對派在區選獲勝，有了「建

制」身份的束縛，今後就不能再輕易「搞搞震」，其實這些都是一廂情願。市民希望區選後可以有一口安樂茶飯可吃，依然遙遙無期。

歸根究柢，黑色暴亂非關修例爭議，而是一場蓄謀已久的「顏色革命」，旨在奪取香港管治權。控制區議會只是奪權第一步，下一步將劍指立法會控制權，進而佔領特首選委會，達到委任自己的政治代理人的最高目標。

回顧香港回歸的歷史，以主權換治權的鬥爭早在中英談判香港前途時已經開始，埋下香港回歸後風風雨雨、紛紛擾擾的根源。反對派挑起的所有紛爭和動亂，目標都是爲了奪權，區議會選舉只能說是一場小勝，距離全面奪權尚遠，不到黃河是不會死心的。在企圖奪權的鬥爭中，反對派也在不斷提升搞破壞的招術與能量。經過黑色暴亂及區議會選舉，他們認爲找到了最佳手段，即「和理非」與「勇武」捆綁，在街頭暴力不切割、不分化，在議會選舉同樣不切割、不分化，雙方分工合作，分享戰果。他們的文宣造謠能力也大幅提升，由本地走向國際。外部勢力加大對香港事務的干預力度，美國打香港牌不再遮遮掩掩，而是毫無顧忌長暴徒志氣、滅特區政府威風。

街頭勇武、議會爭奪、國際支持，被反對派視爲奪權的「三大法寶」。區議會選舉令他們嘗到甜頭，既然扔磚頭、燃燒彈、殺人就可以迫使社會噤聲，爲所欲爲，更可以得到「選票的授權」、「民意的支持」當選議員，今後勢必食髓知味，變本加厲，提出更高、更廣泛、更無理的政治訴求，並憑藉暴力脅迫政府與社會，若達不到目的，就會進一步升級暴力。

從暴力中來，必然到暴力中去，暴力需要不斷添加政治燃料才能延續其能量，需要更多年輕人參與其中，這是暴力發展的自身邏輯。香港未來可謂危機四伏，任何一點火星都可以點起燎原大火，更大的亂子可能還在後頭。

霹靂手段菩薩心腸

　　對香港的嚴重局勢，中央其實洞若觀火。國家主席習近平日前出訪巴西時就香港局勢發表重要講話，強調止暴制亂、恢復秩序仍然是當前最緊迫的任務，重申堅定支持特區政府依法施政、堅定支持香港警方依法執法、堅定支持特區司法機構依法懲治暴亂分子。這番講話高瞻遠矚，是對特區政府的動員令及行動指南，也是對外部勢力發出最嚴厲警告。

　　有人忌憚反中亂港勢力的氣焰，擔心特區政府的施政與執法能力。其實，要看清香港形勢，不能孤立地單從香港看香港，而是要從世界發展趨勢及中國角度來看香港。世界面臨百年未有之大變局，中國發展不可阻擋，就是其中最大的「變量」。就香港局部而言，反對派似乎佔上風，挾持了更多的民意，唯相對十四億國人，反對派及其支持者的力量不過是滄海一滴。中央有足夠實力、足夠手段，平息一切暴亂。中共十九屆四中全會已對香港問題作出部署，制定一系列政策，下一步將是貫徹落實，特區政府、警方及司法機構可以獲得足夠的法律及資源支持。

　　有中央支持，有十四億國人作後盾，有法律依據，特區政府施政、警方執法、司法機構懲治暴亂分子，可以說理直氣壯。最重要的是，執法必須更加果斷、更加堅決、更加徹底。被警方抓捕的暴亂分子近六千名，司法起訴、審訊、判決任務繁重，司法止暴制亂成為當前最緊迫的任務。

　　不施霹靂手段，怎顯菩薩心腸！近日法庭對兩宗暴力案作出判決，一名向警方吐口水的被告被判囚十個月，另一名綽號「佔旺女村長」的被告判入獄三年又十個月。兩宗判決發出的訊息非常明確，犯法就是犯法，暴亂就是暴亂，不管理想多麼「崇高」，都不能成為逍遙法外的藉口。這是對「違法達義」等歪理邪說的有力回擊，我們期待法庭在未來判案中進一步正本清源，伸張正義，對步入歧途的年輕人當頭棒喝，重新擦亮被玷污的香港法治招牌。

　　止暴制亂、恢復秩序是一項系統工程，除了將暴力分子繩之於法，更要研

究、分析、深挖亂象之源，從教育、司法、公務員系統、經濟結構、產業形態等多方面入手，為社會把脈，對症下藥，從根本上化解深層次矛盾，剷除暴力孳生的土壤。唯其如此，香港才能真正走向長治久安。

　　回首向來蕭瑟處，也無風雨也無晴。我們對香港明天會更好、「一國兩制」行穩致遠，充滿了信心！

2019年11月29日　大公報　龔之平文章

毒果公信力大升？
為煽暴假文宣張目！

香港中文大學傳播與民意調查中心發表最新傳媒公信力調查結果，聲稱幾乎所有報紙的公信力評分都錄得大跌幅，只有《蘋果日報》不跌反升，公信力排名由第八位升至第三位；調查又稱在所有參與調查的傳媒中，TVB公信力排名全港尾五，墊底的則為《大公報》、《文匯報》及《香港商報》與網媒《港人講地》。

傳媒界老友對自明話：「呢個調查惡意打壓正義媒體，而且和特朗普簽署《香港人權與民主法案》同一日，其中更刻意有打壓《大公報》、《文匯報》等敢向暴力說不媒體的條文，提出包括限制簽證在內的所謂『制裁』，嚴重踐踏新聞自由。有關機構這時公佈這個所謂調查，顯然是本港反對派配合外部勢力開闢文宣新戰線，搶奪輿論話語權。」

2011年1月，中文大學傳播研究中心做的香港市民對傳媒公信力評分的調查，在機構排名方面，把TVB放在電子傳媒的第一位；2013年11月，該中心完成了又一項調查，結果《蘋果日報》在17份報章中排名15，幾乎包尾。「同一個機構，現在卻聲稱TVB公信力排名全港尾五，《蘋果日報》公信力升至第三位，這是玩弄魔術還是自欺欺人？」老友不屑問道。

老友鄙夷地指出，《蘋果日報》最沒公信力，最不講新聞操守，根本就是反對派、縱暴派的文宣工具。在反修例風波及暴亂中，《蘋果日報》泯滅良知，層出不窮編造謠言，目的是給亂局火上澆油。老友舉例：「如所謂『爆眼少女』、『太子站毀屍』、『警員在新屋嶺性侵』、『15歲少女陳彥霖被殺』等等，說穿了就是妖言惑眾，栽贓嫁禍警方，煽動暴力的伎倆。《蘋果日報》企圖欺騙別

人，誤導國際輿論，將暴徒無法無天的罪行推卸得一乾二淨。」

《美國之音》曾報道，《香港人權與民主法案》有針對香港愛國愛港媒體的部分，例如，法案說，美國譴責中國政府控制的媒體集團，例如香港《文匯報》和《大公報》對「民主活動者」、美國等國的外交人員及其家人的「騷擾」和「蓄意攻擊」。法案要求國務卿明確告訴中國政府，利用媒體傳播不實信息，「恐嚇」和「威脅」他們眼中的在港敵人是不能接受的。對於上述媒體記者前往美國旅行和公幹，美國國務院將對他們的簽證申請嚴格審查。老友認為：「昨日特朗普正式簽署法案，是要威脅愛國愛港媒體，打壓正義的聲音，讓《蘋果日報》這種反中亂港喉舌獨大，而中文大學傳播與民意調查中心竟然在此時把《蘋果日報》捧上天，同時把 TVB、《大公報》、《文匯報》等踩落地，無非配合縱暴派和外部勢力，放大《蘋果日報》的影響力，以利進一步誤導公眾、搞亂香港。」

老友嘆息說：「中文大學傳播與民意調查中心完全無視事實，不惜以自己的公信力，為最沒公信力的《蘋果日報》陪葬，簡直斯文掃地。」

2019年11月29日　文匯報　李自明文章

白宮採訪要記者證
美國無新聞自由？

　　修例風波中，偽記者橫行、假新聞滿天飛。坊間要求政府在重要新聞發佈中發放記者證的呼聲甚高，民政事務局局長劉江華昨日答覆立法會議員提問時就重申，政府無任何意圖或計劃成立官方機構統一發放記者證，稱是基於尊重新聞自由。一位傳媒界老友對此就不以為然：「新聞自由與記者管理本就不矛盾、無衝突，以新聞自由捍衛者自居的美國等國家，也有記者管理制度。政府發記者證，正正是為了保障正當媒體的權利，維護第四權的神聖作用。到白宮採訪都要專門記者證啦，難道美國無新聞自由？」

　　假記者充斥暴力現場，老友深有感觸地對自明話：「早在8月，警方就接獲報案，指在示威現場發現懷疑偽造記者證。在警方止暴現場，經常有身穿記者服的人做出不符專業的行為，包括阻撓警方拘捕行動，放生暴徒，甚至意圖搶犯，這些記者身份十分可疑。這些事實，特區政府都承認。有何方法應對？局長只是話『相信專業和真正的記者在採訪期間不會作出違法行為，亦希望記者識別身邊人士』，並強調『政府一直堅決維護並尊重新聞自由』，『沒有任何意圖或計劃成立官方機構統一發放記者證』。這種說法令人好混亂。既然知道現狀是混亂嚴峻，是否仍然相信、希望靠『行業自律』就可以解決問題？偽記者橫行，當局看不到，還是不敢管？政府不作為，偽記者、假新聞只會變本加厲。」

　　記者被稱為「無冕皇帝」，發揮監察政府、為公義發聲的第四權作用，職責神聖，所以質素要求自然就很高。但在香港，似乎很輕易就可以取得記者證，之前有媒體揭露，花一百幾十就能取得記協的記者證。坊間要求政府統一發放記者證的聲音不絕於耳。

　　老友話：「由政府統一發放記者證，既可以防止記協扮權威，又可以杜絕假記者，政府怎可能完全不作為，任由記協自把自為，放任偽記者亂象。更奇怪的是，官員將不發放記者證和尊重新聞自由混為一談，更加證明政府不想管、不敢管。全世界有不少國家及地區都有發放記者證的做法，從來無人將之與不尊重新聞自由掛鈎。這種說法愚蠢之極。特區政府是否知道，美國白宮、國會，甚至各州的警局，都有發放記者證，而且隨時取消違規記者或新聞機構的記者證。因為彭博競逐民主黨總統候選人，特朗普競選連任陣營早前宣佈，拒絕向彭博新聞記者發出記者證。美國國會也動輒指稱某些媒體是『外國代理人』，就不發記者證。凡此種種，怎不見香港有政棍指責美國不尊重新聞自由？」

　　老友最後話：「止暴制亂是當務之急，但止暴制亂不是靠把口，關鍵是政府有無決心和魄力，墨守成規、毫不作為，暴亂永不休止。偽記者、假新聞為暴亂推波助瀾，政府怎能視若無睹？」

2019年12月5日　文匯報　李自明文章

「可恥的」大律師公會引火自焚

高等法院及終審法院周日遭投擲汽油彈，震驚全城。曾被抨擊對暴力「可恥地保持沉默」、以公民黨為首的大律師公會終於忍不住了，發表聲明予以「最嚴厲譴責」，稱破壞者「並非真誠的示威者而是罪犯」，必須「繩之以法」。可惜，聲明非但未能洗清該會的「可恥」，反而凸顯其在暴力面前的雙重標準，對今日香港淪為暴亂之城負有不可推卸的責任。

遊行搞手民陣次次宣稱「和平」進行，次次以暴力告終。周日的遊行也不例外。再有商舖及中資銀行被破壞，連金鐘高等法院及中環終審法院亦未能幸免，遭示威者投擲多枚汽油彈，牆壁多處被噴上「法治已死」的塗鴉。被燒得焦黑的法院大門、遍地玻璃碎片、被塗污的牆壁，恰恰是過去半年來香港法治淪喪、暴徒無法無天的真實寫照。

任何不抱偏見的人都看得清，黑色暴亂並非「一道美麗風景線」，而是暴力血腥，十分醜陋；蒙面黑衣人不是什麼「義士」、「英雄」，而是窮兇極惡的暴徒。然而，大律師公會要求將暴徒繩之以法，卻有「早知今日，何必當初」之嘆！如果大律師公會一早與暴徒切割，香港何至於弄到今日田地，法院何至於成為被攻擊的對象，法治何至於淪落如斯！

冰凍三尺，非一日之寒。黑衣暴徒並非一開始就膽大包天，七月一日發生打砸立法會事件後，不少暴徒畏罪逃亡。但令人震驚的是，那些口口聲聲維護法治的反對派政客及社會領袖，非但不譴責暴力、支持警方執法，反而顛倒是非，混淆黑白，千方百計地將暴力「合理化」、「浪漫化」，美其名曰「違法達義」。

部分法律界精英在暴亂中同樣扮演了不光彩角色。可以看到，當暴徒圍攻立法會時，大律師公會不譴責；當暴徒衝擊警署、中聯辦大樓時，大律師公會不譴責；當暴徒圍困機場、禁錮、毆打旅客及記者時，大律師公會不譴責；當暴徒瘋

狂「私了」市民、「裝修」商舖時，大律師公會不譴責；當暴徒使用利刃、汽油彈、鏹水彈、弓箭等各種致命武器襲警時，大律師公會仍然不譴責⋯⋯

　　暴徒的膽子不斷被「養大」，暴力也在不斷升級，地區法院、高院、終院先後遭汽油彈攻擊，如此公然挑戰法治的罪行，正是姑息養奸的必然結果。大律師公會對此難辭其咎。正如有人指出，法院被「裝修」，大律師公會應該為「裝修費」埋單，這與大學需要自我承擔校園「裝修費」是同一個道理。

　　說大律師公會對暴力完全漠視，也許並不公道。事實是，公會多次譴責「警方暴力」，但對示威者暴力視而不見。即使到了今天，公會仍然只譴責針對法院的暴力，對商舖及銀行遭破壞則繼續「可恥地保持沉默」。

　　玩火者，必自焚，這是最簡單也最樸實的真理。大律師公會終於譴責暴力了，要求法辦暴徒了，這是一件好事，雖然姍姍來遲。

2019年12月10日　大公報社評

香港特區法院須自我糾正錯誤

上訴庭前日拒絕特區政府提出的暫緩執行令申請，意味着《禁蒙面法》即時失效。儘管高院將在下月審理政府提出的相關上訴，但法庭能否自我糾正錯誤，無法令人樂觀。

必須指出的是，香港只是直轄於中央政府的特區，法律上沒有、事實上也不存在所謂的「違憲審查權」。如果特區法庭一錯再錯，全國人大常委會別無他途，只有釋法這個選擇。

當前香港面臨的不是普通的法律爭拗，而是一場由特區法庭所引發的「憲制危機」。上月高院裁定《緊急情況規例條例》部分條款不符合香港基本法，致使有關條款無效。表面上看，這是特區法庭進行的一項「司法審查」、是特區內部的法律事項，但實際上，這一判決是在挑戰全國人大常委會的立法權，既違反了公權力「法無授權不得行」的現代法治原則，更違反了國家憲法有關違憲審查權的規定。

一個最基本的常識，根據一九九七年第八屆全國人大常委會第24次會議作出的相關決定，《緊急情況規例條例》已經被採納為香港特區的法律，這是香港當前所有法律之所以具備法律效力的最根本依據。因此，同意香港特區適用該法，只能是全國人大常委會行使立法權的權力，這是國家行為，絕不是地區法院可以行使的權力。但特區法庭上月的裁決，實際上是在進行「廢法」的越權決定，嚴重違背了必須遵守的憲制秩序。

其次，即便發現有法律牴觸基本法，根據基本法第一百六十條規定，只能「依照本法規定的程序修改或停止生效。」何謂「本法規定的程序」？就是由行政長官向中央人民政府報告，再經中央人民政府報告全國人大常委會處理，最後由全國人大常委會修改或宣布停止生效。這是一個必經程序，但特區法院擅自用

一紙判決代替了所有程序。

最後，根據基本法第八十三條、第一百五十八條規定，特區法院對基本法關於香港特區自治範圍內的條款只擁有「解釋權」，並沒有「違憲審查權」。法律事實在於，在中華人民共和國之內，擁有違憲審查權的只有全國人大及全國人大常委會。

回歸以來，基本法賦予了特區高度的司法獨立，中央政府亦對此予以充分的尊重。但這一「司法獨立」絕不意味着「司法僭越」，尊重更不意味着縱容。特區法院對「緊急法」的司法覆核判決造成了嚴重後果，若這種錯誤無法被迅速糾正，將意味着，本已由全國人大常委會確認的法律，會逐一被特區法庭推翻，這是典型的「以下犯上」，絕不能接受。

要化解當前這一危機，特區法院必須盡快作出自我糾正，這是憲制原則是否遵守的大是大非問題。如果錯誤無法得到糾正，那麼該出手時就出手，全國人大常委會只能進行必要的釋法，以正綱紀。

2019年12月12日　大公報社評

沈旭暉為縱暴獻策，
欲當戴耀廷第二？

「青年才俊」沈旭暉近日在某報撰文，分析「十條戰線——光復香港，下一步，怎辦」，有傳媒界老友看完了之後對自明話：「文章通篇充斥對暴力運動顛倒是非的見解，他在文中逐個分析『十條戰線』，借散播毫無根據的謊言和猜測，抹黑特區和中央政府，目的不外是刺激縱暴派不要鬆懈，不要讓反中亂港的暴力停下來，要打持久戰、國際戰，為縱暴派提振士氣，延續反中亂港暴力運動。這篇文章，好似沈旭暉爭做反對派教路人的『投名狀』，莫非他想當『戴耀廷第二』？」

老友指，「眾所周知，披着學者外衣的戴耀廷，是反中亂港勢力『軍師』、『理論提供者』，壞主意特別多，他鼓吹的『公民抗命』、『違法達義』對反對派和激進分子影響不小，對香港造成嚴重傷害。似乎出於『江山自有才人出，爭做軍師領風騷』的心理，沈旭暉也難耐寂寞，向反對派新一代『軍師』牌位發起衝擊，急於要替反對派、縱暴派亂港指點江山。」

老友分析：「沈旭暉此文表面看來洋洋大觀，他所舉的『十條戰線』面面俱到，似乎無所不通、無所不曉，但實際一竅不通、一無所知。他在教育、經濟、文宣、內交、外交等層面，以天馬行空的『才能』，編造和散播毫無根據的謊言和猜測，但悖逆正義和良知的炫耀說謊『才能』，結果是自暴其醜。沈旭暉欲取戴耀廷而代之，卻暴露出他志大才疏，華而不實的真身。」例如在「十條戰線」中的教育層面，他編造謊言恐嚇教師，聲稱內地教師與香港教師進行資格互認，本來就是既定（撤換香港教師）的策略，煽動教師拒絕與「支持暴徒」切割；在經濟層面，他否認半年暴亂對大小企業的毀滅性經濟影響，誣衊特區政府的紓困

措施是企圖綑綁「非自願盟友」的策略；在文宣層面，他否認暴亂的暴力程度甚高，且傷及無辜，進行「無差別襲擊」，破壞人權、自由等普世價值，聲稱要用暴徒炮製、散播謠言等手段重整旗鼓，打國際輿論戰。老友嗤鼻笑稱，「真是講大話不眨眼。無非危言聳聽，刺激縱暴派和暴徒暴力衝擊更瘋狂。」

沈旭暉在文末聲稱，怎樣反客為主，達到「光復香港」的目的？他故作謙虛說，他只是「拋磚引玉，希望同路人和而不同，在每條戰線逐一思考」云云。「顯然，沈旭暉是未坐上『軍師』牌位，就迫不及待向暴亂勢力出謀獻策、發號施令，如此急功近利，實在令人嘆為觀止！」老友不禁嘆息。

老友說，董仲舒是西漢時期著名的哲學家和今文經學大師，他提出：「仁人者正其道不謀其利，修其理不急其功。」老友奉勸：「沈旭暉如果真想做青年才俊，專心治學才是正道，若為做反對派軍師，將聰明才智用來煽動暴力亂港，以圖揚名立萬，實在走火入魔，枉負聰明。」

2019年12月16日　文匯報　李自明文章

「段爸」成「年度人物」
是一個荒唐笑話

英國泰晤士高等教育將中大校長段崇智評為2019年高等教育界年度人物之一，「表彰」他在中大暴力事件中為學生出頭。這項「表彰」，相信不少香港人會覺得荒唐。一位教育界老友就對自明話：「這項『表彰』不是因為段崇智的學術成就或者管理有方，而是因為他黑白是非不分，甘當黑衣魔的『段爸』，這個玩笑開得也太大了。中大變暴大，『段爸』向暴力『跪低』負有不可推卸的責任。泰晤士高等教育這個評選決定，跟之前美國《時代》雜誌將本港黑衣魔選為年度風雲人物候選人一樣，反映的是西方的傲慢與偏見，美化暴力，顛倒是非，唯恐香港不亂。」

老友指出：「泰晤士高等教育今年選出的11名世界各地大學的校長或學者作為年度人物，大部分人來自歐美，其中是否存在偏見，可能見仁見智；而整個亞洲地區只有段崇智當選，原因是『讚揚他親身到猶如戰場的校園，嘗試令警方和示威者的戰鬥可以和平解決』，直情將段崇智譽為『和平使者』。」

但事實絕非如此。老友回憶：「段崇智10月中與學生會見，遭大批蒙面學生軟硬兼施，先是圍堵辱罵再扮可憐哭訴，最終段崇智屈從惡勢力，稱會公開『譴責警暴』，其後他發出公開信，在沒有查證下，只採用被捕學生誣衊警方的一面之辭，借此討好已經淪為黑衣魔的一些學生。正因為段崇智是非不分，無形中為暴力撐腰，中大的暴力變本加厲，最終變成『兵工廠』和『練兵場』，這是縱容暴力還是宣揚和平？不言而喻。」當然，曾有一些大學校長發表聲明，說香港複雜而艱難的困局並非由大學造成。但老友反問：「作為大學校長，具有重要的社會影響力，在艱難時刻，有沒有挺身而出，無畏無懼反暴力、護法治？市民並非

說大學可以解決修例風波，而是質疑爲何大學管理層不站在法治一邊？中大保安部發現校內有場地被用作汽油彈試爆場，但學校管理層知道事件時，表示不必報警，甚至企圖阻止警方入校內調查執法。當暴徒聚集中大，佔據校內天橋以極端暴力攻擊警方，段崇智依然不譴責暴徒，反而建議警方撤離，並爲被捕的學生提供法律援助及保釋。結果中大被暴徒破壞得滿目瘡痍，事實證明，向暴力低頭，暴力只會更囂張，段崇智是應該爲自己的屈服感到羞愧的。」

對於西方大力「表彰」黑衣魔和煽暴派，老友認爲：「歐美反華勢力在香港修例風波中扮演極其不光彩的角色，又豈會錯過繼續向香港年輕人洗腦的機會。《時代》雜誌表彰揮舞美國旗幟的香港黑衣魔，英國泰晤士高等敎育將『段爸』封爲年度人物，效果異曲同工，都是爲暴力貼金。」

2019年12月19日　文匯報　李自明文章

教協混淆視聽姑息養奸

教育局局長楊潤雄昨日表示，局方連日來已多次就跟進投訴和教師被捕後停職作出解釋，但有自稱專業的教育組織不理事實，將自己想法串連成故事，令業界恐慌。教育局作為專責管理學校的部門，理所當然應依法依規從嚴處分散播仇恨侮辱言論的失德教師，免其誤人子弟，這根本不是打壓言論自由、製造白色恐怖。相反，教協一再包庇縱容犯罪，誤導學生走上違法暴力的邪路，則恰恰進一步暴露教協是披着教育外衣的亂港政治組織。

修例風波持續，半年間有約80個教師及教學助理被捕，教育局上月向學校發信，建議將涉及暴動罪等的被捕及被檢控教師停職；局長楊潤雄早前接受內地傳媒訪問時表示，如學校不配合教師調查，局方有權取消校長資格。昨日楊潤雄強調，學校作為老師的僱主，校長有責任管理學校教師團隊的專業操守，教育局要求校長配合調查，並非要求校長配合教育局的看法，強調局方就教師投訴個案是根據事實，沒有既定立場，被投訴的教師亦會有兩次回應的機會。

值得注意的是，教育局指出，並非教師任何言論，包括在私人場合或社交網站發表的言論都會被追究，也並非不允許教師參與遊行等表達意見，但涉及仇恨、挑釁甚至歧視的言行會被跟進。這就很清楚，教育局約束的只是教師散播仇恨、侮辱性言論，而非打壓言論自由。例如賴得鐘、戴健暉之流，在網上散佈咒罵、仇警言論，引起公眾譁然，這些言論根本不是正常的意見表達。顯然他們已經喪失作為教師的基本操守，教育局要求學校處分這些教育界的害群之馬，合法合情合理。

《香港教育專業守則》規定，教師「應尊重法律及社會接受的行為準則」及「應以身作則履行公民的義務」。可惜，有部分教師反其道而行，在校內校外刻意散播激進政治思潮，甚至鼓吹違法暴力、撕裂社會，這當然不能以言論自由作

為免責的「擋箭牌」。

全國政協副主席、前特首梁振英就指出，舉例說，有校長或老師在朋友圈私下討論中滿口粗言穢語；或者基督教學校的校長或老師在朋友圈私人討論中有反基督的言論，有關事實一旦被公開，這校長或老師就不能以「私人空間」為辯護理由，辭職或開除是免不了的，「一個校長、老師對一些敏感和重大問題的看法，以及個人操守的問題，並不因為這些看法和行為並不公開，就可以為所欲為。」可是，自我標榜是全港最大教育團體的教協，將約束教師散播仇恨、侮辱性言論形容為「製造白色恐怖」，不斷歪曲事實、混淆視聽，企圖煽動教師情緒，更加包庇違法失德教師。

教協名為教育團體，實際上長期熱衷政治，以各種錯誤思潮為學生洗腦。教協2009年製作一系列抹黑國家的短片，供學校當教材使用；2013年，教協理事、通識課老師方景樂製作以違法「佔中」為議題的通識教材，請違法「佔中」發起人戴耀廷作顧問；2016年8月，擔任「教協」副會長、立法會教育界議員的葉建源，公然表態支持中學生在校園內宣揚「港獨」；去年8月中旬，教協不僅主動發起遊行活動，葉建源一面反對罷課，一面呼籲「放生」罷課學生，變相鼓勵學生罷課，而且教協發起的遊行，只強調學生和市民被暴力對待，絕口不提暴徒縱火、堵路、癱瘓機場、毆打市民、襲警等違法暴行，繼續縱容違法暴徒。

持續半年的暴力事件，令香港社會動盪、法治受損、民生受創。更令人痛心的是，已有2,000多名學生被捕，年齡最小的僅得12歲，對此，教協不與暴力割席，包庇縱容失德教師，難辭其咎。教協顛倒是非，姑息養奸，廣大市民一定要看清其真面目。

2020年1月4日　文匯報社評

第三章

辨是非

初心正確擇善固執　護港利益必得民心
——辨清「修例」風波的三個核心問題

樹欲靜而風不止。儘管特區政府已暫緩修訂逃犯條例，特首林鄭月娥亦為修例引起的社會紛爭、焦慮而「真誠道歉」，承認自己負有主要責任，希望社會盡快恢復平靜，但反對派沒有善罷甘休，揚言對林鄭的道歉「不收貨」，要繼續發動「三罷」向特區政府施壓，直至林鄭下台、「撤回」修例及放棄「暴亂」的定性；與此同時，不少市民對特區政府暫緩修例感到愕然，對林鄭道歉亦不以為然，認為特區政府自損管治威信，後患無窮。顯而易見，街頭的硝煙雖然漸散，香港要在這酷熱的政治天氣冷靜下來卻並非易事，特區政府將如何繼續爭取民意支持、推進各項發展事業，成為當前的一個重大課題。

林鄭為什麼道歉？

要認清香港目前的形勢，就要回答以下三個問題，首先就是如何看待林鄭的道歉，是因為做錯事而道歉嗎？是在反對派的極限壓力下「跪低」嗎？

答案顯然是否定的。追本溯源，今次事件源於一宗香港人在台灣涉及的兇殺案，台灣方面要求引渡逃回香港的嫌犯，但因為香港與台灣之間沒有引渡協議，特區政府無法交人。事實上，香港迄今僅與二十個國家和地區簽訂引渡協議，類似在異地犯法後潛逃避責的案例層出不窮，特區政府因此推動修例，以個案引渡的方式與全球所有司法區合作，包括內地、澳門及台灣。特區政府修例的初衷就是填補法律漏洞，洗脫香港「逃犯天堂」的污名，出發點無可厚非，主流民意樂觀其成，不料最終事與願違，在反對派的操作之下，修例被污名化、妖魔化，引起不明真相、不了解條例內容的市民及外國商界的疑慮，焦點被模糊，初心被抹

黑，特區政府審時度勢暫緩修例，完全是迫不得已。中央政府了解香港的情況，一如既往地支持特區政府的決定，事件因此告一段落。

顯而易見，修例被叫停是香港的損失，是法治的蒙污，也是香港社會複雜性的體現。特區政府修例的初心沒有錯、警方維持社會秩序沒有錯、市民支持特區政府修例更沒有錯，因此林鄭之道歉並非因為特區政府推動修例，恰恰是修例功敗垂成，為顧全大局，也為了減少社會紛爭、對立，她承擔了自己的責任，體現了膊頭、腰骨。可以說，暫停修例是政治現實下的務實之舉，旨在化解紛爭，避免社會深陷泛政治化的泥潭，更是尊重民意的體現，在不少市民尤其年輕人對修例缺乏了解或有誤解之下，不妨停一停，諗一諗。

如果注意林鄭道歉時的用語，就明白其對象是因特區政府暫緩修例而失望的廣大市民，一直堅定支持特區政府施政的建制派，為維持社會秩序而忍辱負重的警員，當然也包括那些和平表達意見的市民。林鄭在記者會上曾十多次使用「道歉」或「致謙」字眼，但自始至終，沒有向唯恐天下不亂的搞事者致歉，沒有向那些藏首露尾、以暴力衝擊警方防線的少數暴徒致歉，更沒有向為反對派撐腰的外部勢力表達歉意，這就是特區政府道歉的原則及底線。

香港民意何在？

第二個問題是，如何看待香港目前的形勢，是否完全失控，民意都倒向反對派那一邊呢？

答案顯然是否定的。不錯，反對派來勢洶洶，發起多次示威行動，但實際上，參與者並沒有多到他們宣傳的那麼誇張。第一次遊行，小貓三四隻，不提也罷；第二次聲稱有十三萬人，警方數字是二萬多；第三次「衝上」一百零三萬，警方數字則是二十四萬，學者推算為十八萬；第四次號稱逾兩百萬人參與，警方及學者的數字則分別為三十三萬及四十萬。事實上，將參與者數字「發水」四至

五倍早已是反對派的慣伎，大家見怪不怪，有一天反對派聲稱有一千萬人上街，請不必驚訝，因為遊行數字從來都是「嗡得出就嗡」。

香港實行「一國兩制」，反對派的基本盤一直都在那兒。從歷次立法會選舉結果可見，反對派及建制派的得票比例過去是「六比四」，如今已是「五五波」。最近的兩次九龍西立法會議席補選結果，三個本來屬於反對派的席位，其中兩席被建制派收入囊中，足證彼此實力此消彼長。當然，反對派支持者的基數仍不可小覷，今次反修例大遊行可謂盡地一煲，空群而出，有此規模不足為奇。

但要看到的是，反修例上街者人數眾多，支持修例人數更多，光是簽名支持修例的人數就達九十三萬，遠超反修例的一方。反對派過去喜歡搞簽名行動，今次不敢就是因為心虛，知道在數人頭方面無法同建制派抗衡。

說到底，不管反對派如何挑釁，搞事分子如何衝擊，警方仍能掌控局面，特區政府運作並沒有癱瘓，香港依然是亂中有序。香港人心思定，沉默大多數是社會穩定的中堅力量，支持「一國兩制」仍是最大的民意公約數。更何況，香港有駐軍，特區政府有中央支持，有十三億內地同胞為靠山，這就是「定海神針」。可以斷言，在複雜的國際局勢下，香港今後仍然難以風平浪靜，難脫「示威之都」的形象，特區政府管治將繼續遭到挑戰，但大局在控，翻不了天，若將特區政府修例受挫就上升到「一國兩制」失敗，無疑是一葉障目，不見泰山。

反對派意欲何為？

第三個問題，如何看待反對派的角色？

香港實行「一國兩制」、「港人治港」、高度自治，是當年中央考慮到香港的特殊情況作出的創舉。回歸後允許反對派的存在，與建制派競爭，意味在大局穩定下必有不和諧的一面，甚至會上升為「亂」。從回歸二十二年的實踐經驗來看，反對派並沒有扮演好忠誠反對派的角色，而是逢中必反、逢特區政府必反，

全力配合外部勢力搞破壞，今次的反修例一役更是真面目大暴露。

這些年來，香港風風雨雨，紛紛擾擾，固然與特區政府的管治能力、社會深層次矛盾積重難返有關，更與中國所處的國際形勢有關。香港的命運始終與祖國相連，在大國崛起、愈來愈靠近民族偉大復興的今天，美國視中國為頭號競爭對手、全方位圍堵，特區政府修例引起的風波並非偶然，也不能全部都歸咎於特區政府對修例解釋不足，而是美國發動對華貿易戰、科技戰這個大戰役下的一個小戰場，是打「香港牌」向中國施壓的一次惡毒示範。

可以見到，反對派為阻撓特區政府修例早有精心部署，除了出動例牌的抹黑、抹紅、恐嚇、妖魔化伎倆，更派遣綽號「民主阿婆」的前政務司司長陳方安生及有「李漢奸」之謂的民主黨創辦人李柱銘出訪美、加、德、英等國，爭取外部勢力支持，全力將香港的修例爭議變成國際事件，「引洋人入關」。另一方面，台灣民進黨當局乘機落井下石，明言不認同特區政府在一國原則下的修例，即使修例通過，也不會接收有關嫌犯，同當初催促特區政府「交人」背道而馳。如此一來，反對派就可以攻擊特區政府修例沒有「緊迫性」，需撤回重新諮詢，更污衊特區政府急切修例有陰謀，結果就刺激大批不明真相的人上街示威。

中國歷史上從來不缺漢奸，香港受一百五十多年的港英管治，更不乏黃皮白心之輩，以做中國人為恥，以做漢奸、洋走狗為榮，「漢兒學得胡兒語，卻向城頭罵漢人」的一幕反覆上演。事實上，生安白造、造謠污衊是反對派的一貫特色，反二十三條立法如是，反國教如是，反一地兩檢如是，反政改如是，有些人連自釘大腿插贓嫁禍的事情都做得出，還有什麼做不出？

必須指出的是，香港反對派玩的這一招盡得外國主子的真傳，美國打擊華為的藉口是其設備裝有「後門」，監聽全世界，儘管毫無根據，卻相信謊言說上千篇可以變成真理。出身美國中情局局長的國務卿蓬佩奧早前公開承認，「我們撒謊、欺騙、盜竊，並組織訓練課程」，可以斷言，香港反對派都是訓練有素的

「好學生」，在配合外部勢力搞風搞雨、反中亂港方面頗為得力。

今時今日亂港派所做的一切，不就是為了搞亂、搞死香港嗎？不就是想證明香港人管治不了香港，為港英時代招魂嗎？不就是為台獨勢力抗拒「一國兩制」提供藉口嗎？不就是配合美國打貿易戰，主動送上「香港牌」嗎？

反修例一役有如照妖鏡，是人是鬼，是忠是奸，大家看得清清楚楚。反對派喪失最起碼的底線，淪為徹頭徹尾的反中亂港勢力，與香港為敵，與國家為敵，為逃犯張目，今次事件最值得檢討之處，就是外國勢力圍堵中國、欲在香港發動顏色革命之心意堅決，出手狠辣，超過人們的想像。

不畏浮雲遮望眼，只緣身在最高層。中國的崛起不可能一帆風順，必有圍追堵截；香港實行「一國兩制」也是前所未有的事業，必然荊棘滿途，從中美博弈的大局看，不必太在意於一城一池之爭奪，適當的退卻是為了爭取時間休整。正如華為老總任正非所說的，美國打壓會影響華為的業務，但阻止不了華為前進的步伐，同樣的，特區政府在反修例一役受挫，也會令未來的管治遭遇很大的困難，但有一天回過頭來看，也不過是滾滾向前歷史長河中的一朵浪花而已。

2019年6月20日　大公報　龔之平文章

平息修例風波──
功過可留待歷史評說　是非必須在當下辨清

　　特首林鄭月娥昨日承認，政府在修訂逃犯條例的工作有很多不足，她需要負上很大責任，並向全港市民真誠道歉。林鄭月娥誠懇致歉，主動承擔修例風波中政府的責任，相信可以獲得社會各界的接受、諒解和尊重，相信理性持平的市民願意與林鄭月娥同行，放下對抗，修補撕裂，為香港繁榮穩定和港人福祉，重回集中精力謀發展的軌道。但這場風波中的對立者、對抗者，那些肆意妖魔化修例、危言聳聽誤導善良市民的政客，那些頻繁跑到美國和西方乞求外力干預、甘願以香港福祉作外力棋子的政客，那些借和平遊行搞暴力衝擊、破壞法治的施暴者，是否要承擔製造激化矛盾、撕裂社會的責任，是否也應該向全港市民道歉？功過可以由歷史評說，但當下不能講清是非，又談何真正的相向而行、彌合撕裂？

　　講是非，首先必須講明，政府提出修訂逃犯條例草案，初衷是為了堵塞法律漏洞，彰顯法治公義，令香港有法律依據打擊跨境犯罪，符合國際慣例；而且在聽取民意之後，為了消除不必要的疑慮，政府作出了兩次修訂，提高移交門檻，進一步保障人權。政府的努力，不僅合法合情合理，更有利鞏固香港法治之區的形象，這些有錯嗎？沒有錯！政府的不足和失誤只有兩點：第一，面向普羅大眾的、有針對性的解釋，不夠全面、深入、細緻；第二，對於普羅市民受到各種刻意的謊言、抹黑和恐嚇的誤導，產生揮之不去、越來越強的憂慮，政府未能充分預見和評估。這兩點不足，是政治敏感度缺乏，也是對民心、民情的變化把握不夠。

　　林鄭月娥的道歉，正是基於這些推動修例工作中的不足和缺失，以香港和港

人福祉為念，以最大的善意主動承擔「很大部分責任」，希望社會盡快回復平靜，放下紛爭，重新聚焦更重要的經濟和民生工作。林鄭月娥的道歉，顯示出內省己過的真誠、大局為重的擔當，獲得很多社會人士的尊重和理解，包括六宗教領袖、總商會等各界人士都呼籲，社會各界應接受林鄭月娥的公開致歉，停止對立，風波應告一段落，讓香港盡快回復正常。

但回顧風波發展至今的歷程，正當的、不斷完善的修例工作受到越來越高漲的挑戰，最終引發連場大規模遊行，更有人借遊行發動對公權力的挑戰和衝擊。很多理性公道的香港市民不禁發問：這一切，僅僅因為特首和特區政府的上述不足和缺失嗎？

首先，要問一問反對派和激進派政客。從一開始提出修例，反對派就罔顧基本法理和事實，將「送中惡法」、「人人是逃犯」的污名加諸修例頭上，「一旦通過修例港人隨時墮入法網、送回內地受審」的恐嚇甚囂塵上。他們無所不用其極妖魔化修例，扭曲抹黑內地司法制度。這些言行已經不是就事論事、以法論法，而是帶有強烈政治企圖的煽動文宣。正是這些政治文宣，放大了、推高了單純而善良的香港市民對修例的憂慮，令社會對立尖銳化。這些扭曲抹黑修例的政客，難道不用為造成今天的局面負責，難道不應向公眾道歉？

其次，還要問一問反對派和激進派政客。修例是香港內部事務，有任何分歧本應該透過內部協商溝通化解。但偏偏有不少反對派中人，在當前中美貿易戰的大背景下，為了反修例，接二連三去美國、西方國家「告洋狀」，尋求外力撐腰，不惜要求外力制裁香港，乃至尋求直接制裁支持修例的政界人士，威脅取消香港獨特的國際、經濟地位，以外部巨大壓力逼政府撤回修例。這種壓力，加深了市民、包括工商界的不必要憂慮。這些不顧港人福祉、甘當外力棋子的反對派政客，難道不用為造成今天的局面負責，難道不應向公眾道歉？

第三，更要問一問挑戰法治的煽暴者和施暴者。在這次修例風波中，激進勢

力、獨派勢力，借市民表達憂慮的和平示威，肆意煽動、策動和進行暴力衝擊，攻擊警方，挑戰公權力，製造流血衝突，令香港的法治和社會秩序遭受重創。這些人除了應受到法律制裁之外，在道義、公義層面，難道不用為造成今天的局面負責，難道不應向公眾道歉？

只要客觀地看這場風波，理性、公道的香港市民應該可以判斷，今天的對抗、衝突、撕裂局面，絕對不是林鄭月娥和特區政府方面一手造成的，那些出於政治利益誤導市民、尋求外部勢力干預、搞暴力衝擊的人，也必須負上不可推卸的責任。現在，林鄭月娥已經真誠道歉，尋求市民諒解，就是不想香港再撕裂、矛盾更激化，希望香港重新出發。反觀那些同樣要為風波負上不可推卸責任的反對派、激進派政客，不僅沒有因為林鄭月娥的道歉而有所收斂，不僅不反省自己的責任，反而得寸進尺，提出包括懲辦執法者、釋放所有施暴疑犯等無理要求，企圖延續並且掀起更大的政爭。

功過可以留給歷史來評價和定論，但是非必須在當下說清楚。如果說此次修例風波，政府和反對修例的對立雙方各有錯誤，那麼就應該承擔各自的責任。在這場風波中所有應該承擔責任的人，都應該出來真誠道歉，將心比己，放下對立，互相展示善意和誠意，才能真正達至和解、修補撕裂。如果是非黑白不清不楚，該承擔責任的不承擔責任，還要得寸進尺，延續政爭對抗。這樣的結果勢必令香港永無寧日。善良明智的港人，應該明白這個道理。

2019年6月19日　文匯報社評

後修例風波——
堅守熱愛香港服務香港初心
相信正義力量相信理性市民

　　真正考驗人的時候，不是順風順水之時，而是挫折當頭之際。弱者自怨自艾，強者自勵自強。「辦法總比困難多」，習近平主席對中國人勇克逆境精神和態度的生動概括，正好適用今日香港。

　　政府宣佈停止修訂《逃犯條例》的立法工作，特首林鄭月娥已就政府在修例工作的不足與缺失，向全港市民真誠道歉。對於這個結果，相當一部分推動、支持修例的人士，難免出現失落，對修例這項合法正當的工作被反對派的政治權謀推倒，深感惋惜和不憤。但既然政府為避免矛盾進一步激化、社會進一步撕裂，毅然停止修例工作，社會各界就應接受現實，敢於面對和承受挫折。政府、警隊、建制派及支持者都應擺脫失落，重新振作，堅守熱愛香港、服務香港的初心，相信正必勝邪，相信絕大多數善良、理性的市民，仍然認同落實「一國兩制」、堅守法治秩序、保持香港繁榮穩定局面的主流取態，以堅定的行動讓香港回歸正軌，全力發展經濟改善民生，持續贏得並且鞏固廣大市民的支持。

　　政府停止修例的立法工作，讓不少港人，尤其是過去3個多月來盡心竭力推動和支持修例的官員、公務員、建制派人士以及眾多市民，感到失落挫折。這是正常不過的自然反應。因為大家由衷深信，修例是彰顯公義、完善香港法治的必要之舉，避免香港淪為「逃犯天堂」，修例本身何錯之有？因此，推動和支持修例的人士覺得，停止修例的立法工作，等同公義、正義力量的失敗。其實不然，這不是輸，只是一次教訓深刻的挫折。修例的正當性不容置疑，只是因為反對

派、激進派、外部勢力無所不用其極地誤導、恐嚇、抹黑、施壓，放大了一部分不明真相市民的憂慮，產生巨大阻力和社會撕裂，令到修例工作被迫停止。但這個結果之下，就算部分對修例抱有憂慮的市民，也不會認同任由香港的法治存有漏洞，更加不認同有人利用和平表達訴求的遊行實施暴力衝擊。在公理和道義的層面，推動和支持修例的每一個人，都不是輸了，只是遭遇無奈的挫折。

其實，只要冷靜客觀地分析判斷，儘管修例工作在戰術上遭受挫折，但熱愛香港、維護法治和秩序、讓香港更加繁榮穩定、讓港人更好地安居樂業，這個民意的戰略大勢沒有變、也不會變；追求法治正義，依然是香港的核心價值和主流民意，這個社會大環境下的人心向背沒有變、也不會變。挫折固然讓人惋惜失落，但只要看到香港的民情民意大勢沒變，就完全沒有必要對香港、對市民、對自己喪失信心。

此次修例風波，反對派用盡欺騙、抹黑、恐嚇等手段，暫時積聚一定政治能量，一時氣焰囂張。但是，靠不擇手段騙來的民意支持從來不會長久。反對派如果繼續迷信他們的慣用伎倆，繼續欺騙市民、煽動對抗，不讓風波盡快平息，反而得寸進尺，阻礙政府施政，令發展經濟、改善民生、服務市民舉步維艱，反對派終將受到主流民意的反噬。相信理性民意，審時度勢，社會各界應可準確判斷香港終將何去何從。

首先，對政府而言，完全沒有必要為一時一事的戰術挫折而對施政信心不足，出現畏難情緒。只要施政措施有利發展經濟、改善民生，有利維護香港的法治和秩序，絕大多數市民肯定會支持。任何政客以政治化手段狙擊政府開展順應民意、為民謀福的施政，肯定會受到大多數港人的反對。罔顧香港利益、港人福祉的行為做得越多，騙來的民意也流失得越快。因此，政府應堅定不移推行利港利民的施政，不要猶豫、不要彷徨、不要等待。

其次，對警隊而言，在這場風波中，他們再次展示出熱愛香港的高尚情懷與

文明專業的執法素質。正是警方盡忠職守的執法行動，避免了由反對派、激進派挑起的暴力衝擊，對市民、對香港造成更大傷害。絕大多數有理性、有良知的港人，絕對認同、支持、讚賞警方捍衛法治的行動。這一點毋庸置疑。現在，反對派、激進派提出「釋放暴徒」、「追究警方暴力執法」等荒謬要求，完全顛倒是非、混淆正邪；更有少數激進分子惡意辱罵、恐嚇警員及其家屬，這些邪惡違法行為，絕大多數港人深惡痛絕、堅決反對。相信警方定會秉持對香港忠誠、對法治忠誠、對市民忠誠的初衷，繼續依法維護香港法治和秩序，廣大市民始終是警隊最堅強的後盾。

第三，對建制派而言，他們堅定支持修例，支持政府依法施政，這不僅沒有錯，而且非常正當合理，凸顯建制派熱愛香港、服務市民、維護法治、維護香港繁榮穩定的美好初心，肯定會贏得廣大市民一如既往的尊重和支持。如今反對派、激進派及其支持者，因得意一時而彈冠相慶，而且得勢不饒人，對建制派進行毫無理性的指責和攻擊。越是艱難，建制派越要咬緊牙關。因為，正義與邪惡、美好與卑鄙的分野，客觀存在於善良理性的市民心中。建制派當下最重要的是做好自己，繼續和政府攜手同行，支持政府盡快開展發展經濟、改善民生、服務市民的工作。建制派與政府攜手同行，把熱愛香港的美好初心，轉化為利港利民的豐碩成績，假以時日，肯定會獲得越來越多理性市民的支持。看清這個大勢，建制派將以更自信積極的行動，展示熱愛香港的美好情懷，爭取更廣泛堅實的民意支持。

「沉舟側畔千帆過，病樹前頭萬木春。」我們堅信，所有熱愛香港、服務市民的初心，總會得到絕大多數港人的認同和支持；任何損害香港利益、損害港人福祉的惡行，勢必被愛香港、持理性、有良心的市民所唾棄。獅子山下的故事，始終是正能勝邪，愛拚才會贏。

2019年6月20日　文匯報社評

跨越修例風波——
普惠民生是最重要療傷
專注發展是最根本和解

　　修例風波對香港發展影響深遠而重大，如何跨越風波，是現今思考和反思的焦點。客觀冷靜分析可以看到，引發這場風波的深層原因，除了反對派對修例別有用心的誤導、抹黑、恐嚇，放大了不明真相的市民的憂慮之外，必須要承認，香港總體發展較之周邊地區和城市相對遲緩，港人實際分享到的發展成果未盡如人意，年輕人發展空間不足，困擾香港的深層次矛盾始終未能有效解決，社會怨氣未能有效紓緩，是爆發風波的最基本社會土壤。既然風波是發展中遇到的問題，自然要以加快發展來解決。專注發展，普惠民生，利民紓困，才能重振人心、消解民怨、凝聚民意，讓傷口盡快癒合，最終達至真正的和解。

　　儘管特區政府過去多年非常努力發展經濟改善民生，成績有目共睹，但客觀來說，普羅大眾的獲得感、幸福感並未顯著提高。具體而言，社會財富分配不均，基層市民分享到經濟發展的紅利不多。香港已連續9年登上房價最難負擔城市首位，至於公屋，一般申請者的平均輪候時間已上升至5.5年的高位。在此現實下，將近21萬人蝸居於劏房，人均居住面積中位數僅有56.5平方呎，比懲教署獨立囚室的75平方呎還狹小。不僅如此，香港樂施會去年的報告顯示，香港的堅尼系數是已發展經濟體中貧富懸殊最嚴重地區。《經濟學人》雜誌更指出，香港已經成為全球裙帶資本主義最嚴重的地方，財富集中度接近80%。港府扶貧委員會的數據則顯示，2016年全港貧窮人口高達135.2萬，貧窮率近20%。與此相伴，年輕人向上流動的機會遠不如父輩多，對前途迷惘，難免背負沉重挫折感、失敗

感。

客觀而言,導致香港深層次矛盾遲遲不能解決,反對派、激進派負有不可推卸的主要責任。回歸以來,他們從未改變為反而反的習氣,有利經濟民生發展的政策措施,屢屢被政治化,令發展舉步維艱。更不堪的是,反對派把香港的一切矛盾、難題歸咎於沒有普選,指責特首和部分立法會議員不是由一人一票選出來,而是小圈子的「鳥籠政治」產物,只會照顧偏袒權貴,不向市民負責,漠視民間疾苦。反對派不斷炒作散播社會怨氣,利用市民的不滿製造社會分化對抗,扮演弱勢社群的代言人,搶佔道德高地、誤導民意。他們倒果為因、顛倒是非,以政治凌駕發展的伎倆,為民怨矛盾持續升溫推波助瀾。各種社會怨氣戾氣疊加,無處發洩,再加上修例的憂慮在反對派和外部勢力的煽風點火下被無限放大,修例爭議猶如導火索,引爆累積多時的對社會不滿的負能量炸彈,產生巨大的衝擊力、震撼力。

面對被修例引爆的風波,特首林鄭月娥和專責修例工作的官員先後真誠道歉,承認工作的不足和缺失,懇請市民諒解,政府亦停止了修例的立法工作。平心而論,事件應該就此告一段落。大多數市民渴望,香港應該跨越修例風波,把對立對抗、加劇不安的一頁翻過去。當務之急,是治療、彌合修例風波帶來的對抗撕裂。這種期望代表了主流民意的共同願望,也符合香港向前看、共創未來的必然發展方向。

至於如何療傷癒痛,修補撕裂、恢復和諧,則是跨越風波最關鍵、最核心的問題。療傷止痛、修補撕裂必須從深處入手,從根本處消解市民對社會民生的不滿。最根本的途徑,就是聚焦發展,抓住粵港澳大灣區的機遇,積極融入國家發展大局,讓香港能夠更好更快地發展經濟、改善民生,為年輕人創造更多更大的發展機會,讓他們成就人生、建設美好未來。

接下來要走穩走好普惠民生、專注發展之路,需要各方共同努力。

　　首先，政府要加倍努力，在土地房屋、社會福利、教育等各大範疇力求突破，不僅要投放更多資源，更要在開拓土地、退休保障、取消強積金對沖、安老扶貧等老大難問題真正迎難而上，令到市民安居樂業，無後顧之憂；同時引導年輕人樹立法治理性的價值觀，正確規劃人生，令香港和國家未來的棟樑健康成長成才。

　　其次，立法會作為保全施政的重要平台，不同黨派的議員，作為民意代表，應該把政爭歧見放一邊，以香港利益、港人福祉為重，與政府攜手合作，共同規劃、落實發展經濟民生的大計，把修例風波浪費的時間追回來。當前立法會有眾多關乎經濟民生的基建、醫療項目急待處理，議員若不配合，因為修例風波繼續以政治影響民生，政府有再好的經濟民生政策和項目也無法落實。所有阻撓的行為，都有違市民的基本期盼。

　　第三，建制派是保持香港繁榮穩定、維護「一國兩制」成功落實的中流砥柱，不管反對派在立法會乃至社會上如何不擇手段搞政治化操作，氣焰如何囂張，建制派都要保持信心和定力，相信自己、相信市民、相信國家，堅定不移支持政府依法施政，堅決抵制反對派癱瘓議會、癱瘓管治的惡行，令各項紓困利民的措施順利落實。

　　融入國家發展大局，是香港發展的大勢所趨、機遇所在。中央和廣東省不斷推出各種便利港人到內地發展的優惠政策，觸手可及的機遇已經擺在面前。特區政府應加強宣傳推廣，主動積極加快與內地政策的對接，把機遇轉化為實在的紅利和動力，助推港人尤其是年輕人融入大灣區及國家發展的大舞台，這就是香港療傷癒痛、跨越風波、重現和諧的根本之道。

2019年6月21日　文匯報社評

修例初心正確　煽動奪權必敗
——「修例風波」系列評論之一

一宗殺人案的移交問題，最終演變成嚴重的社會撕裂；一起普通的本地法律修訂，最終演變成大規模的示威活動。在特區政府宣布無限期暫緩對《逃犯條例》的修訂之後，回顧過去四個月時間所發生的種種事情，無法不令香港社會反思的是，情況何以在短時間內惡化至此、背後根本因何在？

將問題歸咎於特區政府的解說不足，其實並不能說明核心問題。事實上，這是一場激烈的政治鬥爭。當前香港所面對的，已不是傳統上的和平理性法治協商的社會生態，而是一個前所未有的反政府運動的範式轉變。本地的反政府勢力與外國勢力緊密勾連，通過對輿論與社交網絡的有效操控，逐步達到妖魔化修例的效果，再加上新出現的組織與行動方式，最後成功煽動起全社會的極端化浪潮，直接導致修例的「夭折」。

相對於草案無限期暫緩的結果，更令人憂慮的是香港出現一系列惡劣情況。當事實被刻意地歪曲，當合理的行為被有策略地抹黑，當維護秩序的警察被襲擊，當理性失去存在的空間，當獨立思考成為奢侈品，對於香港這個依靠開放、包容立足的國際化城市而言，是福還是禍，已不言而喻。但必須指出的是，亂港勢力或許可以逞一時之惡，但求穩求靜求發展的民意堅實無比，煽動分化的奪權圖謀，注定會以慘敗告終！

一句「送中」妖魔化修例

其實，眼下看上去聲勢浩大的反修例民意，並非一開始就是如此。在二月份特區政府正式提出建議之後，多個民間民調均顯示，支持者遠多於反對者。然

而，隨着諮詢以及修例工作的不斷推進，事件逐漸開始變質。當中起了一個關鍵作用的，是反對派利用各種宣傳手段，抹黑修例舉動。一句「反送中」，經過無數次的傳播與渲染，「成功」地將修例「妖魔化」。在這些抹黑言論之下，出現了種種荒謬的言論，修例本身成了「將港人送到內地審判」的「惡法」，而內地司法制度也成了各類口誅筆伐的對象，隨之而來的是對特區政府的初心、中央政府的支持、香港建制派的努力等等都進行全盤的否定。

面對排山倒海的妖魔化宣傳，再好的動機、再佳的建議、再合理的方案，都難以通過有效的傳播方式向公眾傳遞。更何況，此次涉及的是相對複雜的《逃犯條例》，更與人權保障等密切相關，很難通過一兩句解釋就能讓人明白。因此，儘管特區政府已經盡了九牛二虎之力，也難以將正確的訊息有效傳遞到社區當中。

當然，這並不意味着政府推進的方式和策略沒有可檢討之處，但短短四個月內發生如此大的民意變化，需要反思的，不僅僅是特區政府，還有全香港的社會。是繼續讓這種妖魔化政治文宣手段在香港長期作惡下去，還是回到過去理性客觀的立場態度？是讓政治野心家撕裂香港、破壞香港的發展勢頭，還是還原一個團結平和的香港社會？這並非一個艱難的選擇。

操控輿論假新聞氾濫

2016年美國大選，特朗普之所以能當選，歸功於「假新聞」的功勞。美國媒體曾刊登文章，通過統計數據得出結論，支持特朗普攻擊希拉里的假新聞在競選的最後3個月於Facebook上獲得了廣泛的傳播。《華盛頓郵報》採訪了一名假新聞製造者，指出幾乎沒有人會在轉發新聞時進行事實核查。而這裏面包含一個隱藏的利益鏈條：為了迎合特朗普的支持者而炮製的謠言可以獲得更高的流量，炮製者也能獲得更多的收益。當中Facebook扮演了一個不光彩的角色。

　　同樣的問題，在此次修例事件中再次得到了體現。反修例之所以能從一開始的少數民意支持、演變到最後的逆轉，一個關鍵原因正正在於成功操控了輿論，確切地說，是成功操控了「假新聞」在香港的氾濫。在過去四個月時間裏，除了「送中」的言論誤導外，充斥於年輕人關注的新媒體網站以及社交平台上，是極其荒謬的所謂「事例」。諸如港商在內地被捕遭酷刑，打工仔在內地追討欠薪被控「尋釁滋事」，記者報道內地新聞被「消失」，乃至於「法例通過後港人隨時會被捕」等聳人聽聞的所謂「新聞」。

　　這些假新聞幾乎沒有任何限制，堂而皇之地在各大平台傳播。一些媒體沒有盡到新聞審核的責任義務，而社交平台不僅沒有任何對反修例假新聞的限制，相反的是，極力限制那些支持修例、質疑反對派言論的內容。在如此惡劣情況，這次可以扼殺修例，下次又可以摧毀特區政府新的政策，只要假新聞一日不得到根除，香港社會也就一日難回安寧。對於香港社會而言，是時候反思長期在香港存在的假新聞問題了，那些平日道貌岸然的學者、大律師，站在反修例立場上一幅正義凜然之態，但對於假新聞肆虐，卻裝作視而不見。香港社會對此難道不應反思嗎？

理性喪失社會無前途

　　長期以來，香港市民引以為傲的，除了繁榮與穩定的環境外，更重要的是香港擁有高度的法治精神。法官高質素，法律工作者也高質素，市民更是以守法為一切的依歸準則。然而，這種尊重法治的文明理性思維，近年來日益變質。非法「佔中」打開的潘多拉盒子，「違法達義」的謬論有如病毒一樣，不斷在香港傳播。2016年「旺角暴亂」，更是將香港法治精神狠狠地踐踏在腳下。但讓人沒有想到的是，三年之後的今天，這股極端化浪潮在香港越演越烈。

　　在反對派煽動之下，沒有人去認真研究什麼是《逃犯條例》修訂；在盲目的

反對情緒之下，移交逃犯替冤死港人少女伸張正義的初心，也沒有人再去關心；在極端化思維影響之下，暴力衝擊成了示威年輕人頭頂上的「光環」，而維持秩序的警察，反倒成了攻擊甚至要奪命的對象。以至於，在6月21日出現公然包圍警察總部、公然襲擊警察、公然阻撓救護車進入的行為，從中學校園到社會各處，瀰漫着一股視法律為無物的暴戾之氣。更令人憂處的還在於，那些暴力衝擊之徒，以不承擔法律後果為榮，人人戴着口罩，從不敢正面示人。一個社會長期如此下去，會有怎樣的後果？

西方法律有所謂的「毒樹之果」理論，意即不論目標如何高尚，但如果以非法的手段取得，都不會被接受。但香港卻出現「只要目標正確，手段可以不計」的極端思維。然而，當香港不再尊重法治，當年輕人不再崇尚理智，當暴力成為唯一的抗爭手段之時，香港還能成為香港嗎？莫說無法保持繁榮穩定，就連最基本的社會秩序也將蕩然無存。

特區政府提出修訂《逃犯條例》的初心並沒有錯，或許在推進以及解說過程中未能做到最好，但這些不足或失誤，並不能掩蓋當前香港出現的種種劣質化潮流。如果任由政治黑手去妖魔化一切，如果任由假新聞在香港氾濫下去，如果理性思維仍然無法在香港有立足空間，那麼，香港還會有未來嗎？亂港派勾連外國勢力所發動的這一起「奪權」行動，或可以逞一時之惡，或可以亂一時之勢，但求穩求發展的堅實民意沒有變也不會變，他們的亂港圖謀注定會以慘敗收場！

2019年6月25日　大公報　龔之平文章

政治滲透學校　政客荼毒青年
——「修例風波」系列評論之二

　　隨着特區政府宣布暫緩修訂《逃犯條例》工作，有關爭議可望告一段落，然而，事件暴露出來的教育紕漏、年輕人問題卻令人震驚。香港到底怎麼了？年輕人到底怎麼了？一百年前，魯迅藉《狂人日記》痛批封建禮教荼毒人心，大聲疾呼「救救孩子」，今時今日在香港，亂港勢力也在利用「違法達義」毒害年輕一輩，我們同樣要發出「救救孩子」的吶喊。

學校成極端思維溫床

　　在國際大氣候及本地小氣候的共同作用下，香港早已由「經濟城市」變身「政治城市」，由「動感之都」逐步滑向「動亂之都」。不同的是，過去的反政府示威多是成年人參與，現在的主力軍則是年輕人，在近幾次反修例示威隊伍中，就出現大批稚氣未脫的學生面孔。孩子們不在課室讀書，裝備自己，而是走上街頭，充當反對派的「炮灰」，令人痛惜之餘更啓人深思，爲什麼偌大校園放不下一張安靜的書桌，反而淪爲各種激進思維濫觴的溫床？

　　所謂「反送中」行動，最早從「校友會聯署」開始，然後如瘟疫一般流傳開來。搞事者利用年輕人充滿激情、理想化的一面，慫恿他們衝擊在前，引發警民衝突，如果出現流血及死亡悲劇，那就正中下懷，趁機撩起更大的民怨，鼓動更大的風潮，對政府形成難以抗拒的壓力。事實上，近年各地的「顏色革命」都是遵循這種模式，讓年輕人打頭陣，博同情，香港也不外如是。

　　將鏡頭往前推一推，類似一幕屢見不鮮。一二年「反國教」運動就是由一群中學生發起，政客及「黃」老師幕後策劃。一四年香港發生爲期七十九天的非法

「佔中」，學校、學生再次扮演重要角色，「雙學領袖」的風頭一度壓過「佔中三丑」。「佔中」雖然最終以失敗落幕，但釋放出人性醜惡、違法達義的魔鬼，「港獨」思潮從此氾濫成災，「本土關注組」等激進組織在校園如野草般瘋長。

　　根據「蝴蝶效應」的理論，在南美洲一隻蝴蝶振翼颳起的微風，最終在歐洲形成一場颶風。同樣道理，今次的反修例遊行，大批年輕人上街，就是政治入侵校園長期潛移默化的必然後果，類似的政治大風暴恐怕還將陸續有來。

學生成最易煽動的對象

　　一張白紙，可以畫最新最美的圖畫，也可以抹黑塗鴉。香港回歸後，爭奪管治權的鬥爭並未結束，而在中美競爭的大格局下，香港更被視為對中國顏色革命的基地，反對派及外部勢力在爭奪年輕一輩方面可謂下了苦功，動了血本，一早處心積慮，在發動一四年「佔中」及今年第二次「佔領」之前，已展開佔領校園、佔領年輕人頭腦的行動。「隨風潛入夜，毒物細無聲」，在一片備受污染的土壤中，長出一些歪瓜劣棗、毒花毒草，一點都不令人奇怪。

　　昨日有名校女生控訴政客進入校園洗腦的視頻在網絡流傳，該學校本來要舉行升國旗禮活動，不料臨時變卦，取而代之的是兩名反對派政客到校宣傳反修例。該同學質疑，若校方希望學生了解修例，為何不同時邀請建制派出席有關活動，給予學生全面的訊息，而不是反對派的單方面宣傳？是否校方認為升旗禮僅是小事一樁，反修例才是最重要？

　　我們為這位女生的勇敢感到欣慰的同時，也不免憂心忡忡，有多少同學能像她那樣擁有獨立思想及批判精神？有多少人可以拒絕被洗腦，尤其不少政客本身也是「為人師表」？這段視頻中，發布者模糊了女生面孔，對聲音也作出技術處理，相信是擔心該女生遭其他黃絲同學歧視圍攻，及被「黃媒」起底針對。正義者不得不隱藏身份，彷彿「見不得人」，作奸犯科者卻大搖大擺，香港社會之習

非成是，顛倒黑白，校園之「黃色」恐怖，以致如斯！

一葉落知天下秋。反對派將黑手伸向校園，伸向學生，甚至連幼童都不放過，令人齒冷。曾有幼稚園老師以動畫方式，「生動」地向孩子灌輸「仇警」意識；有音樂老師在教授「孤星淚」主題曲時，毫無根據地詆毀內地，讚美違法「佔中」是所謂「對抗極權」；有通識課討論「誰是犧牲自己、換取社會進步」的話題，當學生給出南非曼德拉、緬甸昂山素姬的答案時，老師卻舉例黃之鋒；甚至一場體育賽事，亦有老師狂言「有誰同我一樣希望國家隊×街」。更別說戴耀廷、陳健民等披着學者外衣鼓吹「違法達義」，謬種流傳，毀人不倦。

教不嚴，師之「墮」。當老師不像老師，學生自然不像學生；當為人師表者未能以身作則，傳道授業解惑，而是鼓吹歪理，煽動仇恨，難怪不少天真的年輕人被輕易「洗腦」，衝擊警方、作違法之舉而自以為「替天行道」。

檢討教育制度之不足

「蓬生麻中，不扶自直；白沙在涅，與之俱黑。」一個人能否成材，與所處社會環境密切相關，啟蒙老師的重要性再怎麼強調都不過分，優秀正直的老師春風化雨，自然可以為社會培養棟樑之材；而老師偏「黃」，學校姓「黃」，教育當局放任自流，學生被誤導、走上激進之路就在意料之中。

對於不少香港年輕人欠缺國家意識、民族意識，跟着反對派走，有人歸咎於通識教育「變異」，亦同取消歷史必修課有關，這種分析不無道理，但最根本還是人的因素。有的歷史教科書，涉及南京大屠殺只有七十字，文化大革命則長達十多頁，「家醜」甚於「國仇」，老師有意無意間渲染「仇恨國家」、「鄙視民族」的意識，在孩子的幼小心靈內會留下什麼已是不言而喻。

如果老師戴着有色眼鏡，不能客觀公正，連體育、音樂課都可以成為宣獨及鼓吹歪論的平台，「黃」禍無處不在，就算重設歷史必修課也是事倍功半，甚至

適得其反。

歸根究柢，近年香港教育改革看似不少，如母語教學、語言微調、校本管理、高考變文憑試、大學「三改四」等等，其實都是表面文章，未能觸及教育主導權在誰手上這個重大命題，令人憂慮的是，一些學校的教育不是為「一國兩制」培養接班人，不是壯大愛國愛港者力量，反而為反中亂港勢力培養出一批又一批的新血。

香港教育亂象久矣，反對派荼毒青少年是主因。但另一方面，在涉及大是大非的問題上，在政治入侵校園的問題上，如果未能旗幟鮮明，採取斷然措施，而是一味和稀泥，直至推卸責任，絕非市民所願見的；對於民意強烈要求將戴耀廷等「佔中」禍首逐出校園，有人以「大學自主」為擋箭牌，着校方自行處理；校方則以「疑罪從無」為藉口，置之不理，直至戴耀廷等被法庭判處入獄，何曾見到校方採取跟進措施？如果這還不是姑息養奸，什麼才是？這又向社會發出什麼樣的訊息？

對政治入侵校園的容忍，就是對年輕人的殘忍。如果說「香港病了」，根源則是「教育病了」。

十年樹木，百年樹人，回歸以來教育失誤堪稱犖犖大者，痛定思痛，檢討教育制度之不足、教育理念之偏頗，刻不容緩！關心年輕人的前途未來，不能流於表面及文件，而是要落到實處。

2019年6月26日　大公報　龔之平文章

反華勢力瘋狂干預　港臨險境團結向前
——「修例風波」系列評論之三

　　外國勢力干預香港事務早已不是新聞，但像干預特區政府修訂逃犯條例這般明目張膽、這般規模浩大，還是前所未見。鑒於中國崛起的勢頭不可阻擋，國際反華勢力勢必更加抓狂，而打「香港牌」遏制中國的頻率勢必更高，力度勢必更猛。反對派喪失底線，一味挾洋自重，引狼入室，加上國安立法束之高閣，香港若不盡快猛醒，只會淪為大國角力的戰場，永無寧日。

反華勢力視香港為籌碼

　　修訂逃犯條例本來是特區的內部事務，但國際社會異常「重視」及「關心」，先後有美國、英國、加拿大、澳洲、德國等國家及六十七個國際機構表達「憂慮」，歐盟更是破天荒發表「外交照會」。不可不知，即使○三年推動二十三條立法引起極大爭議，一四年香港發生佔領事件，都引起國際關注，但並未上升至外交照會的層面，有人說今次是新「八國聯軍」出動，雖不中，亦不遠。

　　要論最大的外國勢力，非美國莫屬。美國政客表現高調，動作頻頻，又是接見來訪求助的香港反對派頭面人物，又是威脅重新評估「香港政策法」——這個法律給予香港有別內地的貿易優惠政策，同時也是美國干預香港事務的「抓手」，又是威脅制裁支持修例的特區官員及建制派議員，這已不是表達憂慮，而是赤裸裸的政治恐嚇。美國高官還公開揚言，欲將香港修例爭議納入即將舉行的中美高峰會的議程，可見美國不是關心香港的人權與法治，而是將香港當成談判桌上向中方施壓、逼使中國讓步的籌碼。內地媒體評論說，香港是美國高舉在手的中國「嬰兒」，可謂一語中的。

　　英國政府亦不執輸。可以見到,末代港督彭定康及曾被香港拒絕入境的所謂「香港觀察」發起人羅哲思之流上躥下跳,一再對修例說三道四,重彈「中英聯合聲明」仍然有效的老調。英國外相近日宣稱,在改善人權法治之前,不會向香港出售防暴裝備,一副悲天憫人的高姿態,但他應該不忘記英國警察曾如何對待示威民眾,法國警方如何對待黃背心運動,以及美國警察如何鎮壓佔領華爾街運動。說到底,英國人只是一貫的偽善,為港英時代招魂而已。

　　同樣不容忽視的是,在香港的關鍵時刻,爆出德國給予參與香港「旺角暴亂」的兩名逃犯以「政治庇護」,其實是公開質疑香港的司法制度。還有,本已與中國談妥引渡條例的新西蘭,一家法庭突然拒絕引渡一名涉在中國殺人的逃犯,而瑞典也拒絕引渡位列中國「紅通犯」第二號的河南籍貪官,藉口都是中國的司法制度「靠不住」,對香港反對派所謂「反送中」行動的配合簡直妙到毫巔。

社會缺乏國家安全意識

　　香港反對派總是揣着明白扮糊塗,批評外部勢力干預之說「荒謬」,要求「拿出證據」來,其實,上述不都是明顯的證據嗎?不都是無可抵賴的事實嗎?如果還嫌不夠,不妨請看數年前維基解密公布的一千多份秘件,反映美國對香港事務介入之深,到了無孔不入的地步,有關秘件解釋了公民黨如何興起、五區公投為何發生,而前政務司司長陳方安生之所以東山再起並被捧為「香港良心」,無非是她身在漢營心在曹,主動邀請美國干預香港事務,向外國勢力「交心」,因此被拱為反對派「共主」而已。

　　當年美國走佬特工斯諾登逃難來香港,則踢爆美國駐港領事館設有「行動中心」。不得不說的是,花園道美國駐港領事館規模之大,堪比國家級大使館,美國人對小小香港是如此重視,派駐這麼多人馬,不可能是吃閒飯的吧。

■西方勢力干預香港事務，企圖把香港變成反華橋頭堡。圖為修例風波中示威者公然舉起「港獨」旗幟。

　　而「佔中」事件的背後同樣是鬼影幢幢。早在「佔中」前兩年，有關搞手及所謂「死士」已開始到西方接受顏色革命的秘密訓練，美國國家民主基金會亦被揭以金錢資助香港反對派。壹傳媒黎智英涉及的逾四千萬元政治黑金案最引人注目，有關款項通過其美國助手 MARK SIMON 處理，後者疑有美國軍方情報背景，有人質疑有關款項來自外地、黎智英僅是白手套，顯然不是空穴來風。

　　事實上，一個巴掌拍不響，外國勢力干預香港事務如魚得水，前提是有人充當內應，做「帶路黨」。受殖民管治一百多年，香港人普遍缺少國家安全意識，特着緊外國的看法，以致被批評為崇洋媚外。反對派更不必說了，其頭面人物多是無脊椎軟體，以做洋奴為榮，以做中國人為恥，為一己之私不惜出賣香港及國

家利益。君不見，圍繞修例一事，反對派一再派人越洋過海告洋狀，除了造謠在香港工作及旅遊的外國人都可能「送中」，更要求外國制裁香港，爲外部勢力插手香港事務提供藉口。魯迅曾言，奴才往往比主子更嚴厲，此之謂也。

中國歷史上從來不缺賣國求榮之輩，譬如被視爲漢奸始祖的中行說，投靠漢朝的敵人匈奴，爲對方出謀劃策，肝腦塗地在所不惜。香江反對派亦如此，李柱銘曾聲稱「日日做漢奸，有需要就做漢奸」；壹傳媒老闆黎智英則惡狠狠地揚言，要趁美國發動對華貿易戰之機推倒修例，「趁佢病，攞佢命」，可見這已不是國家意識淡薄，而根本是漢奸行爲。

港須自強免成美國犧牲品

外國勢力干預香港事務，本地反對派甘爲洋奴走狗，這樣的內外勾結從未有一日消停，這是回歸以來香港紛紛擾擾、政府施政備受掣肘的緣由，也爲「人心回歸」工程造成極大的障礙。修訂逃犯條例引起軒然大波並非偶然，而是「一國兩制」風雨兼程中的必然現象。反對派聲稱上街人數「創造歷史」，其實，特區政府被迫暫緩修例，香港「逃犯天堂」惡名難改，這絕對不是什麼光彩的歷史，而是香港反對派心中有鬼，勾結外部勢力破壞法治、唯恐天下不亂的又一拙劣表演。

當年推動二十三條立法功敗垂成，國家安全有如無掩雞籠，埋下無窮後患。在目前的情況下，無論接受外國政治黑金還是爲外國從事間諜活動，在西方社會，是嚴重罪行，在香港卻是無法可依，甚至鼓吹「港獨」及勾連「台獨」、「藏獨」、「疆獨」等分裂勢力，欲重演「五胡亂華」的一幕，都可以在「言論自由」的幌子下肆行無忌。顯而易見，反對派全力阻止修例，外部勢力搖旗呼應，證明維繫香港的法律漏洞，讓逃犯來去自由，逍遙法外，最符合反對派利益，也爲西方勢力干預香港事務、將香港變爲顏色革命的堡壘，提供最大的便

利。

　　香港雖小，從來是兵家必爭之地。在中美博弈的大棋局下，香港問題與貿易、科技、台灣等問題一樣，都是外部勢力遏制中國的一顆棋子。正如打擊華為，矛頭指向中國高科技一樣，有一天香港面對華為的處境，其着眼點必然是針對中國的金融安全，說香港處於懸崖邊緣，危機四伏，並不是危言聳聽。

　　當今世界亂象不已，背後的大國角力，都是代理人戰爭，試看發生過顏色革命的地方，有幾個不是山河破碎，人民遭殃？有幾個不是內外勾連，亂中取事？香港唯有盡早築牢法治的藩籬，防止野狗進入，負起履行維護國家安全之責，社會才能長治久安，「一國兩制」才能行穩致遠。

2019年6月27日　大公報　龔之平文章

反對派極端化是一條絕路

　　反修例之亂是反對派極端化的一個標誌。反對派會從這次事件中獲得不少政治私利，但隨着時間流逝，香港市民將越來越看清事件真相，也越來越看清反對派反法治、反民主、反國家和反香港的本質。

　　以前人們習慣將反對派陣營分成「溫和泛民」、「激進泛民」和本土派，民主黨等大黨一向被視為反對派中的溫和、主流力量。但在反修例風波中，民主黨一直衝在第一線，聯繫到許智峯搶手機、胡志偉辱罵特首等一系列事件，加上民主黨、公民黨一再強化本土論述，日益本土派化，所以，民主黨極端化也是自然而然的事。

　　反對派整體極端化，越來越反法治。經歷「違法佔中」和旺角暴動後，反對派早已放棄社會運動中「和理非非」的原則，「違法達義」、激進暴力成為主流。反修例風波中，示威者一而再違法堵路、包圍政府機構，最後暴力佔領立法會並大肆破壞。反對派不僅不譴責暴徒，反而要求特赦暴徒、指責警方「濫權」並要求成立獨立委員會調查。由此可見，反修例野蠻踐踏香港法治，反對派要負上最大責任，他們是香港法治的破壞者，是法治之恥。

　　反對派整體極端化，越來越反民主。對修例有不同意見，完全可以通過民主方式處理。立法會是按民主原則履行立法之責的地方。反對派以暴力方式騎劫立法會，弄出法案委員會「雙胞胎」，直接導致立法會相關審議工作停擺。反對派又將戰場拉到街頭，以包圍立法會和阻斷交通等手段，脅迫政府暫緩修例。反修例充分地暴露了反對派「反中亂港」和反民主的本質。反對派最近還提出重啟政改云云，實在是痴人說夢。理智的香港市民都能看得清楚，經歷反修例一役，反對派與中央的關係毫無疑問更加惡化了，香港離重啟政改也毫無疑問是更加遙遠了。反修例野蠻踐踏香港民主，反對派要負上最大責任，他們是香港民主發展的

破壞者和阻礙者，是民主之恥。

　　反對派整體極端化，越來越反國家和反香港。反修例是外部勢力主導的搞亂香港的「顏色革命」。暴徒在立法會打出港英旗和破壞特區區徽，未見反對派對此有任何譴責和切割。在中美貿易戰的特殊背景之下，反對派頭面人物毫無顧忌地跑到美國、英國等國就反修例「告洋狀」，他們與外部勢力的勾結更加肆無忌憚，反中亂港更加兇狠，他們是中國國家利益和香港利益的破壞者，是香港之恥。

　　反對派整體極端化，圖謀的是一己政治私利，主要就是搶奪本土派、「港獨派」一度式微後所釋出的青年和激進選票。他們賭得很大，不惜以香港青年一代作為「政治燃料」，不惜押上香港的法治和民主，不惜損害國家利益和香港利益。這些政治賭徒或許會猖狂和得手於一時，但終將被香港捍衛法治、珍惜民主、追求發展的時代潮流所淹沒！

　　　　　　　　　　　　　　　　　2019年7月6日　大公報社評

年輕人萬勿當激進政棍的炮灰

　　暴力示威者在7月1日衝擊、進佔、破壞立法會大樓，其中一名暴徒闖入立法會會議廳內，拉下口罩呼籲其他示威者留下抗爭。此人據指是港大學生會刊物《學苑》前總編輯梁繼平。近日被傳媒踢爆，梁繼平帶隊衝入立法會大樓前，已準備機票離港，事發後他隨即前往美國。和棄保潛逃、獲德國政治庇護的黃台仰一樣，梁繼平亦是「叫人衝、自己鬆」的典型例子。他們自己充當「領袖」，宣揚極端暴力主張，煽動年輕人以違法暴力表達訴求，利用一些頭腦單純、是非觀念淡薄的年輕人作炮灰，為自己上位創造條件。年輕人要保持清醒，看清這些無良政客的真面目，勿被人煽動利用、肆意違法而斷送個人前程。

　　梁繼平現在華盛頓大學攻讀政治學博士，衝擊、破壞立法會大樓時，他除下口罩，以豁出去的姿態，振振有詞地呼籲：「要贏，就一齊繼續贏下去；要輸，我們就要輸十年，我們的公民社會將會十年永不翻身，學生會被捕，領袖會被捕……我除下口罩，就是要大家知道，香港人真的不能再輸！」梁繼平扮成無畏無懼，講話令聽者熱血沸騰，難免令不少暴力示威者忘乎所以，更加賣力地衝擊、破壞，認為佔據立法會就是「勝利」。殊不知，梁繼平一早為自己備好後路，飛赴美國，安全着陸。那些被梁繼平灌了迷藥，留在香港繼續衝擊警方、破壞法治的示威者，知道這個事實，不知有何感想。

　　「旺角暴亂」主犯黃台仰，事發前大肆鼓吹「勇武抗爭」、「以武制暴」，成為暴亂的重要推手。其後，黃台仰不知所終，只是在網上留下「寧為玉碎、不作瓦全」的煽動性口號。到今年反修例風波才被外媒披露，原來早在去年已獲德國政治難民身份，現正在德國讀大學，逍遙快活。還有周永康、羅冠聰，都是風頭一時無兩的「學生領袖」，吸引不少支持者，如今相繼到美國的知名學府深造。這些打着「學生領袖」幌子的激進小政客，以如簧之舌鼓動年輕人「勇武抗

爭」、「以武制暴」，一旦達成企圖，個個拋棄「戰友」，遠走他鄉開展「精彩人生」，被煽動的其他學生，甘當做炮灰的，有沒有梁繼平、黃台仰那麼好運？答案顯然是否定的。黃台仰的「戰友」梁天琦身陷囹圄，「佔中」、「旺暴」有不少違法暴力者已鋃鐺入獄，此次反修例風波中的極端暴力示威者不少也被拘捕，相信日後還有人難逃法網，要付出沉重的代價。

從黃台仰到梁繼平，相信對香港年輕人是當頭棒喝，就算有一顆熱血之心，希望社會愈趨美好，但若行為違反法律、破壞社會安寧的話，本心如何美好，也屬違法，必將接受法律制裁。對別有用心之人拿年輕人的一腔熱血作政治籌碼，當做自己的踏腳石，年輕人須擦亮雙眼，三思而行，勿被人利用，否則一時衝動，終要負起刑責，斷送個人大好前途。

2019年7月9日　文匯報社評

警隊挺住，你們絕不孤單！

反修例暴力衝擊「遍地開花」，暴戾之氣不僅未消退反而不斷升級。昨日沙田更發生大規模的極度暴力事件，說明亂港派新一輪反政府運動已經上演，未來可能還會出現更嚴重流血事件。面對嚴峻的形勢，警隊遭受極大壓力，市民必須清晰表達「反暴力」、「撐警隊」的堅定立場，全力維護香港的法治和秩序。

香港當前的形勢複雜嚴峻，但眼前所見到的暴力衝擊，絕非普通的「自發行動」，更非所謂的「無大台」的民間行動。上水以及沙田兩場示威場景，已遠遠超越了「和平」二字，其高度組織性、策略性，以及嚴密的物資運送鏈、行動指揮體系，都在說明，有看不見的「政治之手」在幕後操控着一切。而不斷出現的「示威預告」則預示着，類似的襲警、暴力衝擊、激化社會對抗的行動，將會持續出現並惡化。

必須看到，這些行為絕非「偶然」，幕後操縱這一切之「手」，企圖已極其

■市民堅定支持警方依法履行職責，止暴制亂。

明顯。自七月一日立法會大樓遭反修例暴徒佔領並肆意破壞後，反對派原已掌握的民意優勢出現反轉，譴責暴力示威的市民佔了絕對多數。面臨民意以及道德上的雙重壓力，反對派不甘到手的「政治成果」消失，於是意圖通過這類「社區化」的持續暴力衝擊去達到三個目的：一是擴大對立情緒，挽回正在流失的反修例民意；二是加強組織演練，消耗警隊執法戰鬥力；三是醜化警隊形象，以激化更大規模衝擊。

正是在這種策略指導之下，一些牛鬼蛇神紛紛出籠。第一，以香港記協為首的所謂七間傳媒工會組織昨日發起遊行，顛倒是非，「控訴」被警察暴力對待；第二，諸如民主黨尹兆堅等在內的政客故意阻撓警隊執法，並大肆捏造散播警員暴力的虛假新聞；第三，外國媒體如《金融時報》等「不失時機」地刊出分化特區政府、抹黑行政長官的所謂「獨家報道」。

這些煽動、分化和抹黑策略，和六月九日首場反修例遊行之前的情況如出一轍。

香港警隊是鎮守法治的關鍵力量。正因如此，昨日沙田的暴徒才如此兇殘地欲致警員於死地。實際上，在過去一個多月來，警隊承擔的責任最重、受到的壓力最大、面臨的挑戰也最嚴峻。儘管亂港派猖獗囂張，但要清醒地看到，香港的整體民意並沒有改變，維護法治仍然是香港市民最強烈的呼聲，英勇執法的前線警員們無需氣餒，你們絕不孤單，你們背後是數百萬和平理性的香港市民，以及全國十四億同胞的堅定支持。

中聯辦主任王志民上周強調了三個「堅定支持」，中央堅定支持特首依法有效施政、堅定支持警方依法履行職責、堅定支持市民「護法治、反暴力」的共同訴求和行動。亂港派或許還會繼續猖狂下去，但這種與民為敵、踐踏法治的惡行，絕不可能長久，他們也必將吞下自己親手種下的暴力惡果。

2019年7月15日　大公報社評

喚回理性文明包容
重鑄法治核心價值

香港爆發連串暴力行動，從圍攻立法會大樓、警察總部，到圍堵中聯辦及塗污國徽；從辱警、襲警，到不同政見者在街頭追逐打鬥；從議員辦事處被破壞，到祖墳都不放過，暴力不斷升級，不知伊於胡底。短短一個多月之間，香港就由法治之區淪為妖獸之城，由世界最安全的地方變成人人自危，甚至連出門穿什麼顏色的衣服都要擔心受怕，社會正在向暴力的深淵滑落，令每一位熱愛香港、以香港為家的市民既痛心又憤怒。

三天前，中聯辦大樓遭到一群暴徒圍堵，莊嚴的國徽被污損，踐踏「一國兩制」底線、挑戰國家主權的瘋狂行為令人髮指，也受到各界強烈譴責，但話音未落，又有立法會議員的辦事處被暴徒大肆破壞，連祖墳亦不保。這位議員到底犯了何等大罪，要遭到此等報復呢？難道僅僅因為站在反暴力的第一線、敢於對亂港集團直斥其非，就要成為搞事者的眼中釘、肉中刺，搗亂其辦事處、辱罵恐嚇還不夠，還要做出毀人祖墳這等傷天害理的事情？

此誠法治存亡之秋

中國人有慎終追遠的傳統，法律上罪不及妻孥，更不會禍及先人，因為這不僅是文明的底線，也是人之為人的底線。先秦時期，伍子胥為報楚平王殺父兄之仇，對死去的楚平王施以掘棺鞭屍的報復，遭致當時社會的惡評，其朋友申包胥寫信譴責說：「子之報仇，其以甚乎！今至於僇死人，此豈其無天道之極乎！」就是說，做兒子的為父報仇也不能這麼過分，因為侮辱死者是違反天道的極端。伍子胥致歉，承認自己「倒行逆施」，這也是成語倒行逆施的由來。然而，儘管

伍子胥有悔意，最終仍落得死無全屍的下場，史家說這是報應。

　　對於數典忘祖的「港獨」分子及暴徒而言，未必知道這個典故，那就不妨看一個近代的故事。國共內戰期間，毛澤東的祖墳遭蔣介石下令破壞，毛澤東說，這種做法不得人心，失民心者失天下，最終果不其然。到了內地「文革」期間，有紅衛兵為報仇而破壞蔣介石在浙江奉化的祖墳，毛澤東下令禁止，並派人修好蔣家祖墳，拍好照片送給蔣介石。

　　數十年前敵對局勢下，尚且不做破壞敵對者祖墳的事，不料此等事情卻在以文明、包容、開放、多元著稱的香港發生，七百萬市民與有恥焉。天道循環，報應不爽，這不是迷信，而是你怎麼對待別人，別人就會怎麼待你；你主張暴力，就將面對以暴易暴；你侮辱別人的先人，自己的先人又能安心於九泉之下嗎？事實上，只有蠻荒世界才會訴諸暴力，而暴力早已被文明社會所摒棄，一切紛爭只能在法律的框架下理性解決。否則，暴力的潘多拉魔盒一經打開，只會引發更多的暴力，一發而不可收拾，如果每一個都以為自己的理想崇高，可以為達目的，不擇手段，那麼社會將倒退到弱肉強食的蠻荒時代。

始作俑者其無後乎

　　沒有人是孤島，不要問喪鐘為誰而鳴，當法治的喪鐘敲響，任何一個人都無法置身事外，無論你是什麼顏色。在叢林法則下，施暴者固然難免「瓦罐不離井上破，獵狗終須山上喪」，而那些鼓吹「違法達義」的政棍，公然聲稱「暴力有時候是解決問題的手段」的大律師，還有那些為暴行塗脂抹粉、美化暴徒的無良學者、傳媒大亨及社會人士，最終也將難逃禍及自身的自然法則。始作俑者，其無後乎！

　　「自由、自由，多少罪惡假汝之名而行」，羅曼羅蘭的名言，是對其親身參與的法國大革命的懺悔，放之四海而皆準，今日香港亂象紛紛，暴力持續升級，

不管是打着「民主」旗號，以「反修例」為藉口，或者以「和平遊行」為包裝，只要超出法律的邊界，就失去其正當性，走向了野蠻、暴力、血腥的另一個極端。

香港回歸二十二年以來風風雨雨，紛紛擾擾，但從來沒有像今天這般，陷入最嚴重的政治與社會危機，法治危如累卵。香港人引以為傲的法治精神、文明理性、包容開放，似乎在一夜間被打爛。數年之前，有人在立法會丟出一根香蕉，已經激起全城聲討，而在旺角暴亂之後，不少反對派政棍因擔心民意反彈而急急與之劃清界限。

而今，血腥暴力已成常態，社會對暴力似乎有了更多的容忍度，不少人對暴徒抱以同情之心，而那些嗜食「人血饅頭」的政棍們何止拒絕與暴徒切割，更帶頭美化暴力，將衝擊者捧為「義士」、「英雄」，有人無恥地將被判刑入獄形容為「令人生更精彩」，有人撰文要與暴徒「同行」，黑白顛倒，是非混淆，以醜為美，莫此為甚。

治亂皆在港人手中

法治是香港核心價值，也是社會穩定經濟繁榮的基石。不斷升級的暴力，無休無止的衝擊，喪心病狂的破壞，看在香港人眼中，也看在國際社會的眼中。有道是，危邦不入，亂邦不居，試想想，誰會投資於一個法治蒙污的地方呢？誰願冒着生命風險來香港做生意呢？不難斷言，外資將卻步不前，本地資本將逃難而去，精英人才將用雙腳投票，香港將走上自毀之路。目前觀之，旅遊、零售、酒店業首當其衝，已因旅客減少而受損，一年一度的書展本是城中盛事，今年亦失去往日的熱鬧，更有商界明言暫停或放棄投資計劃。經濟環環相扣，負面效應將擴散到所有領域。受中美貿易戰影響，香港經濟首季幾乎零增長，如今雪上加霜，有人預言將出現減薪、裁員、企業倒閉潮，顯然不是危言聳聽。香港經濟上

一次陷入低谷，大背景是亞洲金融風暴及爆發沙士疫情，屬於天災，如今香港經濟前景又被看淡，則是典型人禍，是暴力氾濫的必然邏輯。

　　同樣不容忽視的是，若香港的亂象持續，警方執法受到阻撓，暴力得不到有效遏制，特區政府將無法聚焦於經濟及民生議題，立法會也無法再有效運作，那麼本已尾大難掉的房屋問題、安老問題、醫療問題等等將雪上加霜，而在一個困獸鬥的環境裏，年輕人將更加找不到出路，明天將更加灰暗。一言以蔽之，穩定是發展的前提，法治則是穩定的關鍵，沒有法治與社會穩定，一切都是空談，市民是輸家，香港是輸家，青年人是最大的輸家。如果說有贏家，可能就是那些賣港求榮收取黑金的漢奸洋奴，那些將香港破壞了就拍拍屁股走人的暴徒及陰謀家，那些叫年輕人去衝去鬥的同時將自家孩子安置在海外享受真正精彩人生的政棍。

　　此誠危急存亡之秋也。香港不能再亂下去了，社會要恢復和諧，香港要重鑄核心價值，除了中央支持，更需要港人自救，這也是「一國兩制」、港人治港的應有之義。上周末的「守護香港」集會，顯示反對暴力、維護香港法治與安定已經成為主流民意，近日有法律界人士呼籲，不管持什麼政見，現在是放下分歧、是向暴力說不的時候。香港能不能撥亂反正，跨過這個坎，答案其實就在七百萬市民手中。

2019年7月24日　大公報　龔之平文章

不能讓「白黑衝突」轉移焦點
全力根除黑色暴力恐怖禍根

　　上周日（21日）晚發生衝擊中聯辦和元朗暴力衝突兩宗惡性事件。連日來輿論的焦點大都集中在元朗暴力衝突，兩日警方拘捕11名男子，亦都是涉及元朗暴力衝突。香港作為法治文明社會，必須制止一切暴力行為，公眾也支持警方依法打擊暴力惡行。與此同時，政府和社會各界更要清醒地認識到，借反修例風波而生的暴力運動，持續發酵、愈演愈烈，已經演變成人神共憤的黑色暴力恐怖，這才是當前香港暴力氾濫、亂象橫生的禍根，不能因為「白黑衝突」等事件而被轉移焦點。政府、社會各界必須明白，黑色暴力恐怖的禍根不除，勢必對香港的長治久安造成深重傷害，更有「以暴易暴」惡性循環的隱患。廣大市民一定要本着尊重法治的信念，支持政府和警方依法除暴，遏止黑色暴力如毒瘤般蔓延，從根本上恢復香港的法治安定。

　　個多月來，暴力惡行充斥網上網下，不斷升溫，從衝擊立法會大樓、圍堵警察總部、直至衝擊中聯辦，公權力遭受前所未見的挑戰；以「和平示威」掩護的暴力「遍地開花」，社區、商業機構一再被騷擾，甚至地鐵、機場等重要的公共交通機構，亦遭到服務將受干擾的恐嚇，香港正常的生活秩序、營商環境被破壞；某些特定目標和對象更被瘋狂攻擊，立法會議員何君堯被帶有固定立場的媒體和人士圍攻，連祖墳都遭泯滅人性的破壞，香港文匯報、大公報在「連儂牆」遭抹黑，文匯報記者個人資料被人擺上網暗示欺凌；「光復元朗」復仇式的威脅甚囂塵上。

　　種種跡象顯示，黑色暴力恐怖如瘟疫一樣正在全社會散播，恐怖的陰霾越來越濃，黑色暴力恐怖無視法治與管治，已形成對整個社會的恐嚇，市民喪失了

「免於恐懼的自由」。黑色暴力恐怖才是香港法治安定最大的威脅，給社會心理帶來嚴重傷害，讓越來越多的市民陷入對現實的焦慮，對前途的擔憂，對公權力是否有效運作充滿疑慮。說到底，黑色暴力恐怖再不遏止，會不斷動搖市民對香港繁榮穩定、安居樂業的信心。

縱暴派一向把「免於恐懼的自由」掛在嘴邊，打着和平示威的旗號把暴力衝突引向各區、各階層。對於元朗暴力衝突，縱暴派指責「白衣人毆打黑衣人」，迅速發表冠冕堂皇、措詞嚴厲的譴責聲明；縱暴派政客更要求在立法會休會期間召開特別會議，質詢行政長官林鄭月娥及相關專責官員，以示與暴力勢不兩立，為受害者追討公道。可是，反修例風波擾攘個多月，之後借題發揮出現一連串令人震驚的暴力惡行，縱暴派從來沒有隻字片言的譴責，更聲言與衝擊立法會中聯辦、襲擊警察的暴徒「不割席」。

縱暴派的說辭極具煽動性：「沒有暴徒，只有暴政」，「政府暴政才是暴力的根源」，而且政府至今不答應他們的「五大訴求」，黑衣人採取暴力別無他選，是對抗不公義制度的暴力。在縱暴派和暴徒眼中，一切暴力的責任皆在政府，暴力不斷被美化、合理化，甚至被英雄化，身為資深大律師的梁家傑竟然說出「暴力有時是解決問題的方法」，充分暴露縱暴派煽動、縱容暴力惡行的居心，就是要製造、借助黑色暴力恐怖癱瘓香港的法治和管治，把不同政見者打倒在地，從而達到搶奪管治權的目的。

縱暴派的邏輯是，只要有他們認為合理的理由，就可以任意策動、使用暴力，就可濫用私刑禁錮無辜市民、追打警察、衝擊立法會大樓、挑戰國家象徵甚至侮辱中華民族。照此邏輯，元朗衝突中的白衣人也可以聲稱，是因為黑衣人到自己的家園來挑釁搞事，破壞了家園的安寧，為了守護家園，使用暴力也是合理的，黑衣人被打活該。這樣的邏輯、類比如果成立的話，後果非常可怕，香港毫無疑問將淪為無法無天之地。縱暴派的偽善霸道、雙重標準，足以顯示他們「只

問立場和利益、不問是非和公義」，完全不把法治放在眼裡。

在任何正常的法治社會，正確的大眾邏輯、符合公義的社會規則，就是必須堅持法治原則，不論任何人、有什麼理由、理由有多麼正當高尚，沒有法律授權，使用暴力就是違法，就要受到法律的制裁。這是唯一的標準，沒有人可以挑戰和改變。

當下暴力行為有擴散升溫的趨勢，政府譴責一切暴力行徑，表明追究到底，警隊也迅速行動，拘捕多位元朗衝突中涉嫌襲擊黑衣人的白衣人，這些表態和行動值得肯定和支持。但是，政府和執法者、廣大市民和社會輿論的討論，絕對不應該失焦，應該頭腦清醒，看清目前對香港法治安定威脅最大、而且還在持續發酵擴散的，還是黑色暴力恐怖活動。黑色暴力恐怖活動一日不除，香港永無寧日；法治不彰，公權力不振，濫用私刑、以暴易暴，只會變本加厲。

因此，即使面臨嚴峻挑戰和來自縱暴派的巨大阻力，政府和警方更要迎難而上，下大決心，投入更大力量，堅決果斷拘捕、檢控包括黑衣暴徒在內的一切違法暴力分子，對黑色暴力恐怖活動形成巨大震懾力和阻嚇力，才能振奮士氣，穩定人心，顯示邪不勝正的法治正義，令香港早日重回法治穩定的正軌。

2019年7月24日　文匯報社評

停批「光復元朗」遊行
對市民生命對香港安定負責

有人發起本周六「光復元朗」遊行，目前未獲警方發出不反對通知書。遊行申請人聲稱，無論如何遊行都會繼續；十八鄉鄉事委員會則去信警方，反對批准遊行。各種跡象顯示，「光復元朗」絕對不是和平表達訴求的示威遊行，而是一場有預謀、有策劃的暴力挑釁，結果是出現大規模的流血事件，令香港本已嚴峻的局面更難以收拾。在此關鍵時候，政府和警方為了保障公眾安全、香港安穩，必須拿出政治勇氣和擔當，警方不應發出「光復元朗」遊行的不反對通知書，做好遏止嚴重暴力衝突事件的應對措施；政府更要有高度洞察力和相應部署，強力遏止對抗，避免惡性暴力荼毒香港社區。

縱暴派和作為他們「白手套」的民陣，過去一個多月來打着和平理性旗號的遊行示威，幾乎每次都演變成流血衝突，而且情況愈演愈烈，重創本港的法治安定。上周日元朗發生暴力衝突，是所有愛香港、重法治的人不願見到的。香港不能再亂，以暴力衝擊為結果的所謂遊行示威必須停下來，是目前全港市民最強烈、最急切的訴求。只有停止對抗衝突，才能避免加劇仇恨撕裂，香港才有機會逐步恢復元氣，重建和諧安全的社會氣氛。

可惜，樹欲靜而風不息。對於縱暴派而言，香港越亂、越不能管治，對他們越有利。因此，縱暴派一方面密鑼緊鼓策動「光復元朗」行動，另一方面煽風點火，刺激支持者的情緒，挑動支持者準備「復仇」。縱暴派政客朱凱廸、林卓廷利用大氣電波，在沒有證據的情況下，散播警察勾結黑社會、縱容黑社會襲擊無辜市民的言論；原定周日（7月28日）舉行的將軍澳遊行已經改期，亦是為了集中人手、物資用於周六的「光復元朗」。縱暴派已經開足輿論宣傳、人力物力的

機器，殺氣騰騰。

　　周六「光復元朗」遊行極具挑釁性和攻擊性，任何有良知、有正常思維的人士和機構無不憂心忡忡，均強烈勸喻「靜一靜、停一停」。除了十八鄉鄉事委員會要求警方不發「光復元朗」遊行的不反對通知書外，元朗區議會13名建制派及其他無政治聯繫的議員亦召開記者會，呼籲遊行人士和平理性表達訴求。愛爾蘭、日本、韓國等國家近日相繼對香港發出旅遊警示，提醒國民不要前往示威區及突發集會的地方。

　　山雨欲來風滿樓。危機已在眼前，不可預見後果的暴力衝突一觸即發，連外國政府都看到風險所在，本港警方更應當機立斷，不應批出周六「光復元朗」遊行的不反對通知書。可以預料，警方不批不反對通知書，肯定會遭到縱暴派猛烈攻擊，指控「警方限制集會自由」、「向黑社會惡勢力低頭」、「不盡責保護市民安全」。但是，如果警方批出不反對通知書，而遊行不幸出現大規模血腥衝突，警方更面對不負責任的批評。因此，警方要頂住壓力，堅持不批不反對通知書，並向公眾解釋，決定絕對不是為了打壓集會自由，沒有任何政治目的，完全是出於保障公眾安全的考慮和苦心，是為了避免衝突，保護包括遊行人士在內所有人士的生命安全。

　　根據《公安條例》規定，舉行公眾集會或遊行須事先通知警方，當中有兩個重要目的：一是容許警方作出適當安排，盡量減少出現交通、公共安全、公共秩序的問題；二是讓警方決定，是否有需要就該次遊行集會訂立條件，或禁止該次遊行集會進行。如果警務處處長合理地認為，為維護國家安全或公共安全、公共秩序或保護他人的權利和自由，可以不發出不反對通知書，這是警務處處長的權力。警方因為公共安全理由而不發不反對通知書，亦符合《公民權利和政治權利國際公約》第21條的規定。可見，警方不批「光復元朗」遊行的不反對通知書，合法合情合理，相信會獲得主流民意的認同和支持。

　　當然，縱暴派刻意利用「光復元朗」遊行再釀大規模流血衝突，不可能善罷甘休。發起「光復元朗」遊行的搞手已揚言，即使不獲批不反對通知書，遊行都會繼續。但是，警方不批出遊行不反對通知書，表明遊行已屬非法，刻意讓大多數守法和平遊行的參與者三思而行，亦能引起崇尚和平理性的社會主流力量重視事件的危險性，從而形成輿論壓力，至少令遊行的搞手和參與者有所克制。

　　另一方面，為防不測，周六警方要對元朗地區作出高度戒備，加強事前的情報搜集，充分掌握遊行組織者的情況，準確部署警力，尤其要及時截查、搜查接近遊行範圍的可疑車輛、人物，截查、收繳攻擊性武器，盡力排除可能造成重大傷亡的隱患，並迅速向公眾通報，讓全社會提高警惕。

　　目前形勢錯綜複雜，挑戰前所未有，政府作為管治者和決策者，在中央和廣大市民的堅定支持下，既要繼續給予警方最有力的支持，確保警方有效執法，更要振奮士氣、凝聚人心，積極作為，帶領管治團隊迎難而上，做好各種評估風險，調動一切力量，保持局面平穩，盡快恢復法治安定，讓香港重回正軌。

2019年7月25日　文匯報社評

檢討遊行審核機制刻不容緩

　　搞事分子申請在本周六發起「光復元朗」遊行，罕見地被警方拒絕，也一如所料地遭到反對派的大肆攻擊，申請者揚言即使上訴失敗也會繼續上街，完全是一副「我就犯法你奈我何」的姿態。在這種情況下，特區政府及警方必須準備不同預案以防不測，最重要的是有法必依，維護法治尊嚴及市民的人身財產安全。

　　警方拒為周末的遊行開綠燈，理由絕對充足。近來的香港可用「兵荒馬亂」來形容，遊行每每以暴力血腥收場，搞事者連立法會、警察總部、中聯辦大樓都敢侵犯，莊嚴的國徽都敢損污，還有什麼做不出？侮辱不同政見者的祖墳都幹得出，還有什麼底線可言？搞事者又欲以遊行為名踩入元朗鄉村，擺明「撩交打」，網上更有人公然號召縱火焚村及殺死村民，來勢洶洶，而元朗居民已表明將堅決守護家園，劍拔弩張之下，會發生什麼嚴重後果已經寫在牆上。

　　非常時期，須行非常手段。警方明知否決遊行申請將招致無邊無際的謾罵，上綱上線的攻擊，仍然頂住壓力作出正確決定，體現了政治承擔，也順應了主流民意。畢竟，沒有什麼比保護市民人身安全及財產安全更重要，而被保護者不僅是元朗居民及遊客，也包括遊行參加者。

　　然而，警方的一片好意，反對派不會領情，相反，他們指摘遊行「審核機制不透明」、「打壓言論與集會自由」，大帽子滿天飛。事實上，亂港勢力為今次遊行作了精心準備，包括輿論上攻擊莫須有的「警黑勾結」、「港府向惡勢力低頭」，物資上更不用說了，除了頭盔、口罩、眼罩等示威「三寶」，鐵通、雨傘、燃燒彈等常用裝備，甚至有「大殺傷力」武器。警方早前破獲二公斤烈性炸藥案，有三名「港獨」分子被捕，已是警號。未必巧合的是，今次遊行申請者正是一名有案底的「港獨」分子，可見他們不甘心失敗，勢必一意孤行。

　　顯而易見，不論警方如何決定，有些事情都難以改變，發出不反對通知書，

則爲暴力遊行披上「合法」的外衣；否決申請，搞事者將「違法達義」。然而，這並不表示否決遊行申請沒有意義，遊行一旦非法，大部分守法市民將重新考慮是否參與，而「一於去馬」的則主要是死硬派，警方執法便少了誤中副車的顧忌。

最引人深思的是，香港還要繼續維持「遊行之都」的名聲嗎？香港是當今世界遊行最頻密的地區，過去的一年，平均每日遊行達三十二宗，民間所謂「三日一遊行，五日一示威」已是大大低估。這反映香港的言論及結社自由得到充分保障，「一國兩制」得到貫徹落實。但另一方面，警方發出不反對通知書成爲常態，審核行禮如儀，帶來不少副作用，尤其當遊行發生質變，不再是和平表達意見，而淪爲暴力搞事的藉口時，警方重新評估審核機制就是當務之急。「從來如此，就對麼？」魯迅的名言，就是對反對派的最好回應！

2019年7月26日　大公報社評

堅決支持警方嚴正執法平暴
正義不缺位民意才會不迷惘

　　昨天又有暴力衝擊者非法集結，在港島西區發動騷亂，警方入夜後堅定執法清場，其間即場拘捕至少49個涉暴者；另外，警方昨日扣查前日元朗暴力衝擊的發起人鍾健平。近期暴力衝擊愈演愈烈，變本加厲，對香港的法治安定、有效管治構成越來越大的挑戰，警方頂住壓力，盡忠職守，果斷執法，彰顯正義，值得支持和讚譽。在當前錯綜複雜的局勢下，民意既厭倦、不滿暴力，也有部分市民陷入迷茫、焦慮，甚至在是非黑白上出現不同程度的混淆。政府必須清晰堅定表達捍衛正義、法治的聲音，澄清真相、辨明是非、駁斥謬誤，堅定支持警方嚴正執法，使正義不模糊不缺位，民意不迷惘不流失，不被似是而非的文宣輿論所誤導迷惑，從而凝聚起強大的反暴力正能量，凝聚起支持政府依法施政的強大民意，讓香港重回法治安寧的正軌。

　　近期的遊行示威，暴力示威者在內外勢力策動和縱暴派支持下，完全無視法治，一次次挑戰公權力，攻擊警方防線，肆無忌憚地作出各種暴力行為，香港的法治、秩序一再遭受重創。面對嚴峻挑戰，警方始終保持克制、冷靜、專業，堅持依法處置暴徒、制止暴力。昨日警方以涉嫌煽惑非法集結，拘捕「光復元朗」遊行的發起人；昨晚在港島西區清場時，警方在現場拘捕49名暴徒。在過往連串暴力衝擊中，暴徒刻意掩蔽面目，增加了警方事後拘捕、檢控的難度，暴徒的暴力行為亦因此有恃無恐、更猖獗兇狠。警方昨日加強即時現場拘捕暴徒，明確傳遞執法不手軟、不放過暴徒的強烈信息，可以放大震懾作用，更加有效阻止暴力升級蔓延，值得堅決支持。

　　警方堅毅執法，果斷打擊暴力，是以行動表明法治底線，彰顯是非公義的分

野，對於凝聚主流民意具有重大意義。令人擔憂的是，過去近兩個月來暴力衝擊、騷亂愈演愈烈，可惜捍衛法治、反對暴力的正義之聲還不夠堅定響亮，尤其是來自政府的正義聲音相當微弱；相反，縱暴派、外部勢力別有用心地合理化、美化暴力惡行，各種製造謠言、歪曲真相、包庇縱容暴力的文宣此起彼伏，導致社會不同層面對是非曲直、正邪對錯的認識開始混淆，支持警方執法、維護法治公義的民意開始迷惘流失。這種情況值得高度警惕，如果任其發展下去，期望反暴力、護法治的民意出現強勁反彈，推動目前局面發生根本性的積極變化，恐怕遙遙無期。

■黑衣暴徒一次次衝擊法治，警方堅毅執法，果斷制止暴力。

反修例暴力事件不斷出現，持續升級，暴徒和縱暴派卻振振有詞地打出「沒有暴力、只有暴政」口號，不斷合理化暴力行為，更企圖借此擾亂視聽，博取市民的理解和同情。但是，至今未見到政府對這個荒謬絕倫的口號作出有理的駁

斥，沒有直斥其非，沒有理直氣壯詰問：「暴政在哪裡？」儘管特區政府施政存在不足，並非十全十美，但施政依法文明、以民為本，尊重和保障港人的合法權利和自由，這是絕對不可否認的。如果特區政府施政是暴政的話，那麼美國、西方的所謂民主政府，大概沒有哪個不是暴政。

對7月27日「光復元朗」的非法集結，政府的聲明只是表示「遺憾」。非法集結已是蔑視法治、挑戰法治的嚴重違法行動，「光復元朗」的非法集結更是衝擊警方暴行的前奏，結果是破壞當區的安寧，造成多人受傷。對於「光復元朗」的非法集結，政府絕對應強烈譴責其組織者、參與者，並作出強而有力的駁斥，表明依法檢控遊行組織者、參與者，追究到底，才能彰顯法治公義。如果只作不痛不癢的「遺憾」表態，只會助長暴力挑戰法治的氣焰。

7月21日在元朗發生的白衣人和黑衣人衝突，當然是挑戰法治的嚴重暴力事件，警方也在事後迅速拘捕至少12個白衣施暴者。但事件後，縱暴派和部分不負責任輿論都發出指控，聲稱警方無盡責保護市民、縱容暴徒襲擊市民，警黑勾結的謠言滿天飛，又刻意散播「打不通999」的傳言，無所不用其極借事件抹黑警方。對這種指控，在沒有經過依法嚴謹的調查、未充分還原事件真相的情況下，任何人、包括政府高官代表警方作出道歉，都對警方不公義、不公道，會令警隊形象無端蒙污。

目前香港要遏制一波波持續升級的暴力惡浪，端賴敢於彰顯正義的政府引領，凝聚強大的反暴力、護法治民意。以上幾個例子正正提醒，若正義缺位，必然會導致是非混淆，民意錯亂。在法治社會裡，只有尊重法治，正義才能體現；違背法治，暴力只會越來越無底線。任何違背法治的政治考慮，就是無底線的退讓，無助緩解矛盾，反而暴露虛怯，令問題更複雜。

因此，香港要恢復法治安定，政府和社會各界首先要態度鮮明、立場堅定支持警方嚴正執法、拘捕暴徒，提振士氣；其次，對於縱暴派和策動、參與暴力之

徒，政府必須迅速嚴厲揭露，反駁各種迷惑人心、擾亂視聽的歪理，大聲明確權威地發出正義的聲音，保障民意不被誤導、不會陷入迷惘。只有這樣，支持政府、警方依法遏暴、重整法治的民意才會越來越集中、越來越強大。

2019年7月29日　文匯報社評

有法不依違法不究
香港法治長城有坍塌之虞

近月來，香港各種各樣違法活動無日無之，不僅沒有受到追究，連揭露、批駁的聲音都相當微弱，受侵擾的市民和商業機構常常是敢怒不敢言。「不守法」正如瘟疫一樣蔓延，香港的法治長城，因此出現了越來越多的裂縫，面臨走向坍塌的危險。面對有法不依、違法不究的法治危局，政府有關部門要堅定站出來呼喚法治，給港鐵、紅隧、多個商場等受侵擾機構撐腰發聲，鼓勵、支持他們採取法律行動，律政司與司法機構應從維護香港法治、保衛香港法治長城的立場出發，堅定支持依法檢控、果斷懲治違法行為，讓社會敬畏、尊重、信仰法治，共同保衛香港法治長城。

多次堵塞紅磡海底隧道、頻密按響警鐘阻地鐵開出、到新城市廣場內對商舖搗亂騷擾食客貼政治廣告……過去一段時間，香港所謂「不合作運動」遍地開花，各種各樣的違法活動不斷上演，更出現用磚頭攻擊警署、推燃燒物襲擊警察等極端暴力行為。但這些違法活動，並沒有依法受到追究，甚至連指出這些活動是違法活動的聲音，都微乎其微，商業機構更是一味退縮以求平安。香港的法治長城，因此出現了越來越多的裂縫，如果不及時依法採取行動，香港的法治長城將不斷坍塌。

本來，這些活動的違法性質是毋庸置疑的。根據《行車隧道（政府）條例》，政府制定對隧道的車輛及行人的交通及交通中的車輛所運載的乘客，予以禁止、管制、限制、指示或指導的規例，違反該等規例即屬犯罪，可就該等罪行而訂定不超過5千元罰款及6個月監禁的罰則。根據《香港鐵路附例》，倘乘客不恰當使用緊急設備，最高處罰港幣5,000元；至於不當進入或離開列車，最高

處罰則爲港幣 2,000 元。根據《公安條例》，公眾地方內擾亂秩序行爲，一經定罪，可處第 2 級罰款及監禁 12 個月。根據《道路交通條例》，移動、損壞或以任何方法干擾任何交通標誌或訂明的交通標誌即屬犯罪，可處罰款 1 千元及監禁 3 個月。至於暴徒破壞路上的鐵欄或垃圾桶等公共設施，涉嫌刑事毀壞罪，最高可判囚 10 年。示威者對政見不同者施用私刑，或已干犯刑事恐嚇、非法禁錮、普通襲擊等多項刑事罪行。過往，所有這些違法情況在香港一旦出現，哪怕是少數人的行爲，有關涉事人都會被拘捕、及時控告。這種控告，意義在於彰顯法律的威嚴，同時告訴所有市民大眾，必須遵守法律，有法必依，違法必究。尊重法治，彰顯法治尊嚴，體現法律面前人人平等，沒有人可以逾越法律紅線，這種對法治的敬畏，是香港法治長城的民心基礎。但是現在，香港的亂象，究其核心，就是有一些人仗着人多勢眾，完全無視法律，可以任意地違反法律、挑戰法律，而且至今沒有受到追究。

普通市民看到這一幕一幕的違法情景，相信是心痛的，但面對這一群完全無視法律的激進示威者甚至暴徒，他們敢怒不敢言。港鐵、紅隧公司、新城市廣場等眾多商業機構，對暴徒這些惡意侵擾、違法的行爲，也是充滿了憤怒，但同樣敢怒不敢言。造成這種香港數十年都沒有出現的「不守法」「不敢言」怪象，正義的訴求反而變成了無可奈何的不滿甚至悲憤，從管治的層面來說，根本的原因，是彰顯法治的正義聲音非常少，管治上出現不可思議的怯懦。

目前警方疲於奔命應付嚴重暴力衝突，確實暫時難以有暇對沒有造成嚴重傷害的違法事件進行當場拘捕，但是特區政府有關部門，不能再有絲毫怯懦，要堅定站出來，給港鐵、紅隧、新城市廣場等眾多受違法行爲侵擾的商業機構撐腰、發聲，鼓勵這些機構採取檢控行動，律政司與司法機構應從維護香港法治、保衛香港法治長城的立場出發，支持依法檢控，果斷及時懲治違法行爲。只有這樣，這些違法行爲才會得到遏止，普通市民對法治的尊重與信仰，才不會被蠶食與破

壞。

　　「千里之堤，潰於蟻穴」，法治長城的建成，是香港幾代人努力的共同成果，今天如果不全面地執行法律，有法不依、違法不究，香港的法治長城，會面臨越來越大的危險。

2019年8月5日　文匯報社評

暴力氾濫將香港推向危險境地
政府須以鐵一般意志果斷平亂

　　特首林鄭月娥昨日聯同多位官員，就近期的暴力事件會見記者。她表示，示威已遠超修例訴求，事件已變質，有示威者提及「時代革命、光復香港」，是將香港推冧、「玉石俱焚」。林鄭月娥指出反修例暴力活動的實質及可能導致的嚴重後果，反映政府正視問題，並強調加強執法，值得充分肯定和堅定支持。現實情況已經令人越來越擔憂，在外部勢力和縱暴派的策動、縱容下，有政治目的的暴力衝擊愈演愈烈，局勢已經到失控的邊緣，香港面臨的政治風險、經濟風險、民眾情緒失控風險越來越高，政府必須以底線思維和鐵一般的意志，以最壞打算爭取最好結果，支持警方和律政司等相關部門迅速採取更強有力的措施，果斷有效遏止激進暴力，避免香港進一步墮入深淵。

　　借反修例風波策動的激進暴力運動進入第三波。昨天，「三罷」行動（罷工、罷市及罷課）如期進行，以七區集會名義的針對警方的大規模暴力衝擊也瘋狂上演。大批激進分子在上下班高峰期，在港鐵站大搞「不合作運動」，癱瘓港鐵服務，堵塞港島、九龍、新界多條交通幹道，大批市民經歷了「被罷工」的屈辱一天；有航空公司工會進行罷工，導致超過200班航班被迫取消，香港旅遊業和國際形象嚴重受損；暴徒在金鐘、旺角、北角、黃大仙、沙田、天水圍、屯門、深水埗等多區衝擊警方，包圍警署。種種跡象顯示，暴力衝擊「遍地開花」，如瘟疫一樣在全港蔓延，暴徒、激進示威者已經無法無天，香港的法治安定面臨前所未有的嚴峻挑戰。

　　暴力持續氾濫惡化，首先令香港面臨的政治風險持續上升。暴徒、激進示威者提出的政治訴求，已不僅是「五大訴求」這麼簡單，有人明目張膽打出「光復

香港、時代革命」的旗號，這是典型的「港獨」口號和「顏色革命」政治目標，而且已付諸行動。

他們正在進行「暴力革命」，公然作出不認同「一國」、具有強烈推翻現有制度和管治的政治舉動，例如衝擊中聯辦，侮辱國徽國旗，直接挑戰國家的主權，根本就是逾越了「一國兩制」的底線。可以說，目前是香港回歸22年來，「一國兩制」底線、國家主權尊嚴受到最嚴重衝擊的時刻。如果這種政治暴力運動不能迅速遏止，將演變成為非常嚴重的政治危機，中央政府絕不能、也不會容忍任何挑戰國家主權安全的情況出現。一旦香港管治失控、「一國兩制」受到不可接受的威脅，中央政府必定不會坐視不理。特區政府和本港各界有識之士，必須把此嚴重後果清晰告訴全港市民，喚起全港市民共同遏止政治性質暴力運動，維護最符合香港最大利益的「一國兩制」。

暴力持續氾濫惡化的第二個危害，是經濟風險。沒有穩定，談何發展。暴力運動破壞香港良好的營商環境，正在摧毀香港的經濟繁榮。財政司司長陳茂波表示，香港經濟正面臨嚴峻挑戰及下行壓力，次季按年增長實際是倒退0.3%，如果第三季都出現按季負增長的話，意味着技術上香港經濟進入衰退。

香港是國際金融商業中心、重要旅遊城市，以服務業為支柱產業，法治良好、治安穩定是香港吸引外來投資和遊客的最重要前提條件。政治性的激進暴力運動曠日持久、變本加厲，必然嚇走投資者、人才和遊客。近期訪港旅客人數急挫近3成，已反映情況之惡劣。廣大市民應該明白，吸引投資難，投資要離開，只需一天。在貿易摩擦影響下，全球經濟不明朗因素增加，周邊地區競爭激烈，如果香港投資營商環境持續惡化，投資者、遊客對香港避之則吉，香港經濟遭受重創之後，將很難恢復元氣。若不幸出現企業倒閉潮、裁員潮，資產價格大跌，「埋單」的是全體港人。

暴力持續氾濫惡化的第三個危害，是民眾情緒失控的風險。暴力衝擊、所謂

「不合作運動」向社區擴散，破壞社會正常秩序，令人討厭反感。面對暴徒和激進分子的亂港擾民惡行，越來越多沉默的大多數，開始不耐煩和焦慮，情緒逐漸被引爆。地鐵車廂內、月台內、街頭，普羅市民對暴徒的囂張惡行忍無可忍，怒火越來越盛，與暴徒、激進分子的口角乃至肢體衝突越來越多，衝突的形式也越來越險象環生。如果民眾情緒持續高漲，越來越多市民為求自保，在受到挑釁時發生激烈對抗將越來越多，難免會出現極端殘忍的場面與結局，這絕對不是港人願見的。

激進暴力運動呈現失控跡象，香港陷入幾近癱瘓的不堪境況，縱暴派和他們背後的勢力是罪魁禍首，難辭其咎。他們為達到令香港變天的政治目的，策動、縱容暴力，在暴力幾近失控的情況下也拒絕與暴力切割，利用暴徒作炮灰，衝擊法治和管治、挑戰「一國兩制」底線。縱暴派政客在警方清場時，阻礙警方執法，以利暴徒撤退；暴徒被警方拘捕，縱暴派就提供法律援助；縱暴派的媒體更顛倒是非，大肆抹黑政府和警方，散播仇恨，美化暴徒，令暴力衝擊火上加油。香港作為法治、文明、安全的國際城市，變成暴力衝突無日無之的戰場，縱暴派製造人血饅頭、吃人血饅頭，已經成為香港市民的公敵。

香港不能再亂下去，否則後果不堪設想。當此危急時刻，政府更應無畏無懼，迎難而上，動用更大的力量，凝聚更大的民意，在中央和市民的支持下，堅定依靠警隊，依法平息這場泯滅人性的激進暴力運動。當務之急，是打破傳統思維的迷思和誤區，以底線思維審視局勢，依法做好各種預案，以最壞打算爭取最好結果。

2019年8月6日　文匯報社評

商界領袖們
請與市民一起對亂港勢力說不

香港陷入回歸以來最嚴峻的政治危機，一場企圖奪取管治權的「顏色革命」正在上演，「一國兩制」面對前所未有的嚴峻挑戰。每一個熱愛香港的人都要挺身而出。不論是打工仔還是工商界人士，大是大非面前容不得半點含糊。守護家園，抵抗暴力，是我們義不容辭的責任。

過去的九個星期，亂港勢力一步一步將香港推向暴力的深淵。觀乎亂港勢力的策略，無外乎一哭、二鬧、三上吊。一哭，就是發動大規模遊行，誤導國際輿論，「引洋兵入關」干預香港內部事務；二鬧，就是黑衣暴徒日以繼夜發動暴力衝擊，警察總部、立法會、中聯辦大樓無一幸免，國徽遭塗污、國旗受侮辱，港九新界全面開花，處處狼煙；三上吊，即眼見煽動「罷工、罷市、罷課」失敗，便癱瘓交通，摧毀經濟，將每一位香港市民都捲入其中。事實在在證明，亂港勢力所謂的訴求都不過是欺騙群眾和輿論的藉口而已，真實的目的就是「顏色革命」，奪取特區管治權，直至將香港分裂出去。

皮之不存　毛將焉附

必須指出，香港再亂下去，所有人都將是輸家。不論身家有多少，也不論過去有多大的光環，在香港面臨前所未有的危險境地之下，如果繼續以這種「曖昧」的態度應對，不願承擔應有的責任，也不願向暴力說不，甚至公然與政府及警方切割、阻撓警方執法、討好暴徒，則再大的家業、再大的名氣，終將成沙灘上的城堡，必然會被海浪沖成流沙。香港不需要「騎牆」的資本家，更不要沒有社會責任感的「兩面派」，要的是敢於承擔的社會領袖！

香港正處在治與亂的十字路口，再往前滑一步就是萬丈深淵。正如特首林鄭月娥指出，極端勢力挑戰國家主權，踐踏「一國兩制」，企圖以玉石俱焚的方式將香港推向不歸路，將七百萬市民的穩定生活押上做賭注。果如此，則香港人人都是輸家，而且家大業大的工商界必定淪為最大的輸家。

不在沉默中爆發，就在沉默中滅亡。值此香港生死存亡之際，沉默的大多數不再沉默，愈來愈多市民站出來守護家園，在港鐵車廂、在街頭、在商場、在巴士、在餐廳，在任何一個暴徒肆虐的場合，都有正義市民勇敢發聲，而在尖沙咀一家商場懸掛的國旗被扯下並拋落海中後，有市民於凌晨時分自發升旗並唱起國歌，此時此刻，這歌聲雖不雄壯卻格外令人動容。同樣令人感動的是，不少工商界人士亦拍案而起。上月舉行的守護香港集會有三十多萬人冒雨出席，其中包括一眾工商界人士，表達了「香港是我家，一起守護她」的拳拳之心。

法治是自由的基石，穩定是發展的前提。香港能成為舉世矚目的國際金融中心，「彈丸之地」富豪雲集，湧現多位在國際財富排行榜位置靠前的大企業家，歸功於香港的法治環境，獲益於國家的改革開放，可以說，工商業界是香港現行制度的最大既得利益者。如今香港風雲變色，禮崩樂壞，黑衣暴徒無法無天，想衝擊就衝擊，想暴動就暴動，想打人就打人，盡情釋放人性的醜陋。香港已不再是原來的香港，國際形象備受打擊，營商環境不斷惡化，打工仔固然冇啖好食，商家更是首當其衝。

面對不公　挺身而出

商家一向講究長袖善舞、八面玲瓏，不輕易對政治問題表態，不輕易得罪任何一方，在社會高度撕裂的情況下更是低調再低調。然而，形勢比人強，不管如何與世無爭，如何明哲保身，在當前亂局中誰也無法置身事外。須知亂港勢力搞的所謂革命，就是顛覆，就是砸爛現有秩序，加上香港一向強烈的仇富情緒，

「地產黨」形象多有爭議，明哲保身恐怕只是一廂情願。相反，你愈是躲避，愈是被視爲軟弱可欺，愈是惹禍上身。早前有暴徒在沙田的商場以血腥暴力衝擊警察，遊客避之不及，居民怨聲載道，若情況持續，還會有人來光顧消費嗎？還會繼續悶聲發大財嗎？皮之不存，毛將焉附，香港都沉淪了，「一國兩制」都不保了，生命安全尚且難保，遑論身家財富？

「野夫路見不平處，磨損心中萬古刀」。面對不公平、不公義，山野村夫都會出手相助，何況事業有成的商界？四大古代文明中，獨中華文明延存至今，最重要的就是擁有「天下興亡，匹夫有責」的民族精神。春秋時期，強大的秦國對鄭國虎視眈眈，曾派大軍前往偷襲，鄭國商人弘高意外發現秦國大軍，他一邊派人向國君報告，一邊準備了十二頭牛及一些酒肉布帛來到軍營，佯稱鄭國國君知道秦軍遠道而來，一路上風餐露宿，特地派他來犒勞。秦軍以爲行蹤暴露，鄭國必有防備，只好無功而返。弘高拯救了鄭國，憑的不是十二頭牛，而是過人的勇氣與智慧。抗日戰爭時期，多少商家捐身家赴國難，可歌可泣，南洋華僑陳嘉庚更是其中表表者，毛澤東及鄧小平都爲他題詞「華僑旗幟，民族光輝」。一九九〇年，國際小行星協會將一顆小行星命名爲「陳嘉庚星」，表達對他的崇敬。

也有相反的例子。有些商人目光短淺，不是大發國難財，就是對民族危機視而不見。當年歐洲人包括商界在內對納粹德國的倒行逆施聽之任之，姑息養奸，最終是二戰爆發，商家也難免滅頂之災。二戰後，有一首著名的懺悔詩流傳至今天：「起初他們追殺共產主義者，我不說話，因爲我不是共產黨；後來他們追殺猶太人，我不說話，因爲我不是猶太人；後來他們追殺工會成員，我不說話，因爲我不是工會成員……最後他們奔我而來，已經沒有人替我說話了。」英法的一味綏靖，德國人的忍耐沉默，造就了納粹。如果在希特勒露出獠牙的第一天，歐洲人、德國人就奮起反抗，表現出道德勇氣，就不會有後來的巨大人道災難，可惜歷史沒有「如果」。

財富既大　責任也大

以史爲鏡，可知興替。今時的香港，黑衣暴徒及幕後黑手所幹下的暴行，足以令人警惕。誠然，絕大部分香港人絕對不接受暴力，不容忍動亂，商界人士同普羅市民一樣，私下對暴行也是義憤填膺，對現狀也是痛心疾首，對未來也是充滿焦慮，但由於種種的顧忌，尤其是擔心槍打出頭鳥，往往沉默以對。即使利益受損，仍然保持低調，不僅不敢公開譴責暴行，甚至怪罪於警方「多事」，不歡迎警方進入旗下物業執法，想當然地以爲，只要處處謙和，事事忍讓，就能在亂世中避過一劫。

如此想法，何其天眞！殊不知這樣做無異於發出極其錯誤的信息，令暴徒以爲只要人夠多就可以爲所欲爲，橫行天下。甚至乎，亂港傳媒將商界一些人的忍讓怕事，視爲對暴行的認同，刻意誤導輿論之餘，亦作爲向警隊、特區政府及中央施壓的籌碼。

一言以蔽之，對邪惡的容忍，就是對善良的殘忍；在暴力面前沉默，必然禍及自身。事關「一國兩制」的存廢，大是大非面前，最後的關鍵力量，在於每一個人都要大聲地對亂港勢力說不，而商界領袖更要身爲表率。商界人士愛港之心毋容置疑，且德高望重，爲香港之股肱，更是意見領袖，影響力遠較一般市民爲大，何況部分商界人士還掌握輿論平台。財富愈多，責任愈大，商界過去每每在香港緊要關頭發出自己的聲音，今次更要勇敢地發聲，對暴力說不，對暴徒說不，爲遏止亂象出一分力。

商業無國界，但商人有祖國。香港被譽爲一塊福地，只有守護這塊福田，才能保障經濟繁榮與社會穩定，進而保障商界的切身利益。

2019年8月6日　大公報　龔之平文章

各界齊聲反暴力護法治
展示巨大民意力量

　　昨日，長和、恒基、新鴻基、新世界等17家地產發展商聯署譴責暴力，香港中華總商會、香港中華廠商聯合會、香港工業總會、香港中華出入口商會、香港中國企業協會、香港中小型企業總商會、全港各區工商聯、香港各界商會聯席會議聯合召集人，昨日亦發表聯合聲明，支持政府依法施政，支持警方嚴正執法。本港最具影響力的商界領袖和各界人士、普羅大眾，在關乎香港前途命運的重要關頭，發聲譴責暴力，展示對香港的責任擔當，展示反暴力、護法治、求安定的主流民意，發力扭轉局勢。止暴制亂是香港當前最為緊迫的大事，社會各界全力挺特首、挺警隊、懲暴徒、守家園，凝聚最強大民意力量，有助恢復香港法治和秩序。

　　違法暴力行動不斷升級，全港都受害。但過去一段時間，社會上譴責遏止暴力的聲音仍不足夠，受暴力干擾的商業機構顧忌重重、敢怒不敢言，擔心「槍打出頭鳥」，受到暴力衝擊。日前，國務院港澳辦和中聯辦在深圳舉辦香港局勢座談會。港澳辦主任張曉明在會上表達了中央關於穩定香港當前局勢的5點精神，他希望愛國愛港力量要發揮維護香港繁榮穩定的中流砥柱作用，要無畏無懼、挺身而出，以各種方式站到鬥爭的最前線；中聯辦主任王志民就落實中央精神提出4點希望，表明現時鬥爭已是一場關乎香港前途命運的「生死戰」「保衛戰」，退無可退，他提出的4點希望，期望各界發揮正能量，以各種行動挺特首和警隊。

　　違法暴力不斷升級惡化，公然挑戰國家主權和衝擊「一國兩制」底線，長此下去必然會對香港的營商和投資環境，以至整體民生和公眾安全構成極大威脅，

■社會各界舉辦聲勢浩大集會，展示反暴力救香港強大主流民意。

包括商界在內，全港市民都是受害者。香港作為國際金融經貿中心，工商界的社會影響力舉足輕重，在此艱難時期工商界振臂高呼，呼籲全港團結一致抵制暴力，作用重大，有利香港盡快恢復正常運作，聚焦經濟民生發展，亦是維護工商界自己利益。本港主要商會、企業昨日皆發表聲明，強烈譴責暴力，表達讓香港盡快回歸法治安寧、人人安居樂業的願望，起到良好示範，將鼓舞更多有識之士、市民站出來，反暴力、撐法治。

　　與此同時，愛國愛港團體正積極行動，不少愛國愛港市民在尖沙咀五支旗杆守護國旗，周六將有「全民穿藍撐警察」活動。社會各界坐言起行，無畏無懼，發出正義之聲，成為驅逐黑色恐怖的巨大民意力量。

2019年8月9日　文匯報社評

以法律為準繩廓清是非
凝聚止暴制亂更強大民意

　　周末兩日，再有暴徒在港島及九龍多處堵塞道路，圍堵警署，防暴警察在多區驅散並拘捕暴力分子。港澳辦中聯辦傳遞穩定香港局勢的重要精神後，香港局勢正在出現積極轉變。但也要看到，還有相當一部分市民，在縱暴派與少數毫不負責的傳媒誤導下，是非依然嚴重模糊，根本沒有認識到遏止暴力、恢復法治的重要性和迫切性，仍然同情乃至支持暴力衝擊。要從根本上止暴制亂，還香港法治安寧，被混淆顛倒的看法和觀點必須盡快糾正，才能凝聚求安定的廣泛民意；而判斷是非黑白的唯一標準，就是看有關行為是合法還是違法，是維護法治還是破壞法治。只有持續不斷地向全體市民講清楚是非公義，才能為香港局勢根本好轉奠定更堅實的民意基礎。

　　國務院港澳辦和中聯辦日前在深圳舉辦香港局勢座談會，為香港扭轉形勢、走出困局定調指路。中央作出最明確清晰表態，加強香港各界對穩定局勢、回復正軌的信心，局勢開始向着好的方向發展。特區政府更堅定地強調依法制止暴力，政務司司長張建宗發表網誌形容，警隊是守住社會穩定的最重要防線，政府對警隊的專業表現和克制，予以充分肯定；警隊更果斷堅決執法，拘捕暴徒，打擊暴力；各界人士、商會、社團大聲疾呼，支持政府依法施政和警方嚴正執法。反暴力、護法治、求安定的民意已經調動起來，「香港不能再亂」的聲音日益高漲。

　　但是，縱暴派及《蘋果日報》等少數別有用心的媒體，還在無所不用其極煽風點火，抹黑警方，把警隊盡忠職守、保障公眾安全的執法行為，形容為「濫用暴力、鎮壓和平示威」，千方百計刺激示威者挑戰警方。這種顛倒是非、混淆正

邪的惡毒文宣的影響不予澄清，就不能最廣泛地凝聚遏止暴力的民意。

把警方反暴力、護法治、保安寧的正當執法視爲暴力，是在根本上偸換概念。所謂示威者使用暴力不對、警方用暴力就對嗎？這種質疑，根本就是毫無法治觀念的僞命題。不管有什麼理由、訴求多麼崇高，示威者堵塞道路、破壞公物、用磚頭攻擊警察，這些行爲明顯違法，是法所不容的暴力；警方維護社會秩序、公衆安全，在多次警告無效下，才使用最低限度的武力制止暴力，合法合情合理。歐美等國的警察，在制止暴力示威時，使用的武力遠比香港警方厲害，歐美乃至本港的媒體，有質疑歐美警方「濫用暴力、鎭壓和平示威」嗎？只要不帶偏見，都會認同香港警方合法使用必要武力止暴制亂，絕不是「濫用暴力、鎭壓和平示威」。違法者使用的是暴力，執法者使用的是武力，一字之差，在合法性上根本是天地之別，怎麼可以同日而語？

近期不少遊行示威，因爲經常引發暴力衝擊，都不獲警方批准。但是，有示威者無視警方反對，一意孤行參與有關集會、遊行。不錯，部分示威者在集會、遊行期間沒有使用暴力，沒有扔磚頭和汽油彈，甚至沒有持任何攻擊性武器，表現得很和平理性。但其實，參與非法集結本身就是違法，不尊重法治精神，與香港的核心價值觀背道而馳，這本來就是是非對錯的根本分野。更何況，示威者集體參與非法集結，視法治如無物，等同傳遞法不責衆的錯誤信息，是對香港作爲法治社會的嚴重傷害，客觀上縱容、鼓動了暴力行爲。如今暴力歪風難以平息、變本加厲，參與非法集結的所謂「和平示威者」助紂爲虐、難辭其咎。

反修例的非法集會和暴力行爲持續不斷，有參與者、部分市民乃至少數學者認爲，這是政府沒有回應所謂五大訴求的結果，因爲政府漠視民意，既然和平的方式無效，市民唯有用暴力表達不滿，要怪只能怪政府，也就是示威者叫得最響的口號：「沒有暴徒，只有暴政」。這些似是而非、強詞奪理的論調，不過是把違法暴力行爲合法化、合理化。

　　對於所謂五大訴求，政府已經多次作出回應，並一一清楚解釋原因。政府已經全面停止修例工作；至於五大訴求中，較爲關注的要求設立獨立調查委員會和釋放所有被捕者，政府指出，目前並非調查事件的時候，只有停止所有違法暴力，香港恢復法治安定，才有條件進行檢討，這也是大多數理性客觀市民的共識；經此一役，相信政府更虛心聆聽民意，施政更積極回應市民訴求，帶領香港盡快修補撕裂、走出困局。至於要求政府釋放所有被捕者，則是違背法治的無理要求。因爲政府不能滿足所謂五大訴求，就用暴力逼政府「跪低」，這是可怕的暴力民主、霸權民主，重法治、愛和平的香港市民不會接受。

　　暴力衝擊無日無之，若情況惡化，勢必把香港推向不歸路，止暴制亂已成爲香港最迫切最強烈的訴求，也是最廣泛的社會共識。要迅速有效遏止暴力，必須在是非公義、合法與違法的問題上廓清迷霧，除了政府之外，所有有良心有良知的各界人士和傳媒責無旁貸。爲香港轉危爲安，必須一起站出來講清楚撐法治、反暴力的必要性，讓市民清楚分辨是非黑白，共同推動香港形勢根本好轉。

2019年8月12日　文匯報社評

拯救病態教育需要勇氣與魄力

清朝的龔自珍在《病梅館記》中寫道，江浙一帶以扭曲病態的梅樹為美，「斫其正，養其旁條；刪其密，夭其稚枝；鋤其直，遏其生氣，以求重價。而江浙之梅皆病，文人畫士之禍之烈至此哉」。這是以梅喻人，託物議政，對走火入魔、殘害人才的腐敗科舉制度進行猛烈抨擊。如果將文中的「江浙」換成香港，「文人畫士」換成「黃絲」老師，而「病梅」代表備受病態教育洗腦的年輕人，不就是香港教育的現實寫照嗎？

香港病了，首先是教育病了。無論是五年前的「佔中」，還是今次「反送中」，充當炮灰的都是年輕人；十所高等院校的學生會組織及學聯，清一色都由本土派及「港獨」分子把持；因鼓吹「香港民族論」、「武裝起義」等謬論而被上任特首梁振英點名批評的《學苑》雜誌，正是港大學生會刊物；近來被警方逮捕的暴徒之中，學生佔相當大的比例；不少打正旗號的「港獨」組織，骨幹不是中學生就是大學生；在有關身份認同的民意調查中，拒絕自認中國人比例最高的群組，毫無例外是年輕人。

一張白紙，可以畫最新最美的圖畫，也可以胡亂塗鴉。孩子們的價值觀主要來自父母及學校，學校扮演的角色更吃重。但可悲的是，大部分的辦學團體有着鮮明的政治傾向，而作為教育界最大工會的教協，又是反對派的重要一員。教育當局幾乎是光桿司令，對教育亂象無能為力，甚至特區政府由誰來主掌教育，教協都有相當大的發言權。如此一來，教育未能導正風氣，為「一國兩制」、「港人治港」培養接班人，反而歪風勁吹，為亂港勢力輸送了一代又一代的新血，令人痛心，令人嘆息。

偌大校園，早已放不下一張安靜的書桌。在持續半年的「反送中」惡浪中，不少學校捲入其中。反對派早前發動「三罷」，罷課是其中重要的一環。最近兩

個多月，暴力不斷升級，有身在「前線」的老師被橡膠子彈擊中，有教師涉襲擊遊客被捕，有老師發表辱警言論，更有毒舌副校長不僅詛咒警員早死，連他們的孩子都不放過，亦有不少警員的孩子在學校受欺凌。令人莫名其妙的是，儘管這些「黃師」言行激起社會強烈反響，但至今沒有一個人受懲罰。人們不禁要問，是誰在包庇他們？

　　部分老師不像老師，誤人子弟；部分學生不像學生，聚嘯街頭，目無法紀。更有甚者，如今民意出現逆轉，向暴力說不大勢所趨，亂港集團眼見「反送中」無以為繼，決定九月開學後再搞罷課，延續「亂港」火種，這是以孩子們的學業與前途為賭注向政府施壓，牟取骯髒的政治利益，用心何其歹毒，手段何其兇殘。

　　解決不了教育問題，香港難有寧日。龔自珍誓言拯救病梅：「縱之順之，毀其盆，悉埋於地，解其棕縛，以五年為期，必復之全之」。香港教育能否在可見的未來撥亂反正，關鍵看特區政府有無決心與魄力。

2019年8月17日　大公報社評

辨明是非澄清真相
撐警執法營造止暴制亂良好民意環境

民陣昨在維園舉行所謂「煞停警黑亂港」集會，特區政府隨即發聲明表示遺憾，強調特區政府全力支持警方嚴正執法，衷心感謝所有警務人員努力恢復社會秩序和安寧。近期縱暴派及文宣、部分媒體，混淆合法與非法、執法與違法的是非界限，持續散佈顛倒黑白、抹黑警方嚴正執法的歪理。香港警方以專業、克制的執法處置違法暴力活動，守護着香港的法治和安全，周六48萬市民「反暴力，救香港」集會，正是本港撐警主流民意的集中展示。法治是香港繁榮的根基，警隊是維護本港法治的最後保障，支持警隊、維護法治是當前香港的最大利益，社會各界、尤其是特區政府和媒體，要全力幫助市民明辨是非、澄清真相，孤立極端暴力分子，為香港止暴制亂、恢復秩序，創造良好的民意環境。

民陣昨天的集會明顯針對香港警隊，是近期暴力策動者、縱暴派文宣和不負責任媒體，故意混淆合法與非法、執法與違法的基本判斷標準，煽動極度仇警情緒，把警隊推到香港和廣大市民利益的對立面，進一步抹黑警方。如果任由混淆是非、扭曲真相的歪理、抹黑蔓延，將對本港法治穩定、止暴制亂造成極大衝擊，因此必須正本清源、明辨是非、講清真相，讓反暴力、護法治民意能夠有效凝聚。

第一、明辨是非，不能混淆合法與非法、執法與違法、正義與邪惡之間的清晰分野。正如政府昨日聲明所言，在過去兩個多月來舉行的多個公眾遊行和集會後，激進和暴力示威者多次衝擊警方防線，肆意堵塞道路，破壞公眾設施和多處縱火，並以攻擊性武器襲擊警務人員，亦有擲磚和汽油彈，以致多間警署受到超過75次的攻擊和破壞。但縱暴派及其文宣，罔顧極端暴力分子的種種違法惡行，

卻反過來指責警方的嚴正執法為黑警所為，完全無視事實、扭曲事理。

執法是警察的天職，面對任何犯罪行為，警方必定嚴正執法；而暴力無論怎樣包裝，始終是違法，為法所不容。極端暴力分子糾眾挑釁、襲擊警方，以扔燃燒彈、以榴彈發射器發射鋼珠等暴力手段危害警員生命安全，還對警員及家人進行欺凌，並欺壓弱小市民、出租車司機，濫用私刑傷害普通市民，已干犯本港法律，且屬嚴重罪行。警方迫不得已採取必要的執法行動制止暴力，是維護市民所渴望的安寧生活與工作環境，避免市民被極端暴力分子惡行所傷害。警方以必要手段捍衛本港法治，怎麼反成為濫用暴力、亂港的黑警了呢？香港社會應該恢復理性，對刻意扭曲、抹黑甚至栽贓嫁禍警方的謬論進行鑒別、澄清和抵制。

第二、必須還原事實真相。近日有參與暴力活動的激進女示威者被打爆眼球，面對此不幸悲劇，縱暴派文宣污衊警方濫暴無人性，以此鼓動示威者佔據機場、參與集會。目前該女如何受傷真相未明，警方已承諾調查事件，特首林鄭月娥希望傷者報案，但該女為什麼至今不出來報案？為什麼不讓警察來查明事實真相？有輿論一針見血指出，縱暴派遲遲不讓警方調查，就是意圖掩蓋真相，以此不斷作為抹黑警方的材料，煽動社會仇警情緒。

縱暴派文宣指責警方衝入港鐵車站施放催淚彈，但正是因為暴力示威者衝入港鐵車站破壞設施，警方為驅散示威者才被迫使用催淚彈。暴亂衝突地點，不是警方選擇的。面對暴徒的攻擊日趨猖獗殘暴，警方不用催淚彈、布袋彈、橡膠彈，不使用必要武力，根本難以控制暴力升級氾濫，不能防止更多警員和市民受傷，更何況法律已賦予警方使用必要武力來處理這些嚴重暴力犯罪的權力。

第三、香港警方處置極端暴力的執法專業且保持了最大克制。香港警方執法勇敢、忠誠、守紀律，面對野蠻攻擊時，勇於面對，毫不退縮，堅持專業精神，寧願自己受傷，也不輕易動武，正因如此，至今共有約180名警務人員被暴徒襲擊受傷。相比較下，歐美等國的警察，在制止暴力示威時，使用的武力遠比香港

警方厲害。有美國警方前高層指出，美國警方面對示威暴力，會使用水炮、催淚彈、逮捕人員、實施宵禁等相應的措施，警方的執法權威受到嚴格保護，如果有人對員警動手，哪怕用手推一下，員警就可以使用警棍，並逮捕襲擊者。如果造成了員警受傷，會被視為「加重攻擊罪」。本港激進暴力示威者常蒙面圍攻警署，但周六香港示威者蒙面現身科隆街頭，即被德國員警警示除下頭套，因德國有法律規定，遊行示威時不允許戴面具面罩。只要不帶偏見，香港警隊執法上的專業、克制，比美國、西方有過之而無不及。

事實上，香港警隊以享有世界聲譽的極高專業執法程度，維持香港較低的犯罪率和較高的破案率，令香港成為全球最安全城市之一。2018年，香港全年整體罪案數字為54225宗，比前年的歷史低位再下跌3.2%，創造1974年以來的新低。香港警隊在2018年進行的服務滿意程度調查和公眾意見調查顯示，84%的受訪者對警隊的整體服務表現感到「非常滿意」或「頗滿意」。47.6萬名香港市民周六在金鐘添馬公園舉行「反暴力‧救香港」、「拒絕攬炒，齊救香港」大集會，反對暴力、撐警執法，正是目前本港主流民意的集中展示和體現。

法治是香港發展和繁榮的根基和命脈，警隊是香港維護法治正常運轉的第一道防線和最後保障。面對縱暴派、暴力行動策動者及其文宣的混淆法治標準、扭曲事實真相、以黑白顛倒誤導市民，一方面，社會各界可通過集會、慰問活動等支持警方嚴正執法，另一方面，特區政府要加大力度宣傳法治，澄清真相，揭露抹黑，部分媒體更要保持專業，以持平、中肯的報道，讓市民獲得全面資訊，可以辨明是非。只有這樣，才能孤立極少數極端暴力分子，支持警隊嚴正執法，創造止暴制亂、恢復秩序良好的民意環境。

2019年8月19日　文匯報社評

暴力魔鬼是誰放出來的？

　　黑衣暴徒瘋狂破壞立法會大樓，他們不譴責；黑衣暴徒咬斷警員手指，他們不譴責；中聯辦大樓遭圍堵，國旗國徽被侮辱，他們不譴責；警員被汽油彈燒傷，他們不譴責；內地記者及遊客在機場遭群毆及禁錮，他們仍然不譴責；終於，當昨日凌晨在將軍澳整理「連儂牆」的三名年輕人遭刀手襲擊，他們不僅「極度憤怒」，而且「嚴正譴責」，要求警方盡快緝拿兇嫌歸案。

　　這個「他們」，就是公然鼓吹「暴力有時是解決問題方法」的反對派政客。也只有在他們本身安全受到威脅的時候，才想起警方的重要。

　　從初步公佈的案情觀之，當時有幾名年輕人在整理「連儂牆」，疑犯上前與之對話，然後說了一句「忍唔住」就拿刀斬人。亂港傳媒特別點出兇嫌穿着藍色上衣，作案後換上紅色衣。在香港當前的特殊語境下，傳遞給外界的訊息就是：

　　「兇殘」的藍衣人用血腥暴力對付「和平表達意見」的「反送中」人士。一如所料，網絡上未審先判，毫無根據地猜測是內地派來，或者就是退休警員，由此推斷此人必會受到警方包庇。更有人直接指控又是一個所謂「無警時分」。

　　其實，暴力就是暴力，犯罪就是犯罪，不管什麼背景、什麼顏色，都必須予以強烈譴責。暴力不能解決任何問題，只會引發更多的暴力，今次的血案再次證明了這一點。但令人遺憾的是，在反對派政客眼中，暴力分兩種，黑衣蒙面者施暴就是抗爭、行公義，是英雄壯舉，因此堅決「不分化、不篤灰、不割席」，而涉及白衣、紅衣、藍衣人士的暴力則是萬惡不赦，罪大惡極，甚至是「警黑勾結」。一言以蔽之，反對派只問立場，不分是非，根本是雙重標準。

　　幸好此宗斬人案昨日下午便告破，警方強調會不偏不倚處理此案，特區政府及建制派更是第一時間譴責一切形式的暴力，亂港勢力欲藉此大做文章、抹黑政府的武功已被廢了一半。至於兇嫌的身份如何，有沒有精神問題，是否受僱作

案，動機何在，相信也將很快大白於天下。

最耐人尋味的是，為何在此時發生暴力傷人案呢？眾所周知，中央一再強調止暴制亂是香港當前壓倒一切的任務，香港各界用各種形式向暴力說不，特首林鄭月娥昨日更宣布建立對話平台，希望社會早日恢復安寧。而在本周日，反對派搞的大遊行也罕有的未出現大亂子，香港社會剛剛享受了幾日寧靜，不料風波再起。不論兇嫌有何動機，但可以肯定的是，亂港勢力因為未能達到預定的目標，賊心不死，他們不願見到香港從此風平浪靜，而要為勇武暴力路線「續命」的最佳手段，莫過於繼續製造事端、進一步刺激社會對立了。

歸根究柢，五年前的「佔中」打開「違法達義」這潘朵拉盒子，暴力的魔鬼被釋放出來，一發難以收拾，最終沒有人能夠置身事外。始作俑者，其無後乎？

2019年8月21日　大公報社評

不能讓警隊流汗、流血復流淚

每逢周末，香港就淪為硝煙瀰漫的戰場。昨日黑衣暴徒玩轉觀塘、九龍灣、黃大仙及深水埗，用磚頭、棍棒、燃燒彈等武器「招呼」警方已是例牌動作，更在眾目睽睽之下，以電鋸及拉繩的方式摧毀多個智慧燈柱，在全世界面前，赤裸裸地展示其野蠻與瘋狂。那鋒利的電鋸割斷了燈柱，切傷了法治，也深深刺入人們的內心。大家都有一個疑問，為什麼警方不當場抓人？為什麼暴徒最終又是施施然離去，養足精力捲土重來？香港還有一點法治之區的影子嗎？

包括香港市民在內的十四億中國人，無不對香港現狀感到痛惜、揪心及無奈，無不對黑衣暴徒氣憤填膺。但我們不忍責怪警方執法不力，事實上，若非警隊忍辱負重，堅毅勇敢，特區政府可能早就癱瘓了，更遑論拘捕七百多名暴徒。這場暴亂之所以至今膠着，未有平息的跡象，除了暴亂規模龐大，還有深層次原因。

香港正經歷一場史無前例的戰爭，我們曾經引以為傲的法治精神、文明素養、社會制度原來是如此的不堪一擊。全副武裝的暴徒大多年輕力壯，更有外部勢力、縱暴議員、黃色傳媒等撐腰，有源源不絕的資源供應，有港鐵、機管局等公營機構的明縱暗助，有司法機構的偏幫，更有「身在漢營心在曹」的公務員奧援，因此有恃無恐，窮兇極惡。

單說外部勢力，西方國家不僅公開支持香港反對派，更利用壟斷性的話語權，顛倒黑白，混淆是非，將暴徒美化為「民主鬥士」，將暴行漂白為「和平示威」。還有，全球十多家大報可以在同一天，以十多種語言，頭版刊登抹黑香港警方的文宣，不知甘地為何人的黑衣暴徒哪有這種能耐？說沒有「大台」，都是「自發」，根本是侮辱全世界人的智慧。

相比之下，警隊雖有三萬多人，但計入文職及輪班等因素，已是捉襟見肘。

加上暴徒往往聲東擊西，多區流竄，分散了警力，真正每次能派上用場的警力並不足夠。在甲由一般的暴徒面前，警方可謂處於劣勢，以寡敵眾。誠然，警隊得到中央的堅定支持，身後還站着十四億同胞，但由於「一國兩制」、「港人治港」，非到萬不得已，中央不會輕易出手，這就決定了香港警方必須立足自身，並在特區政府及香港市民的支持下解決問題。

特區政府撐警是毋庸置疑的，但捫心自問，是不是所有人都毫無保留地支持呢？每一個戰役的處置當然是由現場指揮官負責，但整體戰略上，需由高層拍板，高層必須既有膊頭又有腰骨，審時度勢，該出手時就出手。否則，不僅前線警察士氣受損，也容易助長暴徒氣焰。

正如我們一再看到的那樣，暴徒瘋狂襲警及破壞公物，放在全世界都是重罪，但香港警員多是驅散了事，明顯是心存顧忌。還有，警方耗費重金添置的水炮車已演練完畢，但至今「養在深閨人未識」，這是捨不得用，還是有人認為未到使用的時候，甚至害怕輿論壓力而棄之不用呢？

事實上，針對警方的「抹黑」文宣鋪天蓋地，辱罵、恐嚇、起底、詛咒、欺凌警方家人已是家常便飯。更有甚者，黑衣暴徒戴頭盔、眼罩及口罩，打扮成中東恐怖分子模樣，卻要求警方亮出編號，方便其投訴及起底；警方派臥底搜集情報及拉人，是再正常不過的事，竟然備受黃媒質疑；警方對嫌犯搜身完全跟足程序，卻被歪曲為精神「凌辱」。被輿論公審的不是暴徒，反而是警察；犯法的理直氣壯，執法的卻夾着尾巴。世間荒唐，莫過於此。

欲行顏色革命，先要打垮警方，這已是亂港勢力的「陽謀」，要求成立所謂獨立調查委員會調查警方「濫暴」云云，出於同一個目的。無法想像的是，種種無理訴求竟然得到不少附和。更荒唐的是，甚至有些建制中人也施壓警方約束速龍小隊，更要求將公務身份識別懸於身上。正如市民質疑，破壞公義者不受約束，守法及執法者卻要受到全方位限制，這不是自縛手腳讓暴徒打嗎？還有比這

更糊塗的嗎？

警方不怕迎面而來的燃燒彈、鐵通，怕的是背後打冷槍。岳飛、袁崇煥等都毀於自己人之手，香港絕對不能重演「自毀長城」的悲劇。

一個國家強大，需要善待英雄；一個城市安寧，需要尊重警方。香港本是世上最安全的城市之一，警隊居功至偉，而在過去兩個多月，警方的表現再次贏得各方肯定。值此非常時刻，我們需要且相信警隊無懼無畏，絕對有能力、有決心、有方法處理暴亂，讓社會早日恢復秩序。但同時，警方需要支持，而這種支持不是口頭的廉價的支持，而是實實在在，全心全意，我們不能讓警隊流汗、流血復流淚！支持警隊，就是支持香港，支持自己，這應該成為全社會的共識。

2019年8月25日　大公報社評

制止暴力升級
民意更須發揮關鍵作用

　　昨日，荃葵青反修例遊行結束後，有暴徒在荃灣區堵塞多條道路，向警員投擲磚頭、燃燒彈，又向居民區和商業區流竄，危害市民和警員的人身安全。反修例的暴力衝擊再升級，暴徒故意以「流寇式」游擊戰，把暴力衝擊引到民居、商業區，增加警方執法困難，刻意激化警民矛盾。暴力衝擊升級的更大企圖，是破壞當前轉趨平靜的局面，令特區政府難以透過對話修補撕裂、解決紛爭，讓香港無休止地亂下去。要阻止暴力持續和升級，民意是最關鍵的因素之一。廣大市民必須認清縱暴派升級、延續暴力衝擊的險惡居心，更堅決支持特區政府和警方止暴制亂，阻止香港滑向玉石俱焚的深淵。

　　剛過去的周六、周日，九龍多區和荃灣區再次發生暴力衝擊，暴徒破壞公物、縱火，投擲汽油彈及磚頭攻擊警員，嚴重威脅市民和警員人身安全，暴力程度變本加厲，已經超過以往。這兩次暴力衝擊升級，還有新特點，暴徒故意流竄到住宅區，甚至選擇在人流密集的商場開戰，令警方一方面要制服暴徒，一方面要顧及周圍市民安全，顧此失彼。而警方在施放催淚彈、驅散暴徒時，區內居民生活受到影響在所難免，容易引起對警方執法行動有微言。

　　事實上，將暴力衝突引入民居，正是縱暴派、暴徒的詭計。將暴力衝突的禍水引向民居，令社區雞犬不寧，民怨沸騰；縱暴派、暴徒再借斷章取義、以偏概全的文宣，肆意抹黑警方，增加市民對警方的反感，警方執法更加投鼠忌器、綁手綁腳。

　　少數居民受縱暴派的文宣誤導，不但在警方執法時圍觀起哄，更辱罵警員，妨礙警方執法。結果暴徒違法暴力惡行更肆無忌憚，大肆圍攻警員市民、破壞商舖設施，更以「侵犯私隱」為藉口，毀壞多支智慧燈柱。暴徒的暴力惡行已經達

到喪失理智人性的地步，根本與恐怖分子無異，廣大市民必然是最大受害者。

暴力不能解決問題，只有回歸理性，溝通對話，才能修補撕裂、消除矛盾對抗。過去一周局勢略為平靜，特區政府正在籌建對話平台，積極為香港尋找出路。特首林鄭月娥表示，政府提倡的對話，是不分階層、不分顏色、不分年齡，持續一段頗長時間的對話，最重要的是整個社會都抱有相同信念，一起推動，透過溝通去互相理解、放下和寬恕。林鄭月娥的倡議獲得社會各界的正面回應，日前林鄭月娥已與多名政界、教育界領袖召開首場籌備會。與會者反映，會面氣氛良好，邁出以對話促了解、化矛盾的第一步。

但是，樹欲靜而風不息。縱暴派繼續糾纏「五大訴求」，要令香港亂局曠日持久，暴力歪風稍微收斂又復熾，且愈演愈烈。對話平台在禮賓府召開首場籌備會，當日民陣及社民連數名成員就到禮賓府外抗議，批評對話平台「閉門造車」；民主黨鄺俊宇形容，今次反修例運動無大台，「和理非」及「勇武」互不割席、進退有據，兩者團結導致林鄭「收唔到科」。顯而易見，縱暴派刻意破壞對話和解的社會氣氛，不讓香港有喘一口氣的機會，更不讓香港休養生息。因為香港越亂，政府管治困難，法治徹底癱瘓，越有利縱暴派謀取更大的政治利益，乃至奪取香港的管治權。

香港已經流血兩個多月，無休無止的騷亂、暴力無助解決任何問題，只會把香港推向萬劫不復的深淵。

所有善良的香港市民，應該看清楚誰人盡忠職守，不辭勞苦，維護法治，守護香港；誰人不斷興風作浪，煽動縱容暴力「攬炒」，不惜摧毀700萬人的共同家園。香港不能再亂了，廣大市民必須明是非、分正邪，堅定支持特首和特區政府依法施政，堅定支持警方嚴正執法和司法機關公正司法，團結一心止暴制亂、恢復秩序。

2019年8月26日　文匯報社評

不在沉默中爆發　　就在沉默中滅亡

香港當前亂局，不僅僅在於暴力活動持續不斷，更在於整個社會運作的機制乃至於最基本的法治與道德底線，都有不復存在的危險性。昨日由早到晚，從新界到港島，狼煙四處，警察疲於奔命，市民驚恐萬分，香港陷入極度混亂之中。而亂港派發動罷工失敗後，更以癱瘓交通的方式圖徹底癱瘓整個香港。面對如此複雜嚴峻形勢，固然要堅定支持並依靠警隊全力執法，更要靠全體香港市民自己，要勇敢站出來，堅定地向暴徒說不！

即便是對香港形勢再樂觀的觀察家，也會對當下所出現的亂象感到吃驚。持續近兩個月的暴力，已經將香港推向半戰亂的境地。任何對法治與文明仍然抱有希望的人們，都會對香港這個曾經活力四射、文明先進地區如今的境況感到無比的悲哀。

絕大多數善良的市民，仍然以為眼下只是一場反政府政策的示威，仍然以為這只是極少數人的暴力，仍然以為「忍一忍就可以過去」、「不理它就可以無事」。但連日來發生的嚴重的暴力事件，已令整個香港陷入極度危險狀況，這足以讓大多數人醒一醒了。

在幕後操控着整個形勢的亂港勢力，其意圖十分明確。早在半年前就開始醞釀策略、集結人力與物力、部署落實各類行動。從六月九日開始的大規模示威，到七月一日的極度暴力與佔領立法會，乃至七月二十一日包圍中聯辦污損國徽、八月三日及五日兩度污辱國旗，一步步進逼，事件的本質已經極其清晰。眼下的這場前所未有的暴亂，絕非什麼「政見分歧」，更不是什麼「爭取自由」，其打出的「光復香港，時代革命」口號以及到處可見的美英國旗都在說明，這是一場挑戰國家主權底線、徹頭徹尾的「顏色革命」，是暴力顛覆政權的分裂活動。如果香港市民仍然姑息，如果社會大眾仍然坐視不理，暴亂就無消停之日。

　　兩個月來，從「野貓式」攻擊，到「集團軍」式的襲擊，儘管對香港社會造成了嚴重破壞，但眼見無法逼迫特區政府及中央政府採取更強硬措施，而香港社會民意仍未完全倒向其一邊，亂港勢力於是意圖孤注一擲，發動全港性「罷工」、「罷課」、「罷市」，尤其是要以癱瘓政府及公共服務部門、破壞香港經濟發展的根基和穩定局面，去製造更大的社會亂象。然而，不論是社會回響還是實際參與人數，「三罷」都只能用慘淡來形容，絕大多數公共服務部門員工堅守崗位，響應者寥寥。

　　不甘心失敗的亂港勢力改變招數，昨日以縱火堵路、破壞交通設施、阻撓港鐵運作的極端方式，以圖徹底癱瘓整個香港交通，裹挾全港「打工仔」被迫參與「罷工」。不僅如此，更在全港七個地區發起極端暴力行動，包圍警署、襲擊警員，肆意攻擊、辱罵途人，其猖狂之勢，有如法國羅伯斯庇爾暴政期間所出現的瘋狂暴民與暴行。

　　這種與民為敵的暴行，說明亂港派已經到了無所不用其極、同時也是黔驢技窮的地步。事實上，昨日癱瘓交通已經令民怨四起，全港各地都出現喝止「黑衣暴徒」惡行的事情發生，一位受困於港鐵並險些流產的孕婦，其丈夫更是在記者面前痛斥暴徒：「一直叫政府反省，有沒有反省過你們自己！」而更多的市民則是寧可排長隊、寧可轉乘多次，仍然要趕回崗位，他們用樸實的態度、用實際行動向癱瘓香港的暴徒惡行說不。

　　但是，香港大多數市民還是太善良了，各行各業的港人仍然天真地相信暴徒還有良知和底線，還以為他們不敢痛下殺手。因是之故，過去兩個月來，譴責暴徒的仍然是少數，表態反對暴力的立場仍然不多，支持警方全力執法的聲音也未能凸顯出來。更有甚者，一些過去在香港擁有影響力的「意見領袖」、過去一直在香港融入國家發展大局過程中獲得巨大政治及經濟利益的大資本家們，仍然保持令人不解的「默然」。

　　不論是從事什麼行業、不論身處什麼階層，在如此嚴重的暴力行為面前，在「一國兩制」面臨前所未有的衝擊面前，如果仍舊以為「忍辱吞聲」就可以過去，那麼，七百多萬香港市民過去所擁有的繁榮穩定、下一代本應得到保障的福祉，都將成為泡影。更別說已經動盪不安的經濟及金融環境，正在隨着暴亂的加劇而滑向崩潰的深淵。

　　香港已到了最危險的時刻。長時間的多地馳援與四處奔走，我們的警隊已經到了體力和精神將近崩潰的臨界點，他們固然需要更堅定的支持與鼓勵，但畢竟終有力所不逮之時，香港要自救，必須靠全體熱愛家園的市民的團結和努力。要勇敢地站出來，堅定地向暴徒及亂港勢力說不。兩個月前沒有喊出來，一個月前沒有站出來，今天就再無忍讓與退縮的理由。不在沉默中爆發，就只能在沉默中滅亡。萬眾成一心，眾志可成城，只要團結，終可戰勝暴徒，平息暴亂。當強大的民意展現出來之時，也就是香港驅散烏雲之日！

2019年8月6日　大公報社評

疾風知勁草　板蕩識誠臣

當前香港面對回歸以來最為嚴峻的局面，外國敵對勢力猖狂干預，本地亂港政客媚外賣國，黑衣暴徒兇殘施暴。在此危急關頭，平日享盡制度利益的一些所謂社會領袖，變成了「識時務者」；往日言必稱法治秩序的一些社會精英，成了「明哲保身的隱士」。但在渾濁當中，仍然有不顧個人得失的真正有擔當之士。

過去三個月來，全國政協副主席、前行政長官梁振英先生，旗幟鮮明地站在維護「一國兩制」原則的最前線，斥暴徒、伸正義、護法治、弘正氣。他的言行舉止，真正稱得上「愛國愛港」，真正稱得上「為國為港」，也真正配得上「中流砥柱」的稱號！

曾國藩有句名言：「大抵亂世之所以彌亂者，第一在黑白混淆，第二在君子愈讓小人愈妄。」其意指亂世之下會出現是非顛倒、小人當道的特徵。這一描述，與當下香港所出現的情況真是何其相似。持續近三個月的大規模暴亂，外國勢力狼顧虎視，亂港小人狼子野心，亂象一發不可收拾，香港陷入極其危險之境。在如此情況之下，但凡有正義感、有愛國心、有護港情的市民，本都應該勇敢站出來，向外國敵對勢力說不、向暴徒說不。但可惜的是，善良之人，愈來愈謙虛客氣；無用之人，卻愈來愈猖狂。舉目獅子山下，真正有識有勇有謀者，少之又少。

堅定維護國家主權　嚴厲斥責亂港勢力

但就在市民哀嘆之際，在亂港勢力逞兇行惡之時，在危急存亡之秋，總有不顧個人利益得失的真正良知之士。事實上，市民可以清楚地看到，過去三個月來，梁振英先生總是在第一時間站出來，全力維護「一國兩制」，全力維護國家主權與尊嚴，全力維護香港市民福祉。

　　當前的暴亂，本質上是外國反華勢力操控下的結果，更是意圖挑戰國家主權安全、觸碰「一國兩制」底線。若縱容下去、含糊下去，香港的未來將不堪設想。7月21日，當暴徒圍堵中聯辦大樓，並污損懸掛於大樓上的國徽之時，梁振英先生第一時間嚴厲譴責暴徒，指出「這些敗類必將受到法律的嚴懲、歷史的唾棄」；其後更兩度表態指出：「國徽蒙污，我請大家在線上線下全力聲討，我們要讓全國人民知道：香港人並不姑息這些數典忘祖，喪心病狂的暴徒！」8月3日，當黑衣暴徒扯下並拋棄海港城外懸掛的國旗時，梁振英先生更是主動發出「懸賞令」，通緝暴徒。

　　在外國政客猖狂干預香港事務之時，梁振英逐點駁斥全力反擊；在「禍港四人幫」公然勾聯外國出賣香港之時，梁振英先生更是全力狠批，並一一揭開其偽善面目。8月6日，當黃之鋒與美國駐港領館官員會面辯解之時，梁振英先生狠批黃之鋒的「自決論」完全剝奪中央在基本法下的權力，這就是「去中央化」，「實質上和『港獨』沒有分別，香港人要高度戒備，不要被利用，不要被綁上戰車，香港不要做炮灰。」這些言論立場鮮明，態度堅定，義正詞嚴，句句在理，字字鏗鏘。

堅定支持警隊執法　全力為民伸張正義

　　要平定亂局，警隊是核心力量，也是香港最後一道「關」。也正因如此，外國勢力及亂港集團千方百計針對警察，縱容暴力橫行，對辱警、血腥的襲警甚至是意圖殺警的行為，更是百般支持。對此，梁振英先生堅定地站在支持警隊的立場上。7月29日，當有「黃絲」教師惡毒詛咒「警察子女活不過七歲」時，他第一時間站出來狠斥，並要求革除其教職；8月初，當有醫護對警員不公時，梁振英先生仗義執言指出：「警員的職責就是執行法律，除暴安良。警員駐守醫院，而且要得到醫護人員的通力合作，是有原因，有作用的。」而當有人發表不當言

論時，梁振英先生更是果斷地喊出：「不靠警察，靠誰？警察破案，政府要站出來表揚警察！」

而當反對派政客如梁家傑、林卓廷、莫乃光等不斷散播顛倒是非言論時，梁振英先生據理駁斥；當所謂的「泛民主派」包庇縱容暴力時，梁振英先生更是向全體反對派議員發出公開信，批評有關人等拒絕與「港獨」割席，與狂徒暴徒同流合污；又倡議成立懸賞基金，協助警方緝捕侮辱國家、衝擊警察、破壞秩序的狂徒。當亂港傳媒如《蘋果日報》煽動暴亂並荼毒青年時，梁振英先生針鋒相對，全力反駁。而從年初開始，他更是持續「記錄」在亂港傳媒上賣廣告的商家；當大學校長因反對暴力而遭學生攻擊時，他又一次站出來伸張正義。這些言行舉動，在關鍵時刻，發揮了無可比擬的關鍵作用，言論直抵人心，聲音振聾發聵。

8月27日，「803行動」在報章刊登廣告懸紅緝兇，令暴徒恐懼不已，一些亂港傳媒更是「起底」該行動，結果查出相關網站的登記人為梁振英。這一事實更是令人敬佩。身為全國政協副主席，也是前任行政長官，梁振英先生完全可以站在二線，也完全可以珍惜羽毛而沉默不言。但他沒有，而是比任何人都更主動、更積極更頑強地站在第一線，甘願放下個人的榮辱得失，迎戰亂港賣國之徒。能做到這些的，環顧全香港，又有幾人？

2014年底在成功應對非法「佔中」後，時任行政長官的梁振英先生赴京述職之時，習近平主席曾有這麼一句評價：「疾風知勁草，板蕩識誠臣。」在當前的惡劣形勢之下，梁振英先生對國家和香港的承擔再一次得到了體現。這種擔當精神，這種責任意識，值得每一位愛國愛港人士學習，值得全社會向他致敬！

2019年8月28日　大公報　李俊文章

面對校園亂象 豈能當懦夫

新學年開始了，孩子們上學了，家長們沒有欣喜，有的是對孩子可能誤入歧途的不放心。這種憂慮並非多餘，反中亂港勢力將黑手伸入校園，視莘莘學子為「政治燃料」，罷課行動沸沸揚揚已令人側目，更有部分學校的開學禮被騎劫，儼然「港獨」宣誓大會。黑色淫威之下，校長老師明哲保身，教育部門詐傻扮懵，結果只會進一步助長「港獨」歪風。

位於慈雲山的一家中學，發生公然侮辱國歌事件。開學禮期間，國歌奏響，竟然有學生帶頭唱所謂的「顏色革命主題曲」，繼而高呼「光復香港，時代革命」的口號。但見台上校長老師一直默站，沒有任何反應。有關短片在城中流傳，看過者有的搖頭嘆息，有的驚呼「太恐怖了」。不錯，開學禮變質變味，中學生呼叫「港獨」口號，固然令人恐怖，而在場的校長老師，袞袞諸公，居然一個一個泥塑木雕，沒有一個人敢站出來直斥其非，更是咄咄怪事！

「港獨」學生響應罷課，進而大鬧開學禮，顯然不是個別現象。無可否認，有些校長老師本身就是黃絲，內心同情甚至欣賞港版紅衛兵的造反精神；有些師長並不認同，但擔心槍打出頭鳥，遭學生批鬥或被同儕歧視，選擇了沉默以對。不管出於哪一種情況，客觀效果就是誤人子弟，這是對教書育人的褻瀆！

但萬馬齊暗中，仍有一些校長及老師挺身而出，表明不鼓勵罷課或明確反對罷課。事實上，自由並非無疆界，罷課的自由絕不能凌駕於不罷課的自由。再說中學生未成年，各方面發展都不成熟，校園理當盡量避開政治的喧囂，為孩子們營造一片生活宜人、有利學習的環境。儘管這些老師與校長無一例外地的遭到針對甚至圍攻，更有校長慘遭「香燭供奉」，但他們無懼無畏，決不退縮，其正直與勇敢令人動容，恍如一片絕望的黑暗中升起的燈光，讓人看到希望。

最令人無法接受的是，面對校園之烏煙瘴氣，教育部門畏畏縮縮，毫無承

擔，聲稱「尊重大家以和平、理性的方式表達意見，但不應影響學校的寧靜環境及學生的學習情緒」，官腔十足。人們不禁要問，「香燭供奉」等於咒人死亡，這是和平理性嗎？開學禮被騎劫，國歌遭侮辱，還是和平理性嗎？外人入侵校園鼓動罷課，大呼小叫，能不干擾那些希望學習的孩子嗎？在被捕的黑衣暴徒中，不乏稚氣未脫的中學生，最年輕的只有十二歲，這又是誰的責任？還有，發表仇警言論的「黃」師繼續賴死不走，什麼時候才會受到懲罰？

大學淪陷了，中學也紛紛淪陷，「港獨」思潮在校園滋生蔓延，為反中亂港勢力提供源源不斷的新血，這就是香港的嚴峻現實。如果主管部門甘當懦夫，長期採取綏靖政策，姑息養奸，如何能解決問題？「十四萬人齊解甲，更無一個是男兒」，花蕊夫人的名詩，不正是今日教育部門的寫照？

2019年9月6日　大公報社評

黑色暴亂正在摧毀年輕人的未來

屋漏偏逢連夜雨。香港陷入回歸以來最嚴峻的局面，現在又被國際機構調低評級，令人聞到不祥的氣息。本港旅遊、零售、餐飲等行業已因黑色暴亂而首當其衝，上月失業率已掉頭回升，外界普遍預測今年經濟增長率為零，甚至負增長。一旦金融市場劇烈波動，後果不堪設想。

國際三大評級機構之一的惠譽昨日下調香港評級，前景展望為負面，這是二十四年來的第一次，為金融市場投下一枚震撼彈。回歸以來，香港經濟幾經波折，九七年亞洲金融風暴，〇三年沙士疫情，〇八年全球金融海嘯，但都沒有影響國際市場對香港的信心。如今，香港因黑色暴亂導致評級下調，足證人禍甚於天災。

事實上，過去幾次的經濟危機都是外來因素造成，香港是遭受池魚之殃，堪稱無妄之災。今次則不同，港府修例無意間點燃了積累已久的深層次矛盾，演變成「顏色革命」，好端端的香港被搞得烏煙瘴氣，香港不能再折騰了。

有人認為，目前香港經濟未至於那麼差，惠譽下調評級理據不足，甚或是配合國際炒家食香港金融市場的「大茶飯」。這樣的質疑顯然並非沒有根據。中美貿易戰爭持下，美國公開插手香港暴亂，將香港問題與貿易戰掛鉤，而惠譽恰恰又是一家美國機構，這就給各種「陰謀論」插上了翅膀。譬如說，香港背靠中國內地龐大市場，近水樓台先得月本來是利好因素，惠譽卻將香港與內地經濟融合視為負面因素，更擔心「一國兩制」受損云云，明顯是動機不純，特區政府予以澄清乃是應有之義。

但有一點無法否認，黑色暴力不斷升級，全世界都看到這無法無天的一幕幕，香港的文明、安全、法治形象可以說是幾乎一鋪清袋。暴亂對經濟的負面影響也逐漸浮上水面，若亂象持續下去，外資卻步或遷移、企業經營困難直至出現

倒閉潮，乃是可以預期之事，凍薪、減薪、裁員也會隨之而來。

　　蒼蠅不叮無縫的蛋。當香港經濟露出軟肋，勢必惹來國際炒家的垂涎，如果其他評級機構跟進追殺，那時不僅香港資產價格將重挫，無數小股民淪為市場大鱷的點心，香港金融中心地位也難免受衝擊，早就對香港虎視眈眈的競爭對手也會後來居上。若真的到了這一天，香港是輸家，市民是輸家，來日方長的年輕人肯定是最大的輸家，難道這就是「攬炒」的初衷？

　　一言以蔽之，社會穩定是香港發展的前提，否則一切都無從談起。若特區施政處於癱瘓狀態，非但無法解決困擾已久的房屋短缺、社會不公及年輕人上升通道狹窄等問題，反而會雪上加霜。

　　皮之不存，毛將焉附？反中亂港勢力巴不得搞垮香港，藉以向洋主子邀功請賞，但絕大多數港人及子孫後代仍要以香港為家。暴徒打爛港鐵閘機、智慧燈柱等，以為自己「很革命」，其實他們是在摧毀自己的未來。

2019年9月7日　大公報社評

法庭權力大責任大　捍衛法治要把好關

借反修例發動的暴力運動嚴重衝擊香港法治，違法暴徒將受到什麼樣的制裁，能否透過法庭判決彰顯法治公義，備受公衆關注。

在本港法治框架中，司法機構扮演着法律程序最後把關者的角色，是維護香港良好法治的關鍵環節，公衆普遍尊重信任司法機構，寄望法庭以不偏不倚的判決，成爲法治公義的稱職維護者。尤其在當前本港法治遭受嚴峻挑戰的形勢下，法庭能否恰如其分以法止暴制亂，更顯責任重大，對香港法治亦影響深遠。期待法庭堅持「無懼、無偏、無私、無欺」之精神，以堅決摒棄受意識形態干擾的司法裁決，打破施暴者、縱暴派「司法打救」的荒謬幻想，發揮應有的司法阻嚇力；亦打消部分市民「暴力情有可原」的糊塗迷思，凝聚最大的止暴守法民意。

昨日的一宗司法裁決引發社會熱議。發生在2016年的「反釋法」遊行，演變成「佔領西環」的非法集結及衝擊事件，社民連主席吳文遠及「香港衆志」主席林朗彥等「佔西八男」，被控參與非法集結及煽惑他人擾亂公衆秩序等多項罪名。案件昨日在西九龍法院判刑，吳文遠等三人被判入獄14天緩刑1年，其餘被告則被判60至100小時社會服務令。在持續三個多月的暴力衝擊仍未止息的大背景下，這個判決受到不少市民詬病，認爲法庭對於嚴重的群體暴力衝擊過於寬縱，不利於彰顯法治尊嚴。

值得注意的是，近年一些涉及政治或意識形態因素的案例的裁決，與很多市民的期望存在巨大落差，與他們理解的違法必究價值觀有明顯背離。去年終審法院裁定參與反新界東北發展撥款集會的13名示威者上訴得直，全部當庭釋放；日前黃之鋒被控干犯煽惑、參與非法集結等罪行，法庭不但給予其保釋，更批准其往外地參加演講及會議；此次吳文遠等人的判決，同樣備受爭議。法庭一再作出出乎多數市民認知的裁決，難免令他們發出「警察捉人、法官放人」的感歎。

　　司法獨立是香港法治的重要基石。基本法第二條保證香港享有獨立的司法權和終審權；基本法第八十五條規定，法院獨立進行審判，不受任何干涉。根據世界經濟論壇發表的全球競爭力報告，香港的司法獨立一直在亞洲穩居首位。香港法庭、法官具有崇高的社會地位，是香港法治架構中非常重要的一環，政府和民間不能干預法庭審案，更要尊重法庭的判決。權力越大，責任當然也越大，法庭的每一項司法判決，都對維護法治的尊嚴、讓人相信法治公義，負有不可推卸的責任。

　　此次反修例的暴力運動變本加厲，愈演愈烈，暴徒肆無忌憚地襲擊警察、毀壞公物、毆打市民，連法庭的禁制令也不放在眼裡，香港法治遭受前所未見的衝擊。出現這種境況，其中一個很重要的原因，是煽暴派、縱暴派、施暴者不斷在製造一種荒謬的輿論，聲稱實施違法暴力者是為香港爭取民主自由公義，為年輕人謀求更美好未來，因為出於崇高理想，即使違法，法庭也會網開一面，會同情、庇護違法暴力的「義士」。這種冠冕堂皇、似是而非的誤導，令到一些年輕人越來越偏激暴力，令暴力衝擊難以平息，增加了警方止暴制亂的難度。反修例暴力運動不斷升級，與此有很大的關聯性。

　　終審法院首席法官馬道立在今年的法律年度開啟典禮上重申，法庭只考慮法律問題，不會受政治和社會因素影響。他再次強調，香港法治公平和公義之處，在於「法律面前人人平等」的原則。當法庭裁決法律糾紛時，不會有預設立場，亦絕不可能偏袒任何一方。如今，更需要法庭對反修例的違法暴力案件作出不受政治因素影響的判決，打消暴徒享有法庭優待的幻想，用法律打破施暴者自設的政治道德光環。這對香港早日止暴制亂、恢復法治安定具有重大意義。

　　尊重法治是香港的社會核心價值，港人一直引以為傲，更以為恃仗。直至今天，儘管社會對法庭的判決有不同意見，但是絕大多數市民仍然尊敬、信任法官，尊重法庭的判決；縱暴派、施暴者滿口歪理、顛倒是非，但他們仍然對法官

保持敬畏，不敢明目張膽抗拒法庭的判決。因此，如果法庭嚴正按照依法辦事的原則，不因為涉案者的身份地位或者政治道德宣稱而另眼相看，作出一視同仁的公正裁決，就能彰顯不受政治、道德等因素影響的法治公義。這樣的司法，就能起到明辨是非、撥亂反正的作用，從而令部分法治思維、社會價值觀被扭曲的市民恢復理性清醒，盡快與違法暴力切割，讓違法暴力失去民意的土壤。

法律界有句名言：「法治的公義要被看得見」。市民對司法制度的信心非常重要，這也是良好法治的根本要求。今天不少市民對法庭的某些判決存在異議，並非蔑視法庭，而是擔心法庭的寬縱裁決會影響公眾的法治意識及社會行為；更殷切期望法庭通過行使獨立司法權，捍衛法治，確保「公義的天秤不會傾斜」，維護法治尊嚴不是流於口頭，而是體現在具體的公平公正、令人信服的判決上，讓人看到香港法治的公信力。

2019年9月12日　文匯報社評

盡快實施禁蒙面法　邁出止暴重要一步

有消息指，特區政府正考慮採用緊急法實施禁蒙面法，建制派議員昨日宣佈成立「禁蒙面法推動組」。借反修例發動的暴力運動持續升級，非常時期要用非常手段，引用緊急法實施禁蒙面法無疑是邁出制止暴力的重要一步，未來政府還應審時度勢，使用一切可行法律辦法止暴制亂。恢復法治安定，是香港社會的迫切願望，廣大市民更應支持政府和警隊依法平暴，以強大民意壓制違法暴力歪風，助香港早日重回正軌。

在煽暴派、縱暴派的煽動庇護下，暴力運動變本加厲，暴徒泯滅人性地襲擊警員，大量使用燃燒彈、磚頭、尖銳鐵支等武器攻擊警察，欲置警員於死地，警隊執法面臨越來越嚴峻的挑戰，前線警員的生命安全受到越來越大的威脅。同時，暴徒肆無忌憚地破壞港鐵、政府機構、圍毆市民，暴力衝擊「遍地開花」，香港的法治、管治已陷於瀕臨失控的危險邊緣。

如今的香港，距離風雨飄搖、人心惶惶的境況已經不遠，特區政府的確需要落實緊急法，以更有力的法治手段打擊暴力、穩定局勢。根據緊急法的規定，行政長官會同行政會議認為屬緊急情況或危害公安的情況時，行政長官會同行政會議可在毋須立法會通過下，訂立任何行政長官認為合乎公眾利益的規例，包括首先落實社會強烈呼籲的禁蒙面法，為警方執法提供更全面有力的法律支援。

啟動緊急法實施禁蒙面法，令暴徒失去蒙面帶來的心理和實際倚仗，增強讓他們直接面對執法的震懾力，可謂擊中縱暴派和暴徒的要害，因此縱暴派極力反對，一些法律界精英更揚言，實施緊急法立法禁蒙面效果適得其反。例如港大法律系講師張達明聲稱，一使用緊急法，外商就會撤資；公民黨主席梁家傑更恫嚇，政府引用緊急法除了「一國兩制」會「玩完」，外國投資者在港的資產亦會被凍結。這些說法根本危言聳聽，實際上是為阻止政府運用必要的法律措施，阻

■特首林鄭月娥率領司局長召開記者會，宣佈政府決定引用緊急條例立法禁止於示威活動中蒙面。

礙警方加大執法力度，繼續放縱暴徒攻擊警方，令香港亂上加亂。

　　毫無疑問，即使啟動緊急法實施禁蒙面法，也不能解決所有問題或即時止暴制亂，亦未必能將所有蒙面者繩之以法，但總好過將可動用的法律手段束之高閣，任由情況惡化。啟動緊急法實施禁蒙面法，可以加強阻嚇力，幫助警方執法，彰顯政府制止暴力的決心，絕不能因為所謂反效果、給亂局火上澆油等似是而非的謬論而不作為。阻力越大、越是困難，政府更要迎難而上，不負公眾的期盼。如果實施禁蒙面法終於成事，政府可以因應局勢的變化，乘勢而為，下一步還可禁止用於暴力運動指揮聯絡中樞網絡程式和通訊工具，堵截煽動、組織暴徒行動的資訊，抑制暴力變成恐怖主義活動；在必要時候，引用包括宵禁令等所有法律措施，以綜合手段加強止暴制亂的效果。

　　暴力亂局持續3個多月，香港國際形象受重創，經濟已陷衰退，各行各業苦不堪言。香港不能再亂了，是全港市民的共同心聲和強烈願望。廣大市民必須清醒地認識到，止暴制亂不僅僅是政府、警方的責任，亦關乎自己的切身福祉，因此更要積極發聲，大聲向暴力「說不」，凝聚反暴力、護法治、保安定的主流民意，顯示邪不勝正的民意力量，讓香港恢復法治安定，走出暴力氾濫的困局。

2019年10月4日　文匯報社評

莫讓「黑衣暴力」染指區議會選舉

新一屆區議會選舉於 11 月 24 日舉行，提名期昨日開始，多個政黨成員搶先報名參選。由於反修例暴力行動持續，估計今次區議會選舉是建制派最艱難的一次，也是風險最高的一次。特區政府必須盡一切方法確保選舉公平、公正、合法、安全進行，讓市民有「免於恐懼地投票」。選民更要細心思量：如果選煽暴派或「黑衣人」進入區議會，區議會將高度政治化，更可能暴力「區區開花」、無日無之，這是居民想要的生活？可以讓「黑衣暴力」染指區議會選舉？

過去近 4 個月香港多區衝突，暴亂處處。建制派成為暴徒攻擊的目標，僅民建聯就至少有 21 個辦事處遭破壞，議員及團隊多次被滋擾。提名期一開始，網上已經有暴徒散播針對建制派參選人的威脅言論。建制派是維護香港繁榮穩定的中流砥柱，選情愈是嚴峻，更應該直面挑戰，表達反對暴力的明確立場，不向暴徒低頭，不負支持者和市民期望。

因此，這次區議會選舉最受關注的地方，是如何保障選舉合法安全地進行。近日不少市民僅因不同意見就被示威者毒打，令市民擔心能否在選舉日安全投票。政府有必要因應選舉，做好預案，以更嚴厲的方式制止暴力，確保市民安全公平地投票。黑衣暴徒的暴行，以暴力毀壞議員辦事處、恐嚇持不同政見的候選人，已明目張膽違反《選舉（舞弊及非法行為）條例》，警方必須制止一切涉及選舉的暴力惡行，廉政公署更應強力介入。

區議會選舉的安全順利進行，是廣大選民的共同期望，但今次選舉的結果如何，實屬難測。有人擔心會否重演 2003 年的一幕。當年因為二十三條立法的爭議，建制派當選率銳降至 3 成，反對派乘勢大舉佔據區議會議席，當選率近八成。但是，反對派當選後，專事政爭，不理民生，令社區建設、改善民生 4 年毫無寸進，居民苦不堪言，大呼上當。2003 年的區選教訓提醒選民，選擇事事政治

化的反對派進入區議會，必然令區議會變質，將政治抗爭帶入社區，他們只懂操弄所謂民主自由等政治議題，令區議會高度政治化，社區變得永無寧日，絕不會花精力幫助居民處理社區事宜。

此次選舉，如果讓「黑衣人」、煽暴派進入區議會，將暴力抗爭帶入社區，讓暴力惡行蔓延全港各區，破壞社區和諧安寧，後果更不堪設想，居民只能活在黑色恐怖之中。廣大選民要擦亮雙眼，不能讓「黑衣暴力」破壞區議會選舉，維護區議會選舉的公平公正，用民意抵制暴力，協助香港走出困局。

2019年10月5日　文匯報社評

「泛民主派」淪為「泛暴亂派」是政治自殺

6月以來，香港被不斷升級的黑色暴亂摧殘得面目全非，法治氣息奄奄，安全城市淪為集體回憶。而充當蒙面暴徒「大台」的反對派政客也走完由「泛民主派」到「泛暴亂派」的最後一里路，這是一條反中禍港之路，無德無法之路，也是政治自殺之路。

「泛暴亂派」是這場浩劫的罪魁禍首

香港數十年來的這場最大浩劫，始作俑者是反對派，罪魁禍首是反對派。他們是暴亂的組織者、指揮者、煽動者、縱容者。反對派一些立法會議員，「泛民」政黨政團的一些骨幹分子和成員，也是暴亂的直接參與者，他們因各種罪名被捕和被檢控。

有一個場景令人印象深刻，警方日前在將軍澳唐德街一帶執法時，一輛單車被暴徒從高處拋下，擊中一個警員的頭部，慘受重傷的警員沒有當場犧牲可謂萬幸。公民黨議員陳淑莊在社交網站轉發有關新聞時竟沒有譴責暴徒殺警，對警員的傷勢毫不關心，反而幸災樂禍稱「慘囉，唔知架單車傷唔傷呢」，又以「全民關注共享單車健康狀況」、「片段見到有架單車擊中咗個White Object」作標籤。身為大律師，竟然講出如此冷血殘忍的話，足證她已被仇恨蒙蔽雙眼，泯滅良知。

這種政客無品無德，做人都不配，竟然做議員，這不僅是香港社會的悲哀，也揭開香港由法治之區淪為暴亂之城的深層原因。其他反對派政客與陳淑莊同樣是非不分，黑白顛倒，縱容暴力沒有底線，巧舌如簧為暴徒開脫責任，挖空心思為暴徒塗脂抹粉。

「新民主同盟」的范國威日前聯合部分反對派議員召開記者會，誣衊警員進入港鐵站內破壞設施然後「嫁禍」示威人士，煞有介事要求警方交代。但事實

是，連月來，瘋狂縱火、打砸港鐵設施的是黑衣暴徒，造成港鐵停駛或只能提供有限服務的是黑衣暴徒，全世界都看到暴徒們窮兇極惡的一幕幕，范國威們這邊廂百般指摘警方進入港鐵內執法是「濫暴」，那邊廂倒打一耙，栽贓陷害忠於職守的警方，看來不僅是腦子壞了，連良心也一起壞掉。

美化暴力、英雄化暴徒、妖魔化警方，可以說是反對派政客的共業。另一名反對派議員毛孟靜九月初發表「死物論」，以暴徒「破壞的都是死物」為暴行辯解，更有人聲稱破壞建築物有助「做大裝修」、「刺激經濟增長」，無恥到極點。己所不欲，勿施於人。如果有人將毛孟靜的大宅砸掉，是否可以「破壞的都是死物」、「做大裝修」作為無罪辯護的理據呢？

事實上，在反對派政客及黑衣暴徒的眼中，不僅立法會大樓、警察總部、中聯辦大樓、港鐵設施、商場、國旗是「死物」，可以盡情破壞，執法的警方同樣是「死物」，一樣可以暴力對待，否則無法解釋何以警方淪為被攻擊的頭號目標，網上「殺警」叫囂一片。至於持異見的市民被毆至頭破血流，的士司機被拖出車廂打個半死，也是「死物論」邏輯的必然結果。

黑衣暴徒打砸搶燒，橫行無忌，大批大學生中學生充當主力，甚至小學生也「全副武裝」走上街頭，孰令致之？原因就是反對派政客蓄意散播謠言，製造仇恨，挑撥內鬥。與反對派同源的教協控制下的辦學機構及「黃色老師」，更是長年累月向學生灌輸仇中、仇警意識，誤人子弟，毀人不倦，導致年輕人沒有國家意識，羞認中國人身份，培養出了黃之鋒為代表的新一代漢奸，偌大校園儼然放不下一張安靜的書桌。「不到香港，不知文革還在搞」，校園中充斥港版紅衛兵，年輕一代走上毀滅香港也毀滅自己的邪路，反對派政客居功至偉。

為政治私利向「泛暴亂派」蛻變

為政治私利，他們不惜數典忘祖、賣國賣港。香港面對二戰以來最嚴重的破

壞，香港已不是我們熟悉的那個以包容開放、鄰里友善見稱的香港。這場空前浩劫的源頭，正是反對派政客。他們藉修例爭議發難。李柱銘、陳方安生等人認賊作父，一再乞求洋人干預香港事務。黎智英毫無廉恥地宣示「為美國而戰」，將香港當成中美「冷戰」的第一戰場。何韻詩等出席美國國會聽證會，要求美國制定針對香港的法案，欲將香港問題國際化、常態化。香港淪為美國對華貿易戰的一張牌，是反對派主動送上的，他們出賣香港，出賣國家，是不折不扣的「帶路黨」。

為政治私利，他們不惜放棄原則，與「港獨」和暴力沆瀣一氣。在「一國兩制」的大原則之下，香港容許反對派存在。反對派議員本是體制的一部分，也可以在體制內監督政府。香港「一國兩制」不僅示範台灣，也是推進民主最終達至普選的試驗場，應該說反對派有廣闊的揮灑空間。但同時，中央為反對派劃出不得逾越的三條紅線，也不容許反對派與中央對抗。回歸二十二年來，反對派逢中必反，逢特區政府必反，只搞破壞不搞建設，早已有「反中亂港」之惡名。即便在「佔中」時鼓吹「違法達義」，但他們與「港獨」和暴恐還是有所區別的。不幸的是，隨着激進勢力湧現，傳統「泛民」的政治地盤受到挑戰，尤其是去年立法會兩次補選，「泛民」因失去年輕選民的支持而嘗敗績，在單對單的競爭中不敵建制派，他們總結教訓，得出不能與激進勢力切割的結論。

在今次黑色暴亂中，反對派政客不僅阻撓警方執法，為暴徒打掩護，更在發生嚴重襲警、傷人事件後，仍然堅持「不切割、不分化、不篤灰」，以為死攬住暴徒不放，就可以收穫對方的選票。為一黨或一己之私利，反對派政客不惜毀掉香港，不惜出賣國家，完成了從「泛民主派」到「泛暴亂派」的蛻變。

「泛暴亂派」是「政治自殺派」

一個將私利置於公眾福祉及國家民族利益之上的政黨，何止政治短視，更無異於政治自殺。反對派中不少人有法律背景，很清楚縱暴助惡罪孽深重，因此從

一開始就刻意逃避暴亂發起者、指揮者的角色，將自己化妝爲「協調者」。所謂暴亂「沒有大台」、「市民自發」的詭辯，其實反映其內心虛怯，廣東話「既要威，又要戴頭盔」，就是對他們的生動寫照。然而，欲蓋彌彰，近日黎智英等撰文「現在不是決戰的時候」，要保存實力，發出「鳴金收兵」的信號，恰恰暴露反對派政客就是暴亂的大台，黎智英則是總舵主。

在暴亂逾四個月後，「泛暴亂派」才希望「見好就收」，可惜這並非良心發現，而是察覺到縱容暴力已失去道德高地，失去民意支持。想當初，反對派利用香港社會對內地法治的誤解而煽起反修例運動，遊行參與者動輒號稱一百萬、二百萬之眾，但自七月一日爆發佔領立法會的暴動後，運動迅速變質，參與示威者不斷減少，最近一次的反「禁蒙面法」遊行，原來預期有百萬人參與，結果卻不敢公布人數，反映縱暴不得民心，反對派影響力急速萎縮，爲其參與下月區議會選舉及明年的立法會選舉投下陰影。對反對派來說，通過選舉奪取議席進而奪取管治權，實現顏色革命才是目的，「暴力」及「和理非」則是手段，可以交替使用或同時進行，一旦選舉失利，所有的努力都是白費。

然而，反對派的「覺悟」太遲了。暴力運動有其本身的規律，不是想收回就收回的，而在選舉利益面前，必然出現狗咬狗、鬼打鬼的局面。「泛暴亂派」想下山摘桃子、將「港獨」分子的選票收入囊中，只能是痴心妄想。而且，一旦政客想回撤，勢必被黑衣暴徒視爲「背叛」，「攬炒」將在兩派之間發生是大概率的事。「暴力最終將吞噬縱容暴力者」，這是社會運動的鐵律，古今中外屢見不鮮，今次的香港黑色暴亂同樣走不出這個自毀的怪圈。

香港人對政府施政有不滿是事實，有怨氣需要發泄也是事實，但極端「攬炒」畢竟是少數。對絕大多數香港人來說，香港是我們共同的家園，誰毀掉香港，誰就是市民的敵人。當黑色暴亂導致資產價格下跌、失業上升時，民怨將由特區政府轉向煽風點火的「泛暴亂派」政客。而且，經此一役，「泛暴亂派」徹

底暴露自己的墮落，中央也勢必重新評估各政治力量的忠誠，作爲調整治港政策的依據。「泛暴亂派」失去極端派、溫和派人士以及中央的信任，最終將成爲最大的輸家。

　　香港已被這場暴動折磨得元氣大傷，但在中央支持下總有浴火重生的一天，而「泛暴亂派」必將爲這場暴力運動殉葬。歷史將證明這一點！

2019年10月11日　大公報　龔之平文章

企圖殺警盡顯暴恐特徵
政府必須做反恐主導者

　　黑衣魔昨日又在全港四處施暴，以小規模、流寇式的形式，用更爲兇殘的手段，上演企圖殺警、無差別攻擊市民、濫用私刑、打砸燒的恐怖主義暴行。其中對前線警察的割頸暴行，完全泯滅人性，是赤裸裸的反社會恐怖暴力，已經盡顯恐怖主義性質。面對恐怖主義暴力持續升級，特區政府要充分預見本土恐怖主義的發展態勢，主動作爲，成爲反暴力、反恐怖主義蔓延的主導者；警方要根據暴力新形態和特點作出有針對性的應對，司法機構對兇殘殺警暴徒必須嚴懲，決不能再予以保釋；自認「和理非」的市民必須果斷堅決地立即與暴力切割，大商業機構和商場切勿再做黑衣魔的庇護所，應積極配合警方執法行動，從而形成全社會合力制止暴行的態勢。

　　過去的周六日，全港多區違法暴力活動猖獗，恐怖主義的特點更加明顯。黑衣魔襲警、縱火、大肆破壞，極度仇警下更對警方發動多起恐怖襲擊。有警車在沙田被示威者從樓上投擲汽油彈，致警車陷入熊熊火光；警察經過旺角附近時，突然傳出疑似遙控炸彈爆炸聲；旺角警署被黑衣魔投擲超過20枚汽油彈，濃煙滾滾火光熊熊；有警員在旺角被黑衣魔飛身凌空踢中頭部，遭鐵通擊打企圖搶奪警槍；在觀塘站更有黑衣魔以利器對警察從後割頸，所幸沒有傷及動脈，與死神擦身而過。

　　黑衣魔企圖殺警的血腥恐怖暴行，明顯是有人教唆的恐怖襲擊。近期網上出現敎唆刀刺頸部動脈的詳盡示意圖，以藍色線標出位置，指以刀擊中頸動脈可能止不住血，不死也會變植物人；較早前，還有人在網上敎授製造白磷彈殺警。這種公然敎唆殺警的泯滅人性、赤裸裸反社會的恐怖行爲，提醒特區政府和香港社

會每一個人，本土恐怖主義在香港落地生根，絕對不是杞人憂天，而是近在眼前的現實威脅，不要視若無睹，也不應心存僥倖。只有政府和公權力機構及早採取措施，部分「和理非」港人及早有所改變和行動，才能阻止事態進一步惡化。

凡事預則立不預則廢。對於黑衣魔的暴力升級為本土恐怖主義勢力，特區政府要有清醒而充分的預見，不要到事態無法控制再被動應對，必須存底線思維和以先發制人的策略，動用更加嚴厲到位的法律措施，將本土恐怖主義勢力消滅在萌芽狀態；同時，政府還要用盡一切文宣手段，包括運用媒體平台、進行社區宣傳等等，揭露暴力真相、展示暴力危害，尤其是講明「攬炒」會危害每一個市民的惡果。只有這樣，政府才能成為反暴力、反恐怖主義蔓延的主導者，才能澄清瀰漫社會的謬誤看法和論調。

與此同時，警隊的執法行動，還要得到全社會各方面的支持和配合。過去四個多月來，黑衣魔的極端暴力行為，一直得到一些持所謂「和理非」觀點市民或明或暗的支持。面對暴力已經升級為恐怖主義暴行，「和理非」應該猛然驚醒，看清黑衣魔的本質，看清他們已經完全喪失常性，如果還要與他們「同行」，最後終自食惡果。

過去兩天，黑衣魔將暴力襲擊的主戰場轉移至各大商場。這的確給警方執法帶來很大的考驗，因為商場並非露天空間，並且內有大量普通市民和遊客，一般情況下，不適宜使用諸如催淚彈、橡膠子彈等武力，只能使用警棍等埋身肉搏的短武器。另一個難題，是部分商場不支持警方執法，甚至發生保安人員驅趕警員、禁止警員入內等荒唐場面。一些商場對警方不友善，無疑是屈服在黑衣魔的暴力淫威之下，不敢得罪黑衣魔。但這種態度無異於飲鴆止渴。商場是做生意的地方，包庇黑衣魔作惡，只會令商場的經營環境惡化，有心消費的人遠離、打砸搞事的人聚集；更何況黑衣魔是到商場內打砸不同政治光譜的店舖，這些店舖都是商場本身的客戶，商場的經營者不保護店舖反而縱容黑衣魔打砸，到頭來還有

誰敢租你的店舖？這種「引魔入室」的行為，豈不是自己打爛自己的飯碗？美心集團伍淑清近日在接受訪問時表示，有很多商界中人甚至大企業都不敢對暴力發聲，是十分可悲的；從更長遠的角度思考，香港商家如果對黑衣暴力縱容啞忍，只會令外資企業覺得香港不安全，對香港的投資環境產生負面影響。

當恐怖主義威脅就在眼前的關頭，鴕鳥心態和政策是最不堪、最可悲的，選擇裝聾作啞、選擇綏靖媾和，都是對香港、對自己不負責任。

2019年10月14日　文匯報社評

政府要以有力文宣喚醒凝聚止暴民意

黑衣魔的恐怖暴行近期更趨猖狂，有暴徒以刀割警員頸意圖殺警，更首次發現以土製炸彈襲擊警察。警務處副處長（行動）鄧炳強形容，有關炸彈與世界各地恐襲手法雷同，社會各界也作出嚴厲譴責。但是，煽暴派、縱暴派政客和媒體、文宣，一面對恐怖暴力視而不見，一面持續製造謊言、散佈謠言，抹黑警隊，令部分市民難明真相、難辨是非，同情甚至支持暴徒。只有正視聽，才能齊民心。在這一點上，不能單靠警方，更需要特區政府各部門主動作為，盡快研究通過本港媒體平台、社區網絡和海外輿論場等，以有說服力的文宣，澄清真相、揭穿謠言、呈現危害，從而把握輿論的話語權，避免市民人心混亂渙散，從而凝聚更強大的反暴力民意。

持續4個多月的暴力運動，警方依法止暴遇到一個重大困難，就是煽暴派、縱暴派及暴徒利用現實和網絡媒體工具大打「文宣戰」，借助《蘋果日報》、連登、Telegram 群組等平台，大肆散播各種謠言、謊言，把警察抹黑為「黑警」，「港鐵太子站打死人」、「新屋嶺性侵」等刻意製造的謊言傳聞繪影繪聲、揮之不去，借以激化仇警仇政府情緒，煽動不明真相的市民阻礙警方執法、同情支持「和平示威者」，導致警方執法疲於奔命、止暴制亂工作平添阻力。

為了反駁不實、扭曲、誤導資訊，警方多個月來以記者會的形式，就社會高度聚焦的執法情況作出解釋、澄清，在正視聽方面發揮了一定作用。不過，由於部分媒體只作選擇性甚至繼續扭曲的傳播，部分市民並不能接收到完整、全面的真實資訊，記者會的澄清效應受到限制。在這種情況下，社會認為政府的輿論行動，不能僅僅停留在每次嚴重暴力衝擊後作出「譴責」、「嚴厲譴責」，僅僅在電視媒體發放「珍惜香港這個家」的軟性廣告也遠遠不夠，而應該盡快研究用足、用好傳播平台和渠道，迅速、全面傳播真確資訊，包括暴力

真相、還原事件、嚴重後果、社會危害等等，從而避免偏頗、扭曲、虛假資訊主導輿論場。

首先是充分運用好本港傳播平台。環顧國際歷史，任何衝擊、推翻政府的行動，首先必定佔領、控制政府媒體機構，足見大家都知道控制媒體就可以掌控民意，對成敗舉足輕重。在香港，香港電台這個政府的公營媒體機構，一直專事對抗政府，政府一時也無法改組，關了也於事無補。但是沒有港台傳播真確、全面資訊，政府真的就束手無策了？其實，政府應該還有選擇，包括：利用政府廣播機構的政府時段，撥出資源在媒體投放影片和文字廣告，集中、密集向市民傳遞真相。或許有人認為，鑑於相關執法案件陸續進入檢控、審訊的司法程序，如果政府高調就輿論熱點焦點澄清，會否有妨礙司法公正之嫌。其實這是多慮，相信警方在記者會澄清真相時，已經充分考慮檢控、審訊等法律問題。

其次，駁斥謊言謠言、說明嚴重危害的另一有效途徑，是政府運用民政事務的網絡，着力開展社區宣傳。過去多個月，暴力策動者長期深入社區開展扭曲文宣，對不明真相的市民洗腦，影響至深。政府應該針鋒相對，深入社區與不同階層的市民接觸，以視頻、單張等形式，向市民講解、回放暴亂事實，從不同角度展示暴亂對市民的傷害。或許，又有人擔心，目前的氣氛下，政府這種社區工作很可能引起暴徒攻擊，令亂上添亂，多一事不如少一事。其實，正是由於各種不斷忍讓，才令正氣不彰，民心混淆，暴力惡行更加有恃無恐。

第三，在國際輿論場說明真相。對於這次暴力運動，外國政客、重要媒體的雙重標準有目共睹，選擇性失明、選擇性譴責比比皆是，國際社會和外國公眾受到這些輿論誤導，對香港發生的動亂無法作出公正判斷。這種狀況，對香港的國際形象傷害非常大，而且只有利於香港煽暴、縱暴派藉助國際輿論增加運動能量。應對之策，是政府主要官員、各駐外辦事處積極作為，通過主動會面各界、參與公開活動、在國際主流媒體投放廣告等形式，主動向世界各國政

府、議會、國際媒體和公眾,講述香港動亂的眞實情況,以具公信力、權威的眞確資訊,揭穿本港煽暴、縱暴派在國際上散播的謠言謊言,讓國際社會也認識到,一個法治安定的香港最符合世界各國的利益,爭取國際社會對香港止暴制亂的理解和支持。

2019年10月15日　文匯報社評

是非黑白要分清　勿令中大淪「暴大」

中文大學校長段崇智昨日發公開信指，有多名學生向校方聲稱在被警方拘留期間曾經遭不合理對待，對部分警務人員「涉嫌不當使用暴力」或「違反人權」，經查證後須予以譴責。無真憑實據、僅靠學生一面之辭，段校長如何就能相信學生的話，就懷疑警方對學生使用不當暴力、違反人權？段校長原來堅持譴責「所有暴力」，是否在學生威脅壓力下，已喪失基本的是非對錯判斷能力？是否仍具備知識分子捍衛正義、堅守公道的風骨？若要譴責警方暴力，段校長是否仍夠膽譴責學生的暴力？段校長應當保持冷靜清醒理性，而非讓中大淪為「暴大」。

段校長發出公開信，表示已聯絡被捕的超過 30 名學生，了解他們被捕後遭遇，稱「感到難過悲憤」；信中還提到那位曾聲淚俱下控訴警方性侵的「吳同學」，校方表示理解「她正面對很大的心理壓力」，並強烈呼籲「各方停止對任何人作出恐嚇或騷擾行為，甚或阻嚇受害人求助」。公開信羅列了大量學生遭到「不公平」、「不人道對待」的現象。作為愛生如子、對學生負責的校長和學校，可以向學生提供相關的法律援助，支持他們在律師陪同下報警、向監警會投訴，乃至訴諸法庭，但段崇智在公開信指稱，「校方所接觸的學生，都因為對警方和監警會失去信心，不願意踏出這一步」，繼而就要求行政長官設立獨立調查委員會，嚴正跟進、查找真相。

中大學生針對警方的投訴包括有女學生遭「性暴力」，都涉及非常嚴重的刑事罪行，香港作為法治社會，一定要有無可質疑的證據作為投訴的支持。學生不願意報警、不向監警會投訴，在沒有任何法定證據支持下，校方的公開信又對學生大表同情支持，這豈不是造成未審先判的輿論效果？這符合法治社會的程序公義嗎？對警方公平嗎？不相信現成行之有效的監警會，非要另設獨立調查委員

會，校方爲何要被學生和所謂的社會意見牽着鼻子走？

段校長當日出席學生見面會，遭大批涉暴學生、校友百般羞辱，見面會變成批鬥大會，其間段校長的發言多次被打斷，更被人以鐳射筆照射臉。這些語言暴力、行爲暴力有目共睹，更直接針對段校長本人。段校長對這些毫不尊師重道的學生感到「難過悲憤」嗎？敢譴責這些有辱「博文約禮」校訓的學生嗎？中大「百萬大道」慘變所謂的「連儂大道」，校園多處遭到塗污，段校長能坐視不理，任由中文大學淪落爲「暴徒大學」？向暴力妥協跪低，換來「段爸」、「段王爺」的讚譽，這不是愛學生、對學生負責，而是放縱暴力，害了香港的大學生！

身爲大學校長，可以說是重要的社會領袖之一，在目前是非不分、黑白顛倒的形勢下，大學校長本應挺身而出，發揮學者睿智理性的作用，揚清激濁，引領學生和社會明辨是非、撥亂反正，讓香港早日走出暴力橫行、法治崩壞的困局，而非屈從惡勢力，被非理性反智的學生劫持，「一個接一個的校長、院長向壓力屈服，一間又一間學校淪陷」，只會使暴力氣焰更囂張，這是香港的不幸和悲哀。

段校長發出公開信後，昨晚那位神隱多日的中大吳同學立即出來現身說法，稱教育界亦應傚法段校長，「向政權施壓」，又呼籲其它大學、中學及小學等教育工作者亦能爲一眾學子提供「更多保護」，「爲不公義發聲」；她還形容段校長的公開信「不完美、可接受、需改善」。吳同學頤指氣使的評價和指點，幾乎讓人搞不清誰是校長、誰是學生。段校長，應該看淸現實，應該作出眞正對學生、對香港負責的作爲吧。

2019年10月19日　文匯報社評

暴力升級　止暴法律措施也要升級

多名縱暴派政棍承接民陣策動的九龍遊行，最終引發多區暴力衝擊。實施《禁蒙面規例》後，暴力再次升級，九龍鬧市淪為戰場，市民安全受威脅，本港法治、管治均面臨更嚴峻挑戰，特區政府應考慮運用更有力、更嚴厲的法律手段遏止暴力、恢復秩序，警方更應主動出擊，制止暴徒的肆意破壞，以免港鐵、商戶蒙受巨大損失，切實保障中資機構和港人的利益。對於刻意煽動非法遊行、刺激暴力氾濫的搞事者，政府、警方必須依法拘捕檢控，不容有人打着行使「和平示威」的旗號，煽動禍港殃民的暴亂。

縱暴派、煽暴派為令暴亂持續，阻止香港回復安寧，昨日又將暴力惡浪引向九龍區。黑衣魔在旺角、油麻地、太子等多區私設路障，燃點雜物；瘋狂打砸油麻地、旺角港鐵站、中資銀行的設施，並縱火焚燒；有暴徒向深水埗警署投擲雜物及汽油彈，警署外火光熊熊。九龍區商業樓宇、住宅民居混雜，暴徒向店舖縱火，嚴重威脅居民人身、財產安全。

警方在大埔截查兩部可疑車輛，檢獲42支懷疑汽油彈等武器；在荔枝角道雷生春堂附近，發現懷疑危險物品，經警方檢查後相信是炸彈，需要出動遙控拆彈機械人引爆。這兩宗案件幸虧警方及早破案，迅速妥善處理，否則造成的後果不堪設想。

種種跡象顯示，暴徒稍為收斂之後捲土重來，而且變本加厲。在縱暴派、煽暴派的炒作、刺激、煽動下，暴徒採取更激烈、更危險的手段挑戰警方，對抗政府，以示政府引用《緊急法》實施《禁蒙面規例》無效，企圖用暴力升級來證明香港的法治正在崩塌，管治全面癱瘓。

在早前宣佈《禁止蒙面規例》的記者會上，特首林鄭月娥曾強調，暴力不升級，我們便不需要再出什麼手段；但暴力升級，為了維護香港的治安，市民日常

生活能夠安定，我們必須繼續尋找適當方法，「作爲一個負責任的政府，我們是要嚴重考慮」。

非常時期必須採取非常措施，以雷霆手段打擊暴力、重振法治。若實施《禁蒙面規例》仍不足以制止暴力，暴力反而升級，政府理所當然應積極考慮再引用《緊急法》，爲警方執法提供更多更有效的支援，以利提升執法效率，加大止暴力度。

昨日暴力升級有一個令人不安、更值得警惕的現象，暴徒瘋狂地無差別破壞中資企業，被攻擊的目標從過往的中資銀行、零食連鎖店，擴大到所有具中資背景的知名手機專賣店、藥行、書店等，惡行令人髮指。

中資企業如今是本港經濟的中流砥柱，爲本港經濟繁榮、提供就業發揮積極貢獻，內地同胞和港人血濃於水，國家更是保持香港繁榮穩定的最堅強後盾，香港和內地是密不可分的命運共同體。暴徒惡意破壞、焚燒中資企業設施，發洩對國家民族的仇恨，傷害內地同胞的感情，更要挑撥兩地關係，用心險惡。這樣做其實嚴重損害香港的利益，打爛港人的飯碗，勢必激起全城公憤，廣大市民將更強烈聲討暴徒針對中資企業的暴行，更堅決支持警方遏止暴力，捍衛中資企業和港人的共同利益。

反修例風波以來，民陣作爲遊行示威的最主要組織者，披着「和理非」的外衣，但從來不與暴力割席，更不拒絕暴力示威者參與遊行。民陣組織的遊行每次都演變成暴力衝突，而且暴力一次比一次厲害。近期民陣的遊行屢遭警方反對，但民陣置之不理，改以個人名義發起遊行。這些發起者很大機會已觸犯煽動非法集結乃至煽動暴動罪。警方必須嚴正執法，拘捕、檢控所有以個人名義發起遊行的搞手。有法必依、違法必究、執法必嚴，不容違法者逍遙法外，才能對暴力產生必要的震懾效果。

2019年10月21日　文匯報社評

鼓吹「光復香港，時代革命」
不能「入閘」！

　　所謂「光復香港，時代革命」口號在反修例暴亂大行其道，影響極其惡劣。有建制派老友指出：「這個口號實質就是要用激進暴力顛覆特區政府、推翻『一國兩制』，根本是赤裸裸的『港獨』，要將香港分離出國家。持這樣主張的人，一定不能讓他參加今年的區議會選舉。」

　　老友表示：「根據維基百科、新華詞典的解釋，『光復』是指收回被別國侵略、佔領的國土，例如二戰結束後，當時的中華民國國民政府從日本手上收回台灣及澎湖列島，恢復行使主權，被形容『台灣光復』；還有，當年本來香港也是要交回中國的，只是英國作梗，結果香港還是被港英管治，歷史也稱為『香港重光』。九七之後，香港回歸祖國，國家恢復對香港行使主權，香港完完全全與國家成為不可分割的整體，如今叫囂『光復香港』，意欲何為？至於『革命』就更不用解釋，自然包含推翻現政權的意思，必要時更不惜付諸流血暴力。」

　　老友引述國務院港澳辦新聞發言人楊光曾在記者會上質疑：「『他們想光復什麼？把香港光復到哪裡去？』他認為，「光復香港，時代革命」的口號及動機一目了然、路人皆見，就是要挑戰「一國兩制」的底線。全國政協副主席、前特首董建華亦指出，「『光復香港，時代革命』是公然挑戰『一國兩制』原則、中央權威的行為。」

　　熟悉香港政情的人士記得，「光復香港，時代革命」為口號，是以「港獨」分子梁天琦為代表的激進「本土派」最先提出。2016年旺角騷亂後，梁天琦打出「光復香港，時代革命」、「以武抗暴」等競選口號參加立法會補選，被選舉事務處認為與基本法第一條有根本性牴觸，拒絕免費替其投寄競選傳單。到2016年

7月，新一屆立法會選舉提名期開始，選舉主任表明「不信納實際上有意擁護基本法」，DQ了梁天琦、陳浩天等或明或暗主張「港獨」的人。

梁天琦鼓吹暴力、謀求「港獨」，散播「光復香港，時代革命」，惡果在此次反修例暴亂充分暴露，老友指出：「七一衝擊立法會、脫下面罩宣讀『佔領宣言』的梁繼平，就視梁天琦為偶像。梁繼平曾經出任港大學生刊物《學苑》總編輯，亦是《香港民族論》編者之一。在梁繼平任內推出的刊物及《香港民族論》，均明目張膽鼓吹『港獨』言論，前特首梁振英到立法會宣讀施政報告時曾點名批評；反修例暴亂中示威者大叫『光復香港，時代革命』，乞求美國等『自由民主』國家『解放香港』，又把香港比作烏克蘭等，聲言不惜流血，要把香港變成烏克蘭，這不是搞『顏色革命』又是什麼？可以說，『光復香港，時代革命』已由理論付諸行動，暴行愈演愈烈，『港獨』氣焰火上澆油。」

新一屆區議會選舉下月舉行，各區選舉主任陸續向曾發表「港獨」、「自決」或「革命」言論的參選人去信跟進提問。參選九龍城樂民選區的參選人林正軒，其選舉政綱打正旗號寫有「光復香港，時代革命」，竟獲選舉主任確認提名有效，老友深表擔憂：「梁天琦參加立法會補選，主張『光復香港，時代革命』，已被選舉事務處質疑牴觸基本法，再參加立法會選舉更被DQ。『光復香港，時代革命』與『港獨』毫無區別，選舉主任應該把好關，不能讓主張者參選，否則後患無窮。」

2019年10月21日　文匯報　李自明文章

暴力嚴重威脅區選公平
政府必須認真研究對策

　　新一屆區議會選舉臨近，暴徒大搞「黑色恐怖」，不少建制派區議員辦事處遭嚴重破壞，近日有小商戶因張貼建制派候選人的海報亦遭恐嚇，商戶唯有迅速除下海報，表明不沾政治以求自保。「黑色恐怖」籠罩下，建制派參選人、選民連人身安全都不保，更遑論展開競選工程。沒有「免於恐懼」的選舉，根本就是不公義的選舉。政府必須確保選舉的安全、公平、公正，及時評估選舉環境，必要時應認真考慮押後甚至取消區議會選舉，直至恢復法治安定後才復選，避免選舉不公，更防止煽暴派代理人混入區議會，令香港陷入更混亂不堪的境地。

　　區議會選舉將於11月24日舉行，提名期已於上周五（17日）結束，按照正常進程，競選工程已如火如荼展開。但今年「黑衣暴力」坐大氾濫，多個建制派區議員辦事處遭到嚴重破壞，有建制派參選人或支持他們的商舖被起底恐嚇，街站被騷擾；有候選人顧慮自身及家人安全，甚至放棄參選；支持建制派的商戶、選民、義工擔心安全，被迫選擇沉默，甚至「轉軚」。在暴力恐怖威脅下，建制派的選舉工作舉步維艱，選舉公平已經明顯受到嚴重的、實在的威脅。

　　香港作為法治民主文明社會，政府必須確保選舉安全、公平、公正，保證選民能夠安全及「免於恐懼」地投票，這是選舉民主的基本要求，是符合國際標準的民主機制。事實上，以暴力、脅迫手段威脅候選人、選民，以及通過張貼海報、在網上散播虛假信息抹黑候選人、左右投票意向，均觸犯《選舉（舞弊及非法行為）條例》，而恐嚇威脅商戶的行為亦觸犯《刑事罪行條例》。在目前暴力肆虐的氣氛下，選管會、廉政公署、警方更應積極發揮各自的職能，嚴正執法，採取一切合理適切的措施打擊選舉舞弊行為，確保選舉公開、誠實及公平地進

行。

　　希望區議會選舉在公平公正安全的情況下進行，是信奉公平正義的市民和建制派的共同願望。目前暴力愈演愈烈，而暴力運動持續升級的目的之一，就是衝着區議會選舉而來。泛暴力派正全力把暴力運動拖延至區議會選舉，以便收割過去4個多月動亂的「成果」。社會有理由擔憂，越近區議會選舉，暴力越變本加厲，寒蟬效應就越大，所謂和理非、泛暴力派就能成為暴動的最大得益者。至於選舉的公平公正，他們完全不在乎。

　　因此，出現暴力干擾選舉的惡劣情況，已經是大概率事件。作為負責任的政府，需要審時度勢，做好各種有效可行的預案。若情況不樂觀，特區政府可引用《區議會條例》第38條押後選舉。根據有關機制，經押後的選舉時間須定於原選舉日期後的14天內舉行。政制及內地事務局局長聶德權曾表示，特區政府已預留12月1日作為「後備投票日」，假設當日仍未能進行選舉，特區政府就會修訂相關條例，經立法會三讀通過後安排另一個選舉日期，但屆時明年1月1日起就會是區議會「真空期」，而「真空期」延續多久目前難以確認。目前形勢下，特首連到立法會宣讀施政報告都告吹，要經立法會三讀通過安排另一個選舉日期，幾乎是「不可能的任務」。

　　非常時期還是要有非常決心和措施。為今之計，政府必須要有底線思維，認真研究在最壞情況下的法律手段，包括再次透過實施緊急法，押後甚至取消本次區議會選舉，直至社會回復平靜才重啟選舉，徹底避免暴徒以暴力操控選舉，敗壞公平公正的選舉文化，讓反中亂港分子搶奪香港管治權的圖謀破產。

2019年10月22日　文匯報社評

大學校長要企硬
向暴力低頭太肉酸

　　繼日前中大學生圍堵批鬥校長段崇智，成功逼迫段崇智「跪低」後，昨日港大有師生、校友亦發起聯署，要求校長張翔發聲明譴責「警暴」，有逾百人向校方遞信，要求在10月28日前正面回應，並與張翔對話，否則威脅「有升級行動」。一位教育界老友憂憤地對自明話：「大學校園已淪為黑衣暴力的重災區，這些被激進思潮洗腦的學生走火入魔，好似塔利班一樣，企圖騎劫全港所有大學，令學校成為顛倒是非的『樣辦』。大學校長應該是社會良知的守護者，當然要有風骨氣節，企硬不要做黑衣魔的『人質』。如果向惡勢力暴力低頭，真係好肉酸。」

　　激進學生對張翔提出所謂「四大訴求」，又號稱已經有2,600名學生、校友以及港大教職員聯署，老友直指：「其實，好難知道這些所謂聯署的真實性。但眾所周知，港大畢業生不少是社會上有頭有臉的人，有些人更是煽暴派、縱暴派頭目，這些人給學生洗腦，煽動他們仇視國家、對抗特區政府、抹黑警隊，給莘莘學子乃至整個社會起了極壞的引導作用。今次所謂聯署要求校方譴責『警暴』、承諾不容許警方進入校內，不僅沒有事實根據，亦毫無道理，任何有理性、有常識、有擔當的大學領導層都不可能答應。」

　　早前，中大校長段崇智曾受學生脅迫發出公開信譴責警方，被社會主流輿論批評，港大將會如何回應所謂聯署備受關注。老友分析：「張翔校長過往的表現，顯示他反對暴力態度還是相當鮮明的。八大校董會及校務委員會主席日前發出的聯合公告指出，『大學絕不是尋求政治議題解決方案的戰場，不應捲入支持某一特定政治立場的漩渦』。大學不是無王管，有既定機制處理違反法例或大學

規則的人，如果有人敢亂來破壞學校安寧，無論是學生還是教職員，該辭退的辭退、該停學的停學，不能因為惡勢力當道就猶豫退讓。張翔應該有足夠底氣堅持原則。」

部分激進學生把暴力風氣引入大學校園，嶺大、浸大、中大等大學的校長被迫就範，老友嘆息：「激進學生的威脅手段十分惡劣，例如在中大，學生打爛玻璃門、用激光筆射校長眼睛、向校長撒溪錢，更髒話連篇問候校長，言行令人髮指。只是，校長不理直氣壯譴責學生目無師長、損毀校譽的惡行，反而向激進學生『跪低』，答應學生要求發公開信譴責警方。這種顛倒是非的作為，確實令公眾失望。」

老友感慨地表示：「大學校園是社會重要的學術文化中心，大學校長是德高望重的學者，代表社會公義良知，激進學生脅迫校長『跪低』，是為了顯示校長都站在他們那邊，從而左右社會的價值判斷，令更多公眾認同他們的作為，這是十分危險的。希望校長堅持法治文明的正確價值觀，對學生和香港負責，明確傳達反暴力、護法治的決心和信念不動搖，才能防止暴力歪風進一步蔓延。」

2019年10月23日　文匯報　李自明文章

傳媒操守必須堅持
採訪規範必須完善

　　持續4個多月的暴力運動中，本港傳媒的採訪報道出現眾多亂象、怪象，受到公眾高度關注和詬病。昨日警方記者會上，有在場自稱記者人士變身抗議者，向警方代表照射強光，喧嘩鼓譟，令記者會被迫暫停半小時。報道真相是傳媒天職，社會對秉持專業的傳媒及記者抱持敬意，政府及警隊當然要維護、支持專業記者的採訪報道工作。但記者採訪暴力現場時妨礙執法的怪象，以及部分以記者之名行「阻差辦公」之實的亂象，顯示濫用新聞自由的問題必須引起高度重視。因此，當局亟需制定暴亂和大型公眾活動的現場採訪規範，傳媒機構也應該切實負起約束記者遵守傳媒操守的責任。

　　在昨日警方記者會上，有多名在場記者突然變身抗議者，打斷警方代表發言，並以強光照射警方代表，令記者會被迫暫停。以記者身份進入警方記者會，應為社會大眾客觀報道新聞，這是記者的職責。但昨天有聲稱記者的人士不是在提問環節向警方提問，而是濫用記者身份，把記者會變身抗議會，自己成為了新聞主角，根本上混淆了記者與抗議者的身份，也無視記者會的規矩和起碼的禮貌和尊重，未能表現出記者的基本專業素養，也是對公眾知情權的傷害。

　　事實上，由於缺乏對傳媒在暴亂或大型公眾活動現場的採訪規範，本港記者在暴亂現場採訪的怪象、亂象不斷。在暴亂現場，經常出現大批記者站在暴徒與警察中間，客觀上阻擋了警察的執法推進行動，也對記者的人身安全造成極大威脅，有記者曾被暴徒的燃燒彈擲中、被暴徒投擲的磚頭所傷。有記者在暴亂現場隨意奔跑，不聽現場執法者的警告衝擊警方防線，或過分逼近警方拘捕現場妨礙警方拘捕行動。還有各種涉嫌違法的亂象，如有人打着新聞採訪的旗號，卻為暴

徒通風報信，在暴亂現場指罵警察，甚至有人扔完磚頭、汽油彈後又穿上記者黃色衣，混在記者隊伍中逃避法律責任。

面對暴亂現場的傳媒亂象、怪象，警隊一直盡力支持記者採訪工作，並安排了身穿藍色背心的警察傳媒聯絡隊，遊走於警察與記者之間，為兩者協調各自的工作空間，避免衝突和摩擦。警方高層多次在記者會上呼籲，當警方採取行動時，任何人都必須離開，在場採訪記者也需要遠離警方防線，否則不但阻礙警務人員執法，也危及記者本身安全。但暴亂現場記者與前線警員推撞、指罵的衝突摩擦不斷且有升級趨勢。

必須指出，記者報道真相是天職，但新聞自由並非沒有界限。正如昨日警方所言，有記者在衝突現場被強行扯下面罩，情況不理想，但在禁蒙面法之下，記者並非有特權或獲豁免，而是有免責辯護，警方仍有權截查記者。記者遵守暴亂現場採訪規範，與新聞自由根本是兩回事，絕對不應該以新聞自由為名干擾警方執法工作。

以記者在暴亂現場的站位為例，保護記者委員會記者安全資深顧問史密斯在《CPJ記者安全指南》中指，記者應該尋找既可以觀察抗議者，又可以觀察防暴警察或當局的有利地點，但絕不要停留在兩方中間；在報道抗議或暴亂之際，避免陷入衝突團體之間或困在任何民眾中間；記者應服從執法官員的命令，重要的是，現場記者不是參與者，而是一個觀察家。

香港經歷了較長時間的和平社會環境，又高度尊重新聞自由，警隊的專業克制更是全球知名，因此長期缺乏暴亂和大型公眾活動現場的採訪報道規範，這既不利於警方的執法行動，也不利於記者人身安全和新聞報道工作。要遏制香港傳媒採訪的亂象、怪象，政府、警隊和傳媒應一起充分探討，努力達成平衡執法和報道需要的共識，形成有約束力的規範。

2019年10月29日　文匯報社評

區選暴力日趨惡劣
政府須作負責任決定

　　隨着新一屆區議會選舉臨近，針對建制派候選人的暴力事件愈趨頻密、惡劣，本身是立法會議員的區選候選人何君堯遇刺，令全港更高度關注區選的安全公平問題。昨日建制派人士發起「譴責暴力還我公平選舉」大遊行，促請當局採取適當措施，確保選舉在公平、公正、公開及安全的情況下進行。修例風波帶來的反民主黑色恐怖籠罩香港，顯性暴力與隱性暴力疊加，令本港的民主選舉正面對前所未有的嚴峻挑戰。沒有法治安全，選舉的公平公正就難以保障，政府必須認真評估、審慎判斷選舉的法治環境，作出最壞情況下押後、暫停選舉的可行預案，對候選人、選民和香港作出負責任的決定。受修例風波引發的暴力歪風影響，單向性針對建制派候選人的暴力事件層出不窮，包括民建聯、工聯會、新民黨、經民聯、自由黨等，上百個建制派議員的辦事處遭到嚴重破壞，不少建制派候選人、助選義工被起底恐嚇，街站被騷擾；在暴力淫威下，商戶只敢張貼煽暴派的宣傳海報，支持建制派的選民、義工擔心安全，被迫選擇沉默，甚至退縮。如今發展到向建制派候選人實施有計劃、有預謀要「攞命」的行刺，明目張膽的暴力襲擊，沒有最惡劣、只有更惡劣。

　　另外不容忽視的是，煽暴派以隱性暴力干擾建制派選民參與選舉，藉以影響選舉結果。有電台主播公然教唆煽動阻礙長者投票，網絡上教唆阻止特定人士投票的言論不絕，包括以「永遠不給家用」左右父母的投票取向；投票日去老人院「拾走」長者身份證、讓長者「被外遊」、投票日包圍老人院、誤導恐嚇長者等等，剝奪長者選民投票權。這些干擾選舉的陰招賤招，具有隱蔽性，難以察覺防範，險惡堪比實質暴力。或明或暗的暴力肆無忌憚地干擾、衝擊選舉，社會充斥

「誰大誰惡誰正確」的民主霸權氣氛，選舉沒有民主原則、法治保障，沒有免於恐懼的選舉自由，候選人不能暢所欲言表達政見，選民沒有不受干擾的投票自主權，這樣的選舉還有什麼意義？

雖然，任何選舉不可能完全杜絕暴力現象，但是像目前香港這樣有系統性、有組織、大規模地針對建制派這一特定政治群體的暴力恐嚇滅聲行為，在世界上是罕見的，更是任何法治文明社會都不能接受的。美英現在也進入選舉期，儘管政爭激烈、火花四濺，但沒有任何合法的政黨和候選人，會遭遇香港建制派這種受全面刻意恐嚇的反民主現象。不制止選舉暴力，選舉必然不公平、不公義。這還是香港應有的民主制度嗎？

建制派代表了香港的主流價值，是保障「一國兩制」成功落實、維護香港繁榮穩定的中流砥柱，正因為如此，成為反中亂港勢力刻意攻擊的目標。面對不公平不公正的選情，政府理所當然要認真審視、判斷當前本港社會大環境對選舉的深重影響，全面評估是否有足夠的能力控制局面，能否全面保障每一個候選人及其助選人員不受干擾，能否保障每個選民以自由意志行使民主權利，保障選舉公平公正。

倘若圍繞區選的暴力威脅沒有消除，甚至變本加厲，選舉根本毫無公平公正可言，那麼政府就要迅速啟動應對危機的機制，堅決果斷押後選舉，直至徹底止暴制亂、恢復正常秩序再重啟選舉。這是對香港和市民負責，更是對歷史負責。

2019年11月8日　文匯報社評

面對一場邪惡的戰爭，
政府真的束手無策了嗎？

　　從生於盛世到身處亂世，只是短短5個月，每一個視香港為家的人真是情何以堪！

　　黑衣魔連續多日發動針對全港市民的暴行，港鐵、巴士等主要交通服務都被迫停，無辜市民不僅被剝奪生活工作的基本權利，連免於恐懼的自由都幾乎喪失殆盡，一個清理暴力行動殘留垃圾的七旬清潔工更受襲擊懷疑腦幹死亡。暴力持續氾濫升級，已經激起相當部分市民的強烈反彈。市民維護自身生命和權益的正當訴求開始高漲，如果政府不能順勢而為，任由管治、法治持續失效，勢必催生以暴易暴的悲慘社會。面對這場向全港市民宣戰的邪惡戰爭，政府只有以萬民福祉為念，打破和平時期的常規管治思維，再啟緊急法實施更強力有效的法律手段全面止暴，並盡快設立跨部門危機處理小組，集合政府各部門和社會各界的資源和力量，有效震懾打擊邪惡暴力，才能保護市民、拯救香港。

　　一萬個念想，哪怕是善念，也比不上一個基於總體情勢的明智判斷。回顧過去5個月，借修例風波發動的暴力衝擊變本加厲，如今發展到無差別針對無辜平民發動攻擊，大規模癱瘓交通，普羅市民上班、上學、生活寸步難行；有分析指，暴徒還將攻擊全港各區的供電、供水設施，這種風險一旦不幸成為現實，全港市民基本生活和各行各業正常運作，將進一步受到嚴重影響。毫無疑問，這場暴力運動的本質，是一場試圖衝擊「一國兩制」、奪取香港管治權的邪惡戰爭，這場戰爭不予制止，最終結果是摧毀香港的繁榮穩定，令港人安居樂業的生活蕩然無存。

　　面對越來越無法無天、喪心病狂的暴力惡行，市民生命安全和基本權利遭受

重大而切身的威脅，爲求自保，越來越多市民不再沉默，而是奮起反擊，反暴力、護權益的民意開始出現明顯抬頭，更有聲音倡導建立自衛組織。這股反暴力的正當民意可以充分理解，且值得高度珍惜，但要強有力的引導，以免因爲法治失效而演化爲以暴易暴。因爲，香港要繼續成爲擁有良好法治文明的國際城市，制止暴力絕對不能靠民間以暴易暴，止暴制亂始終是政府的權力和責任。政府更應該明白，要避免以暴易暴，必須強化管治、充分發揮法治保護普羅大眾的應有效能。如若不然，香港勢必陷入可怕的內戰狀態。

部分市民不得已採取自保行動，其中一個很大的原因，是因爲政府止暴制亂至今成效不彰，部分人開始失去信心和耐心。顯而易見的是，面對如今的香港已處於準戰爭狀態，政府仍用和平時期的常規管治思維來應付，當然難免進退失據、力不從心。

就以警方執法爲例，目前警方主要依靠《公安條例》《警隊條例》進行止暴制亂，結果處處受掣肘和挑戰，進入大學校園執法被指控「擅闖私人地方」；警方開槍更遭諸多非議，有意見堅持警員要在確認生命安全受到重大危險才能開槍，否則就違反警務守則。《公安條例》《警隊條例》、警務守則只是和平時期賦權警方處理治安案件的法例，而現在香港的暴力呈現無時無刻、「遍地開花」、大規模群體化的特徵。面對成群結隊、窮兇極惡的暴徒，面對喪心病狂的致命攻擊，仍要前線警員墨守處置個案式治安案件的法例法規，令前線警員執法縛手縛腳，疲於奔命，更令他們生命安全置於極其嚴峻的危險之中。

大規模群體暴力與個案式治安案件的分別，相信政府和不存偏見的市民都能夠分別。面對暴力心態和程度越來越嚴重惡劣，警方面臨的危險和挑戰越來越大，香港管治、法治被全面癱瘓的風險越來越高，政府對依法授權警方加大執法力度，不能再猶豫不決、舉棋不定，唯有採取更強力的法律手段，才能震懾暴力，扭轉局勢。政府已經啟動緊急法落實了《禁蒙面法》，邁出強力止暴制亂的

第一步。但這遠遠不夠，還需要更強有力的法律組合拳來支撐迅速有效的執法、司法。政府根據現實需要，引用緊急法頒佈一系列緊急規例，包括放寬警權，讓警方可更多使用武力，逮捕、搜查、封閉場所，檢控工作更為迅速有效；成立特別法庭專門審理這次暴動案件；制訂防止煽動性言論的條例，以利檢查、管制、阻止傳遞暴力資訊，拆除連登、Telegram 通訊軟件等暴力「大台」，等等。

　　另外，要應對這場香港特區前所未遇的邪惡暴力準戰爭，政府更應成立跨部門危機處理小組。戰爭狀態下，整個政府必須改變各自為政、各掃門前雪的思維、態度和工作模式，讓各部門和政府人員都充分明白，面對止暴制亂的生死責任，政府上下無人能置身事外。問責官員和高級公務員都應該責無旁貸地站出來，發聲譴責暴力、譴責恐怖襲擊。每個部門都要認真思考，如何能在自己的職責範圍內，做一些平時沒有做、如今戰時應該做的工作，以利止暴制亂，比如負責發佈政府資訊的部門，在傳遞真確資訊、揭穿暴力本質、消除謠言謊言方面能做什麼？主責香港電台的部門，能為制約、切除這顆「毒瘤」做什麼？市民都可以自發清除路障，負責路政的部門能不能比平時多行一步？

　　一念天堂一念地獄，為政者請擔起歷史責任吧！

2019年11月14日　文匯報社評

面對喪失心智的暴力學生
政府須文武兼施化解危機

中大、理大等大學被極端激進暴力學生佔據，並以校園爲據點攻擊警察，向校外公路投擲雜物、堵塞道路、火燒相關設施。這些極端激進學生已經喪失心智，視法治秩序如無物，視市民生命如草芥，視警察如仇敵，讓廣大市民既憤怒又痛心。出現這種局面，罪魁禍首是煽暴、縱暴派政棍及其喉舌，他們煽動莫名仇恨，猶如給部分青年學生吸食精神毒品；但校方及教育當局不堅持法治原則，也難辭其咎；而政府的文宣工作空泛無力，未能給受到精神毒害的青年學生及時解毒，亦負有不小責任。危機當前，政府必須當機立斷，在加強法律手段止暴的同時，以有針對性的強大文宣，講清是非、澄清眞相、陳明後果、張揚正氣，令部分捲入暴力活動的學生幡然醒悟、迷途知返，最大限度孤立極端暴力的核心分子，令校園被佔據問題可以妥善解決，減少迫不得已要採取非常手段的幾率。

出現大學無法無天、管治失效、大批學生捲入激進暴力活動的嚴峻局面，煽暴縱暴派政棍及《蘋果日報》之流的毒媒無疑是罪魁禍首。他們不斷向學生灌輸暴力抗爭有理的歪理，大肆散播學生遭警察濫暴、性侵、虐殺的謠言，刻意刺激學生反政府、仇恨警方的情緒，並且將暴力行爲英雄化，令部分本已被仇恨情緒洗腦的學生，更喪失心智，形同狂魔一樣攻擊警方，不擇手段製造「攬炒」，要全港市民玉石俱焚。

其次，大學校長、管理層不敢對校內暴力歪風直斥其非，不能堅守原則、負起依法依規約束學生的責任。有校長面對學生圍堵辱罵，竟然不敢直斥其非，反而屈從學生譴責警方暴力，要求追究警方責任；多間大學的校長辦公室、校內設施被學生砸爛，學校只是譴責了事，完全沒有實質的追究懲罰行動。教育局作為

專責部門，把管理學生的責任全部推給校方，既不提供清晰指引，更無具體支援，放任自流、聽之任之，校園形同「無王管」，最終變身為「暴力策源地」和「罪犯避風港」。

第三，政府文宣軟弱無力，無所作為，根本不足以喝醒走火入魔的年輕人。修例風波以來，警方以記者會、社會媒體的方式傳播真準資訊，主動還原真相、及時闢謠；愛國愛港媒體不偏不倚，堅持報道事實，揭穿暴力危害，引領輿論明辨是非；建制派陣營舉辦多次大型活動，凝聚反暴力、撐警察、護法治的聲音和民意。可惜，來自政府的弘揚法治正義、澄清是非真相的聲音太微弱，根本不足以抗衡無孔不入的違法暴力資訊。

這些原因共同作用之下，正氣不彰、邪惡橫行的社會環境多個月無法扭轉，令部分年輕學子在精神毒品的荼毒下，越來越被狂熱暴力歪理佔據頭腦，令他們視法律如無物，把非法佔據大學校園的惡行視作保護校園、捍衛香港的「英雄行為」，並且裹挾了更多的學生參與。這樣的嚴峻局面令人非常擔憂，政府、警方最終要以非常手段收拾局面，出現嚴重流血事件的風險越來越大。這是任何熱愛香港、以港為家、關心學生的人絕不想見到的。

危急關頭，要盡可能避免這種情況發生，政府必須以戰爭時期的非常思維，迅速啟動文武兼施的有力措施。武，是採取更加強有力的法律措施，打擊核心暴力分子；文，就是把講道理、明是非、清真相的文宣工作放到與依法止暴制亂同樣重要的位置，從特首、管治團隊到專責教育、宣傳的部門，應高度重視向全社會、尤其是學生進行有針對性、觸動人心的說理引導，盡可能多喚醒被暴力仇恨洗腦的年輕人，懸崖勒馬，脫離暴力漩渦。喚醒一個學生，就是拯救一條生命；喚醒一群學生，就是削弱施暴的力量；喚醒得越多，妥善解決危機的機會就越大，對香港和港人的功德就越大！

2019年11月15日　文匯報社評

為政者應有底線思維
打贏「一國兩制」保衛戰
——解讀習近平就當前香港局勢重要講話系列社評之一

　　國家主席習近平11月14日就當前香港局勢表明中國政府嚴正立場，短短300字的講話，高屋建瓴、堅定有力，其中「三個堅定不移」都與「一國兩制」原則緊密聯繫，顯示中央對這場「修例風波」的性質判斷極其準確，態度非常鮮明。這場風波，越來越顯示出濃厚的分裂主義、奪取管治權、衝擊「一國」原則的本質特徵，其目的在於破壞「一國兩制」成功落實，配合外部勢力遏止中國崛起。香港的為政者，只有具備充分的底線思維，才能認清這場風波的本質，才能有清晰的責任意識，才能堅定信心，迎難而上，拿出擔當和魄力，負起止暴制亂、恢復秩序的歷史責任，打贏「一國兩制」保衛戰。

　　回顧這場已經持續超過5個月的風波，暴力衝擊愈演愈烈，暴行已呈現恐怖主義特徵，對香港的法治秩序、繁榮穩定帶來前所未有的巨大傷害，嚴重威脅「一國兩制」的成功落實。習主席指出，香港持續發生的激進暴力犯罪行為，嚴重挑戰「一國兩制」原則底線。這是中央對這場風波的本質和危害，作出的最權威、最準確的定性。

　　這場風波從一開始就打出「反送中」的口號，之後演變到提出「時代革命、光復香港」的主張，鼓吹、謀求「港獨」的居心彰彰明甚。特區政府提出修訂逃犯條例，本來是一個堵塞漏洞、彰顯公義的法律問題。但是，一個「反送中」口號，把正當合法的法律問題政治化，更把國家置於香港的敵對面，利用本港一部分人對內地政治、法律制度的不了解、不信任，製造、誇大恐慌情緒，刻意造成

「一國」和「兩制」水火不容的對立。「反送中」就是變相的去「一國」；「時代革命、光復香港」更赤裸裸地暴露出「奪權變天」的企圖，其目標就是要把香港變成脫離中央全面管治的獨立、半獨立政治實體。可以說，修例風波從一開始已呈現挑戰「一國」底線的政治意味和目的，並迅速演變成試圖以暴力把香港從國家母體分裂出去的政治運動。

由修例風波持續發酵、演變而來的暴力運動，表面上是反對修訂逃犯條例的社會運動，但只要仔細分析運動的幾個特徵，就足以看清，這是一場以「捍衛民主自由」作包裝，實質是搶奪香港管治權、分裂國家的「顏色革命」。

首先，這場運動的最明顯和最大特徵，就是煽動暴力和仇恨。因為只有讓暴力、仇恨情緒高漲，才能讓香港陷入越來越對立、撕裂的混亂狀態，暴力仇恨螺旋式升高，不同政見者互相敵視、有你無我；尤其是通過人為製造仇恨，滋生、推高針對政府、警隊和內地的敵視仇視心態，從而動搖特區政府管治的正當合法性，才能誤導更多市民特別是年輕人，把極端暴力正當合理化，支持以暴力癱瘓管治、最終摧毀「一國兩制」。

其次，這場風波自開始以來，持續升級的暴力，嚴重危害市民生命財產安全、對香港經濟民生造成極其嚴重的傷害，但反對派、縱暴派政客始終視而不見，從來不與暴力割席，更沒有隻字片言的譴責。如果不是抱有癱瘓管治、奪取香港管治權的政治目的，反對派、縱暴派作為香港政權的一個組成部分，怎會如此縱容暴力凌駕法治公義，怎會如此任由暴行泯滅人性，怎會如此不惜全港「攬炒」？

第三，修例風波發生以來，香港的煽暴、縱暴派一直沒有停止尋求美國、西方勢力干預香港內部事務，甚至赤裸裸地要求美國作出制裁；以美國為首的外部勢力也從未停止過對這場風波的支持，為香港的縱暴派、暴徒撐腰，炮製一波又一波給暴力火上澆油的惡浪。可以說，他們一致的目的，就是盡一切可能破壞

「一國兩制」的落實，把香港當作圍堵、遏止中國發展的工具。

正是這場風波的性質，注定了縱暴派、暴徒不達目的絕不會罷休，這個矛盾是不可調和的。過去5個多月，儘管政府在修例問題上一退再退，警隊由開始至今只使用最低限度的武力止暴，防止香港徹底失控；儘管政府不斷釋出善意，強烈呼籲以對話化解暴力對抗，但這些善意和努力都如泥牛入海，得不到正面回應，縱暴派、暴徒根本無意收斂暴力，反而得寸進尺、有恃無恐。因為他們要的並不是政府的局部妥協退讓，而是要政府交出管治權。

修例風波發展至此，只有深刻領會習主席講話的精神，才可以清醒認識這場風波的本質和目的，明白這是一場爭奪政權的分裂運動。在「一國兩制」、「港人治港」、高度自治的方針下，由特首和行政、立法、司法共同組成的管治體系，是落實中央對港全面管治權、處理香港內部事務的最重要依託和抓手，堅守「一國」底線、維護國家主權、安全和發展利益，為政者責無旁貸。香港的為政者必須具備捍衛「一國兩制」應有的底線思維，全面準確理解習主席和中央反覆強調堅定不移貫徹「一國兩制」原則的要求和指引，裝備、充實底線思維的思考能力和覺悟，才能真正明白肩負的責任有多麼重大，才能有更加堅定的決心和信心，自覺、主動運用一切法律手段止暴制亂、恢復秩序。

2019年11月18日　文匯報社評

行政執法司法密切配合
用足法治措施止暴制亂
——解讀習近平就當前香港局勢重要講話系列社評之二

習主席日前就香港當前局勢發表的重要講話，明確表示，中央政府將繼續堅定支持特首帶領特區政府依法施政，堅定支持香港警方嚴正執法，堅定支持香港司法機構依法懲治暴力犯罪分子。這三個「堅定支持」，對香港整個管治體系的止暴制亂工作提出全面明確要求。行政、執法、司法是香港管治架構的主要組成部分，在當前止暴制亂、恢復秩序的最緊迫任務中，任何一環都不可缺失，更不可置身事外。唯有行政、執法、司法各司其職，互相配合，才能更有力彰顯法治公義、確保有效管治，才能符合中央要求、不負港人期望。

修例風波持續5個多月，特區遭遇前所未見的管治挑戰，曠日持久、愈演愈烈的暴力衝擊，嚴重威脅市民的生命財產安全，干擾社會正常運作，香港瀕臨管治失效狀態。同時，本港煽暴、縱暴派包庇縱容暴力，外部勢力肆無忌憚插手香港事務，令暴力更有恃無恐，特區施政承受巨大壓力。面對極之惡劣的情況，特區政府勉力而行，為止暴制亂做了一定工作，包括因應事態發展和現實需要，啟動緊急法實施禁蒙面法，為止暴制亂法治保障邁出重要一步。

在5個多月止暴制亂、恢復秩序的執法行動中，警方毫無疑問扮演了中流砥柱的角色。正因為警方盡忠職守、無畏無懼抗擊逐步變質為恐怖主義的暴力襲擊，日以繼夜、流汗流血維護法治秩序，盡最大努力保障市民安全，防止了香港法治、管治全面崩潰。警方的卓越表現有目共睹，獲得了全港市民讚譽和支持。目前，暴力惡行變本加厲，越來越無法無天、喪心病狂，發展到無差別針對無辜

市民發動攻擊，大規模癱瘓交通，暴徒佔據大學校園，用密集的汽油彈、磚頭、弓箭作出致命襲擊，已與恐怖主義暴行無異。面對這種情勢，警方也有必要相應提升武力，調整止暴制亂的策略。如果暴力不止、情況惡化，暴力的形態進一步滑向恐怖主義，警方有需要獲得更大的法律授權，以利加強止暴制亂的執法力度。

在止暴制亂中，司法機構的作用舉足輕重，但也一直是最讓社會充滿懷疑、感到焦慮的一環。「警察捉暴徒、法官放暴徒」的現象持續不斷，香港整個管治體系的止暴制亂工作中，司法不力甚至缺失的社會觀感日益強烈，備受公眾詬病。對於公眾的擔憂和質疑，司法機構絕不能視若無睹、依然故我。

昨日高等法院裁定，緊急法不符基本法規定、禁蒙面法違憲。警方已即時暫停執行禁蒙面法。此判決，可以說是特區依法止暴制亂遭遇的一次嚴重挫折。這顯示，儘管香港恐怖暴力不斷升級，根本有異於和平時期，而是已經陷入準戰爭的特殊狀態，但司法機構還是墨守成規。在應對一場試圖衝擊「一國兩制」、奪取香港管治權的邪惡戰爭中，作為香港管治體系重要部分的司法機構，在止暴制亂的關鍵時刻，不僅沒有提供必須的法律保障，沒有扮演好法治守護者的角色，相反助長了破壞法治勢力的氣焰。

禁蒙面法並非新鮮事物，英法等西方標榜法治、民主的國家早已實施，並沒有受到這些國家法庭的質疑，更沒被推翻。實施《禁蒙面規例》，示威者必須以真面目示人，違法者不能再輕易逃避法律制裁，有助警方將違法者繩之以法，令違法暴力明顯收斂。香港實施禁蒙面法，完全符合國際標準和世界潮流，亦是為了加強對非法集會的約束，以利更有效打擊暴力，並非為了限制香港的人權自由，為何香港實施禁蒙面法就違憲？對於法庭有關禁蒙面法的判決，本港社會各界紛紛要求政府上訴，正正反映本港司法機構完全忽視香港正處於準戰爭狀態的特殊環境，在法治正面臨嚴峻挑戰的情勢下，作出與止暴制亂背道而馳的判決。

公眾擔憂，如果任由法治失效的情況持續，勢必陷香港於更危險的境地。

2011年的倫敦騷亂，英國警方逮捕數以千計的疑犯，倫敦各地的法院效率非常高，幾乎以24小時不停運作的方式審理案件。可見歐美國家雖然強調三權分立、司法獨立，但在打擊暴力、維護法治的問題上，司法機構會充分考慮特殊情況和公眾利益，因應特定情況作出特別程序安排，不會推卸自己的責任。法治不彰、正義難伸，是非黑白必然顛倒，只會令暴力氣焰更囂張，加速香港滑向管治癱瘓的深淵。司法機構的作為關乎香港安危，關乎700萬市民的生命財產安全，必須看清楚、想清楚自己肩負的責任和角色，為止暴制亂作出正確的抉擇。

市民渴望恢復安定有序的生活，除了政府依法施政、警隊嚴正執法外，更需要司法機構依法嚴懲暴力，包括律政司加快檢控程序、司法機構設立特別法庭，都應提上議事日程，盡快將暴徒繩之以法。絕不姑息放縱暴力，才能重振法治，還香港安寧有序。

2019年11月19日　文匯報社評

止暴制亂任務緊迫
關鍵拿出有效舉措
——解讀習近平就當前香港局勢重要講話系列社評之三

　　習主席就香港形勢的重要講話強調，止暴制亂、恢復秩序是香港當前最緊迫的任務。本月初，習主席在上海會見特首林鄭月娥時曾指出，止暴制亂、恢復秩序仍然是香港當前最重要的任務。由「最重要」至「最緊迫」的表述，顯示中央充分掌握香港暴力持續升級的情況變化，及時就香港止暴制亂提出新要求、給予新指引。香港管治架構團隊對止暴制亂的緊迫感，不僅要宣之於口，更要變成主動作為，拿出行之有效的應急措施，更強力遏止暴力，彰顯法治公義。由修例風波引發的暴力事件持續5個多月，並呈現明顯的恐怖襲擊特徵，已不是普通的治安事件，而是一場企圖衝擊「一國兩制」、奪取香港管治權的邪惡戰爭。習主席指出「止暴制亂、恢復秩序是香港當前最緊迫的任務」，不僅反映了暴力事件性質的嚴重性，更提醒包括行政、司法在內的香港整體管治團隊，必須意識到止暴制亂迫在眉睫、刻不容緩。

　　止暴制亂不能單靠警方獨立支撐，政府各部門、司法機構都責無旁貸。止暴制亂不能流於口頭，只作表面功夫，而應拿出切實可行的具體方案，並迅速付諸行動。如今因暴力事件而被捕的人超過4000人，當中不少被捕者涉嫌干犯暴動、非法集結、襲警等嚴重罪行，理應重判，才能發揮阻嚇效果，打擊暴徒的囂張氣焰。可惜，不少被捕者輕易獲得法庭保釋，已有多起案例是疑犯保釋後再次參加暴力事件。違法暴力代價輕微，正是此次暴力事件曠日持久、難以平息的重要原因之一。

　　近日在理工大學事件中，警方拘捕了過千人，當中就有不少「核心勇武」，

如果不迅速依法嚴懲這批人，反而讓他們輕而易舉又回到社會，他們對政府、對社會充滿仇恨敵意，再次作出暴力破壞勢必更瘋狂、更無人性，導致暴力螺旋式上升的惡性循環，必將極大增加警方執法的困難，增加香港法治、管治被全面癱瘓的危機。這更凸顯迅速嚴正司法在止暴制亂中的緊迫性。

非常時期，要用非常手段。這也是國際慣例。2011年的倫敦騷亂，英國警方逮捕數以千計的疑犯，倫敦各地的法院幾乎以24小時不停運作的方式審理案件。可見歐美國家雖然強調三權分立、司法獨立，但在打擊暴力、維護法治的問題上，司法機構會充分考慮特殊情況和公眾利益，因應特定情況作出特別程序安排。他山之石，值得香港借鏡。香港已處於準戰爭的特殊狀態，自然要用特殊方法應對危機、制止暴力。已有不少本港法律學者建議，本港可參照其他地方的經驗，設立「特別法庭」，由熟悉此類案件的法官專職處理，加快司法進程。香港的法庭應打破常規，肩負起止暴制亂的重任。

加快檢控程序，亦是止暴制亂的重要一環。但由於涉及暴力事件的違法者眾多，律政司的檢控工作繁重。律政司應改變在和平時期的檢控安排，合理調整人手安排，暫緩非緊急案件的檢控，集中力量處理此次暴力事件的起訴，盡快將暴徒送上法庭接受審判。

另外，本港的《公安條例》和《警隊條例》等法律，都賦予政府有效止暴制亂的法律手段，示威者的暴力和破壞行為已牽涉非法集結、暴動及相關罪行，如拆卸或破壞公共設施、阻止鐵路列車開行等也觸犯法例。為制止堵塞道路、危害公共交通的情況，政府應主動向法庭申請臨時禁制令，更可考慮依法截斷散播、煽動暴力的資訊傳播和資金來源。

只要警方、律政司、法庭等管治架構共同努力，用足用好現有法律手段，加快處置與暴亂相關的案件，樹立典型案例並予以重判，止暴制亂的工作將事半功倍。

2019年11月20日　文匯報社評

第四章

護民本

八十萬聯署是真正民意
亂港暴徒挑戰港人底線

昨日香港有兩場展示民意的行動，一場由「撐修例大聯盟」舉行的全港聯署，另一場由反對派發動的示威遊行。如何評定什麼才是真正的民意，並非看誰的態度惡、誰的聲音大，而是要以整體事實為依歸。儘管反對派遊行看似聲勢浩大，但喧囂之外有多少「水分」，市民自有公論。更重要在於，真正的民意從來都是「沉默的大多數」。八十萬撐修例的聯署，儘管以安靜、低調、理性的方式表達，但卻是無可撼動的事實：這才是真正的香港民意！那些血腥襲擊警員、包圍立法會、縱火行兇的遊行絕對不代表香港市民！

《逃犯條例》修訂自提出以來，各種民意調查都在顯示，支持特區政府行動的市民佔絕對大多數。雖然沒有慷慨激昂的口號，也沒有煽惑人心的標語，但「撐修例大聯盟」過去一段時間以來的聯署行動，卻是最真實地體現了香港市民的心聲。

香港市民普遍是理性的，是務實的，更是堅定維護法治的。八十萬支持修例的市民，以聯署的「沉默」方式表達出了自己對政府的支持。而就在昨日，在全港數十塊的電子屏幕上、在上百艘的漁船上、在社交媒體的貼文上、在無數市民的內心裏，「撐修例、護公義」、「護法治、懲兇徒」的呼聲得到了強而有力的體現。

一邊是精確有據可循的聯署數字，但另一邊則是嚴重失實的誇大數據。反對派遊行主辦方「民陣」所宣稱的「百萬遊行人數」，儘管看上去「人多勢眾」，但卻被揭發「嚴重發水」，以重複計算的方式，一遍又一遍地誇大參與人數。實際上，警方數字只有「民陣」數據的五分之一，而「香港發展中心」委託學者雷

鼎鳴教授的統計數據顯示，全日遊行人數只有二十萬左右。一個靠誇張失實統計出來的「遊行人數」，一個靠製造出來的「歷史紀錄」，試問：這樣的遊行能代表香港真正的民意？

　　一邊是理性大多數民意的體現，但另一邊則是暴力與極端行為的宣泄。反對派整場遊行絕不「和平」，從一開始刻意突破警方遊行路線造成交通癱瘓，到其後發動「阻截立法會」行動以及在建築物邊縱火，乃至到了深夜發動的大規模暴力衝擊立法會行動。嚴重混亂的現場、滿臉披血的警員、遭破壞的立法會大樓……所有這些，彷彿讓市民回到了長達七十九天的非法「佔中」當中、回到了數百人受傷的「旺角暴亂」的噩夢當中。法庭對違法行為的判決言猶在耳，又再度出現嚴重踐踏法治的行為，我們必須對此予以最嚴厲的譴責，試問：這樣的遊行能代表香港廣大市民嗎？

　　作為一個自由、開放和多元的社會，香港市民認同並尊重對廣泛議題有不同的意見。而昨日的遊行正正是港人在《憲法》、《基本法》和《香港人權法案條例》所賦予的權利範圍內行使言論自由的一個例子。然而，言論自由、表達自由，絕不代表可以肆意「暴力衝擊」，更不代表可以將自己立場強加於全港市民。「民陣」組織的遊行，無視違法行為，放縱暴力衝擊，縱容襲擊警員，實際上是進一步暴露出其極端與偏激、暴戾與猖狂的本來面目，這不僅代表不了香港民意，恰恰相反的是，這是對香港民意的侮辱！昨夜情況得到有效控制，市民要感謝一支優秀無比的香港警隊，沒有他們用汗水和鮮血的付出，就沒有香港的繁榮與穩定。

　　必須指出的是，過去近四個月以來，特區政府已多次詳細解釋提出這項《條例草案》的原因，相關官員更是數十次親身解說以釋除疑慮，盡最大努力去接觸並聆聽各方意見，希望透過冷靜和理性的討論，釋除這些疑慮。但反對派從未認真討論修例細節，而是千方百計進行「妖魔化」攻擊。儘管特區政府已經就社會

憂慮作了兩次重大的修改，剔除了多項罪行，刑期也由三年升至七年，也從人權保障方面作了六重修改，但沒有獲得反對派任何理性的回應。昨日遊行現場，充斥於其間的是極端化的口號與謾罵式標語，公眾不禁要問：反對派究竟意欲何為？

種種事實說明，當前香港面臨的已非普通的本地立法之爭，而是嚴峻的敵我力量的對決。以美國為首的西方勢力，以各種方式插手干預，明目張膽地介入香港內部事務，特區政府面臨的是史無前例新「八國聯軍」的煽惑與攻擊，香港面臨的是一場新版的「顏色革命」，絕無後退半點的空間。

這是一場嚴峻的管治權爭奪之戰，也是一場「一國兩制」的捍衛之戰。全體愛國愛港的香港同胞，必須堅定地貫徹中央對港方針政策、堅定支持特區政府依法施政、堅定地支持警隊依法恢復社會秩序。在支持修例與遏制亂港勢力之間、在正義與邪惡之間，沒有任何妥協的餘地。八十萬撐修例的聯署以及廣大的「沉默大多數」，必須團結一致，確保修例通過。

2019年6月10日　大公報社評

珍惜「暫緩」善意
市民勿再被綁上戰車

　　特首林鄭月娥宣布暫緩移交逃犯修例工作後，反對派昨日繼續鼓動大批市民、年輕人上街遊行，不少市民對反對派「得勢不饒人」、非「搞死」香港不可的做法深感憤怒和擔憂。

　　眼前事態，特區政府暫緩修例，特首林鄭月娥承認工作有所不足，一切的背後，都是為了改進工作、平息爭拗、消弭衝突，是為了不給外國勢力以亂港反華可乘之機而不是其他。這一切如果能被正確理解和回應，社會回復理性、和平，特首的良苦用心、中央的支持和建制派的諒解才算沒有白費，全港市民也可以從事件中更深刻體會到繁榮穩定的可貴，從而抓緊發展機遇，進一步建設好香港。

　　然而，樹欲靜而風不息，事實顯示，反對派並不是這樣想的，他們並不重視政府的忍讓回應，更不在乎港人社會被進一步搞亂，他們只在乎把成千上萬的青年學生和市民繼續推上街頭、推向違法深淵，把亂局延續下去，以便他們火中取栗、撈取選票，「重奪」議會大權，更為了令背後主子滿意，給他們更多的「賞賜」。

　　因此，眼前最重要的，是一切真正愛護香港、在乎香港的市民，必須擦亮眼睛、明辨是非，在港人社會何去何從這一重大關頭，支持特首依法施政，譴責和抵制一切賣港損港和暴力亂港的惡行。經過連串遊行、暴動和修例暫緩的事實，越來越多的市民已經進一步看清了事情真相，政府修例沒有錯、移交逃犯沒有錯、警方被迫使用武力也沒有錯，需要反思及警惕的是反對派繼續鼓動上街遊行、罷工罷課和外部勢力的插手干預。這裏面，有三點必須引起高度警惕：

　　一是反對派已經將矛頭指向特首林鄭，企圖迫使她下台，絕不能讓這樣的圖

謀得逞。無疑特首在此次修例工作中有明顯不足，這是她本人已經承認及爲此向市民致歉的；但修例不成功以至所謂「百萬人」上街遊行，並不完全是由於特首和政府工作上有不足，而是反對派的肆意歪曲「送中」令不少人被誤導，美、英反華右派勢力現代「八國聯軍」式的插手干預更令局面「火上加油」，這才出現後期不可收拾的亂局。特首是依法選出、中央任命的，反對派「項莊舞劍，意在沛公」，扳倒特首就是「攻破」中央對港憲制權力缺口、企圖最終實現「完全自治」和「獨立」的圖謀。

其次是「一國兩制」在港的實施不容割裂和變質。正如特首林鄭所說，在反對派干擾下，凡是涉及到「一國」和內地的法規、措施推出都會遇到極大的阻力和「反彈」，以至造成「一國」在港不能碰、不准提的局面。這是絕對不符「一國兩制」和港人根本利益的，必須堅決反對。

三是以美、英爲首的西方反華反共勢力今次已傾巢而出，政治上以民主、人權爲干預幌子，經濟上則以撤銷獨立關稅地位爲要挾手段。面對中美貿易戰和國際環境變化，今後對反對派與外部勢力、包括「台獨」內外勾結的危害性絕不能低估。

2019年6月17日　大公報社評

若成外國工具　香港前途危矣

　　亂港派掀起的反修例亂象，至今仍未有停止的跡象，至近日又傳出，意圖利用G20峰會召開之機發動新一輪示威行動。同時還進行所謂的「眾籌」，聲稱會於國際媒體刊登反修例廣告，以製造國際壓力云云。這類舉動，實際上是在將港人往火坑裏推，用心歹毒之極。香港社會必須明白，一旦質變成外國的一個遏華工具，香港將失去一切繁榮穩定的根基。

　　長期以來，香港一直都被視作一個商業城市，儘管外國勢力從未停止過利用香港對內地進行政治滲透，但鑒於在香港擁有龐大的商業利益，總體上仍然保持一個相對可控情況，不敢做出太出格的舉動。

　　但從「佔中」開始出現明顯變化，直至中美貿易戰發生之後，外國勢力已明目張膽地站到了對抗中央的最前台，此次更直接推倒了特區政府修例行動。外國勢力的意圖十分明顯，就是要利用破壞香港的穩定，去達到遏制中國發展的目的。

　　令人失望的是，香港本地的反對派政客，不僅沒有盡到堅定維護國家主權、安全與發展利益的責任和義務，反而站到了支持外國尤其是美國遏華策略的錯誤立場上。從被動接受邀請到美國拜見官員政客，到主動請願要求美國當局插手介入；從檯底下收受巨額政治獻金，到檯面上製造大規模暴力衝擊。此次更嚴重到，要利用香港的亂局，去影響整個國家在國際舞台的外交活動。所謂的「表達反修例意見」，不過是個藉口，根本目的，是要為美國在G20峰會上獲得更多的對華談判籌碼。

　　這些舉動，儘管絕不代表真正的香港民意，只是一小撮人在進行玩火遊戲，但客觀的效果卻是在一步步將香港往懸崖推、往火坑送，意圖將香港從一個繁榮穩定的商業城市，轉變成一個以反華為導向的政治城市，騎劫七百四十萬香港市

民。然而，香港是中國的香港，「一國兩制」之下並沒有任何主權與安全談判的空間，如果香港作為一個國家特別行政區、作為一個可以貢獻國家發展與民族復興城市的作用不復存在的話，甚至成為國家的一個負累，那麼香港的繁榮穩定必將失去一切賴以生存的機會和土壤。

這是一個大是大非的原則問題，絕不是香港本地一個修例是否通過的微觀問題，所有港人對此都要有清醒的認識。可以對本地管治不滿，也可以對具體政策提意見，但一旦涉及到根本的原則，必須要有最起碼的堅持。

那些甘於被利用的亂港勢力，勿以為找到了鑽營謀利的機會、可以在美國主子面前邀功，當今的中國，早非百年前的中國，在維護國家主權、安全與發展利益面前，不可能後退也絕不會後退。跳樑小丑或可以囂張於一時，但既不可能得逞也不可能收到任何實質效果。歷史證明，出賣國家利益、出賣港人利益，絕不會有好下場！

2019年6月26日　大公報社評

堅守法治香港才有未來
——重溫鄧小平關於「一國兩制」的重要論述

這個夏季燥熱難當，一時烈日高溫，一時大雨傾盆，天文台日前掛出一號風球，預示颱風季節已經來臨。香港的政治氣候更加惡劣，過去一個月來已發生多場大遊行，七月一日那天更爆發破壞及佔領立法會事件，搞事者意猶未盡，網上號召再去西九鬧事，更多更大的亂象恐怕還在後頭。然而，不管多麼糟糕，但天不會塌下來，「一國兩制」的偉大事業仍將在崎嶇中行穩致遠。

總有人搗亂

今年四月九日，多名「佔中」搞手被判刑，正當善良的人們以為公義終於彰顯、香港亂象將告一段落之際，一股更兇猛的高氣壓已經形成。特區政府修訂逃犯條例爭議成為導火線，反對派在外部勢力聲援下發起多次示威行動，儘管政府審時度勢宣布暫緩修例，聚焦經濟與民生，反對派卻得勢不饒人，提出毫無道理的訴求，甚至要求干預司法，赦免暴亂嫌犯，這就暴露他們無法無天的真面目。七一當天，立法會被暴徒攻入佔領，這是香港法治最悲哀的一天，連一向唯恐香港不亂的外部勢力都不敢公開支持了，但本港反對派政客仍為暴行辯護，將責任全部歸咎港府，這只能說是強盜邏輯。

然而，世間總有些事情是不以人的意志為轉移的。事實上，「一國兩制」的總設計師鄧小平早就預見到這一幕，諄諄告誡不要以為香港回歸就大功告成，萬事大吉，香港不會一帆風順，甚至可能發生動亂，「切不要以為沒有破壞力量」。他還說，儘管中國政府會遵守對「一國兩制」的承諾，但「總會有人不打算徹底執行，某些動亂的因素，搗亂的因素，不安定的因素，是會有的。老實

說，這樣的因素不會來自北京，卻不能排除存在於香港內部，也不能排除來自某種國際力量。」

回歸二十二年已經見證，香港一直在挑戰中不斷前行，尤其是在二十三條立法、國民教育、政改等重大事項上，香港內部的反對派與某些國際勢力勾結，並與中國境內境外的各種分裂勢力遙相呼應，不斷以「兩制」挑戰「一國」。說到底，有些人就是不接受香港已經回歸的事實，不認同中央權威，利用各種機會及一切手段「奪權」。非法「佔中」發生後，「港獨」思潮如野草瘋長，企圖將香港分裂出去，從旺角暴亂到近日的連串衝擊行動，都可以看到「港獨」分子的黑影。

最為陰險的是，那些拿着鵝毛扇的幕後策劃者利用年輕人的激情及不滿情緒，慫恿他們衝鋒在前，充當炮灰，與警方衝突，他們甚至將個別人的自殺悲劇美化為烈士及獻身精神，鼓動更多人輕視生命，萬一發生執法中的死亡事件，那就正中下懷。搞事者是多麼迫切地希望香港重演當年大型死傷混亂的一幕，這樣他們就可以繼續有「人血饅頭」可吃，並當作自己的政治資本。在這種情況下，警方的忍讓，特區政府的退讓，中央的顧全大局，就是不得不爾的選擇。

亂就得干預

由於香港是國際城市，有各種利益交纏，回歸後的種種亂象，某種程度上是「娘胎裏」帶來的，而高瞻遠矚的鄧小平不僅發出「總有人搞亂」的警告，更一早制定多條錦囊妙計。

首先，鄧小平強調「港人治港」有個界線和標準，就是必須由以愛國者為主體的港人治港。何謂愛國者？標準就是尊重自己的民族，誠心誠意擁護祖國恢復對香港的主權，不損害香港的繁榮與穩定。為了確保愛國者治港，中央已有制度性安排，包括政改「五步曲」及全國人大的「八三一框架決定」，這就破了反對

派藉由所謂「國際標準」奪權的圖謀，他們寧願一拍兩散，導致二〇一七年政改以失敗告終，香港人與普選特首失之交臂。最近反對派再彈啓動政改的老調，但不管怎麼樣，都繞不開「八三一」的規定，藉普選奪權注定徒勞。

其次，鄧小平當年力排眾議，強調要在香港駐軍，因爲駐軍不僅體現中央對香港行使主權，更可以防止動亂。「那些想搞動亂的人，知道有中國軍隊，他就要考慮。即使有了動亂，也能及時解決。」事實亦是如此，反對派可以斗膽佔領中環，圍攻及佔領立法會，將來有可能圍攻其他管治機構，但駐軍的存在，他們就不能不有所顧忌。反對派頭面人物心中清楚，動武「一定會輸」，因爲香港有駐軍。

該干預時就干預，該出手時就出手，中央一早擺明對香港可能發生動亂的態度，大局在握。當然，如何干預、何時干預，都必須嚴格按照香港基本法及有關全國性法律行事，而且，中央干預並非一定是出動駐軍。事實上，絕大多數香港人不希望動亂，關鍵時刻必然挺身而出。何況香港警隊有能力維護法治，制止動亂，涉嫌在六月十二日及七月一日搞暴力衝擊的十多名男女已被拘捕，就展現了執法的效率。至於反對派一再別有用心炒作的所謂出動駐軍，只能贈他們一句：殺雞焉用牛刀！

香港要穩定

正如我們一再指出，香港的亂象不會在短期內消失，而將長期存在，而這不僅是香港內部問題的凸顯，也是百年未有之大變局下，大國博弈的一個小戰場。

當然，香港亂象是不斷惡化，還是亂中有序，向好的方向發展，這不僅取決於中央的決心及魄力，更取決於香港自己，具體而言，香港人是坐視亂象蔓延，百年基業一旦休，還是把握自己的命運，趁着內地經濟崛起、「一帶一路」及大灣區建設之東風，運用香港人的靈活及拚搏精神，再創輝煌？

　　香港目前千頭萬緒，百廢待舉，年輕人對現實生活有許多不滿，這是事實。趁回歸二十二周年之機，是時候分析得失成敗，總結經驗教訓，完善治港方略，但最根本的一條，香港必須走出泛政治化、內鬥內耗的泥沼，團結一致向前看。問題需要解決，而不該坐視其積重難返；年輕人的不滿需要宣洩，但不是好勇鬥狠，而是要有渠道讓他們表達意見；特區政府切實傾聽市民的心聲，解決其實際困難；處理香港事務的中央部門也要更加「接地氣」，到群眾中去，關心年輕人福祉，將惠港政策落到實處。總之，要讓市民尤其基層有幸福感、獲得感，讓年輕一輩看到前途與希望。

　　只有停止一切暴力行為，回到理性討論的方向上，香港才能有發展。實際上，暫緩修例的同時，也暫緩了那些可能有爭議的項目，目的就是化解紛爭，休養生息。歸根結柢，香港是中國的香港，更是七百四十萬市民的安身立命之所，香港被搞垮了，國家固然有損失，但最受害的則是香港人，「我愛我家」從來不是一句空話。有些人一方面鼓吹或參與暴行，一方面說「我愛香港」，簡直虛偽之極。

　　「回首向來蕭瑟處，也無風雨也無晴」。香港正處於多事之秋，風雲變幻，有時更有黑雲壓城城欲摧之感，這其實不過是歷史長河中的一點小浪花，是對「一國兩制」、「港人治港」、融入國家發展大局的考驗，也是中國崛起的宏大敘事中的一個小插曲。對香港人來說，相信自己、相信香港、相信國家，憑着獅子山下的奮鬥精神，一定能克服困難，將「一國兩制」偉大事業建設得更加美好！

2019年7月5日　大公報　龔之平文章

寶礦力的「仇恨營銷」

　　反對暴力是維護法治的最基本要求，但令人感到憤怒的是，當無線電視客觀報道七月一日暴徒衝擊立法會之後，諸如寶礦力等商家，竟然為求迎合反修例暴徒而向無線開刀，發出公開信稱「撤回」廣告云云。必須指出，這是對港人底線的挑戰，必須要為此承擔嚴重後果。

　　本來，一間公司投不投廣告、在哪裏投廣告，都是其自身的商業決定，毋須他人置喙。但寶礦力此次行為之所以引起強烈的反彈，根本原因在於，該公司主動迎合反修例暴徒的行為，更發出極具挑釁意味的高調政治宣言，聲稱：「要全面檢討對無線電視投放廣告的計劃，及促請無線電視響應公眾關注的言論。」

　　寶礦力這間公司或許以為，可以利用這種「仇恨營銷」，去討好反修例暴徒，也可以利用這次機會去將自己打扮成「政治正確」的飲料，從而打擊同行競爭者，以獲得更大的市場佔有率。換言之，香港越是流血，他們也就越是高興，其本質是狡詐的政治算計，也是極其卑劣的投機舉動。而其他網上所稱的幾間公司，諸如「信諾」、「御藥堂」、「活色生香安全套」等也在進行着類似的營銷伎倆。這些公司是在消費香港的社會撕裂，是站在港人痛苦身上數着帶血的鈔票，很難想像文明社會裏還有如此殘忍惡劣的商家。他們傷害的不只是無線電視，而是香港市民所珍視的法治精神，是社會的整體利益。他們叫賣的也不是飲料，而是仇恨。

　　寶礦力的母公司昨日發出聲明作出回應，但只有簡單的一句：「對於7月9日的回覆引起不便，公司真誠地致歉。」這根本是毫無誠意的敷衍，以為過了風頭之後便可以繼續收割「仇恨營銷」的果實。必須指出，寶礦力的形象已經徹底敗壞，他們或可以賺得一時的曝光，但卻是在與全港乃至全國人民為敵，終要吞下由自己種下的仇恨苦果！

2019年7月11日　大公報　清水河文章

暴力衝擊破壞香港營商環境
商界市民須攜手護法治安定

　　暴力示威衝擊連日此起彼伏，對本港經濟的負面影響開始浮現。香港零售管理協會、入境旅遊接待協會以及金銀首飾商會均表示，近日生意大受影響，營業額出現雙位數跌幅，多間企業預告盈警，甚至轉盈爲虧。香港作爲國際金融中心和旅遊城市，金融、旅遊、零售等服務業是支柱產業，法治和安定是香港安身立命的最核心要素，喪失法治和安定，投資者和遊客必定捨香港而去；暴徒蠻橫無理，惡意向合法經營的企業施壓，干擾企業正常運作，嚴重破壞本港的營商環境，最終商界和打工仔都淪爲受害者。香港不能亂，否則繁榮穩定、安居樂業蕩然無存，特區政府必須遏止違法暴力氾濫成災，商界和普羅市民都要以實際行動大聲向暴力說不，維護香港和港人的根本利益。

　　衆所周知，本港是高度開放的外向型經濟體，金融、旅遊、零售等服務性行業的貢獻，佔了本港整體經濟的8成，並爲本港提供了大量的就業職位。本港經濟基於結構性特質，極之需要世界各地的資金、遊客來港投資、消費，注入增長動力；因此也易受到不明朗因素影響。因爲投資者、遊客來得易、走得也快，能否保持治安良好、社會穩定，對於本港能否保持繁榮穩定、安居樂業更顯重要。

　　近期接連不斷的暴力事件，對本港各行各業的負面影響絕對不容低估，業界人士更憂心忡忡。繼日前全球最大啤酒生產商宣佈擱置在港上市後，零售業、旅遊業亦傳出壞消息。會員公司超過8,000間、僱員人數佔全港零售業僱員高達5成的香港零售管理協會昨發出聲明，指大部分會員公司上月及本月首周的營業額平均錄得單位數至雙位數跌幅，協會表明若示威浪潮持續，將修訂今年全年銷售額預測由「正變負」，跌幅更可能達雙位數，成爲近20年來的最惡劣情況；香港入

境旅遊接待協會主席梁耀霖表示，目前酒店房價、團費和5月淡季時一樣，比去年同期跌了2至3成，現在是暑假旺季，但來港的旅遊團數目不升反跌了2至3成；香港專業導遊總工會理事長余莉華亦表示，6月以來連串暴力衝擊後，訪港旅客大跌逾30%。

■黑色暴亂嚴重破壞香港法治安穩的營商環境。圖為暴徒在中環商業鬧市縱火。

　　大型示威、暴力衝突陸續有來，且愈演愈烈，連警察都被襲擊、毆打，令香港「安全之都、旅遊城市、購物天堂」的形象大受影響，世界各地的投資者、遊客擔心安全問題，暫緩甚至中止赴港投資、旅行是情理中事，儘管目前本港未出現大規模走資的惡劣情況，但警鐘無疑已經敲響。因為「羅馬不是一天建成的，但毀掉它只需一天」，投資者、遊客一旦形成香港法治不彰、安全難保的觀感，而新加坡等周邊城市正在努力吸引國際投資者和遊客，本港要重新恢復對投資者和遊客的信心和吸引力，恐怕事倍功半。正如港交所行政總裁李小加所指，近日

香港發生連串示威事件，已令很多國際投資者顧慮，香港要留住這些投資者，並持續吸引全球投資者，否則香港的路只會愈行愈窄。

示威衝突無日無之，不僅令投資者、遊客對來港投資、旅遊產生憂慮，極端激進的示威者更因為不滿某些商業機構的處理方式，動輒糾眾包圍商業機構及其員工，搞「公審大會」仗勢欺人，不少商戶因怕受到牽連，索性提早關門避難，這是典型的以政治干擾商業運作；尤有甚者，暴力示威者口口聲聲要捍衛言論自由、新聞自由，但對待不同立場的商業機構、新聞機構，則毫不掩飾地進行威脅，以政治破壞正常的商業秩序，破壞香港的營商環境。

「利莫大於治，害莫大於亂」，事實一再證明，法治和安定是香港的根本福祉、最大福祉，沒有了法治和安定，香港百業不興，外來投資、遊客急速下降，打工仔難免受牽連，收入大減甚至生計不保，生活百上加斤。由此可見，示威衝突持續蔓延、「遍地開花」，香港良好的營商環境不再，全港市民利益都受損，打工仔不要以為示威衝突與己無關，可以聽之任之、袖手旁觀。

中聯辦主任王志民日前發表講話指出，法治是香港社會的核心價值，是維護和保障香港長期穩定繁榮的基石。法治就像空氣和水，平常可能感覺不到它的重要，可一旦被破壞或失去，我們就會倍感它的珍貴，「如果縱容違法犯罪甚至為暴行美言、開脫、撐腰，就是對香港法治精神的公然挑戰，最終必將損害全體港人的根本利益」。

為捍衛法治、保障安定，避免香港繁榮穩定的基石被動搖，特區政府和警隊須繼續以堅定的決心與意志，迎難而上，採取果斷必要的執法行動遏制暴力，捍衛法治安定；商界和廣大市民不能也不應向惡勢力低頭，要眾志成城應對挑戰，以強大民意抵制違法暴力胡作非為，維護香港法治、安穩、祥和的營商環境和社會秩序。

2019年7月18日　文匯報社評

「不合作運動」騎劫公眾福祉神憎鬼厭

　　暴力示威者昨日又發起「不合作運動」，導致早上繁忙時段的港鐵列車服務受阻近三小時，造成港島、九龍交通大混亂。暴力示威者把公共交通服務當作政爭工具，行為違法擾民，神憎鬼厭。對此，沉默的大多數要大膽、齊聲向「不合作運動」說不，政府和港鐵更要果斷檢控違法者，嚴正執法，強力阻遏「不合作運動」騎劫公共服務、損害民生福祉。

　　暴力示威者妨礙港鐵運作已是個多月來第三次，市民不勝其擾。6月13日暴力示威者在觀塘線搞事，造成最少20班列車服務受阻，其中一班受阻20多分鐘；7月24日逼爆金鐘站行動，10多名戴口罩的黑衣人以身體或背囊阻礙車門關閉，約30班列車受影響；昨早觀塘線、荃灣線、將軍澳線及港島線皆有車站列車受阻，有示威者多次按動月台上的安全掣及列車內的緊急掣，次數多達76次及47次。「不合作運動」妨礙交通、擾民的程度和範圍不斷升級，絕對不可容忍。

　　港鐵是本港最重要的交通工具，每天的平均載客量超過500萬人次，阻擾港鐵服務，導致交通大混亂，嚴重影響市民工作出行，擾亂交通運作，更波及到普羅市民的日常生活。向港鐵下手，癱瘓港鐵服務，車站內人頭湧湧，車廂內爭吵不斷，肢體衝突此起彼落。「不合作運動」已不是他們所聲言的和平、非暴力，而是粗暴擾亂社會正常運作，等同搶劫公眾財產。「不合作運動」根本不能得到市民的諒解、同情、支持，反而令市民極之反感厭惡，市民也越發看清楚，這種所謂的「不合作運動」，不可能給香港帶來民主、自由、公義，只會造成混亂、破壞、損失，令不同意見激烈對抗、社會嚴重撕裂，香港良好秩序、和諧氣氛勢必蕩然無存。

　　「不合作運動」以政治訴求凌駕於市民利益之上，受害的必然是大多數市民。廣大市民不想淪為政爭的「人質」，不想港鐵服務受阻的情況日日重演，就

不能再啞忍，要敢於對「不合作運動」說不，以強大民意將戴口罩的黑衣人趕出港鐵。昨天有港鐵車廂整齊響亮的「關門」吶喊，就是市民堅決制止「不合作運動」的表現，這種聲音越大越響，「不合作運動」才能知難而退。

刻意阻礙港鐵服務的行為，違反《香港鐵路附例》。根據《香港鐵路附例》，倘乘客不恰當使用緊急設備，最高處罰港幣 5000 元；不當進入或離開列車，最高處罰則為港幣 2000 元。違反《香港鐵路附例》的罰則，本來已經相當輕微，不夠阻嚇力；如果違法不追究，更變相鼓勵「不合作運動」不斷在港鐵上演。港鐵首先要展示維護港鐵範圍法治和秩序的決心，主動要求警方協助，嚴正執法、堅決檢控阻礙港鐵服務的搞事者，以儆效尤。

2019 年 7 月 31 日　文匯報社評

深圳奮發進取　香港自甘沉淪

　　香港持續發生暴力示威之際，一河之隔的深圳卻傳來好消息。中央昨日公佈重要文件，表明支持深圳建設「中國特色社會主義先行示範區」，與此同時出台多項重要綱領性政策，全力推進深圳朝「全球標杆城市」發展。此情此景，香港應當反思的是什麼？

　　長期以來，香港作為中國的一個「窗口」，是溝通與連接世界的平台，是國家發展的一個重要支點，不論是改革開放初期還是新時代社會主義建設時期，都被賦予了重要角色，被視作「地位不可取代」。甚至在今年2月，《粵港澳大灣區發展規劃綱要》公佈，仍舊將香港視作區域「龍頭」，給予了百般的政策傾斜與支持。但是，再好的環境、再多的關顧、再大的支持，也敵不過自我沉淪。

　　過去兩個多月來持續的暴力示威，正在摧毀香港過去多年發展所積賺下來的基業。文明與理性，被拋棄一邊；法治與秩序，慘遭踐踏。暴力肆虐，泯滅人性，甚至出現試圖挑戰國家主權、安全與發展利益的極端事件。對於反對派及其支持者而言，或許以為香港擁有不可取代的優勢。但殊不知，當今世界競爭無比激烈，要立於不敗之地，要靠自身的實力。當機會錯過一次、兩次甚至三次之後，最終沒有人可以救得了你。

　　深圳擁有優越的條件，完全具備成為一個國際大都市的潛力。事實上，去年的GDP就已經超越了香港，更重要的是，深圳擁有香港所沒有的高科技產業、雄厚的製造業、全面的服務業，發展後勁十足。昨公佈的文件，公佈了諸如大力發展戰略性新興產業，甚至還包括「推進人民幣國際化先行先試」，建設「全球海洋中心城市」、「大灣區數據中心」等等。更重要的是，用了許多罕見的「定位」，諸如「成為競爭力、創新力、影響力卓著的全球標杆城市」。什麼是「標杆城市」？就是最耀眼的「區域龍頭」！

　　逆水行舟，不進則退。國家發展已全面升格，香港絕非不可取代。香港的最大優勢在於「法治」、在於「開放」、在於國家的支持。但如今暴力肆虐、社會動盪，優勢正在消失，「開放」已成世界笑話，對國家與民族的承擔更是無從談起。面對這種局勢，香港一些人如果繼續執迷不悟，在自毀的道路上狂奔，對香港而言是災難性的，但對國家而言，影響不大，全國各地早已全面對外開放，而且日趨成熟，更不用說還有一個一河之隔的深圳。深圳這個後發而至的「先鋒」，同樣也是中國繼續擴大改革開放的龍頭城市之一。

　　擺在香港七百四十萬人面前的，是一個嚴峻的現實。繼續在暴力示威、內鬥內耗中沉淪，失去的不僅僅是經濟發展和國際聲譽，更是下一代的未來。在亂局仍未完全摧毀香港之前，現在立即猛醒，尚有生機。

　　聚焦經濟，改善民生，抓住「一帶一路」和大灣區發展機遇，融入國家發展大局，這才是香港要走的正路！

2019年8月19日　大公報社評

止暴制亂到了最關鍵時刻

席捲香港的超強政治颱風已持續兩個多月，暴力仍在不斷升級，不知何時是盡頭。情況恰如上周六的惡劣天氣，天空大地一派灰蒙蒙，站在維港這邊看不見對岸。關心香港的人們，無不對現狀痛心疾首，無不對未來憂心如焚。值此艱難時刻，如何看待當前形勢，我們應該怎麼辦，亂局何時才能收拾，成為人們最關心的話題。

風起於青萍之末。這場史無前例的政治風暴叫做「顏色革命」，如果說五年前「佔中」是顏色革命1.0版，今次則是2.0版。至於修例引發爭議，不過是一個導火線而已，即使沒有修例，他們總能找到這樣或那樣的藉口。不同的是，五年前中美關係尚算和諧，現在則是針鋒相對。中國的快速崛起撬動百年未有之大變局，美國擔心世界霸主地位不保，焦慮不安，為遏止中國發展而無所不用其極，這就是中美貿易戰的根源。為了打贏這場戰爭，美國祭出了科技牌、南海牌、台灣牌、新疆牌等等，能用上的都用上，香港牌自然不會錯過。更因為香港的「一國兩制」及貿易自由港地位，被視為中國的「軟肋」，香港一再出現顏色革命，乃特殊地位使然。

顏色革命　捲土重來

明乎此，就知道為什麼政府放棄了修例，反對派依然得勢不饒人，進一步提出「五大訴求」，藉重啟政改奪取管治權則是頭號目標。明乎此，就理解為什麼五年前「佔中」主打「和理非」，今次則兇相畢露，崇尚「勇武」，行動愈來愈暴力，愈來愈嗜血。黑衣暴徒不再滿足於攻擊警署、立法會大樓、中聯辦大樓等，也不再滿足於侮辱國旗、國徽等國家主權象徵，而是主要針對警隊。警隊是香港唯一的武裝力量，更是支持特區政府的鋼鐵長城，在亂港勢力看來，只要打

垮警隊，癱瘓政府，令香港陷入無政府狀態，就能亂中成事，實現所謂的顏色革命，進而一圓「港獨」夢。爲了這個險惡的目標，亂港勢力喪心病狂，暴力無底線，社交媒體更充斥「獵警」、「殺警」的躁動。香港形勢惡化之快，超乎許多人想像，中央早前定性香港出現「本土恐怖主義苗頭」，可謂一針見血。

如果亂象得不到有力的遏制，未來香港將有更瘋狂更血腥的場景出現。事實上，亂港勢力的黑色日程表上排滿大大小小的行動計劃，包括八月三十一日的大遊行及十月一日的「贈興」。這兩個日子具有特殊意義，前者是全國人大常委會對特區政制發展作出決定的五周年紀念日，後者則是中華人民共和國建國七十周年紀念日。亂港勢力預謀在這兩個重要而敏感的日子搞事，劍鋒對準中央，進一步挑戰「一國兩制」的底線，公然與十四億國人爲敵。「上帝叫人滅亡，必先使其瘋狂」，此之謂也！

秋後蚊子　無法持久

然而，亂港勢力利令智昏，嚴重誤判形勢。從中美競爭的大局看，特朗普一年多前預言的貿易戰「很好打」、「容易贏」早已淪爲國際笑柄，惱羞成怒之下，最近加碼對中國貨徵稅，將極限策略使到新高度，堪稱孤注一擲，但在中方精準反制之下，最終勢必又是事與願違。事實證明，中國對貿易戰「不願打、不怕打、必要時不得不打」並非空話，招招都是實錘。想想看吧，中國與美國直接對陣尚且全然無懼，又怎麼可能害怕香港的「顏色革命」呢？此地洋奴漢奸以爲抱住美國大腿就可以「趁佢病，攞佢命」，根本是蚍蜉撼大樹，可笑不自量。退一萬步說，就算亂港勢力毀掉香港的繁榮穩定，最終也是七百萬香港人受害，卻無法撼動中國內地穩定發展的大局。

早前中央推出政策，升級深圳爲改革開放先行示範區，引起各方解讀；駐港部隊表示支持警方執法，深圳武警演習，亦足以管窺中央未雨綢繆，穩控大局。

中央密切關注香港局勢發展，堅定支持特區政府依法施政及香港警方依法平亂，「止暴制亂」是當前壓倒一切的任務。萬一亂象嚴重到特區政府控制不了，國家力量自然會依法介入，這就是中央「亂雲飛渡仍從容」的底氣所在。

而在中央及香港市民支持下，特區政府頂住了壓力，香港警方戰鬥力充足，目前需要的是進一步提升武力，該出手時就出手。反觀亂港勢力折騰了兩個多月仍無一得逞，而且損兵折將，黑衣暴徒被拘捕人數已達到八百人，陷入「不知如何收科」的窘境。

最重要的是，亂港勢力圖窮匕見，愈來愈多市民認清其醜惡真面目，與之割席；一向低調的商界紛紛打破沉默，向暴力說不、支持警方執法蔚然成風；「仗義每多屠狗輩」，勇於反抗的市民持續增加。這就難怪，參與民陣遊行的人數在下跌，跟在暴徒旁邊圍觀的市民在減少，黑衣暴徒人數也在萎縮。即使在縱暴議員內部也出現分化。前日警方開槍示警後，有反對派議員表示「警員如果自覺有威脅，係要保護自己」，算是講了一句人話。雖然這個聲音在慣於顛倒是非的亂港勢力中顯得微弱，但多少代表「不分化，不篤灰，不割席」初現裂縫，這裂縫勢必不斷擴大。

相信香港　相信國家

目前仍然冥頑不靈的暴徒剩下兩類，一類是人生失敗者、社會小混混，他們憤世嫉俗，習慣將個人不幸歸咎於政府與社會不公，過去充當鍵盤戰士，躲在陰暗角落含沙射影，如今逮到機會，「忽然勇武」走上街頭，以充當爛頭蟀為榮，但蒙面「不敢見人」及摧毀智慧燈柱，反映其內心虛怯。另一類則是被亂港勢力徹底洗腦的死磕派，「普世價值」的原教旨主義者，他們有着恐怖分子「同歸於盡」特質，並且以香港可「置諸死地而後生」來自我催眠，崇尚暴力，極端自戀，有着濃厚的阿Q精神。

　　所以說，別看黑衣暴徒窮兇極惡，其實已是強弩之末，未至於「勢不能穿縞素」，但以「秋後的蚊子長不了」形容之，再適合不過了。但同時也要看到，亂港勢力決不甘心失敗，勢必垂死掙扎，「攬炒」、「焦土」正正反映其絕望且瘋狂。從大局看，中美競爭是二十一世紀的歷史長卷，香港則是前沿陣地，即使中美貿易戰結束，「香港牌」仍有價值，外部勢力對亂港派的支持仍不會改變，就算暴徒們累了、想收手，幕後老闆也不允許他們這麼做。在這種情況下，亂象還會持續相當長一段時間，香港人仍然要忍耐。

　　黎明之前最黑暗，符合客觀規律。指望亂港勢力良心發現放下屠刀、立地成佛是不現實的，至於這場暴亂何時才能結束，取決於特區政府維護法治的決心，取決於警方止暴制亂的意志，更取決於香港民意的選擇。香港市民應該更勇敢地挺身而出，用實際行動支持警方；商界除了發聲之外，更要懲戒參與暴亂的員工，對違法者「炒魷魚」及不錄用，這將產生強大的阻嚇力。當亂港勢力及黑衣暴徒淪為過街老鼠、人人喊打之日，就是香港撥開雲霧見青天之時。

　　這是一場史無前例的戰爭，止暴制亂到了最關鍵時刻。可以肯定的是，絕大多數香港人愛國愛港，「一國兩制」、「港人治港」仍然是社會的最大公約數，除了少數喪心病狂的暴徒及縱暴政客，沒有人希望香港這個東方傳奇從此灰飛煙滅，這正正就是香港的希望所在。

　　人心齊，泰山移，七百萬人拒絕坐以待斃，何況香港有中央的堅定支持，有駐港部隊作定海神針，身後更站着十四億同胞。相信自己，相信香港，相信國家，不管這場政治颱風多狂多猛，破壞性多強，但香港明天依然光明。

2019年8月27日　大公報　龔之平文章

撤回是釋放善意　止暴須更加堅定

　　行政長官林鄭月娥昨日作出重大決定，提出包括「正式撤回修例」在內的「四項行動」，強調「期望為打破困局行出一步、以對話代替對立，為社會帶來改變」。在暴亂持續近三個月的當下，特首作出這一舉動，可以理解為解疑釋惑推動社會前進的慎重決定，也可以視作為團結大多數市民的積極嘗試。無論如何，釋出了政府最大的誠意和善意，也體現了特首本人對化解當前困局的不懈努力。各界應當予以理解與尊重，積極回應，共同推動對話，凝聚共識讓香港再出發。

　　必須指出的是，「撤回」的決定無關原則的讓步，更非向暴力的讓步。事實上，特區政府早已多次重申「逃犯條例」不可能再推，此時的「撤」只是在法律上進一步予以明確。包括反對派在內的亂港勢力切勿誤判形勢，如果以為可以得寸進尺繼續用暴力逼迫特區政府，最終必將遭到最嚴厲的打擊。當前暴亂已經出現本質改變，不僅有恐怖主義苗頭，更有分裂國家的企圖，在維護國家主權與安全的原則面前，特區及中央政府絕不可能有任何妥協。對話固然要推動，但這絕非前提，止暴制亂依然是當前壓倒一切的重中之重，特區政府的所有公權力部門不需要有任何猶疑。

　　修例早已撤回，特首從法律上再予明確。一項政策的推行與否，並不是看如何描述，而是要看具體行動。對於「逃犯條例」的修訂，早在六月十五日，行政長官就已經宣布「暫緩」，其後又兩次表明修例工作已經完全停止，甚至用上「壽終正寢」的字眼。不論「暫緩」還是「壽終正寢」，都意味着未來都不會再推行，這實際上已經回應了反修例市民的要求。而昨日特首的回應，與之前回應本質上並無二致，只是從法律程序上進一步予以明確。也即從法律上、政治上說明，修例一事已經不存在，正因如此，一切打着「反修例」為名的暴力遊行或各

類抗爭，都已經失去了前提和基礎。

當然，對於眼下這場政治風波應當分兩個層面看：第一個層面是絕大多數被誤導的市民，他們或許對「暫緩」等字眼仍有疑慮，對特區政府仍然抱有戒心；另一個層面則是亂港勢力，他們揣着明白裝糊塗，明知修例已不可能再推，卻仍然炒作所謂的「五大訴求」，不斷煽動對立、製造暴亂。

對於後者，必須認識到，不論特區政府作什麼決定、作了什麼讓步，其立場與態度都不可能有實質的改變。但對於前者，特區政府有責任、有義務再作進一步的解疑釋惑工作。不能因為與亂港派的鬥爭，而忽略對大多數香港市民的民意疏導工作。因此，林鄭特首以「正式撤回」的字眼表明政府的態度，強調將待立法會一復會就會完成撤回的法律程序，這在最大程度上回應了也解答了大多數市民的疑問，對於化解疑慮、促進對話和解，具有重要的作用。

求發展、求穩定、反暴力、反暴亂，是當前最廣泛的民意。正如林鄭特首昨日所指出的，「這兩個月發生的事，令每一個香港人都感到震驚和傷心，亦令大家對香港感到焦慮和痛心」、「大家都很焦急，希望可以盡快走出目前的困局」。從穩定香港的大局出發，盡可能團結可以團結的對象，孤立極端暴力的一小撮人，讓民意最大公約數得以體現，理應得到廣泛的支持和響應。

展現最大誠意　反對派勿再錯判形勢應當看到，在持續近三個月的嚴重暴亂之下，特區政府承受了巨大的壓力，林鄭特首選擇在昨日作出這一決定同時，推出另外三項措施：委任兩名新成員進入監警會、所有司局長走入社區對話通過不同平台探討解決方法、邀請社會領袖就深層次問題進行獨立研究和探討等，展現了特區政府最大的誠意，也是當前形勢下所能施展的最大的政策空間。如果所有政策得以順利推行，對話代替對立甚至獲得和解，也是可以期待的。

但是，特首這些誠意與善意的釋放，絕不能被錯誤解讀。反對派切勿誤判形勢，以為林鄭讓了步，於是就可以得寸進尺，所謂的「五大訴求」甚至是更錯誤

的主張都可以實現，這將是大錯特錯。首先，反對派一切「反修例抗爭」的前提已經隨着昨日特首的決定而自動消失，再難有合理的煽動口號與主張；其次，反對派其他的所謂四項「訴求」，本質上是對法治的踐踏，更是意圖挑戰香港所應遵守的憲制秩序、意圖奪取香港管治權，既無法律的正當性、更無實現的可能性。在原則立場上，特區及中央政府不會、也絕無可能作出哪怕是絲毫的讓步。

事實一再說明，圍繞修例所出現的事態已經完全變質。少數暴徒用他們的違法犯罪行為向世人表明，他們的目的、他們的矛頭所向，已與修例無關。新一代漢奸黃之鋒等甚至公然叫囂「今日台灣，明日香港」，叛國亂港勢力的金主黎智英狂言「與美國共同價值對抗中國」，等等。正如港澳辦發言人楊光前日所指出的，他們心甘情願充當外部勢力和反中亂港勢力的馬前卒，不惜做出暴力違法的惡行，目的就是要搞亂香港、癱瘓特區政府，進而奪取特區的管治權，把香港變成一個獨立或半獨立的政治實體，最終使「一國兩制」名存實亡。

在如此嚴峻形勢下，特區及中央政府絕不可能讓反華勢力及亂港勢力陰謀得逞。事實上，現在已經到了維護「一國兩制」原則底線、維護香港繁榮穩定的重要關頭。所有真正關心香港、愛護香港的人，都應當清楚地認識到在止暴制亂這個大是大非、關乎香港前途命運的問題上，沒有中間地帶，容不得猶豫、徘徊和動搖。特區政府所有掌握公權力的機構都應當快速、果斷地行動起來執法鎮暴。

香港社會應當支持行政長官的新舉措，全力凝聚各界最廣泛共識，在林鄭特首努力搭建的平台上，積極對話，讓香港再出發。亂港勢力勿幻想暴亂可以繼續騎劫香港，「法治之繩不可鬆，法治之網不可漏，法治之劍不可鈍」，其「反修例」旗號已經失效，再不停手回到理性立場，繼續拒絕和解對話，就意味着他們徹底走到民意的對立面，等待他們的將是最嚴厲的懲處。

2019年9月5日　大公報　龔之平文章

支援措施撐企業
做好經濟推動者

中美貿易摩擦升溫及本地示威暴力活動持續，令前線中小企面對極大的營運困難。財政司司長陳茂波昨日宣佈推出進一步支援中小企業的措施，以降低企業融資困難和營運壓力。政府積極主動撐企業、救經濟、保就業，做法有效，值得稱讚。不過最新的PMI數據顯示，本港經濟景氣是2009年以來最差，企業的困難在於沒有生意，特區政府宜多聯同商會和業界，搞多些推廣活動，活躍市場氣氛，振興消費。政府也要多向海外解釋香港當前最新局勢，釋除外界擔憂，爭取32個國家和地區盡快取消對港的旅遊警示。

最新提出的措施主要集中在支援企業渡過難關方面，包括為中小企提供最多600萬元貸款，最長分五年歸還，以協助中小企周轉；又容許參與「中小企融資擔保計劃」的企業，可以先還息後還本，延期後再分攤歸還。相關措施對企業順利走過逆境，相信會有一定的幫助。

但本港第二季GDP按年增長0.5%為10年最差，最新公佈的8月份採購經理指數（PMI）由7月份的43.8進一步下降至40.8，顯示當前私營經濟的景氣度是2009年2月以來最差。面對中美貿易摩擦持續，企業新接業務量銳減，調查顯示近半數受訪者指來自中國內地的訂單減少。持續三個月的連串暴力示威活動令社會運作間歇癱瘓，對旅遊、酒店、零售業影響尤其巨大，不少酒店都需要放無薪假來降低成本。因此，香港社會當前急務是止暴制亂，企業需要的是在平穩安定的社會下找到新的生意。否則，哪怕有低息貸款也僅屬「吊命」的局面，不能令企業看到出路。

特區政府完全撤回逃犯條例修訂，進一步釋出善意，市民無不期盼社會能馬

上回復安定。在這個前提下，特區政府完全可以多主動作為，例如與本地各大商會一起，多策劃舉辦一些活動、盛事，提振市場氣氛；也要多到海外主動宣傳香港，尤其是去對港發出旅遊警示的國家和地區，解釋香港社會的最新局勢，務求令外地在了解情況下盡快撤銷對港旅遊警示。

香港是高度外向型經濟，十分依賴海外市場對本港的信心。最新數據顯示，本地的政治暴力運動導致商務旅客對香港卻步，轉往鄰近的新加坡舉辦活動和會議，令新加坡漁人得利，7月份的酒店入住率創下2005年以來的新高，達到93.8%。當地銀行更估計獅城在今次香港反修例風波中可以大大得益。

逆水行舟，不進則退。在全球經濟發展普遍疲弱的情況下，本港經濟實在承受不了持續不斷的內耗。港人此刻必須團結一致反暴力，讓社會回復正常。特區政府要多主動做經濟發展的推動者，務求讓本地經濟活動盡快回復正軌。

2019年9月5日　文匯報社評

正視降級警號依法止暴制亂
把握泛珠機遇建好法治

　　評級機構惠譽昨將香港長期外幣信貸評級由「AA+」降至「AA」，是1995年以來首次，特區政府表示不認同惠譽對香港近期發展的評估。近3個月的連番暴亂已對香港的國際聲譽和形象造成極大影響，惠譽調低香港評級，再次警示暴力衝擊是傷害香港法治、破壞「一國兩制」實施的最大禍首。國務院總理李克強昨表示，支持香港特區政府依法止暴制亂，香港有豐厚財政儲備和良好營商環境，國家正以大開放發展高質量經濟，泛珠區域全面對接粵港澳大灣區和「一帶一路」建設，帶給香港重大發展機遇，香港要盡快重回發展正軌，而堅守法治、止暴制亂，正是關鍵第一步。

　　香港評級被調低，對香港實際影響有限，但可能影響到在港企業的評級，帶來企業舉債融資的成本上升，也影響外資對香港投資的信心，對香港致力發展國際債券中心也造成影響。不過香港評級雖被惠譽調低，但仍為AA的優越評級，另外兩間評級機構穆迪及標普，現時分別給予香港Aa2及AA+的優越評級。現時香港的經濟基本面穩健，截至7月末，香港財政儲備為11,437億元，相當於特區政府23個月的開支，香港財政狀況及對外資產淨值長期以來位居國際前列，加上銀行體系穩健、銀行資本充足、流動性管理有效、資產質素健康，因此，香港有信心繼續享有優越的信用評級。

　　值得注意的是，惠譽下調評級是反映持續多月的示威和暴力衝突的影響，對香港評級的負面展望，是反映持續的社會不穩，會影響政府管治和對營商環境的信心，惠譽預期香港今年經濟零增長。惠譽調低本港評級所發出的警號必須正視，本港暴力衝擊不斷升級，除傷害本港經濟之外，已開始波及本港的國際聲譽

和外界對港長遠經濟發展的信心，若暴力衝擊持續，將削弱外商對本港營商環境和法治的信心，這將直接侵蝕到本港國際金融中心的根基。縱暴派及暴力參與者不斷升級暴力衝擊，正是破壞香港法治和社會秩序、觸碰「一國兩制」底線的最大禍首。

要修復國際上對香港的負面評價，重建對香港未來發展的信心，必須堅守法治、止暴制亂。正如特首林鄭月娥昨日所言，有些不斷提出的訴求，可能令香港違背法治，如要求特區政府釋放全部被捕的人，不追究、不檢控這些違法人士，這正違反了香港的法治，如果特區政府答應這種訴求，恐怕國際對香港法治的看法更加負面。事實上，正是因為特區政府堅守法治原則，依靠警隊對任何違法行動果斷執法，才確保了香港的法治根基穩固和「一國兩制」的堅定實施。

特首林鄭月娥昨與泛珠三角「9+2」行政首長在南寧達成共識，要全面對接粵港澳大灣區建設，共同推動「一帶一路」有機銜接，泛珠各區將加強基礎設施互聯互通，共建西部陸海新通道，加強產業深度協作，構建區域協同的產業體系和創新網絡，深入推進區域旅遊合作，加快推進市場一體化建設等，香港將在創新科技和「一帶一路」合作方面與泛珠加強合作。進入泛珠一體化的大市場，以及東盟新市場，有助於香港減低中美貿易戰和暴力衝擊帶來的經濟衰退影響。目前香港核心競爭力，如資金、貨物、資訊、人才的自由進出，簡單低稅制、健全的監管制度、法治和司法獨立、高素質的專業服務等，仍未受到暴力衝擊更多影響，香港面臨國家高質量發展的眾多機遇，香港要堅守法治、凝聚反暴力民意，盡快止暴制亂，這是重回發展正軌、融入國家發展大局的關鍵一步。

2019年9月7日　文匯報社評

不與暴徒割席　香港沒有未來

　　十月四日晚，香港經歷了數十年以來最恐怖的一夜。蒙面暴徒肆無忌憚施暴，整個城市恍如一個戰爭的廢墟。直至昨日，鐵路交通全面癱瘓，大多數商舖關門，市民陷入無糧無米寸步難行的慘境。血淋淋的事實在說明，香港正在變成一個死城，暴亂再持續下去，不論是基層還是中產，不論是資本家還是公務員，沒有任何人能幸免於難。

　　觀察過去四個月的事態發展，可以很容易看到一個規律。每一場暴亂，都是伴隨着各種各樣的冠冕堂皇的說辭；而每一次嚴重犯法，也都是有着無比正義的藉口。從一開始的「反送中」，到後來的「五大訴求缺一不可」，再到前日晚上的反對《禁止蒙面規例》。然而，不論以何種模式包裝美化，都無法掩蓋一個最殘酷的事實：口號越正義，暴力就越兇殘。

　　前晚所發生的大量恐怖案例，已經無法用正常的語言去形容。從搶槍到試圖謀殺休班警員，從全面破壞鐵路到四處縱火毀壞公共設施，從圍毆無辜長者到搶劫店舖，其兇殘程度令人髮指。整個香港陷入一片火海，這個曾經的「動感之都」正在變成活生生的「犯罪之都」。用前行政長官梁振英的話，這一夜是香港自二戰以來所遭受到的最嚴重破壞，但與其他地區不同的是，犯下如此罪行的不是別人，而是香港人自己。

　　香港當前的問題，並不只在於衝在最前線的幾百上千個極端暴徒，更在於大量至今仍然沒有看清形勢、仍然在支持暴徒的中產市民。他們或受煽動性媒體的欺騙，或被網上文宣所洗腦，對暴亂選擇性失明，對暴徒仍然極力包庇。有句俗語叫作「不見棺材不掉淚」，不到最後走投無路仍不知回頭。如果說過去數月香港還只是局部受破壞的話，那麼如今的香港已經沒有一寸淨土。莫以為可以一邊縱容暴徒破壞制度，另一邊又享受當前制度利益，在暴亂破壞之下，不論有多少

身家，也不論有沒有外國護照，只要在香港生活，就沒有任何人能幸免於難。

止暴制亂，攸關每一位香港市民的切身利益。高院在拒絕亂港派提出的禁制令要求時明確指出，香港正處於嚴峻情況，而政府的「禁蒙面法」是以結束暴力為目的，有必要透過法例控制集會，因為即便是合法的集會都很快偏離原本的路線而訴諸暴力。這一判決充分說明了香港已到了極其危險的境地，必須盡一切力量遏止暴力，而「禁蒙面法」出台，正正是符合最廣大市民的最根本利益。

林鄭特首昨日舉行電視講話，強烈呼籲市民一起譴責暴力，以堅定的意志與暴徒割席。「我們不可再容忍暴徒破壞我們這個珍惜的香港，我們一定要令香港早日回復平靜。」或許香港人享受慣了「一國兩制」的種種好處，或許香港人已經忘記了曾經的苦難，對於眼前的一切視作理所當然，但再不與暴徒切割，大廈將傾，支持暴徒終將和暴徒一起陪葬！

2019年10月6日　大公報社評

站出來捍衛免於恐懼的自由

晚上八點港鐵停止服務、商舖關門不做生意、開車要交「過路費」、居民要交「革命稅」、收工隨時須步行回家、承認自己是中國人需要視死如歸的勇氣、着什麼顏色的衣服關乎生死……短短四個月，香港變得面目全非，無法無天，市民誠惶誠恐。難道，這就是我們想要的生活，這就是「反修例」的初衷？

當黑衣人聚嘯街頭，瘋狂地行使着打砸搶燒的自由；當大街小巷燈柱牆壁上，塗滿「自由香港（FREE HK）」的標語；當黑心政客聲嘶力竭地數落「禁蒙面法」之惡，要求還暴徒戴面具的自由，絕大部分香港人悲哀地發現自己失去了生活的基本面，淪為自由的囚徒。黑色暴亂之初，僅局部地區、特定行業、部分打工仔的工作與生活受到衝擊，只要遠離是非地或者端坐家中，仍然感覺是安全的，但接下來暴亂四面開花，暴力不斷升級，發展到交通系統、商場、銀行都淪為襲擊目標，再沒有一個人能夠置身事外，人人都活在恐懼中。

香港被黑色籠罩，恐怖如瘟疫入侵社會的每一寸肌膚，更入侵人們的靈魂深處。最近，蒙面黑衣暴徒變本加厲，逐門逐戶要求市民支持「光復香港，時代革命」，不少人不堪其擾，只好花錢打發瘟神；行駛中的的士一再被路障阻攔，車主須接受黑衣人檢查或交錢才獲放行；更不用說公共場合拿出手機拍照隨時惹禍上身，輕則搶機刪相，重則打得頭破血流。

交過路費、保護費，影視劇中的場景正在現實上演，怎不令人震驚。香港最狂妄的黑社會大佬，也只敢揚言「深夜十二點後我話事」，黑衣暴徒則是「全日二十四小時我話事」。襲擊警察、攻擊中聯辦大樓、焚燒國旗、光天化日之下打人，黑社會不敢幹的事，黑衣暴徒全部幹了，可見他們才是「天字第一號」的黑社會，唯納粹德國的褐衫黨可以比擬。

香港已經失去了包容萬物、社會和諧的本性，變得黑白不分、是非顛倒、以

醜為美，黑衣暴徒不僅拆掉了建築物、打爛了港鐵出入口的閘機，同時也摧毀掉幾代香港人辛苦建立起來的核心價值，法治、秩序被踐踏，正直、善良被砸爛，香港不再是我們熟悉的那個可愛的香港，香港淪為黑暗之城，野獸當道，群魔亂舞，不忍卒睹，不忍卒聞。

「生於亂世」一語成真，縱暴政客正在彈冠相慶。這「亂世」，正是他們與外部勢力勾連的惡果。一個香港人去年初在台灣殺死女友，搞到香港以暴亂與醜陋而長期佔據國際新聞的重要版面，人人望港而生畏，這恐怕是「蝴蝶效應」的最完美例證。

雪山崩潰，沒有一片雪花是無辜的。香港淪落到今日地步，黑色勢力固然要承擔最大的責任，但大多數人的沉默，客觀上也起到縱容的作用。身處亂世，有種責任！要麼為沉淪的香港殉葬，要麼奮起，捍衛免於恐懼的自由。香港何去何從的鎖匙，始終握在每位市民的手上。

2019 年 10 月 9 日　大公報社評

堅定支持林鄭率領特區政府
止暴制亂依法施政

在香港黑色暴亂延續近五個月之際，國家主席習近平在上海會見了出席第二屆中國國際進口博覽會的香港特別行政區行政長官林鄭月娥，發出了中央挺林鄭止暴制亂、依法施政的強烈信息。

據新華社報道，在聽取了林鄭月娥關於香港近期局勢的匯報之後，習近平表示：香港「修例風波」已持續了五個月，你帶領特區政府恪盡職守，努力穩控局面、改善社會氣氛，做了大量艱辛的工作。中央對你是高度信任的，對你和管治團隊的工作是充分肯定的。止暴制亂、恢復秩序仍然是香港當前最重要的任務。依法制止和懲治暴力活動就是維護香港廣大民眾的福祉，要堅定不移。同時，要做好與社會各界對話和改善民生等工作。希望香港社會各界人士全面準確貫徹「一國兩制」方針和基本法，齊心協力，共同維護香港的繁榮穩定。

支持林鄭是中央一貫立場，但在香港爆發黑色暴亂的當下，最高領導人公開撐林鄭，意義非比尋常。這是對林鄭過去幾個月工作的充分肯定，也對林鄭未來的工作提出要求，更是對林鄭「地位不穩」等謠言的有力回擊，有助穩定軍心，匯聚民意，爲扭轉香港局勢、打好反暴制亂的攻堅戰奠定基礎。

反中亂港勢力是罪魁禍首

兵者，詭道也。製造謠言以打擊對手，古今中外屢見不鮮，而造謠更是顏色革命的常規武器。有關林鄭下台的謠諑不斷，無非是離間特區政府與中央及內地的關係，也爲不滿林鄭的既得利益集團提供幻想，蠢蠢欲動，達到瓦解士氣、癱瘓特區政府施政、亂中奪權的邪惡目的。亂港勢力的司馬昭之心，路人皆見。

　　說到底，推翻中央「八三一框架」，推動所謂「眞普選」，選出聽命於西方反華勢力、香江反對派及旣得利益集團的政治傀儡，一舉奪取香港管治權讓香港「變天」，才是他們的終極目標。

　　回歸以來，香港風風雨雨，幾乎沒有一日消停，焦點就是對管治權的爭奪。在當今中美貿易戰的大背景下，這樣的鬥爭更加激化。即使沒有今次修例，遲早也會因爲其他事件引發。事實充分表明，反中亂港勢力才是這場暴亂的罪魁禍首。

　　反中亂港勢力企圖顛覆香港，並以此爲支點撬動大中國。他們在香港點火，是希望將大火延燒到內地，阻撓中國發展的步伐，打劫中國的經濟成果。但令他們大失所望的是，香港雖然嚴重受傷，但並沒有被擊倒，特區政府頑強地挺了過來。加上警方表現英勇，成爲維繫「一國兩制」及維護社會秩序的萬里長城，特區政府逐漸走上了反暴制亂的正確軌道。

　　可以看到，特區政府已啓用「緊急法」這柄尚方寶劍，通過了禁蒙面法、禁制對警方的惡意「起底」等措施。雖然暴力未能一時止息，這並非因爲緊急法無效，恰恰相反，顏色革命遲遲未能成功，反中亂港勢力心中焦躁，氣急敗壞，一時希望「鳴金收兵」，一時又縱暴升級，顯示其方寸已亂，也徹底暴露顏色革命的暴力嗜血本質，促使社會反思，民意逆轉，加快與暴力切割。

中央永遠是香港最大靠山

　　中央對香港事態的發展洞若觀火。中央最高領導人撐林鄭，正是基於對她的一貫信任，也是對她過去幾個月工作表現的高度肯定。林鄭還將赴京出席粵港澳大灣區建設領導小組第三次全體會議，顯示中央不僅支持林鄭政府止暴制亂、恢復秩序，還將繼續支持她領導香港特區依法施政，推動香港進一步融入國家發展的大局。這些工作其實是旣定的安排，不會因爲暴亂而打亂。那些千方百計迫使林鄭下台的勢力，現在可以死心了。那些對林鄭政府三心二意，甚至企圖取而代之的

反對派勢力，也可以省心了。

當然，止暴制亂、恢復秩序，仍然是壓倒一切的當務之急。中共十九屆四中全面閉幕，優化治理能力及治理體系是焦點。就香港問題而言，則是堅持和完善「一國兩制」、建立與健全維護國家安全制度及執行機制，將中央對香港的全面管治權落到實處。全國人大法工委主任、港澳基本法委員會主任沈春耀就中央如何堅持與完善「一國兩制」的制度體系建設提出「五大原則」，極具針對性，切中香港問題的要害。這是中央對香港時局的最新判斷與總結，也是「一國兩制」行穩致遠的必須，相信有關具體措施將陸續出台。

說到底，香港是中國的香港，基本法派生於國家憲法，一國是兩制的前提。中央根據憲法與基本法有關規定，對香港行使全面管治權，理直氣壯。「一國兩制」是前所未有的事業，起草基本法已是三十多年前，不可能準確預見未來可能發生的事情，因此確定了一個總體框架，爲不斷完善「一國兩制」的治理架構與治理體系提供了空間。

而爲期近五個月的修例風波，證明這是一場由外部勢力深度介入、內外勾連的顏色革命。從黑衣暴徒刻意侮辱國旗、國徽、中聯辦大樓、新華社大樓、對自認中國人的市民及旅客行私刑，足證這場顏色革命衝着國家主權而來，是「港獨」活動，不僅挑戰法治與道德的底線，也踐踏了「一國兩制」的底線！中央支持特區政府依法止暴制亂，完善相關法律法規，可謂應有之義。

新加坡總理李顯龍日前評論香港問題，直斥所謂「五大訴求」旨在羞辱及推翻政府，不解決任何問題，他更警告若同樣的事情發生在新加坡，新加坡政府會「完蛋」。李顯龍用「完蛋」這字眼，足以反映今次香港暴亂來勢之兇，烈度之猛，但香港特區政府並沒有「完蛋」，這顯然不是特區政府比新加坡政府強大，而是香港的後面站着中央，站着十四億內地同胞，站着駐港部隊。

香港的命運始終與祖國相連，中央不會坐視香港繼續亂下去，不會坐視「一

國兩制」流血不止，不會對港人的痛苦無動於衷。而有中央做靠山，特區政府可免除後顧之憂，該出手時就出手。事實上，最壞的時候，往往也是谷底反彈的起點，黑色暴亂將香港深層次問題一次過都暴露出來，為「大亂走向大治」揭開序幕。

2019年11月5日　大公報　龔之平文章

美化暴力為亂港派助選
前高官喪失起碼良知

香港陷入五個多月以來最嚴重的暴亂，血腥程度已經到了無以復加的地步，全港市民處於極度恐慌當中。但面對如此形勢，竟然還有那麼一幫前政府高官、前英國統治者的遺民遺老們，不去譴責暴力、不去維護公義，反而刊出一份所謂的「聯署聲明」，以極度虛偽的「保區選一票顯民心」之名，公然美化暴力、全力替暴徒助選。他們以自己的實際行動，詮釋了什麼叫做助紂為虐，也等同向全港市民表明，他們和那些在街頭瘋狂縱火的蒙面暴徒、和血腥毆打市民的冷血暴徒，根本就是同路人！

做人要有做人的底線，從政也要有從政的良知。每一個人都可能擁有自己的政治立場，這不是問題，但任何立場都不能踐踏人類文明的底線。眼前香港發生的這一切，稍有良知的人都會看到，香港已經到了生死存亡的關頭，最迫切的任務是止暴制亂、恢復秩序，但對於一些懷有特殊政治目的的人來說，有沒有人被「私了」、市民有沒有恐慌、法治能不能得到維護，通通都不重要，他們眼中「大過天」的只有選票，他們最關心的是能否收割「暴亂果實」。

兩天前，還未從暴亂驚恐中穩定下來的香港市民，突然看到一大版刊登在各大報章的荒謬政治廣告。一幫自稱是「來自公民社會不同界別」的人發出「聯署聲明」，以「保區選一票顯民心」為大題，提出三大要求，將矛頭對準特區政府。聯署的一百三十人中，充斥着前政府高官以及港英統治時代遺留下來的政客。整份「聯署」，與其說是在呼籲「保區選」，不如說是在替亂港派進行一場蒙蔽人心的政治公關。第一，混淆視聽，圖模糊當前暴亂奪權本質。

「聯署聲明」顯然是經過精心的設計，用字不可謂不「簡潔」，一方面試圖

避開過於明顯的政治立場陳述，另一方面以巧妙的方式將矛頭對準要打擊的對手。例如，一開始劈頭蓋臉稱：「大家面對目前社會撕裂嚴重，香港社會一向珍視的價值不斷被侵蝕，感到憂心痛心」「早日找到與社會修復的出路，政府責無旁貸。」其用心險惡之處在於，用混淆視聽的手法，將當前的暴亂責任全部歸責於特區政府。

問題在於，當前香港發生的暴亂豈能以「社會撕裂」來掩蓋？這根本是一場徹頭徹尾的顏色革命！外國勢力公然干預香港特區事務，美國當局大小政客不斷叫罵指責特區政府，而本地亂港政客在美國勢力的操控下，不斷煽動暴力對抗。黎智英明言「年輕人準備好去死」、「香港是幫美國打好冷戰的第一槍的地方」，黃之鋒則叫囂要制裁特區官員。面對維護國家主權、安全與發展利益的原則性問題，為什麼這幫前政府高官們不敢提半字半句？他們到底想迴避什麼、又是在想替什麼人掩蓋事件真相？

更何況，暴亂又是誰組織的、幕後有沒有「泛民」政客的角色，這批前高官們難道不知道嗎？不去呼籲反對派政客「收手」、不去要求暴徒「停手」，而是單方面指稱「特區政府責無旁貸」，到底安了什麼心？嫁禍抹黑特區政府的意圖，已如司馬昭之心。第二，包庇暴徒，隻字不譴責暴徒血腥惡行。

「聯署聲明」字數不足三百，沒有明顯標註其政治立場，也沒有提及「五大訴求」之類的主張。但細心的市民會發現，整整一大版廣告當中，竟然沒有一字提及「暴力」，更沒有半句提及香港被嚴重破壞的法治。如果是剛從火星回到地球，大概會以為香港什麼事都沒發生過、香港根本沒有暴亂、香港的問題只是「社會撕裂」。但這是事實嗎？

就在這版廣告見報的幾乎同一時間，香港街頭發生了五個月以來最為嚴重的暴亂。暴徒在隧道內縱火、在街頭引發大爆炸、用燃燒彈投向載滿學童的校巴、用磚頭砸向維持秩序的警員，甚至於用易燃液體潑向普通市民、企圖活活燒死

人，所有這些如果發生在參與聯署者的「精神祖國」英國美國之時，又會有怎樣的反應？他們會以如此「聯署聲明」去向英美當局作出同樣要求？

這批前港英高官們、前港英統治時代培養的「社會精英」們，面對泯滅人性的血腥暴行，他們選擇了「迴避」而不是「切割」；面對踐踏人類文明底線的罪行，他們選擇了「熟視無睹」而不是「伸張正義」。不僅如此，還要譴責維護法治的特區政府。所作所為，根本就是在包庇、保護、縱容暴徒，用心之險惡，已難用常言來形容。

第三，美化暴力，為亂港派助選實現變天野心。選擇在距離區議會選舉不到兩星期之時，刊登這樣的「聯署聲明」，並非這幫前高官們不知道香港正遭受暴亂，更非他們良心發現，恰恰相反，由於暴力不斷升級、暴亂日益兇殘，令他們感到害怕了，但害怕的絕不是普通市民的人身安全，而是害怕嚴重暴亂會影響其區議會選情，打亂這場暴亂幕後指揮者的部署。

「聯署聲明」提了三點「呼籲」，包括：第一政府必須「確保區選順利進行」，第二「社會各方讓選舉順利進行」，第三「投票率越高，意義就越大，市民要踴躍投票」。這三點儘管用詞及對象不同，但核心只有一個：確保反對派「順利」獲得區選勝果。當中對於政府的所謂要求，更像是恐嚇；呼籲「社會各方」，更像是在對暴徒喊話不要「壞了大局」；所謂的「踴躍投票」，就是對反對派選民的動員令。

顯而易見，在這批前政府高官們眼中，沒有任何事能大過選票，即便有再多的市民受傷他們也不再乎，即便香港出現前所未有的混亂局面他們也無所謂，他們要的，是要將過去五個月以來所煽動出來的所謂「民意」轉換成實實在在的「議席」，是要獲得奪取香港管治權三部曲中第一步的關鍵勝果。而對於某些前政府高官來說，確保了選舉勝果，實現其多年前未能實現的政治美夢，距離也就更進一步了。

　　整版政治廣告以「保區選一票顯民心」為題，但事實說明，他們要「保」的絕非「區選」，而是要保反對派奪權的政治能量、保反對派候選人當選；而選票要「顯」的更非真正民心，而是五個多月以來亂港勢力的奪權企圖。如此政治宣言，儘管將自己包裝成「中立」，但美化暴力實際上是在撕下其政治偽裝，參與聯署的前政治高官、港英統治時代的遺老遺民們，本質上和此時在街頭肆無忌憚逞兇的暴徒無異，面具之下，是險惡的居心以及極度自私的政治算計。

2019年11月14日　大公報　龔之平文章

以正義驅散暴力　捍衛「馬照跑」

黑衣魔連續多日發動所謂「三罷」，打爛市民飯碗，影響市民正常生活，連參與跑馬仔的活動、稍為「唞吓氣」都不行。馬會昨日宣佈當晚在跑馬地的賽事取消。一位馬迷表示：「說來很諷刺，回歸22年都保持的『舞照跳、馬照跑』，竟然一再遭黑衣魔破壞。黑衣魔口口聲聲要捍衛香港核心價值，要『光復香港』，其實他們正一手摧毀市民習慣而喜愛的生活模式，真是荒謬。」

馬會取消賽事，一眾馬迷都感失望。馬會解釋，一切以員工和馬迷的安全為重。老友解釋：「馬會取消賽事，其實與中大示威者佔據『二號橋』有直接關係。這條橋連接中大和吐露港公園，橫跨整條吐露港公路和東鐵線，而馬會的賽馬都養在沙田，有賽事的時候才從沙田運送去跑馬地。這幾日，中大黑衣群魔千方百計佔據『二號橋』，然後從橋上丟雜物落吐露港公路和東鐵線，以堵塞公路和鐵路，逼大家『三罷』。昨日吐露港公路大癱瘓，結果搞到連跑馬都沒有了。」

說到此，老友忍不住為警方打抱不平：「警方千辛萬苦要搶回『二號橋』，都是為了保障吐露港公路和東鐵線的安全，讓大家可以安全返工返學，卻遭煽暴派抹黑攻擊，妖言惑眾指責警察『攻打』大學。吐露港公路是快速公路，東鐵線也從『二號橋』下穿過，黑衣魔投擲雜物隨時導致連環車禍，對於如此漠視人命的冷血行為，煽暴派視若無睹，而警察依法驅散黑衣魔、恢復交通，就遭無理辱罵，真是佛都有火。」除了交通問題，昨日原訂跑馬地的賽事，藝人阿叻陳百祥和導演王晶聯合持有的賽馬「旺旺寶駒」本來會出賽，但就成為暴徒針對的目標。老友話：「阿叻之前在節目上同杜汶澤舌戰，班黑衣暴徒就仇恨『阿叻』，說要去『捧場』。現在賽事取消，與此事有很大關係。」

老友指出：「馬會取消賽事，安全是主要考慮，『阿叻』的愛駒不能出賽，

■黑衣魔恐嚇反暴力馬主，馬會出於安全考慮，被迫取消賽事。

可以睇到，極端『黃絲』、黑衣暴徒的霸道思維，就是鼓吹仇恨，對不同意見就要被批鬥，就要暴力恐嚇。之前何君堯的愛駒就因受到恐嚇，馬會取消過賽事，想不到這麼快，同類事件又重演。暴徒把爭取『自由民主』掛在嘴邊，實際上容不得不同意見，根本在搞民主霸權。」

黑衣群魔冥頑不靈，罔顧市民的日常生活需要和社會整體利益。老友認為，這些人必然受到法律和民意的嚴懲：「『馬照跑』是香港的重要特色，不能照常舉行，市民少了樂趣。更慘的是，市民日常生活完全被破壞，出街無車、安全無保障，長期下去可能食物、生活用品的供應都成問題，一些長期病患或需要醫療器械輔助的市民，如果因為交通受阻而不能得到妥善治療，隨時性命攸關。這場風波已經持續5個多月，市民不能再抱有幻想，必須全力支持政府止暴制亂。下場跑馬能否恢復，就看市民能否彰顯正義的力量，驅散黑衣暴力。」

2019年11月14日 文匯報 李自明文章

匯豐恒生遭破壞
暴恐之下無完卵

　　黑色暴亂綿綿不休，普天同慶的聖誕節也淪為暴力的濫觴。警方被挑釁，商場被打砸，港鐵站被縱火，途人被「私了」，匯豐銀行、恒生銀行也未能幸免於難。事實再次證明，黑色暴亂沒有底線可言，與「民主自由」完全無關，愈來愈具備恐怖主義特徵，是文明社會的公敵。

　　匯豐銀行被投擲燃燒彈，玻璃門被砸爛，牆壁被噴上「星星之火可以燎原」字樣。「星火同盟」涉「洗黑錢」日前被警方調查，多人被捕，匯豐銀行凍結其戶頭內的七千萬資金乃根據國際標準而行，根本無可厚非。但在暴徒眼中，匯豐犯了「彌天大罪」，恒生銀行則因為同屬匯豐集團而受到「株連」。

　　黑色暴亂由所謂「反送中」運動發軔，帶有明顯「港獨」色彩，中資企業首當其衝。但如果因此以為只有中資企業才會受到打擊，那就是太傻太天真。暴力有其本身的發展邏輯，最終沒有人可以置身事外。匯豐是總部設在英國的國際大企業，匯豐股票被股民親切地稱為「大笨象」。而恒生銀行則是由香港人創辦，堪稱本土企業的表表者。如今，匯豐及恒生都因為得罪暴徒而被打上「黨銀」的標籤，與中資銀行同一「待遇」。而曾經設「暴徒專列」的港鐵，也因為封站而被貼上「黨鐵」標籤，成為暴亂的主要受害者之一。

　　另一方面，因為創辦人女兒發表撐警言論而淪為「暴矢之的」的美心集團，並非家族企業，而是多有外國股東，或特許經營外國品牌。美心被針對，創辦人家族固然遭到嚴重損失，外國股東一樣受損失，而集團的上下游企業及其員工，無一例外都是受害者。地球村時代形成了全球產業鏈，每家企業都是產業鏈的其中一個環節，一榮俱榮，一損俱損，根本分不清是什麼顏色。

　　事實上，暴徒針對匯豐、恒生的打擊行動，除了報私仇，更是企圖建設黑色恐怖下的社會秩序：社會上只有兩種人，要麼順民，要麼敵人，中大校長由「段狗」變「段爸」堪稱最好的例子；社會上也只有兩種企業，向其下跪、進貢的才有生存發展的機會，歸入所謂「黃色經濟圈」，反之則被打入另冊。

　　黑衣暴徒及幕後指揮者奉行的是「順我者昌、逆我者亡」的哲學。他們追求的「自由」，是剝奪別人的自由；他們主張的「民主」，意味着他們是「人民的主人」。封建時代的統治者尚且懂得「罪不及妻孥」，而黑衣暴徒除了瘋狂打擊警察，更要禍及其家人，欺凌其子女；除了對付匯豐銀行，而且「恨屋及烏」，將屬同一集團的恒生也一併「裝修」。

　　顯而易見，黑衣暴徒比他們眼中的獨裁者更獨裁，比他們批評的暴君更暴虐，唯有納粹德國褐衫黨及中東恐怖分子可以比擬。將這些暴徒美化為「民主自由的鬥士」，不僅是本世紀最大的笑話之一，也隨時可能搬起石頭砸自己的腳。

2019年12月26日　大公報社評

海園經營響警號
與暴力切割救旅業

受修例風波影響，來港遊客銳減，海洋公園正向政府尋求逾100億元資金擴建救亡。開業逾40年的海洋公園，是本港旅遊業的生招牌，但受累於暴力衝擊，落到需要政府救亡的困境，實在令人唏噓，反映暴力禍港之痛已「傷到入肉」。廣大市民尤其是所謂「和理非」群體，應該認真獨立思考，認清暴力對香港造成難以彌補的損失，從而自覺徹底與暴力切割，挽救香港於危難之中。政府、業界更應攜手合作，加快旅遊基建更新換代，加強向內地和世界的宣傳推廣，挽回遊客對香港的信心，重振香港旅遊業。

海洋公園是香港具有國際影響的本土旅遊品牌，受到世界各地遊客認可，港人對其有特殊情感，內地遊客亦對海洋公園情有獨鍾，幾乎是香港遊必到之處，不少遊客更多次重遊，樂而忘返。可惜，持續超過半年的修例風波伴隨的暴力衝擊嚇怕旅客，黑衣暴徒更針對內地遊客施暴，重挫香港旅遊業，海洋公園亦淪為受害者。海洋公園去年7至12月的入境旅行團及自由行遊客人數，按年大跌超過6成，這段時間正是黑色暴力鬧得最兇的日子。海洋公園上月公佈，截至去年6月底，全年淨虧損5.57億元，按年升135%。下半年遊客大減，海洋公園的虧損勢必加重，反映暴力禍港的嚴重後果正在浮現，而且未知何時見底。

海洋公園受暴力所累的經營慘況，亦是本港旅遊業的縮影。旅遊業是本港四大支柱產業之一，以往，本港主要購物區如尖沙咀、銅鑼灣、中環等區域，人流不絕，商戶不愁生意，整體酒店入住率經常都在9成以上。然而，隨着遊客斷崖式下跌，旅遊業受到重創，與旅遊相關的零售、住宿及餐飲等行業亦難免凋零。旅發局數據顯示，2019年前10個月，訪港遊客按年下降4.7%，全年累計訪港旅客

■受修例風波影響，來港遊客銳減，海洋公園向政府尋求注巨資救亡。

量將首度出現負增長；過夜遊客按年大跌10.1%。過夜旅客人次下降導致酒店業入住率大幅下降，由前年第三季的平均91%大降至去年同期的72%，按年跌幅達19個百分點，酒店實際平均房租亦較去年同期大幅回落16.2%；零售業銷售在去年10月持續大幅下滑，錄得有記錄以來最大的單月按年跌幅；財政司司長陳茂波曾表示，社會事件持續加上連串暴力衝擊，大大影響旅客來港意慾，與消費及旅遊相關行業首當其衝，零售、餐飲、酒店等可說已步入寒冬。

　　雖然，目前暴力似乎有所收斂，但激進示威者並未放棄所謂的「五大訴求」，街頭、商場的暴力衝擊仍不時發生；農曆新年將至，不少大型的節慶活動因安全考慮被迫取消，包括舉行了24年、每年吸引大量遊客的新年花車巡遊。可以預料，短期內本港遊客的數量難以回復正常。更令人擔憂的是，在反對派騎劫

下，新一屆區議會高度政治化，煽動敵視內地同胞和遊客，撕裂兩地關係，修例風波的趕客效應持續發酵，包括兩大樂園在內的旅遊業，乃至香港整體經濟，都不容樂觀。

新任中聯辦主任駱惠寧日前履新，首次發表講話時引用習近平主席在新年賀詞中的話，「沒有和諧穩定的環境，怎會有安居樂業的家園！」海洋公園、香港旅遊業的苦況，已向市民發出警報，暴力不止，遊客、投資不可能重來，再不與暴力割席，香港只能進一步陷入萬劫不復的深淵。恢復法治穩定是重建投資者、市民、遊客以至國際社會對香港信心的第一步。

只有在和諧穩定的前提下，政府盡快和海洋公園、旅遊業共同合作，集思廣益，一方面加大對本港旅遊業基建的投資力度，提升旅遊業的競爭力，另一方面在內地和世界各地做好旅遊推介，吸引四面八方的遊客放心來港遊玩、消費，才有望振興本港經濟，促進就業，港人才能安居樂業。

2020年1月9日　文匯報社評

第五章

聚正能

國家主權安全是不可觸碰的政治底線

　　一個國家有一個國家的安全制度，一個地區也要有一個地區的規矩。香港特別行政區實行「一國兩制」，但這不意味着在維護國家主權、安全與發展利益的原則問題上，可以另行「兩制」；更不意味着，香港的政客可以肆無忌憚地勾連外國勢力，罔顧「一國」。

　　上月底，反對派政客陳方安生、郭榮鏗、莫乃光三人赴美進行長達十一天的「訪問」。其間獲得美國副總統、眾議院議長、國家安全委員會高官、國務卿私人助理以及眾多美國政客的會見。綜觀其整個過程，公然邀美插手干預香港本地事務、叫囂排除中央政府的全面管治權、赤裸裸地迎合美國「遏華」策略，其態

■「一國兩制」是香港最好的制度安排，守護國家安全是港人義不容辭的責任。圖為市民在集會舉起國旗，支持政府依法止暴，捍衛國家安全。

度之囂張、立場之親美、言論之荒謬，已到了無視國家主權原則、踐踏國家安全的極其危險地步。

然而，事例遠不僅如此，過去半年來，反對派最少八次派員「告洋狀」。從戴耀廷、陳文敏到郭榮鏗，從涂謹申、羅冠聰到周庭；地點從美國、英國再到歐盟，會見人物從官員、議員再到情報人員。本月中李柱銘、李卓人等又將再度赴美。短短數月，如此密集「外訪」，又豈是偶然？選擇在中美貿易戰事正酣、美國全面圍堵中國之際，反對派不僅毫無反思反倒全力迎合美國，其心可誅！

事實說明，外國勢力正在加緊對「一國兩制」的破壞、強化利用香港去達到牽制中國的策略，而反對派為求一己之私利，甘當美國「遏華亂港」的「馬前卒」。反對派的所作所為，已令國家主權安全面臨嚴重威脅，也令香港市民的根本利益遭受嚴重破壞，中央以及特區政府對此絕不會坐視不理。

「政治傀儡」與「遏華棋子」

回歸以來，反對派從未停止過到外國「唱衰」香港的行為。如果說以往還只是立場的表達、姿態遠大於實際的話，如今的反對派已經到了赤裸裸邀請外國勢力直接干預香港、全力配合西方反華勢力的地步。

從去年底公民黨與民主黨的一系列「訪美」行程開始，再到利用所謂的「研討會」、「聽證會」名義，以及在美國發表的各種攻擊「一國兩制」的言論，勾連外力的行為，已經出現質的變化。不再局限於「表達憂慮」、「希望支持」、「呼籲合作」的所謂言論表達，而是上升到赤裸裸地「要求介入」、「直接阻止」、「採取行動」的地步。不僅如此，整個反對派陣營在勾連外力的立場及行動均已呈現出「制度化」趨勢，由美方全程主導安排、由當局支付所有費用、獲外國勢力全方位扶持。去年的公民黨郭榮鏗、民主黨涂謹申如是，香港眾志的羅冠聰、周庭也如是。

　　而陳方安生、郭榮鏗、莫乃光三人此次行程，則是反對派這種勾連外國勢力「制度化」、「組織化」集大成的體現。從訪美第一天獲美副總統彭斯會面，再到其後美國國家安全委員會亞太地區高級官員，乃至眾議院議長佩洛西與美國國會及行政當局中國委員會、美中經濟與安全審查委員會等政客會面等等，涵蓋美國涉華的幾乎所有機構與組織，如非獲得美方高層的授意、如非獲美官方的「精心安排」，又豈會有如此高的會見規格？問題在於，在中美貿易戰大環境下，在美國全方位圍堵中國的形勢下，美方如此高規格安排反對派訪美，又豈能安了好心？陳方安生明知如此，仍然積極配合，用心狠毒。這不僅是在「倒香港米」，更是在協助美國打「香港牌」。

　　一方面是勾連外力的「制度化」，另一方面則是言行的全面「美國化」。不論反對派以何種藉口「外訪」，但其唱衰香港、攻擊中央政府，已遠遠偏離了作為中國一個地方行政區議會成員所應有的立場與態度。在當地散布的所謂「全面扼殺香港『兩制』」、「香港人權自由受到前所未有威脅」、「逃犯移交是政治決定」言論，不僅與事實嚴重不符，更是站在美國當局的立場、以美國政客的話語體系去攻擊中央及特區政府；至於配合美國當局拿所謂的「香港政策法」去要挾、恐嚇香港市民，更無異於美國當局在港「政治代言人」。環顧世界，如此明目張膽出賣人民利益、破壞國家安全的劣行，是極其罕見的。

「香港良心」是「美國之音」

　　美國當局全方位安排香港反對派「訪美」，難道真的是反對派口中所說的「支持香港」？實際上，對美國政治稍有了解的人都可以知道，美國當局的一切言行都是服務於強化其本國利益的目的。美國不會做「賠錢的買賣」，花巨資邀請反對派政客，絕非只求一個「維護民主自由」的名聲。其真正目的，是要通過扶植香港反對派勢力，去達到分化香港社會、削弱特區政府管治能力、排除中央

政府在香港的管治權，並由此來牽扯中央政府的精力、遏制中國的發展與崛起。

實際上，陳方安生等人此次獲美國國家安全委員會高級官員會見，這個組織並非普通的諮詢機構，而是美國政府討論和研究重大戰略決策的核心組織，也是美國發動戰爭、顛覆他國政權的「中樞大腦」。這麼一個組織，「邀請」香港反對派訪美、「密室」會見，會有什麼結果？過去以及正在發生的事例告訴我們，這是美國顛覆他國政權的一種慣常手段，也是「顏色革命」的變種策略。

去年底美國媒體曝光，委內瑞拉反對派領袖瓜伊多曾秘密訪問美國，尋求實現政變計劃的支持。路透社當時援引消息稱，美國對委內瑞拉的強硬政策得到了國家安全顧問博爾頓的推動。美國與瓜伊多進行了密切接觸，彭斯與他至少通話兩次。在第二次通話中，彭斯向瓜伊多保證：「我們為你祈禱，美國與你同在。我們欣賞你的勇敢。」而在瓜伊多到美國與美國國家安全委員會官員會面後，便發生了「自封總統」的一幕，委內瑞拉也進入了空前的政局混亂。

此次陳方安生等人高調「訪美」的事實已說明，美國當局已不滿足於過去的對港策略，而是意圖提升香港在遏制中國的作用，而反對派是美方所能利用的「特別縱隊」。事實一再說明，所謂的「香港良心」，實是「美國之音」；所謂的「香港是我唯一的家」，實是「美國才是我唯一的老闆」！

「拆港人台」與「毀港人家」

維護國家主權、安全與發展利益，就是維護「一國兩制」與港人的根本利益；勾連外國勢力破壞「一國兩制」，也就是對香港的繁榮穩定與港人福祉的破壞。香港的反對派政客，莫以為投靠美國當局便可以獲得一時的政治能量、便能達到逐步「顛覆」「奪權」的目的。相反，恰恰違背了港人利益、違反了國家主權安全大原則，絕不可能有好下場。

習近平總書記明確指出：「我們更要堅定維護國家主權、安全、發展利益。

在具體實踐中，必須牢固樹立『一國』意識，堅守『一國』原則，正確處理特別行政區和中央的關係。任何危害國家主權安全、挑戰中央權力和香港特別行政區基本法權威、利用香港對內地進行滲透破壞的活動，都是對底線的觸碰，都是絕不能允許的。」

　　反對派赴美的有不少立法會議員，立法會議員本應是依法維護特區憲制秩序的重要政權力量，是促進和監督特區政府依法施政共同造福香港市民的重要政權力量，也是弘揚愛國愛港精神，促進香港共擔歷史責任、共享發展榮光的重要政權力量。但反對派如今的所作所為，正正是對上述政治底線的踐踏，也是對自身憲制責任的背棄。甘於被美國利用，乞美插手干預香港事務，已遠非簡單的香港本地問題，已影響到了國家總體安全，也破壞了國家的主權與尊嚴，沒有任何一個主權國家會容忍這種行為。

　　歷史和現實都已證明，「一國兩制」是對香港最好的制度安排，需要全體港人珍惜和維護。這是香港保持長期繁榮穩定的「定盤星」「壓艙石」，而反對派一系列「乞美干預香港」的惡行，無異於在拆港人的台、毀港人的家。他們或可逞一時之能，或可耀一時之威，但維護國家安全是一條不容妥協的紅線，反對派不要奢望中央及特區政府會有絲毫讓步。

　　中聯辦主任王志民曾指出：「在國家安全問題上，沒有『兩制』之分，只有『一國』之責，在香港繁榮穩定和香港同胞的根本福祉上，沒有『左』『右』之分，只有守護之責。」反對派政客必須看清形勢，勾連外國勢力出賣港人利益、危害國家安全，是一條不歸之路，絕不可能獲得「善終」！

2019年4月3日　大公報　龔之平文章

主流民意撐警隊護法治
香港核心價值風雨不變

16.5萬市民昨日在金鐘添馬公園參加「撐警察、保法治、護安寧」集會。反修例風波引發連串違法暴力行為，一小撮人瘋狂抹黑攻擊警方，企圖動搖香港的法治根基，令香港陷入混亂和嚴重的撕裂對立，沉默的大多數終於忍無可忍，用集會吶喊彰顯清晰而強大的主流民意，力撐警隊，守護正義，堅定維護香港的核心價值和繁榮穩定，更讓反對派、激進派看清楚，靠煽動慫恿少數人以激進暴力亂港禍民，翻不了天，更代表不了香港市民，也改變不了香港的民意大勢。反對派、激進派如果不懸崖勒馬，必遭主流民意的反制和唾棄。

香港享有高度自由，包括言論自由、集會自由，在合法理性的基礎上，任何人都可以表達不同的立場和訴求，多元包容的主張訴求和諧共融，構成了香港的重要特質，也是香港充滿活力和令人鍾愛的可貴之處。警隊作為香港法治的守護者，在修例風波中忠誠法治、忠於港人，忍辱負重，堅守法治，避免香港失控。但是，反對派、激進派視警察是阻礙他們亂港禍民的最大阻礙，不斷煽動示威者一再包圍警察總部，明目張膽侮辱、襲擊警方。反對派不譴責示威者的違法暴力行為，反而要求追究「警方濫用暴力」，顛倒是非、混淆正邪、癱瘓法治，是對公權力赤裸裸的挑戰。廣大沉默的市民明白，這種情況若不及時制止、扭轉，香港法治不彰、正義無存，勢必陷入更大的困境。

正是為了制止一小撮人繼續搞亂香港，數以十萬計市民無懼烈日高溫、風吹雨打，用行動「撐警察、保法治、護安寧」，展示對警隊的信任，對法治的尊崇，對正義的堅持；顯示香港主流民意的優良傳統和特質，並未因為修例風波的衝擊而有任何改變。廣大市民深信，法治、正義、明辨是非，是香港不能棄守的

根本原則。正如昨日參與集會人士指出，執法人員被攻擊是全世界都不能接受的，混亂如果繼續，香港將陷入無可救藥的地步。

昨日聲勢浩大、熱情澎湃的集會，16萬多人的齊心吶喊，清清楚楚、明明白白告訴反對派、激進派：警察是維護香港法治和安全的中流砥柱，廣大市民愛護、感謝警察，豈容你們任意抹黑攻擊、摧毀保障法治安全的「長城」；尊重法治、是非分明、邪不勝正，是港人堅信的真理，任你們策動再多報大數的街頭抗爭、暴力衝擊，也撼動不了。

面對真切強大的主流民意，以及主流民意對法治、正義、理性等香港社會核心價值的執着和堅持，反對派、激進派能不能幡然悔悟、改弦更張？應不應該立即放下對激進暴力、民主霸權的迷思？是否還要執迷不悟地與主流民意對抗？那些受人誤導、煽動而喪失理性的年輕人，為了自己的前途和香港的未來，是不是應該立即停止一切違法暴力行為、不要再當亂港禍民的棋子？

法理昭昭，民意滔滔。香港始終是「法治之都」、「平安之都」，絕大多數市民不希望香港淪為「暴力之都」、「暴動之都」。熱愛香港、維護法治和秩序、讓香港更加繁榮穩定、讓港人更好地安居樂業，這個民意的大勢沒有變、也不會變；追求法治正義，依然是香港的核心價值和主流民意，這個社會大環境下的人心向背沒有變、也不會變，違法暴力永遠不可能凌駕於法治正義之上。

明乎此，反對派、激進派以及被其煽動利用的年輕人，應該看清大勢，知所進退，明白得逞一時，絕不意味可囂張一世，不想被愛香港、持理性、有良心的市民所唾棄，就必須放棄顛倒是非和激進暴力，回到法治、理性、和平的正軌，在獅子山下同舟共濟、共建香港。

2019年7月1日　文匯報社評

警方執法權與新聞採訪權，最緊要平衡

　　因修例引發的風波成為近期備受海內外關注的新聞大事，各路媒體都搶在最前線，力爭做最全面、最及時的報道。不過，連場前所未見的暴力衝突，場面極度混亂，無論警方、傳媒都面對極之複雜的情況。日前，警方旺角清場時，再次遇到示威者的暴力挑釁和阻礙，有部分記者站在警方和激烈的示威者中間，令警方執法綁手綁腳。

　　事後，記協及攝記協發表聯合聲明，譴責警方惡意推撞前線記者，妨礙新聞自由。一位資深行家向自明表示：「雖然我是新聞從業員，明白行家都力爭第一手報道，把事件的真相告訴市民。但對人對事要公道，香港尊重新聞自由，警方應盡可能為記者採訪提供保障，記者亦要尊重和遵守專業操守，合理使用採訪權。這是公眾期望，亦是業界共識。」

　　資深行家指出：「記得當年在大學新聞系第一堂課老師就教，記者的天職是報道真相，並盡力在報道中隱藏記者角色，有時為保持專業性，甚至要放棄某些公民權利，盡力保持中立。如果記者成為事件的參與者，會損害作為新聞工作者的客觀性。記者不應成為新聞的主角，是客觀報道、新聞自由的基本界線。可惜，這次反修例風波的多場暴力衝突中，有少數記者的行為明顯越線。」

　　回顧多場暴力衝突，示威者的暴力行為極之瘋狂，磚頭、鐵支橫飛，而且人數眾多，不少人可以用亡命之徒來形容，場面極度混亂危險。警方近期的執法已受到不少非議，承受巨大壓力，在這樣的情況下，一方面要用最克制武力制止暴徒，避免社會秩序失控，另一方面要顧及一大班無處不在的記者，執法難度之大，可想而知。

　　「早前在金鐘清場時，有個別網媒記者，就因身穿印有『記者』的反光背心、佩戴記者證，覺得自己有特權，不僅不聽從警方勸喻而後退，反而『一夫當

關』，站在一排持盾牌的防暴警察面前，指手畫腳，提出挑釁性問題。這個畫面，令公眾對記者公正客觀的專業觀感大大扣分，造成相當不好的負面影響。真是好想問問這位記者，學堂學的東西是否全部忘記了？更想問問記協，譴責警方妨礙新聞自由之餘，是否認同記者借採訪之名挑戰警權、阻礙執法？」資深行家搖頭慨嘆。

「記者與示威者混在一起，甚至無形中成為保護示威者的『第一道防線』，在此次修例風波的衝突中司空見慣，這不太正常，不符合新聞規律和操守。在西方國家也極之罕見。相信大多數行家亦不認同這種做法。」資深行家指出。

香港作為國際都市，社會日益開明進步，市民要求警方尊重採訪權，維護新聞自由，保障大眾的知情權，「同時，市民亦希望傳媒、記者時刻提醒自己盡力保持中立，不要成為新聞參與者，更不能成為新聞的主角。警方執法和新聞採訪應保持必要的平衡，社會才能保持公正、避免偏頗。」資深行家表示。

2019年7月10日　文匯報　李自明文章

挑戰主權底線必須嚴懲
維護中央權威責無旁貸

　　所見既可駭，所聞良可悲。七月二十一日晚上，一群暴徒公然圍堵中聯辦、損污國徽，這是對「一國兩制」底線的觸碰，是對國家主權的挑釁，性質極為嚴重，影響十分惡劣，事件激起包括港人在內十四億中國人的極大憤慨，中央涉港部門、特區政府及各界人士齊聲譴責，傳達了對暴行決不姑息、對暴徒嚴懲不貸的堅定決心。

圍堵中聯辦污損國徽性質極惡劣

　　民陣在前日再次發起大遊行，當遊行隊伍抵達灣仔盧押道終點後，部分激進分子無視警方不反對通知書的規定繼續向西推進，進行非法集結，先是圍攻警總，繼而圍堵中聯辦大樓，更有少數暴徒向懸掛於中聯辦大樓的國徽投擲雞蛋、墨水，以及黑色油漆彈，污損莊嚴的國徽，破壞中聯辦的安防設施，塗寫侮辱國家民族尊嚴的字句。當防暴警察展開執法行動時，暴徒使用鐵通、雨傘、棍棒等攻擊警方，並投擲玻璃、磚頭、腐蝕性化學品及煙霧彈，原本寧靜的街道恍若戰場，無數人通過電視畫面看到這瘋狂的一幕。

　　事實證明，這段時間以來香港發生的示威活動，已不再是和平理性表達意見，而是走向暴力、野蠻、喪心病狂，踐踏法治，挑戰市民可以容忍的心理底線，而圍堵中聯辦、塗污國徽，則是將暴力惡行升級到一個新階段。有暴徒狂妄地宣稱，今次行動就是要「劍指」中央。

　　中聯辦是中央駐港機構，根據憲法、基本法及中央授權展開工作，是國家主權的組成部分，而國徽象徵國家及民族，也是一國主權之體現，神聖不可侵犯。

針對中聯辦及國徽的圍堵及塗污行動，何止嚴重損害香港人珍而重之的法治精神，破壞香港市民的根本福祉、根本利益，更是嚴重傷害全體中國人民的感情。

是可忍，孰不可忍！香港警方果斷執法，驅散暴力襲擊者，國務院港澳辦、中聯辦、特區政府迅速發表聲明，強烈譴責挑戰國家主權及「一國兩制」底線之行為，直指事態嚴重，無法容忍，必須依法追究；特區政府行政會議、建制派政黨同聲譴責；社會各界人士亦以各種方式向暴行說不，敦促警方嚴格執法，以儆效尤，還市民免於恐懼的自由。

大家不會忘記，國家主席習近平前年視察時曾強調，任何危害國家安全、挑戰中央權威和滲透破壞的活動，都是對底線的觸碰，都是絕不能允許的。真正是勿謂言之不預也，面對「底線」被觸碰，除了譴責與聲討，最重要的就是執法。批判的武器，替代不了武器的批判，這個「武器」就是法律、法治。立法會早前通過的《國旗及國徽條例》明確規定，任何人士公開及故意以焚燒、毀損、塗刮、玷污等方式侮辱國旗、國徽，即屬違法，一經定罪，可處第五級罰款及監禁三年。有關條例今次正好派上用場。

堅決支持警方嚴格執法懲治暴徒

月暈而風，礎潤而雨。今次圍攻中聯辦的暴力行動極為猖狂，但並非無跡可尋，而是回歸以來「縱暴派」所謂「違法達義」造成社會惡果的一次大爆發，也是五年前「佔中」、三年前「旺暴」等遺留問題未能徹底清理的必然結果。正如我們一再指出，國際反華勢力為永保世界霸權，阻撓中國發展無所不用其極，從政治、軍事、外交、貿易、科技等領域全面打壓，還打出人權牌、宗教牌、南海牌、台灣牌等等，「一國兩制」下的香港更是不幸地成為反共堡壘及輸出顏色革命的基地。可以見到，香港反對派頭面人物近期紛紛應邀訪問美歐，得到西方政要的高調接見，對中國及香港事務指指點點，說三道四；香港反對派有恃無恐，

惡狠狠地揚言「趁佢病、攞佢命」，即利用美國發動對華貿易戰、香港經濟受創及社會矛盾有所激化之機，通過策劃連串的大規模暴力衝突，向特區政府及中央施加強大壓力，血氣方剛的年輕人則充當了炮灰，每每衝在最前線。

為了鼓動年輕人造反，反對派妖言惑眾，歪理連篇，除了繼續灌輸「違法達義」，聲稱「坐牢可以使人生變得更加精彩」、「暴力有時候是解決問題的手段」外，更將暴力衝擊者捧為「義士」、「英雄」，將自殺者樹為「烈士」。很明顯，別有用心者最希望製造動亂及流血事件，以便鼓動國際輿論，掀起滔天巨瀾，而眼見特區政府審時度勢、見招拆招，主流民意逐漸發生逆轉之後，搞事者不甘心失敗，策劃更大的陰謀，製造更大的騷亂，最近在屯門、上水、沙田舉辦的幾次遊行無不以血腥暴力收場，原因就是主辦機構在遊行結束後慫恿參與者「自由活動」，這與近期暴力示威者使用神秘手勢連絡一樣，亦類似當年「佔中」時的所謂「去飲」，就是一個暗號，一個動員令，一切都是有組織及精心策劃，所謂暴力示威「沒有大台、自發行動」，正如暴徒手執鐵通、磚頭等利器卻聲稱「手無寸鐵」一樣，都是無恥的謊言。

幕後黑手煽動暴力其心可誅

正是在反對派政棍煽風點火及外部勢力明裏暗裏襄助下，香港的遊行示威蛻化變質，暴力而血腥，香港早已不是人們熟悉的那個香港。六月份的圍堵警總、稅務局及入境處大樓以及七月一日圍攻佔領立法會，針對的是特區政府，企圖打擊執法隊伍的士氣，癱瘓特區政府，今次則更進一步，針對國家主權象徵的國徽及中央駐港機構發難，未來有可能將暴力行動進一步升級，什麼匪夷所思的事都會幹得出來，這不能不令人擔心更多更大的亂象可能還在後頭。

透過亂象看本質，香港回歸二十二年來，主權換治權的圖謀沒有一日消停，而在中國崛起的大背景下，反中亂港勢力及其幕後支持者更加焦慮，更加迫不及

待，正如內地官方傳媒評論，連串的暴力亂象，是圖謀奪取香港管治權，及利用香港的亂象來拖延中國的發展。

然而，大雪壓青松，青松挺且直。中華民族上下五千年，什麼風浪沒有見過？新中國建立七十年，什麼壓力沒有遭遇過？狂風巨浪也許可以掀翻小池塘，但大海永遠在這裏，中華民族永遠在這裏，以為騎劫香港、搞亂香港就可以撬動中國大局，阻撓中國發展，那是蚍蜉撼大樹，可笑不自量。君不見，前晚中聯辦被圍堵、國徽被塗污，昨日早上又是一個艷陽天，嶄新耀眼的國徽依然高掛於中聯辦大樓，牆壁及地板也洗刷一新，正如中聯辦主任王志民表示，中聯辦依然不動，屹立在香江之畔，「我們會一如既往地、堅定地履行中央政府賦予中聯辦的職責，依然堅定地支持特區政府依法有效的施政，依然堅定地支持警方及執法機構有效地維護香港社會秩序、安寧，懲治不法暴徒，還香港一片安寧。」

旨哉斯言！懲治不法暴徒，堅守法治核心價值，還香港一片安寧，這既是中央政府的殷切期待，內地同胞的拳拳之意，更是熱愛香港的市民的共同心聲。

香港是我家，不能破壞她，有中央的堅定支持，有市民的堅決守護，有特區政府的不屈不撓，有警方的有法必依，暴徒必定受到應有的懲罰，香港也必將走出陰霾，恢復穩定，迎向更璀璨的明天。

2019年7月23日　大公報　龔之平文章

侮辱國旗必須嚴懲
「港獨」不除港難不已

　　暴亂發生至今已近兩個月，越來越兇殘的暴徒，愈益癲狂的暴行，已經超出了任何定義下的自由界線。而接二連三出現的污損國徽、侮辱國旗的行為，更是在用鐵一般的事實說明，這一系列的暴亂不論打着什麼名義、不論以什麼口號作掩飾，其本質是挑戰國家主權、踐踏「一國兩制」底線的分裂主義行徑，是外國勢力操弄之下的兇殘「港獨」顛覆行動，必須予以最嚴厲的懲處。

　　眼前被摧殘得千瘡百孔的香港，正面臨前所未有的兇險形勢，所有熱愛香港的市民必須保持清醒的認識，繼續再縱容下去、暴亂再持續下去、警隊再被打壓下去，香港將家不成家、港不成港！

　　過去九個星期以來，每一次遊行，暴力都如影隨形，而隨着事態不斷演變，暴力也就越來越嚴重，暴徒也越來越猖狂。從一開始的暴力衝擊、佔領並破壞立法會，到肆無忌憚地襲擊無辜途人；前日的暴行更是進一步升級，癱瘓九龍半島，從尖沙咀、旺角再到黃大仙，堵路挑釁叫罵、縱火燒警署、鐵枝磚頭砸警員，甚至連紀律部隊宿舍也不放過。到了昨日，從將軍澳到銅鑼灣與中西區，兇殘的暴徒拆路燈、焚燒道路設施，潑灑化學粉末，意圖替今日的所謂「三罷」鋪路，企圖製造更大的亂象，甚至要癱瘓整個香港。

　　所有這些，難道真的只是為了「五大訴求」如此簡單？全副武裝暴徒面具之下，難道真的只是天真無邪的年輕人？事實上，當七月二十一日中聯辦大廈被衝擊破壞、國徽被污損；當八月三日尖沙咀某商場外飄揚的國旗被丟入大海、「港獨」旗被懸掛；當昨晚「港獨」暴徒反覆高叫「香港獨立」之時，所有事實都在說明，這絕不是一場簡單的「自由抗爭」，更不是冠冕堂皇的「追求民主」，而

是一系列赤裸裸的顛覆行動。再美麗的謊言也遮蓋不了血淋淋的眞相，再僞善的面孔也掩蓋不了香港所遭到的生存威脅。

國旗和國徽，代表的是國家的主權和尊嚴。而暴徒卻是一而再、再而三地以有組織、有策略、有步驟地進行破壞，如果任由這種惡行肆虐下去，香港將不再有繁榮穩定。《國旗法》明確規定：「國旗是中華人民共和國的象徵和標誌。每個公民和組織，都應當尊重和愛護國旗」，並規定對侮辱國旗者「依法追究刑事責任」。本港《國旗及國徽條例》第七條規定，任何人公開及故意侮辱國旗或國徽，即屬犯罪，一經定罪，可處第5級罰款及監禁3年。

國務院港澳辦以及中聯辦負責人昨日分別發表措辭強硬的談話，亮出堅定立場。港澳辦發言人表示，極少數極端激進分子侮辱國旗的醜陋行徑再一次表明，他們的所作所爲已經遠遠超出了自由表達意見的範疇，滑進犯罪的深淵。對此必須依法嚴厲懲處，絕不手軟。中聯辦負責人強調，國家主權和尊嚴不容挑戰，「一國兩制」原則底線不容觸碰，包括廣大香港同胞在內的全體中國人的愛國情感不容肆意傷害。對這種無法無天的惡行必須依法嚴懲。

中央有關部門一再發出強硬的談話，是在向所有「港獨」暴徒發出的最後通牒，誰膽敢觸碰三條底線，誰破壞「一國兩制」，誰就要付出慘重代價。中央也絕不會坐視不管，更不會任由這種情況持續下去。「港獨」莫要囂張，也莫低估香港警察的容忍底線，更莫低估特區、中央政府以及十四億國人維護國家主權與尊嚴的堅定意志。正所謂「出來行，遲早要還」，跑得了和尚跑不了廟，該償還的，一點都不會少。

眼前形勢說明，香港正被「港獨」暴徒騎劫，令人痛心的是，仍然有一批人，不僅沒有譴責暴徒惡行，甚至站在暴徒立場上攻擊辱罵勇敢執法的警員。他們自我陶醉於廉價的正義感當中，揣着自以爲是的僞善道德標準，甘於被反對派「幫助年輕人」這類可笑文宣所洗腦，助紂爲虐、助暴施暴，無視國家主權與法

治原則底線被踐踏，無視全社會所面臨的道德災難。然而，當香港被「港獨」暴徒摧殘之時，當「一國兩制」無以爲繼之時，全體港人都要爲此付出沉重代價，到時追悔已莫及。

「慶父不死，魯難未已」，應當冷靜地看到，暴亂短時間裏不會停止，「港獨」也看不到收斂的跡象，其幕後勢力，如黎智英、陳方安生、李柱銘之流，仍然在秘密策劃，不斷在發起一輪又一輪的亂港行動，以完成美國老闆所下達的政治任務。只要這批禍首仍然逍遙法外，香港也就沒有安寧之日。

香港社會正面臨一場嚴酷的生死之戰，這是分裂與反分裂的較量，是奪權與反奪權的較量，這場戰爭，不能只靠特區政府和警隊，更要靠全體熱愛香港的市民。要重塑香港的法治秩序，必須堅定支持特區政府及警隊遏制亂港勢力的暴行。亂港頭目不除，港難不已；「港獨」不除，港無寧日。

2019年8月5日　大公報社評

中央展示平暴止亂堅定意志
為港恢復法治安定定調指路

國務院港澳辦及香港中聯辦就香港目前的局勢，在深圳舉行座談會。港澳辦主任張曉明通報了中央關於穩定香港當前局勢的重要精神。這是到目前為止中央對香港時局最明確清晰的表態，顯示中央對香港局勢準確判斷，並對修例衍生的暴力運動的幕後策劃者、組織者和指揮者，各種「反中亂港」勢力，發出最嚴厲的警告，給予香港各界對止暴制亂、恢復法治安定最大的信心，有利香港各界消除迷惘和焦慮，看清前路，支持特首和警隊依法遏止暴力，讓香港恢復秩序和安寧。可以說，中央為香港下一步如何走定調明路。愛國愛港陣營在此關鍵時刻，更要積極大膽傳播正義聲音，弘揚正氣，凝聚更廣大愛國愛港正能量，不負中央和廣大香港市民的殷切期盼。

修例風波衍生的暴力運動擾攘至今近兩個月，且愈演愈烈，對香港的法治安定構成嚴重威脅，香港到了危急的時刻。在此重要關頭，張曉明主任傳達中央針對香港局勢的重要精神，起到釋疑止惑、穩定人心的「及時雨」效果。

張曉明指出，香港正面臨回歸以來最嚴峻的局面，當前最急迫和壓倒一切的任務，就是止暴制亂，恢復秩序，共同守護我們的家園，阻止香港滑向沉淪的深淵。他更表明，按照基本法規定，中央有足夠多的辦法、有足夠強大的力量迅速平息可能出現的各種動亂。這番講話表明，中央對香港局勢有準確清晰的判斷。回歸22年來，中央積累了「一國兩制」之下引領香港特區前行的豐富實踐經驗，並且具有強大意志和能力主導引領香港的發展大勢。儘管現在香港受到嚴重衝擊，但仍然在中央的掌控之中。座談會傳達中央關於穩定香港當前局勢的重要信息，提醒港人有中央做後盾，見到亂事不要怕，不要自亂陣腳，給港人派下「定

心丸」，加強香港社會對穩定局勢、回復發展正軌的信心。

值得注意的是，張主任表示，正如香港不少人士所說，修例事件已經變質，帶有明顯的「顏色革命」特徵。「顏色革命」的判斷首度見諸中央表態。他特別引用習近平主席的明確宣示：「任何危害國家主權安全、挑戰中央權力和香港特別行政區基本法權威、利用香港對內地進行滲透破壞的活動，都是對底線的觸碰，都是絕對不能允許的」。在這個大原則之下，中央的底線和對策都非常明確：對公然挑戰「一國兩制」原則底線的違法犯罪活動，都必須堅決追究法律責任，包括追究幕後策劃者、組織者和指揮者的刑事責任。這番話，顯然是警告策劃、推動、慫恿暴力運動的「反中亂港」勢力，不要誤判形勢，不要把中央的克制當軟弱，不要低估中央和全國人民捍衛國家主權、安全、統一，維護香港繁榮穩定的堅強意志和堅定決心。縱暴派應知所進退，不要一意孤行。

特首是在香港貫徹落實「一國兩制」方針、執行基本法的第一責任人，是特區政府管治團隊的核心。警隊是維護香港社會治安的支柱，也是守住社會穩定的最後一道屏障。香港能否止暴制亂、恢復秩序，關鍵仍然要靠特首和警隊。張曉明明確表示，中央對林鄭月娥的工作一直充分肯定，同時對林鄭特首帶領特區政府依法施政是百分之一百支持。中央對香港警隊的支持也是堅定不移、毫不動搖的。話語斬釘截鐵，表明中央挺特首、挺警隊，也相信特首林鄭月娥有智慧、有能力應對好香港當前局勢，帶領特區政府管治團隊再出發、再前進，激勵特首和警隊對國家和香港負責，迎難而上，有擔當、敢作為，堅定依法止暴平亂、果斷懲治違法行為，維護香港法治安定，確保「一國兩制」行穩致遠。

張曉明還對香港主流民意作出了準確評估。他指出，雖然當前社會上有各種各樣的民意和訴求，但最大的民意是求穩定、求安寧，盡快恢復社會正常秩序。香港不能再亂下去了！這是廣大香港市民包括「沉默的大多數」的共同心聲。這是中央對香港民情民意非常清晰的概括。香港作為法治、文明、安全的國際城

市，尊重法治、堅持理性和平非暴力，依然是香港社會的核心價值觀，廣大市民反暴力、守法治、求穩定、謀發展的訴求沒變，扭轉香港當前局勢有堅實的民意基礎，相信自己、相信香港、相信國家，香港一定能否極泰來。

　　一直以來，愛國愛港陣營都是維護國家主權、安全和發展利益，保持香港繁榮穩定的基本依靠力量。張主任希望，愛國愛港力量要發揮維護香港繁榮穩定的中流砥柱作用。按照中央要求，堅決止暴制亂、穩控局勢，是當務之急，愛國愛港陣營更責無旁貸。愛國愛港陣營舉辦的「6‧30」、「7‧20」兩場大型集會，充分展示香港有正氣、重公義。未來，愛國愛港陣營一定會再接再厲，帶頭落實好中央精神，為香港社會攜手解決問題凝聚更強力量、夯實更堅基礎，與特首、政府和警隊共同努力，止暴制亂，穩住局勢，齊心協力推動香港「一國兩制」實踐持續穩步推進，捍衛香港700萬市民的整體利益。

2019年8月8日　文匯報社評

動亂百日正邪較量
止暴制亂任重道遠

借反修例風波發動的暴力動亂至今已過百日。煽暴者、縱暴派策動曠日持久的違法暴力衝突，挑戰「一國兩制」底線，逐步暴露「顏色革命」本質，日益呈現本土恐怖主義的趨勢，對香港政治、法治、經濟、社會、民生各方面均帶來前所未見的衝擊和嚴重傷害。在中央堅定不移的支持下，在反暴力、護法治堅定民意的支撐下，特區政府、警方有擔當、敢負責，以行動維護「一國兩制」，維護香港法治和有效管治，無畏無懼打擊一切激進恐怖暴力，在這場事關香港生死存亡的正邪較量中，避免了香港法治淪亡、管治完全被癱瘓。邪不勝正是亙古不變的鐵律，香港邪惡暴力終將被遏止、被清算；但也要看到，徹底止暴制亂依然任重道遠，政府、警方和所有公權力機構、愛國愛港陣營和廣大市民應該再接再厲，戮力同心，讓香港全面恢復法治穩定，早日重回正軌。

百日動亂暴力呈現越來越明顯的「顏色革命」特徵。激進暴力分子屢屢舉起英美國旗，暴徒肆無忌憚焚燒國旗、玷污國徽；黎智英等「亂港四人幫」和黃之鋒等「港獨」分子，頻頻跑到西方告洋狀，乞憐美國及西方制裁香港和中國內地；煽暴派、縱暴派提出的「五大訴求」，要達至所謂「真正的雙普選」，叫囂「光復香港，時代革命」「香港要學烏克蘭」，其實質就是要搶奪香港的管治權，企圖把香港變成獨立的政治實體，乃至淪為美國的附庸。同時，「港獨」活動與暴力運動如影隨形，已經明目張膽打出具有「港獨」意味的旗幟，散播代表「港獨」思潮的歌曲，從精神層面荼毒市民。

國家主席習近平曾擲地有聲強調：「任何危害國家主權安全、挑戰中央權力和香港特別行政區基本法權威、利用香港對內地進行滲透破壞的活動，都是絕不能允

許的。」日前，國務院總理李克強也表示，支持香港特區政府「依法止暴制亂、恢復秩序」，堅定不移維護「一國兩制」、「港人治港」、高度自治。從中央到特區政府及香港各界，對「港獨」零容忍、零空間。面對對國家主權、安全和發展利益的挑戰，特區政府堅守底線思維，絕不退讓；中央絕不會坐視不管，有足夠的辦法及力量維護「一國兩制」和基本法。這是香港邪不勝正的最大底氣和最大保障。

百日動亂暴力，香港法治首當其衝受到巨大衝擊和嚴峻考驗。在煽暴派、縱暴派的策劃、煽動、縱容、包庇下，暴徒無法無天，衝擊破壞立法會大樓，圍攻警總、政總、中聯辦等重要機構，發起充斥暴力的不合作運動，癱瘓機場、港鐵、隧道、道路等重要交通，濫用私刑毆打內地記者、遊客，無差別攻擊普通市民，更以彈弓、鐵支、汽槍、汽油彈等武器攻擊警察，暴力「遍地開花」，以治安良好著稱於世的香港區區淪為戰場。面對無日無之、變本加厲的暴力衝擊，警隊盡忠職守，日以繼夜，頂住巨大壓力，依法打擊暴力、守護法治，自6月反修例暴力運動以來，已拘捕近1500名暴徒，防止香港法治淪喪、陷入無政府狀態。

百日動亂暴力，凸顯青年問題必須高度重視、認真對待。相當一部分青年學生受人誤導，襲擊警察、毀壞公物，不惜以身試法、以身犯險，被人綁上反修例暴力運動的戰車，淪為「勇武抗爭」的「炮灰」。有學生執迷不悟煽動、參與罷課，在校內外組織含有「港獨」分離意味的「人鏈」活動，充當了反中亂港的棋子而不自知，反以為投入崇高的「自由民主」運動。青年學生走上違法暴力的邪路，墮入「港獨」陷阱，反映香港的教育存在嚴重問題。長期以來，幫助青少年樹立愛國愛港觀念的國民教育不能名正言順推行，通識教育荒腔走板，長期被「黃師」騎劫，淪為向學生洗腦的工具。十年樹木，百年樹人。青年的培育關乎香港「一國兩制」的行穩致遠，特區政府、社會各界必須痛定思痛，吸取教訓，在教育政策上撥亂反正，下決心花工夫，做好青年學生的糾偏敕正工作。

百日動亂暴力，令香港經濟面臨衰退危機，民生受到巨大傷害。旅遊業、零

售、飲食和服務業受到重創，減薪裁員潮暗湧已起；香港國際金融中心形象蒙上陰影，國際評級機構惠譽24年來首次降低香港信貸評級；本港經濟今年首季GDP增長只有0.6%，次季再降至0.5%，第三季或現負增長，有分析更悲觀預測，香港經濟今明兩年均為負增長，「被攬炒」的風險不可謂不高。為對抗經濟逆境，財政司司長陳茂波宣佈推出總額191億元的利民紓困措施，之後進一步推出支援中小企業的措施，降低企業融資困難和營運壓力。沒有穩定，談何發展。提振經濟需要穩定環境作為前提，香港需要盡快恢復法治安定，才能重新吸引資金和人才，才能凝心聚力主動融入國家發展大局，把握粵港澳大灣區機遇。

百日動亂暴力中，輿論場的正邪之戰分外激烈。部分本港和西方媒體大肆造謠生事，「警察太子站打死人」「爆眼少女」等謠言謊言滿天飛。這些媒體罔顧客觀公正的專業操守，無視基本事實和邏輯，無所不用其極抹黑警方、詆譭政府，散播仇警仇政府情緒，為「顏色革命」提供文宣輿論支持。輿論烏雲籠罩之下，愛國愛港媒體堅守法治信念，堅守傳媒社會責任，堅持以事實說話，揭露縱暴派、煽暴派以及暴徒的違法暴力亂港真相，以充分的事實揭穿各種誤導和謊言，贏得了越來越多公眾的認同和信任。

百日動亂暴力，已經對香港造成不可低估的深重傷害。其中一個深遠的遺禍，是香港社會被嚴重撕裂。一方面，一些是非顛倒、黑白不分的所謂「和理非」支持者，盲目同情支持暴徒，無理指責警方正當合法的執法，打壓不同聲音，助長欺凌。另一方面，也是值得欣慰的，建制派、愛國愛港陣營始終堅持中流砥柱本色，不向暴力低頭，多次發動反暴力、護法治集會，自發舉行唱國歌、撐警察活動，展示壓倒暴力邪惡的強大主流民意，有利扭轉社會上存在的偏差模糊認識。長遠而言，對立撕裂的局面必須緩和，在「一國兩制」、「港人治港」、高度自治大前提下，實現求大同存大異，更是一項必須由政府主導的艱巨任務。

2019年9月17日　文匯報社評

宗教界應導人向善
勿淪暴徒「庇護所」

　　過去多月，連串暴力惡行嚴重破壞香港法治安定，扭曲向善的社會價值觀。本報一再發現，有教會在警方緝捕暴徒的時候，將轄下會堂或院舍開放當作「教會休息站」，成為暴徒逃避警方追捕的「收容站」。宗教本應導人向善，教育公眾遵紀守法，包庇暴徒、縱容犯罪，違背宗教宗旨，向社會傳達錯誤的價值觀，更可能抵觸法律。希望宗教界不忘初心，勿充當暴徒「庇護所」，不要助紂為虐。

　　連月來，暴徒每每以和平示威為名，行暴力衝擊之實，動輒堵塞道路、破壞公共設施、襲擊警方，到警方執法拘捕暴徒時，他們往往能快速四散，藏匿在事發地附近的場所。本報發現在早前天水圍非法遊行中，基督教宣道會天頌幼兒學校變身為「教會休息站」，引導黑衣人入內暫避風頭。另外，黃大仙天主教小學內的天主教聖雲先小堂，亦在上月初暴徒衝擊期間開放作「休息站」，被附近居民投訴。而早在6月暴力示威衝擊初起時，本報已發現灣仔循道衛理香港堂及同區的救世軍教育及發展中心，成為暴徒的「物資集結中心」，提供場所給暴徒存放及運送物資。教會的課室、會堂等場所變成暴徒的避難所、物資集結地，儼然成為暴徒的保護傘。

　　正派宗教都是導人向善，主張仁慈兼愛，不會鼓吹暴力，更不會助長犯罪。反修例暴力運動破壞法治，撕裂社會，為所有遵紀守法的市民所不容。六大宗教領袖亦曾發表聲明，對暴力衝擊表示痛心，呼籲政府和持不同立場及意見的人士放下執着、真誠溝通，令香港重回和平共融的軌道。有宗教場所負責人對暴力的惡行視而不見，不直斥其非，不協助警方緝拿暴徒，反而為暴徒提供庇護所，豈

不是口是心非、違背本宗教的宗旨？有宗教人士充當暴徒幫兇，阻礙警方秉公執法，不怕玷污宗教的聲譽、惹市民反感？

更要留意的是，暴徒涉嫌犯下襲警、刑毀甚至暴動罪等多種嚴重罪行，因此四散逃避警方追捕。有法律人士指出，任何人知悉或相信某人犯下可逮捕罪行，而作出任何妨礙拘捕或檢控該人的行為，又或提供場所予非法集結者存放物資、提供場地給有關人士，有機會觸犯《刑事訴訟程序條例》第90條的「協助罪犯」罪，最高刑罰可處監禁10年。很明顯，一些宗教人士為暴徒提供「休息站」、「物資中心」，很大機會違法，要背負刑責。市民尊重宗教，但宗教界沒有不受法律約束的特權，不應利用社會和市民的信任，做出違法違規之事。

香港已經給暴力蹂躪得滿目瘡痍，不能再亂下去，任何人、任何機構，如果真心愛香港，都有責任為止暴制亂出一分力。政府尊重和保障市民表達不同意見的權利和自由，特首林鄭月娥以誠意和善意，展開與市民對話溝通，希望以對話代替對抗，化解矛盾。此時此刻，宗教界應以更多的愛和包容，協助政府促進社會大和解，令香港遠離暴力，早日恢復正常秩序。

2019年9月20日　文匯報社評

政府市民對話：全面正視深層問題
講清是非構建共識

　　特首林鄭月娥積極推動的民間對話，明日將舉行首場對話會。各方對此都寄予相當大的期望，希望對話全面聚焦香港深層次矛盾，顧後瞻前，查找問題，充分表達訴求，提出建設性意見。只有勇於全面直面困擾香港的深層次問題，通過理性對話、求同存異、講清是非、構建共識，社會和諧之路才能順利開啓，溝通對話才能有成效、有意義。鑒於香港當前嚴重撕裂的局面，對話會中肯定有很多不同的看法和意見，甚至是相當對立的觀察與思考，出現這種情況不足為奇、也不足為慮。不同意見充分表達，是邁出尋求共識的必經第一步；無原則的妥協退讓換不來真正的共識，政府清晰堅定表達對解決深層次問題的看法，表明對是非曲直的立場態度，是引導對話朝正確方向發展的關鍵。

　　對於反修例暴力運動的爆發，很多關心香港的人，已經從不同角度進行了比較深入的思考和分析，認為修例風波和暴力運動發生的背後原因，是香港多方面深層次矛盾長期不能有效化解的苦果、惡果。這些深層次矛盾林林總總，歸納起來不外乎經濟民生矛盾和政治文化土壤兩個方面。

　　對於經濟民生方面的深層次問題，談的人比較多，因為比較切身、直觀。土地房屋供應嚴重不足，政府未能大刀闊斧迎難而上拓地建屋，樓價與市民負擔能力越來越脫節，公營房屋供應亦面對斷層風險，普羅大眾乃至中產階層望樓興嘆，民怨不斷累積；本港經濟結構單一，過分依賴房地產、金融等傳統支柱產業，經濟轉型升級始終未見成效，年輕人欠缺創業就業、向上流動的階梯和通道，打工仔未能分享太多經濟增長的紅利，對政府和社會的不滿越來越大；貧富懸殊未見改善反趨惡化，香港人均GDP接近5萬美元，但2016年堅尼系數創下45

■特首林鄭月娥與市民對話，尋求共識，化解矛盾。

年新高，達到「極端貧富懸殊」的臨界點，香港720萬人口中竟然有101萬人生活在貧困線以下。房屋、醫療、安老等結構性矛盾日益尖銳，市民尤其是年輕人對前途感到徬徨迷茫，不滿、怨恨積壓，成為有人利用反修例煽動反政府暴力運動的民意土壤，引爆至今難以收拾的亂局。

政治文化的土壤問題，目前談的人相對較少，因為看法容易觸動社會的敏感神經。但的而且確，反修例暴力運動暴露出，香港因為長期的社會教育、學校教育的嚴重缺失，積累了政治、文化、精神層面的嚴重深層次問題，這些問題是造成目前亂局的更加不容低估的原因。

第一是對香港憲制和現實政治地位的認識和落實的偏差。對於「一國兩制」缺乏全面認知，有部分港人包括社會精英，有意無意扭曲對「一國兩制」的真意，講「一國」大原則、大前提少，強調「兩制」差異、對立多，造成重「兩

制」而輕「一國」。回歸已經22年，忽視、輕視、乃至敵視「一國」的心態，在本港社會仍有不小市場。這是分離主義傾向生發的重要條件。

第二是歷史文化教育嚴重缺失。本港教育中欠缺正規系統的中史教育，導致學生不能建立正確的國家民族觀念，尊重自己的民族、熱愛自己的祖國，沒有成為回歸後部分香港人特別是青年學生的主流價值。正因為如此，暗含「港獨」理念的「本土自決」思潮逐步大行其道，日積月累向年輕人「洗腦」，令部分年輕人對國家民族離心離德。反修例暴力運動中，一再出現年輕人踐踏焚毀國旗的場面，一再出現侮辱同胞先烈的文宣，既令人痛心，更發人深省。

第三是法治意識、法治思維的嚴重扭曲和退化。尊重法治、維護法治、守法行事，本是香港的核心價值觀，也是香港賴以成功、安身立命的根基。但是，多年來「違法達義」的政治洗腦，相當一部分法律界人士基於政治目的扭曲甚至顛倒法理，令不少人包括所謂持「和理非」立場的市民，在法治思維、法治是非分野上出現非常嚴重的混淆，連暴徒違法犯罪、警方執法護法的基本是非概念都被顛倒，「和理非」與暴力不切割，甚至默許支持暴力，抗拒警方執法，導致暴徒有恃無恐，警方執法困難重重、承受巨大壓力，香港良好法治正面對前所未見的嚴峻危機。

第四是香港自由包容的基本社會價值的嚴重失色。包容不同意見，任何人擁有合法自由表達的權利，這種權利得到廣泛尊重維護，大家和而不同，本是港人引以為傲的優良社會傳統價值。但是在反修例暴力運動中，大家看到的是，暴徒濫用私刑毆打不同意見的人士，連學校升國旗、唱國歌都面臨威脅；馬會因為擔心遭受暴力衝擊而取消賽事，「馬照跑」的自由都受到威脅，足見施暴者、縱暴派甚至同情暴力市民，宣稱爭取民主自由，實際上正在踐踏自由包容的香港社會價值。

第五是香港基本的人倫道德底線已經動搖。尊重生命、友善關愛，這些香港多年建立起來、市民自覺遵守的人倫道德被嚴重破壞。有人不斷散佈「犧牲論」，為

了政治目的渴望吃「人血饅頭」；有人散播各種仇恨言論，惡毒詛咒警察及其子女；有人挑動父母子女對立，有人對不同意見的同事、朋輩公然欺凌；學生不像學生、老師不像老師，有大學生公然包圍辱罵校長、老師，打砸校長辦公室，師道蒙羞。

香港出現的亂局，是經濟民生、政治文化等不同方面深層次問題的共同作用的後果，這些深層次問題不解決，香港的撕裂、對立不可能彌合。不可否認的是，既然深層次問題廣泛、嚴重，要解決也不可能一蹴而就，不能奢望靠幾次對話，問題就會迎刃而解。相反，對話過程中一定會有很多不同甚至對立的意見，對立是必然的，也不可怕，可怕的是迴避問題，無視問題及其背後的真相與是非。真理永遠越辯越明。所以無論政府還是社會各界，都要理性看待不同甚至對立的意見，充分表達自己的思考和認知，通過對話辯論，圍繞正邪善惡標準、大是大非分野，重新構建社會共識。這樣的對話才可以繼續下去，才能越對話越有建設性，重建社會和諧之路才有望開啟。

2019年9月25日　文匯報社評

沒有任何力量能夠阻擋中華民族前進的步伐

昨日的北京，是世界的焦點；昨日的中國，是歡樂的海洋。共和國七十歲生日盛典，閱兵式重器盡出，群眾遊行載歌載舞，煙花匯演目不暇給，這一切都印證中國號巨輪駛入新時代，繼續乘風破浪、揚帆遠征。所有炎黃子孫都為祖國富強感到鼓舞，為中國人身份感到自豪，並對香港走出眼下的困局充滿信心。

七十年前，毛澤東在天安門城樓莊嚴宣告中華人民共和國成立，中國人民從此站起來了，中華民族從此走上偉大復興的壯闊征程；七十年後，習近平在同一地方莊嚴宣示，社會主義中國巍然屹立在世界的東方，沒有任何力量能夠撼動我們偉大祖國的地位，沒有任何力量能夠阻礙中國人及中華民族前進的步伐。事實證明，中國已從站起來、富起來走向強起來，比歷史上任何時期都更接近、更有信心和能力實現中華民族偉大復興的夢想，而中國模式、中國經驗、中國方案、中國速度為世人留下驚嘆，更為人類社會探索未來發展提供新方向。

昨日的閱兵式規模宏大，堪稱展現綜合國力、軍力大躍進的窗口。新式武器、國之重器紛紛亮相，其中，久負盛名、足以打擊全球目標的東風41型戰略核導彈，首次揭開神秘面紗；世界首款服役的超高音速無人偵察機，以其神氣造型叫人眼前一亮；翱翔天空的第五代戰機殲二十以及其他各式先進軍備，亦彰顯中國的軍備正在追趕世界最先進水平，部分武器更是後來居上。閱兵式是軍備透明化的表現方式，展現大國自信，也足以取到不戰而屈人之兵的戰略威懾效果。

當然，決定戰爭勝負的不是武器，而是人。參與閱兵式的一萬五千名官兵步履矯健，士氣昂揚，讓世人得以一窺解放軍煥然一新的精神風貌。中國年前推動軍事改革，今次閱兵式堪稱一次大考，結果向全國人民交出了一份亮麗的答卷，解放軍的確是一支招之即來、來之能戰、戰之能勝的精銳之師、文明之師，是保家衛國的鋼鐵長城。任何對中國懷有敵意的外部勢力，看到中國閱兵式都難免產

生「撼山易、撼解放軍難」的感嘆，從而打消軍事冒險的念頭。

共和國的生日，也是國人狂歡之日。十四億同胞以及身在海外的中華兒女，莫不歡欣鼓舞，洋溢起濃濃的愛國之情及民族自豪感。短短數十年間，中國走完了西方國家幾百年才能完成的道路，創造了舉世驚嘆的奇跡，這應該歸功於國人的同心同德，歸功於幾代領導人的英明掌舵，歸功於改革開放。但中國永不停步，下一個七十年，定當有讓世界刮目相看的新成就。

改革開放激發中國人的巨大創造力，深刻地改變了中國，而中國的崛起也深刻地影響着世界。但不是所有人都樂意看到中國的蛻變，有的國家為了保住霸權地位，更是千方百計要打斷中國發展的步伐，美國發動對華貿易戰以及香港發生的「顏色革命」，就是這個大背景下的產物。香港黑色暴亂已持續三個多月，嚴重衝擊法治、社會秩序，本已下行的經濟更是雪上加霜。昨日，香港又是遍地狼煙，暴徒瘋狂縱火，瘋狂破壞，瘋狂襲警，瘋狂打人，暴力還在進一步升級，不知伊於胡底。

香港的黑色暴力、港人的水深火熱，與內地的和諧安寧、同胞的興高采烈，形成鮮明的對比，香港走到治與亂的十字路口，止暴制亂是香港當下壓倒一切的要務。正所謂，上帝叫人滅亡，必先使人瘋狂，反中亂港勢力愈是瘋狂，愈是顯示其內心焦躁，愈是寓示其末日不遠。強大的中國非昔日腐朽沒落的清王朝可比，也不是中東北非的小國弱國可比，反中亂港勢力欲綁架香港進而阻撓中國的發展，結果只能是螳臂當車，這從其變天奪權圖謀至今一籌莫展可見一斑。

事實上，不管亂港勢力如何猖狂，外部勢力如何處心積慮，到頭來都是自取其辱。亂雲飛渡仍從容，香港局勢盡在中央掌握中，正如習主席指出，中央繼續全面準確地貫徹落實「一國兩制」、「港人治港」、高度自治的方針，保持香港的長期繁榮穩定，香港將與祖國同進步共發展，香港明天會更好。這一講話高屋建瓴，振奮人心，有着無比巨大的精神力量，顯示中央對香港止暴制亂、恢復社

會秩序充滿信心，對解決香港亂局充滿自信，也指明香港的未來之路就是進一步融入國家發展的大局，與祖國同呼吸共命運。這不啻給香港人食了一粒定心丸，也有如黑暗中見到燈光。

千磨萬擊還堅勁，任爾東南西北風。中華民族的偉大復興，絕不是輕輕鬆鬆就能實現的，實現偉大夢想就必須進行偉大鬥爭；同樣的，「一國兩制」作爲前所未有的事業，也不可能一帆風順，也需要偉大鬥爭。偉大祖國永遠是香港的靠山，我們相信，香港眼前困難只是暫時的，風雨過後必見彩虹！

2019年10月2日　大公報社評

健全維護國家安全機制
香港各界必須全力以赴

風可以變，雲可以變，中央維持香港「一國兩制」、長期繁榮穩定的大政方針不變，對「一國兩制」示範台灣的制度性優勢信心不變。在香港經歷逾四個月的黑色暴亂、人心惶惶之際，剛剛在北京閉幕的中共十九屆四中全會爲香港市民帶來「定心丸」，同時爲特區政府完善管治體系及提升管治能力指明方向。

當今世界正經歷百年未有之大變局，中國面對的外部環境變化和不確定性增多，風險與挑戰更大。中共十九屆四中全會通過《中共中央關於堅持和完善中國特色社會主義制度、推進國家治理體系和治理能力現代化若干重大問題的決定》，高瞻遠矚，從頂層設計的角度提出應對之方，就是準確掌握國際國內兩個大局，着力抓好發展與安全兩件大事，加強戰略謀劃，增強戰略定力，堅持穩中求進的工作總基調，通過推進國家治理體系及治理能力的現代化，使社會主義制度優越性得到更加充分的體現。

就香港人關心的問題，《決定》強調要堅持「一國兩制」，保持香港長期繁榮穩定；必須嚴格依照憲法和基本法對香港特別行政區實行管治，維繫香港長期繁榮穩定；建立健全特別行政區維護國家安全的法律制度和執行機制。有關論述維持十九大政治報告的基調，唯在香港黑色暴亂的非常時期，中央重申對港政策不變，這本身就是一種態度，體現了對「一國兩制」的制度自信，對特區政府在中央支持下止暴制亂、恢復秩序的能力自信，同時指出香港完善「一國兩制」、維護國家安全的重要性與緊迫性。

當前的黑色暴亂，暴力不斷升級，規模之大、參與者之多、對香港破壞之嚴重，爲數十年來未見。暴亂既有外部因素，也有內部因素，錯綜複雜，對特區政

府的治理體系、治理能力構成嚴峻挑戰，暴露出許多深層次問題。這些問題或重視不夠，或者重視了卻沒有處理好，積重難返，爲今次暴亂提供了土壤，爲外部勢力插手提供了可乘之機。

香港問題千頭萬緒，但最突出也最迫切的問題在於，國家安全未能得到有效維護。從污損國旗國徽，到叫囂「港獨」口號；從揮舞美國旗幟到要求制裁香港；甚至到了區議會選舉前夕，仍然有大量「港獨」立場的極端分子意圖藉機混入建制，進行顛覆行動。

尤其令人側目的是，漢奸洋奴肆無忌憚，公開鼓吹「爲美國而戰」，公然邀請外國干預香港內政；洋人頻頻現身暴亂現場充當指揮、聯絡的角色，西方國家公開撐暴徒並爲他們充當「庇護所」，黑金大量湧入；「港獨」分子叫囂「光復香港、時代革命」，企圖染指區議會等建制組織，企圖竊取管治權，這些無不反映香港在維繫國家安全方面存在重大漏洞。

此外，暴亂以年輕人及大學生爲主力，不少中學生甚至小學生也參與其中，這決非偶然。教育機構長期由反對派把持，不少黃師立場偏頗，不少教科書灌輸「仇中」、「仇警」意識，潛移默化。教育未能爲「一國兩制」、「港人治港」培養接班人，反而爲反中亂港勢力提供新血，令人痛心，更令人反思。

相比之下，澳門回歸比香港晚兩年，但政通人和，社會穩定，經濟發展一日千里，成爲落實「一國兩制」的典範，與香港的亂象形成鮮明對比。歸根到底，非常重要的一條，不就是澳門一早通過二十三條立法，建立了維護國家安全的機制，而香港的二十三條立法至今束之高閣，以致國家安全淪爲無掩雞籠嗎？

痛定思痛，止暴制亂、恢復秩序是香港的當務之急，但只有建立及健全維護國家安全的法律機制及執行機制，才是長治久安之道。雖然當前仍然處於暴亂狀態，社會不穩定，立法會仍遭受亂港政客的破壞，但這不代表沒有空間、沒有辦法去推進工作。盡快展開就維護國家安全的立法工作、盡快推進特區政府內部的

維護國家安全的制度，都是當務之急。

反中亂港勢力常自詡「雞蛋對高牆」，本意是美化暴力及英雄化暴徒，但也反映出他們的絕望。那就是，一輪碰撞之後，高牆仍然是高牆，雞蛋則粉身碎骨。不管黑色勢力如何猖狂，顏色革命終歸徒勞，香港「變天」無異南柯一夢。「一國兩制」歷經血與火的考驗，將印證其強大的適應性及生命力。這就是中央「亂雲飛渡仍從容」的戰略定力之所在。

事實證明，「一國兩制」不是權宜之計，而是中國特色社會主義制度的一種創新，符合國家利益，符合香港利益，更是香港社會的最大公約數，今後還將在祖國最終和平統一中發揮作用。若干年後，當我們回首這段不平凡的歷史，將更深刻地感受「一國兩制」的制度優越性歷久彌新。

2019年11月1日　大公報社評

愛國愛港的聲音是扼殺不了的

前天是香港選舉的黑暗一天，也是新聞自由的黑暗一天。當一把尖刀刺向立法會議員、屯門樂翠選區區議會候選人何君堯時，另一把刀子插向了大公報。策劃者企圖將何君堯遇襲扭曲為「自導自演」，並破壞大公報的聲譽。可惜這樣的表演太拙劣，達不到目的，反而自暴其醜。

前天上午十一時四十三分，大公報收到何君堯遇襲的視頻。十一分鐘後，在大公網官方Facebook專頁發布題為「何君堯遇襲受傷後發聲：無生命危險，仍無畏無懼」的視頻。但管理員帳戶隨即遭到疑似入侵，利用Facebook修改發布時間功能，將發布時間篡改為此前一日的十九時五十四分。有關畫面截圖被廣泛傳播，刻意製造大公報「未卜先知」的假象，將一宗血腥謀殺案引導至「自導自演」的方向，而大公報則是「同謀」。

大公網及時發出聲明，強烈譴責有關入侵網頁及篡改事實是混淆視聽、轉移焦點的違法行為，保留法律追究的權利。大公報亦從技術角度，指出不管搞事者如何篡改事實，都會留下痕跡，這將成為警方追查的線索。搞事者嫁禍於人，隨時弄巧反拙，變成呈堂證據。林子健的「釘書健」綽號就是這麼來的。

自修例風波演變為黑色暴亂以來，黑衣暴徒瘋狂打砸搶燒，瘋狂「私了」持不同意見的市民，瘋狂襲擊警方。何君堯因為鮮明的撐警立場，勇於發聲，淪為黑惡勢力的眼中釘，其祖墳被破壞，其辦事處一再遭襲擊，本人亦一早受到死亡恐嚇。匹夫無罪，懷璧其罪，何君堯今次遇襲，差點丟掉性命，但他依然無畏無懼，是一條鐵骨錚錚的真漢子。

大公報招致黑惡勢力針對，亦是因為旗幟鮮明反暴力，旗幟鮮明撐警方，旗幟鮮明擁護中央「止暴制亂、恢復秩序」的大政方針。大公報通過大量報道、圖片及評論，揭批叛國禍港勢力的罪惡，踢爆「港獨」分子、政治戲子的醜陋，在

一片泛黃的輿論環境中出污泥而不染。為此，大公報付出沉重代價，大公報記者一再遭暴徒毆打，灣仔軒尼詩道舊址招牌遭破壞。上月初，另一位於北角柯達大廈的舊址亦被擲燃燒彈及打破玻璃，還噴上侮辱性字句。

事實在在證明，黑惡勢力害怕真相，害怕陽光。他們追求的所謂「自由」，建立在剝奪別人返工上學行街購物自由、免於恐怖自由的基礎上；他們推崇的「民主」，不是「我不同意你的意見，但我誓死捍衛你說話的權利」，而是「我不同意你的意見，就要將你滅聲」。說穿了，他們是一群打着「民主、自由」旗號、實則「塔利班」靈魂附體的恐怖分子。

邪惡也許可以喧囂一時，但正義永遠是最終勝利的一方。作為歷史最悠久的華文媒體，大公報沒有在日寇鐵蹄下屈服，不曾在港英打壓下讓步，今日也不可能在黑色暴力下低頭。大公報捍衛新聞自由，反對暴力，維護法治，決不動搖！

2019年11月8日　大公報社評

點讚建制候選人無懼暴力
呼籲政府全力保選舉公平

　　在黑色暴力陰霾下，參與區議會選舉的建制派候選人昨在各區擺設街站，向選民宣講政綱、對地區工作抱負、解決民生問題的方略。建制派候選人無懼暴力，堅持服務市民、推進競選工程、展示必勝決心，這是一種可貴的政治擔當，值得充分肯定、尊重和點讚。但昨日黑色暴力繼續對本港各區衝擊破壞，建制候選人街站受到黑衣人騷擾，接觸選民的機會明顯受到壓制，令人極度擔憂暴力影響選舉公平。黑色暴力對選舉的影響不容忽視、不能低估、不可放任，政府及選舉管理當局對現實情況不能視而不見，對選舉公平的保障不能僅停留在口頭呼籲，而應有切實措施和預案。

　　黑色暴力無法阻擋住區議會建制派候選人服務市民、打贏區選選戰的決心。11月6日擺街站拉票時突被暴徒刀襲受傷、8日才出院的何君堯，昨日已馬不停蹄繼續區選選舉工程，一早現身樂翠區與市民交談握手拉票，獲大批支持者到場為他打氣。何君堯表示，香港不需要暴力，需要的是為香港服務的能力，自己會屹立不倒，繼續為市民服務，希望可以與市民攜手合作撥亂反正。民建聯主席李慧琼表示，儘管選舉艱難，但民建聯一直在努力做好地區工作、服務街坊。建制派候選人及助選團義工以大規模擺設街站行動，展示了對區選的信心、服務市民的決心，極具政治擔當，值得點讚。

　　但昨日建制派街站繼續出現被黑衣人騷擾的情況，顯示建制候選人連接觸選民都受到威脅，選舉不公平現象極其嚴重。昨日何君堯擺街站期間，有戴口罩蒙面人前來挑釁，場面一度混亂。首次參與區議會選舉的民建聯「小花」賴嘉汶昨透露，部分義工因擔心個人安全而停止為她助選，她的選舉海報及辦事處皆受破

■建制派候選人無懼暴力，堅持服務市民，推進選舉工程，展現政治擔當。

壞，現時亦不敢要求選區內餐廳貼其海報，怕連累他們。民建聯主席李慧琼指，民建聯超過70個辦事處被破壞，破壞的次數超過100次，有市民曾問她，24日去投票是否安全、是否會被打。

　　建制派候選人及助選團義工對選舉公平的擔憂，基於客觀事實，絕對不容忽視。正如中聯辦負責人11月8日譴責兇徒蓄意刺殺何君堯聲明所言，區議會選舉臨近，極端激進分子瘋狂地打砸毀燒愛國愛港議員辦事處和商戶店舖，威脅區議會候選人和義工，破壞選舉宣傳海報，甚至發展到公然刺殺愛國愛港的區議會參選人，其目的就是要製造黑色恐怖和寒蟬效應，恐嚇愛國愛港人士和市民不敢參選、助選和投票。

　　免於恐懼地參選、助選、投票，是任何一個選舉應該具備的最起碼公平環境，無法達至這個基本條件，選舉就是一個笑話。昨日建制候選人接觸市民活動遭黑色暴力壓制的現實，顯示政府及選舉管理當局保障選舉公正公平進行的舉措遠遠不夠。民建聯主席李慧琼日前在民建聯區選誓師大會上，呼籲特區政府盡快

採取有效措施，確保區議會選舉活動能正常進行，投票當天應採取特別措施加強投票站安保工作。這是基於現實的中肯要求，政府及選舉管理當局應該高度重視，有必要出台切實措施、作出周全預案，保護候選人、義工和選民安全，力保區選公平公正進行。而廣大市民更要團結起來，用好手中一票，支持建制力量，助港停止暴力、回歸平靜。

2019年11月11日　文匯報社評

黑衣魔泯滅人性　警開槍正當必要
緊急法止暴刻不容緩

　　昨日煽暴派、縱暴派和黑衣魔又發起所謂「三罷」行動，而且暴力襲擊更趨血腥恐怖、泯滅人性，令香港僅存的安全感蕩然無存，市民人心惶惶。暴力衝擊期間，有交通警員驅散堵路示威者時，開槍擊傷一名企圖搶槍的黑衣暴徒，正當而且非常必要。黑衣魔令人髮指的暴力，企圖進一步製造、渲染寒蟬效應，消滅敢於向暴力說不的正義之聲，更是以暴力操控「11·24」區議會選舉的預演。面對瘋狂失控的暴行，政府不能再無動於衷，必須當機立斷，引用緊急法止暴制亂，並且押後選舉，確保選舉安全、公平、公正。

　　昨日由激進暴力勢力發起「三罷」行動，是修例風波引發的暴力運動最殘忍的一天。黑衣暴徒由清晨起就在全港各區堵路、縱火、破壞港鐵設施，令全港交通大混亂，包括港鐵在內的交通服務嚴重受阻，數以百萬計市民無奈「被罷工」、「被罷課」。與此同時，黑衣暴徒肆無忌憚地攻擊持不同政見的市民，有市民因對暴徒直斥其非，先被「私了」，其後竟然遭人淋易燃液體後點火，該名市民瞬間成為火人，送院救治後生命危殆。有暴徒從高處擲下重物，向港鐵車廂掟汽油彈縱火，暴行都可導致嚴重傷亡。為逼政府「跪低」，令香港完全喪失管治和法治，暴徒無所不用其極，不僅衝擊法治、破壞公私財物和社會秩序，更以泯滅人性的流血事件，用超越人性底線的暴力衝突，製造玉石俱焚的「攬炒」，給廣大市民難以磨滅的恐懼感，造成人人自危，不敢公開向暴力說半個不字的寒蟬效應。

　　修例風波引發曠日持久的暴力，其本質是一場企圖奪權變天的「顏色革命」，乘暴力氾濫橫行之勢，一舉拿下新一屆區議會選舉，是縱暴派和黑衣暴徒

密謀奪取香港管治權、操弄民意的第一步。如今距新一屆區議會選舉不足半個月時間，昨日變本加厲的暴行，根本就是煽暴縱暴派、黑衣暴徒以暴力干預選舉的「綵排」。

建制派和愛國愛港陣營仍然相信，本港主流民意堅守法治、反對暴力，期望憑長久以來真誠服務市民的政績，透過公平公正的選舉，在選舉中贏得市民支持，以證明法治公義能夠戰勝違法暴力，推動局勢逐步好轉。有不少愛國愛港陣營中人認為，違法暴力行為通常發生在下午至深夜，只要呼籲愛國愛港陣營選民選擇在中午之前相對安全的時間段投票，仍可凝聚最大民意，爭取到較佳的選舉成績。

但是，縱暴派和黑衣暴徒也看到這一點，他們就上演一場由清晨打到深夜的暴力恐怖劇，而且全港各區不落空，從中環、旺角市中心到屯門、馬鞍山等新界地方都無一倖免，暴力無時無刻、無孔不入地存在，不同政見者隨時會被打得頭破血流、被「點天燈」，甚至警察也遭受生命威脅。選舉日，如果暴力恐怖氣氛充斥、彌漫於空氣中，或明或暗的選舉暴力共同作用，除了支持縱暴派和黑衣暴徒代理人的選民外，還有多少選民有意慾、有膽量出來投票？

面對越來越喪失人性、不斷氾濫的暴力惡行，警隊已經持續應戰5個月，仍然堅守職責，專業克制，奮力而為。暴徒襲擊的程度再度升級，前線警員的生命安全面臨前所未有的風險，在警員警告無效、生命繫於一線的千鈞一髮之際，警員不得不相應提升武力，才能有效制止日益瘋狂致命的暴力襲擊，維護公眾安全和社會秩序。昨日有警員開槍擊傷一名暴徒，不少市民堅定支持，也有一些人質疑。其實，如果不是因為暴徒的威脅迫在眉睫，不是暴力已到失控狀況，警察根本不須開槍止暴。只要以理性、客觀的態度觀察，相信市民會認同警員開槍正當、合理、必須。如果連警隊這個守護法治的最後一道防線都被摧毀，香港的局勢肯定不可收拾。

　　對於昨日發生的極其嚴重的暴力事件，特首林鄭月娥代表特區政府批評，廣泛的暴力行為必須受全社會譴責；她強調暴力不能解決問題，首要是停止暴力，回復平靜，希望大家能保持克制冷靜，離開暴亂的地方。上周，國家主席習近平在上海會見林鄭月娥時指出，止暴制亂、恢復秩序仍然是香港當前最重要的任務。依法制止和懲治暴力活動就是維護香港廣大民眾的福祉，要堅定不移。

　　無論是基於國家最高領導人的要求還是現實的需要，特區政府都要迎難而上，頂住壓力，運用更嚴厲、更有力的具體行動止暴制亂，打擊暴徒的囂張氣焰。鑒於暴力威脅變本加厲，選舉的安全成疑，選舉難保公平公正，政府應充分考慮、準確研判當前的惡劣形勢，堅決果斷引用緊急法推遲區議會選舉，直至徹底止暴制亂、恢復正常秩序再重啓選舉。當斷不斷，反受其亂。押後選舉儘管艱難，卻是對香港和市民負責，更是對歷史負責，政府須作出明智抉擇。

2019年11月12日　文匯報社評

「阿Sir，我撐你」　香港才有運行

　　昨日的香港，多區恍如戰場。一邊是黑衣魔肆虐，甚至公然以易燃液體焚燒市民；另一邊是警察堅守職責，竭力拘捕暴徒，打擊暴力，奮力維持治安和秩序。但在警察驅散暴徒、制止暴力時，總有些人在旁邊起哄，干擾警方執法。一位退休阿Sir對自明話：「黑衣魔在暗、警察在明，警察連續作戰，相當艱辛；警察執法時，經常要面對個別媒體、煽暴派政客和不明真相市民的抹黑侮辱，警員壓力實在很大。煽暴派的居心很明顯，就是要在輿論上鬥垮搞臭警隊，令警隊喪失鬥志。黑衣魔如此猖獗，市民更要團結一致支持警隊，香港反暴力、護法治、保家園才能事半功倍，香港才有運行。呼籲市民大聲說：阿Sir，我撐你。」

　　有警員昨日在西灣河開槍制服暴徒，有人聲稱警隊「失控」，退休阿Sir斷然否認：「警隊絕對是專業克制、有效運作。警員也是人，連續5個月的高強度執法，或許個別火氣大了些，但絕對沒有失控。西灣河的交通警被幾個人包圍，有人企圖搶槍，在當時的情況下開槍是正當合理的。暴徒才是愈來愈瘋狂失控，縱火、襲警已到致命的地步，警員不可能不相應提升武力自衛，以及保護其他市民。我們一定要理解和支持警員。那些說警隊失控的人，偏偏對暴徒毫無人性隻字不提，這種選擇性批評，絕對是別有用心。」

　　退休阿Sir更指出：「的確不少人想警隊失控，乃至崩潰。從6月9號以來，警隊一直是暴徒攻擊的目標，黑衣魔和煽暴派文攻武嚇，就是要令警隊崩潰。因為警隊是守護香港最重要和最後一道防線，一旦警隊失守，誰還能保護市民、守護香港？廣大市民，乃至特區政府，勢必完全被黑衣魔的暴力淫威控制。」

　　退休阿Sir又話，令警察覺得痛苦心寒的，還有那些不負責任的輿論和遭人洗腦的市民：「明明是黑衣魔的暴力不斷升級，但個別傳媒記者故意刁難警察，只是不斷追問警察開槍的責任、警察在事件中有無過錯？在他們眼中，暴徒是『手

無寸鐵的市民』，他們堵路放火也只是一種『表達方式』。真是虧他們講得出口！這些記者從不關心被黑衣魔放火焚燒的市民，不關心市民的生活什麼時候才能恢復正常，只是關心黑衣魔有否被不當對待，處處維護黑衣魔，難怪有人說，有些傳媒是暴徒的保護傘。還有，昨日在中環，有些看熱鬧市民，圍着拘捕暴徒的警察高喊『殺人犯』，這些人是不是瘋了，兵賊顛倒，是非不分，香港今日之亂，真是多得有這些人唔少。」

修例風波已經持續5個多月，鐵打的警察都會累，但為了香港，他們仍在堅持。退休阿Sir心痛地說：「此刻最需要愛護香港的市民團結起來，做警隊最堅強後盾，普羅市民、社會各界踴躍發聲撐警察，其實是維護市民自己的生命財產安全，道理就這麼簡單，大家應該懂的。」

2019年11月12日　文匯報　李自明文章

守護香江必盡責　一寸丹心爲報國
——落實習主席有關止暴制亂重要指示系列評論之一

香港暴亂沒完沒了，形勢愈來愈危急。在巴西出席金磚國家領導人會晤的國家主席習近平就香港局勢表達中國政府的嚴正立場，指出：「止暴制亂、恢復秩序是香港當前最緊迫的任務，中央將繼續堅定支持特區政府依法施政，堅定支持警方嚴正執法，堅定支持香港司法機構依法懲治暴亂分子。」祖國永遠是香港最堅強的後盾，就看特區政府如何深刻領會及認眞落實習主席的重要指示，採取更有力、更有效、更果斷的行動，維護「一國兩制」，保護市民生命與財產安全。

過去五個月來，「修例風波」演變爲顏色革命，旨在奪取香港管治權。暴力還在不斷升級，由縱火、襲警、破壞港鐵及商舖、無差別地襲擊平民，發展到「佔山爲王」，大學校園淪爲兵工廠及犯罪分子窩藏地。激進勢力的所作所爲，遠遠超越了人類文明、道德與法治的底線，與恐怖主義愈走愈近。

黑色恐怖之下，香港淪爲煉獄，市民不僅失去返工、上學、逛街的自由，更失去「免於恐怖的自由」。一名七旬清潔工近日被暴徒的磚頭活活打死，成爲暴亂下的首條冤魂。若暴力無法遏制，厄運隨時降臨每一個人的頭上，香港將在暴力烈焰中徹底毀滅。

香港局勢牽動十四億中國人的心。習主席一個月內兩次談及香港，上次在上海接見特首林鄭時，對林鄭的工作表示「高度肯定、充分信任」。今次習主席重申堅定支持行政長官帶領香港特別行政區政府依法施政，對特區及林鄭的信任一如旣往。可圈可點的是，上次習主席指出止暴制亂是「最重要」的任務，今次強調是「最緊迫」的任務。「最緊迫」三個字，重逾千斤。

香港不能再亂下去了，市民的生命與財產不能再白白損失了，「一國兩制」

不能再流血不止了。止暴制亂是香港最大的福祉，是民心所向，也是中央對特區的囑託。特區政府要將中央的肯定及信任，轉化為「止暴制亂」的力量。

疾風知勁草，板蕩識誠臣。愈是艱難時刻，愈是反映一個人的氣節、胸襟與承擔。兩年多前，本屆特區政府履新之日，習主席蒞臨香港予以祝福，同時畫下三條不可觸碰的「紅線」，亦告誡特區官員勤勉工作。其中有三句話令人印象深刻，一是「為官避事平生恥」，一是「一寸丹心為報國」，一是「上下同欲者勝」。如今看來，中央對香港問題早有預判，也早為特區政府留下行動指南。

林鄭去年上北京述職時，又獲得習主席贈送「事不避難，志不求易」八個

■止暴制亂是香港最大福祉、民心所向，支持政府、守護香港的民意和正氣與日俱增。

字，字裏行間，寓意深遠。這不僅是中央對特首本人的肯定和期待，也是對整個管治班子的諄諄勉勵。林鄭去年發表施政報告，亦曾以此八個字自許。眼下香港面對數十年未見的困境，中央對林鄭為首的管治班子仍然高度肯定、高度信任，對特區止暴制亂抱持堅定不移的信心，其來有自。

有目共睹的是，儘管面對前所未有的複雜局面與挑戰，特區政府穩住大局，做了不少工作，推出不少措施，包括引用緊急法實施禁蒙面法，也取得一定效果，殊不容易。警隊英勇奮戰，日夜匪懈，築成護衛治安的血肉長城，表現更是備受讚譽。反中亂港勢力的極限施壓並沒有取得預期效果，顏色革命至今徒勞，五星紅旗仍然飄揚在維港上空。但毋庸諱言，黑色暴力未能完全得到遏制，有些地方有些時候更顯瘋狂，不少市民認為特區政府在止暴制亂方面還大有改善的空間，要窮盡一切法律手段，該出手時就出手。

另一方面，香港整體形勢看似惡劣，但其實離撥亂反正已不遠。黑色勢力氣急敗壞，上演最後的瘋狂；死攬住暴徒不放的縱暴派政客，其禍港賣國真面目徹底暴露，淪為過街老鼠；與暴力切割的中間民意在上升，支持政府、警方的市民日益增加，浩蕩正氣沛然莫之能禦。

同樣值得注意的是，西方輿論開始轉向，最近用「暴力」、「黑暗」、「醜陋」、「不堪入目」、「殘暴」等負面詞彙形容黑衣人的頻率上升；在配圖上，也一再出現暴徒全副武裝的畫面，包括製造燃燒彈、手持弓箭、將大學變成兵工廠等。黑衣人由西方輿論的寵兒開始變成棄卒，不僅因為打一開始就是棋子、工具，亦因為不斷升級的暴力突破人類文明的底線，失去道德高地，西方無法繼續過去那一套雙重標準。更何況，西方在香港擁有大量利益，在今次暴亂中也淪為受害者，而香港暴力示威模式蔓延全球，西方嘗到了被暴力反噬的苦果。

歸根究柢，今日之中國巍然崛起，西方欺凌中國的時代一去不復返，顏色革

命只會造成破壞，但不可能成功。這是黎明前的黑暗，但只有盡快止暴制亂，香港才有美好明天；只有社會恢復穩定，才有市民福祉。香港處在歷史的重要關節點，我們正在書寫鳳凰涅槃的史篇。

2019年11月16日　大公報社評

為官避事平生恥　該出手時就出手

——落實習主席有關止暴制亂重要指示系列評論之二

　　黑色暴亂仍未能得到有效遏制，每天都有大量聳人聽聞的暴力違法事件發生，香港市民生命財產安全受到嚴重損害，此誠法治、社會危急存亡之秋。國家主席習近平最近兩度就香港局勢發表重要講話，強調止暴制亂是當前「最緊迫的任務」。特區政府要將中央的堅定支持、充分信任，化為止暴制亂的力量，採取更有力、更果斷的措施，盡快扭轉局面，救斯民於水火，挽狂瀾於既倒。

　　目前的形勢是，特區政府仍掌控大局，顏色革命圖謀失敗，但暴徒氣焰仍然十分囂張，除了癱瘓交通，人為製造罷工、罷學及罷市，最近更發展到「佔山為王」，幾所大學校園被劫持，成為兵工廠及犯罪分子窩藏地，企圖長期「武裝割據」。縱暴政客繼續顛倒黑白，煽動更多人參與暴亂，為局勢火上添油，向特區政府及中央極限施壓。外部勢力通過制定威脅香港的法律，為暴徒提供支持及幻想。暴亂有可能進一步升級，隨時釀成更嚴重的人道危機。

　　有道是，為官避事平生恥。特區政府在中央及市民支持下，迎難而上，近日重申有信心、有決心、有能力止暴制亂，全力支持警方果斷執法。事實上，特區政府完全可以推出更多措施，給予警方執法以更有力、更實質性的支持。

　　根據「緊急法」，特首會同行政會議有權根據實際情況的需要，制定任何法律。早前引用緊急法實施禁蒙面法便是牛刀小試。有人批評禁蒙面法效果不彰，若非罔顧事實，就是別有用心。可以見到的是，蒙面上街人數明顯減少，也有不少人因違反禁蒙面法而被捕。「禍港四人幫」之首的黎智英早前以「逛街」為名參與非法遊行，但不敢再蒙面，禁蒙面法威力可見一斑。

　　當然，沒有人會天真地相信單靠某一條法律就可以收止暴制亂之效，對那些

不惜殺人放火的死硬暴徒而言，嚴懲是他們唯一能聽懂的語言。禁蒙面法只是第一章，接下來，特區政府還有許多選擇，比如宵禁、「封網」、對通訊和煽暴媒體管控、阻止可用於暴動的設備輸入香港、查禁助亂的黑金戶口、抓捕暴亂幕後策劃者、拒絕可疑外國公民入境、防止暴徒利用交通工具流動犯案等。縱然有關措施可能造成市民生活的暫時不便，但這是被暴亂逼出來的，相信大部分市民會理解支持。

緊急法被視為「尚方寶劍」，正因為其法力無邊。過去，「尚方寶劍」被用來打奸臣、懲國賊，如今止暴制亂是當務之急，正好大派用場。

堅定支持警方嚴正執法從來不是一句空洞口號。在特區政府的法律工具箱中，其實還有很多寶貝沒有拿出來。正如有人指出，基本法第四十八條亦賦予特首很大權力，事關生死存亡，該出手時就應出手。

說到底，法律是人類創制的，法律也須與時俱進，而不是泥古不化。一切法律的出發點及終極目標，就是維持社會秩序與公平正義，保護人民生命與財產安全，特區政府根據實際情況不斷完善、豐富法律體系，天經地義，居功至偉。

同樣要強調的是，黑色暴力不斷升級，警方裝備及武力也需相應提升。警方一直在使用最低武力，既出於憐憫，也是文明之師的體現。但犯罪分子是不會領情的，他們不光是公開叫囂「殺警」，實際上也出動弓箭、燃燒彈、標槍、土製炸彈等致命性武器襲擊警察。對犯罪分子仁慈，就是對守法者的殘忍，試想想，警方若連自己都保護不了，又談何擔當維護社會治安的重任？

暴亂分子及幕後勢力最害怕法律之劍，因此千方百計抹黑警方，以各種似是而非的藉口阻止特區政府引用緊急法。其中一個謬論是，暴亂由社會問題引起，單靠警方執法無濟於事，反而愈執法愈亂。這完全是混淆視聽。任何問題都不是合理化暴亂的理由，不管什麼地方什麼制度，對於暴亂都是零容忍，也必然是先平亂，後調查，再改革。沒有止暴制亂，一切都無從談起。

　　另一種歪理是，參與暴亂者以「年輕人」、「學生」居多，應該網開一面。其實，犯法就是犯法，暴亂就是暴亂，法律面前人人平等，不論犯罪者是何身份，都不是免於刑責的金鐘罩。封建社會尚有「王子犯法與庶民同罪」，現代法治社會，更沒有地方可以「無王管」，更沒有人可以逍遙於法治之外。

　　縱暴政客為暴亂開脫、美化，絕不是真心關懷年輕人，而是利用其激情、衝動、理想化，煽動他們在前面衝，當炮灰。他們公開揚言為美國而戰，將香港當成圍堵中國的「第一戰場」，分明是推年輕人去死，罪大惡極，天理難容。

　　暴亂者必須為自己的行為付出代價，而那些幕後黑手更應該受到嚴懲。他們是香港回歸以來風雨不斷的源頭，也是「佔中」、暴亂的總後台。慶父不死，魯難未已，只有將罪魁禍首繩之以法，才能斬草除根，永絕禍患。廣大市民支持特首帶領管治團隊，堅定貫徹習主席的重要指示，全力止暴制亂！

2019年11月17日　大公報社評

法律出鞘伸正義　上下同欲除暴亂
——落實習主席有關止暴制亂重要指示系列評論之三

綱紀一廢，何事不生！香港黑色暴亂愈演愈烈，每天都有大量血腥暴力事件發生，每天都有無辜者浴血街頭，每天都有公共及私人財產遭到肆意破壞，這正是法治不彰、綱紀廢馳的結果。國家主席習近平近日再次就香港局勢發表講話，強調止暴制亂、恢復秩序是當前「最緊迫的任務」，更首次提出「堅定支持司法機構依法懲治暴力犯罪分子」，言簡意深。這是中央對特區政府的明確要求，更反映包括香港人在內十四億中國人的共同心聲。

法治是香港的核心價值。對普羅大眾而言，法治有如空氣與陽光，受益而不覺，失之則難存。暴亂五個多月來，香港人生活在惶恐不安之中，原因就是失去法治的保障；遊客對香港裹足不前，跨國企業減少甚至撤出在香港的商業活動，在香港求學的外籍學生紛紛走難，這就是用腳對香港法治投下不信任的一票。

被破壞的設施可以重修，遊客走了還可能回來，經濟衰退到谷底有機會反彈，但人們對法律的敬畏服從一旦失去，「違法達義」謬論深入人心，就會變成揮之不去的風土病。就算今次暴亂最終得到平息，今後一有風吹草動，仍然會死灰復燃。香港將在無休無止的暴亂漩渦中滑向深淵，就像歷史上那些曾經輝煌於一時、最終毀滅的名城一樣，成為後人憑弔的對象。

止暴制亂、恢復秩序是香港當前最緊迫的任務，更是行政、立法、司法機關的共同責任。習主席前年視察香港時，寄語特區政府三句話，分別是「一寸丹心為報國」、「為官避事平生恥」、「上下同欲者勝」，都非常切合實際。黑色暴亂堪稱香港數十年來遭遇的最惡劣社會環境，必須全城動員，各部門各司其職，分工合作，責無旁貸，才有可能將暴亂壓下去。

有人高舉「司法獨立」的大旗，錯誤地認爲司法機構不是建制一部分，不應受到任何壓力。然而，「司法獨立」再怎麼崇高，也不能高過市民的福祉，不能高於國家利益，不能高於憲法權威；「司法獨立」再怎麼崇高，也不能高入雲端，對每日大量發生的違法暴力視而不見，對市民生命財產危在旦夕無動於衷。黑衣暴徒以所謂「私了」美化其血腥暴力，而所謂「私了」，實質就是無法無天，視司法機構爲「稻草人」，將自己當閻王，隨意決斷別人的生死禍福。

昨日因，今日果。香港由法治之區淪爲暴亂之城，並非偶然。黑衣暴徒所憑藉者，除了縱暴政客及外部勢力，也因爲這些年來不少案件判決不公，被指偏袒特定政治立場的人士。君不見，「佔中」事件落幕五年，案件一拖再拖，最終草草了之，四十八名主要搞手之中僅九人被輕判，大部分逍遙法外，其中就包括「禍港四人幫」之首的黎智英。而當年帶頭衝擊政府東翼前地、提前引爆「佔中」的「新一代漢奸」黃之鋒，更獲法官推崇爲「不爲私利」、「關心社會」的「榜樣」。相比之下，七警案、前警司朱經緯案被重判。「違法成英雄，執法變犯法」，向社會發出極壞的信息，也埋下今日暴亂的種子。

同樣令人難以接受的是，黑色暴亂至今共有三千多人被捕，但僅有一名侮辱國旗者被輕判社會服務令，不痛不癢，這是懲罰抑或縱容，世間自有公論。更不必說，大量被控暴亂者輕易獲保釋，走出法院大門，不是繼續參與暴亂，就是棄保潛逃。「警方拉人，司法放人」成爲常態，難怪暴徒有恃無恐，暴亂沒完沒了。

堡壘最容易從內部攻取。回歸以來的事實告訴人們，破壞「一國兩制」的不是中央，而是縱暴政客；破壞法治的除了那些窮兇極惡的黑衣人，那些助紂爲虐、要求對暴徒「網開一面」的人也難辭其咎。縱暴者，必將被暴力反噬，這是暴力發展的必然邏輯。一些有良心的法律界人士紛紛站出來與暴力割席，最近沙田法院遭暴徒縱火，被指「一直可恥地對暴力沉默」的大律師公會也不得不發表

聲明譴責暴力。邪不壓正，反暴力護法治正形成沛然莫之能禦之勢。

　　當然，止暴制亂、伸張正義，最終要通過司法審判來體現。鑒於被捕者眾多，起訴、審訊、判決任務繁重，若按照平時的做法，恐怕十年都處理不完。如此一來，大量犯罪分子得不到懲罰，獲保釋在外，成為潛伏社區的動亂因子。非常時期，須行非常手段，香港司法機構不妨借鏡其他先進地區的經驗，譬如成立特別法庭專門處理暴亂案，又譬如法庭二十四小時運作，或者周末不休息。這就是「國際標準」，別的地方做得到，香港沒有理由做不到。

　　遲來的公義，即非公義。我們期待司法機構抖擻精神，進一步提高責任感、使命感，在決定香港命運的緊要關頭，發揮止暴制亂、正本清源的關鍵性作用，捍衛「一國兩制」，無愧於市民期待，無愧於這個時代。

2019年11月18日　大公報社評

力挺建制派，一票不能少！

今天是區議會選舉投票日。這是一場正邪之戰，維護、追求正義的建制派需要選民的每一票力挺，一票都不能少！

此次區選備受注目，在一定程度上被視爲支持止暴制亂、恢復秩序，還是「暴力有理」的民意較量。在過去5個多月的暴力衝擊中，縱暴派政棍、以「和理非」包裝蒙混入閘的「政治素人」，包庇姑息暴力惡行，從不與暴力割席，甚至參與暴衝事件，嚴重傷害香港法治管治，陷市民於水火。如果讓他們取得區議會議席，甚至佔據多數優勢，對香港危害不淺。建制派力量長期扎根社區、眞誠服務市民，即使在當前暴力氾濫、面對不公平的環境下，仍然爲民謀福矢志不移、初心不改。誰人禍害香港，誰人造福市民，涇渭分明；應該支持誰，應該踢走誰，不言而喻。

常言道「人在做、天在看」。這個「天」，既是天道，也是民心；天道不可逆，民心不可違，是亙古不變的爲人爲政鐵律，順昌逆亡。審視過去5個多月借修例風波發動的暴力運動，客觀對比審視泛暴派政棍和建制派力量的表現，可謂絕然不同、雲泥之別。

5個多月的恐怖暴力變本加厲、令人髮指。黑衣暴徒無法無天，飛磚謀殺市民，放火焚燒不同政見者，肆意破壞港鐵、砸毀商舖，昔日安全繁榮熱鬧的香港淪爲戰場，香港經濟一落千丈陷入衰退，打爛市民飯碗；針對選舉的暴力層出不窮，恐嚇建制派候選人、助選團隊及支持者，甚至行刺建制派候選人。此次區議會選舉，香港籠罩在前所未見的暴力陰影之中。

令人不齒的是，不管暴力如何無底線、無人性，一向標榜「和理非」的縱暴派及其背後勢力，爲了收割暴力運動反政府、反建制的「紅利」，從不譴責暴力，反而不斷美化暴力，把暴徒形容爲「勇士」「義士」，更充當暴徒的保護

傘，把無知青少年綁上暴力奪取管治權的戰車，用他們的血作爲自己的「政治能量」。

是非顛倒、正邪混淆，暴力有恃無恐，香港良好法治、管治被嚴重衝擊，市民人心惶惶，生活在沉重的暴力威脅下，縱暴派正是罪魁禍首。

與縱暴派形成鮮明對比的是，建制派堅持守法理性，堅決抵制任何形式的暴力，在5個多月中，多次組織反對暴力、維護法治、支持執法的大型活動，凝聚止暴制亂的強大民意，振奮人心、鼓舞士氣；另在民生層面竭力幫助受暴力影響的普通市民，成爲基層的主要穩定力量。即使在區議會競選期間，建制派遭到瘋狂的暴力攻擊，選舉工作承受巨大壓力，但暴力沒有嚇倒、打垮建制派服務市民的意志和決心。建制派信心堅定，衆志成城，迎難而上，頂住黑色暴力的威脅和衝擊，不改專注民生、爲民解困的作風，以更優質貼地的實幹贏得市民、選民支持。5個多月的表現，足以證明建制派才是愛護香港的力量、穩定香港的力量、服務市民的力量，才是值得信賴的管治力量。

區議會是一個以社區爲服務對象的諮詢組織，其功能主要聚焦地區服務，專責處理與民生、社會資源管理有關的事務，同時是本港市民參政議政、管理社會的重要政治平台。倘若縱暴派政棍及不少本質上是「港獨」「自決」鼓吹者，甚至一些暴力活動的參與者，因打着「民主」「自由」的旗號，乃至以「光復香港、時代革命」的煽動性口號而混入區議會，搶佔多數議席，主宰了區議會的話語權，那就意味着區議會將變得高度政治化，政爭撕裂、暴力抗爭必將如瘟疫一樣在全港各區「遍地開花」，香港將再無安寧之日，無一處平靜之地。眞心愛香港、希望香港好的選民，經歷5個多月的暴力蹂躪，能不認眞思考出現這種可怕景象的後果嗎？

前事不忘後事之師。回想2003年，因基本法23條立法風波，當時的反對派乘勢在區議會選舉取得壓倒性勝利。但勝選後，反對派只懂炒作政治，將區議會變

成玩弄自由民主意識形態的政治舞台，嚴重忽視民生和社區事務，對選民的切身需要毫不關心和專注，很多選民表示「後悔莫及」；反之，建制派不氣不餒，繼續深耕社區，服務街坊，以扎實的工作重拾選民支持，在接下來的幾屆區選扭轉局勢、重振聲威。本港目前形勢之複雜嚴峻，較之 2003 年有過之而無不及，能否盡快止暴制亂、恢復秩序，需要匯聚更強大民意力量的支持。因此，此次區選更具重大意義，更需要選民把寶貴的一票投向建制派，推動香港擺脫困局，重回正軌，重建家園；我們應清晰無誤地警告縱暴派政棍和黑衣暴徒：暴力不得人心，必被民意唾棄！

　　善良的選民，相信你們會理性分析、冷靜判斷，為香港、為自己、為未來投下負責任的寶貴一票。力挺建制派，一票不能少！

2019年11月24日　文匯報社評

政治化扭曲區選結果　須嚴防地區管治變質
——區選痛定思痛系列社評之一

　　在修例風波嚴重影響下的今屆區選，錄得創紀錄的293萬多名選民投票，投票率超過7成。很多基本跡象顯示，在極不尋常的社會氣氛影響下，在泛反對派的誤導煽動下，不少選民只看候選人政治立場，不問政績和素質，把投票當成一次政治表態，結果完全扭曲了區選的本質屬性。令人擔憂的是，這個選舉結果，令泛反對派可以騎劫區議會，將本應專注社區民生的地區管治，變成高度政治化的爭拗場，並且以所謂「民意授權」作為政治資本，在更大的政治層面狙擊政府施政，步步進逼搶奪香港管治權。此次區選凸顯是非混淆、正邪不分的嚴重後果，如何讓更多市民走出扭曲的政治化泥淖，是擺在政府和社會各界面前的嚴峻課題。

　　分析今屆區選的基本數據，可以發現高度政治化、高度政治取態對立的端倪。從總投票人數和投票率看，超過293萬和71%的數字，均較往屆區選或立法會選舉大增。與2015年區選相比，今屆區選多了148萬多人投票。根據基本資料統計估算，本屆約121萬票投給了建制派，人數增加了大約45萬；約165萬票投給了泛反對派，人數增加了約113萬；而投給獨立人士的總票數，從約15萬減少到大約6萬，獨立人士的總得票率更從約佔10%大幅下降到只有2%。建制派得票增加很多，泛反對派得票增加更多，獨立人士得票大幅縮減。

　　分析與此相關聯的具體候選人勝負結果，更可以發現極其嚴重的政治化投票取態。周浩鼎、鄭泳舜、張國鈞、劉國勳、麥美娟、田北辰、何君堯等很多建制派重量級「雙料議員」，儘管得票都比上屆有不同幅度的增加，顯示他們的工作實績獲得更多選民認同，但仍然落馬；而他們的對手大多是「政治素人」，地區

服務成績很少甚至全無，只靠打着「五大訴求、缺一不可」等政治旗號，便以高票勝選。更離譜的是，泛反對派的當選者中，有部分是「連登仔」激進派候選人，甚至有參與暴力運動而被捕的人亦成功當選。

可以說，今屆區選之所以出現超高投票率，出現反常結果，根本原因在於反對派過去近半年持續炒作「反送中」的政治議題，煽動「200萬人大遊行」、散播「警察打死人」「性侵學生」等謠言，令香港陷入嚴重撕裂、充滿仇恨的政治亢奮狀態；美國國會在區選前「急就章」通過《香港人權與民主法案》，英國忽然翻炒駐港領館前職員內地失蹤事件；澳大利亞媒體「適時」報道「中國叛諜」新聞。內外勢力互相配合，令本來專注社區建設的區選變得高度政治化，不少選民受政治情緒驅使，投票根本不問是非實績，將受誤導煽起的政治不滿發洩到建制派候選人身上。

經此一役，泛反對派取得區議會的主導權，社會高度關注：他們會否顛覆區議會諮詢架構、服務社區的性質，以各式各樣的活動操弄「五大訴求」「光復香港」，乃至有「去國家化」等意涵的政治議題；會否借各種名堂的「黃色經濟圈」，扶植、控制他們屬意的商戶、業主立案法團、街坊福利會，鞏固選民基礎，同時打壓不同政見團體和人士，以圖進一步削弱建制力量；會否利用區議會的資源「聘請手足」，包括聘請因參與暴力運動而被捕、檢控或定罪之人，培植更多反中亂港的接班人；會否在日後公共房屋、基建、社區事務上，全面狙擊政府施政。果如此，區議會變質、社區政治化，全港18區從此難得安寧。

2019年11月28日　文匯報社評

釐清是非才能引導民意重回理性
——區選痛定思痛系列社評之二

　　區議會選舉結束，在是非遭扭曲、民意被誤導的高度政治化形勢下，長期服務地區的建制派遭受重挫，地區工作欠奉的泛反對派在議席上取得壓倒性的優勢。這個異常結果，顯示出政府在爭取民心、凝聚支持的工作方面存在嚴重缺失，修例風波中是非顛倒、正邪不分的問題投射到了選舉上。政府切不可因暴力表面暫時有所收斂，就以為社會已雨過天青。爭取人心任重道遠，更是政府未來的核心工作，當局必須竭盡所能釐清是非，彰顯公義，推動民意重回和平理性，才能力挽狂瀾，恢復有效管治。

　　區選的異常結果，很大程度是社會累積5個多月的高度政治狂熱的產物。此次區選投票人數和投票率創下本港歷來選舉的新高，但為何沉默的多數即使厭倦暴力，卻沒有用足夠的選票支持與政府共進退的建制派，沒有足夠選民用選票懲罰縱容、包庇暴力的泛反對派？這絕對值得政府和各界認真思考，倘若此狀況不能有效改變，香港的未來發展就會面對嚴重阻礙。

　　目前，包括建制派在內的各方，正在檢討區選的經驗教訓，思考未來路向。政府更要視區選結束是管治工作的一個新開始，更需要全面深入研究如何迎接、克服已擺在面前的嚴峻挑戰，在眾多大是大非問題上，必須理直氣壯、義正詞嚴地揚清激濁、以正視聽，才能凝聚共識、凝聚人心，帶領香港突破困局、重回正軌。

　　例如，如何引導市民正確理解「一國兩制」是保持香港繁榮穩定、安居樂業的根本制度保障，讓市民認識到，縱暴派、泛反對派以片面強調「兩制」挑戰「一國」，縱容暴徒有恃無恐侮辱國旗、國徽，衝擊「一國兩制」底線，這根本

是在摧毀香港、損害港人福祉；如何引導市民高度重視尊重法治的重要性，明白尊重法治關乎香港的存亡興衰，因為香港能夠成為國際金融、經貿中心，正是建基於法治之上，法治不彰、公義難伸，香港的良好管治、任何發展都淪為空談。

再例如，為了達到亂港奪權的目的，縱暴派、泛反對派大肆鼓吹「暴力解決問題」的謬論，令不少年輕人迷信以暴力手段爭取訴求，令香港和平理性安全的環境蕩然無存，市民人身財產安全不保，鬧市變戰場，寧靜校園滿目瘡痍，政府應如何讓市民看清，暴力解決不了任何問題，只會造成暴力升級氾濫的惡性循環；面對縱暴派、泛反對派勾結外部勢力插手香港，操弄修例風波，美國總統特朗普最終簽署香港人權法案，進一步干預搞亂香港，政府如何向市民講清楚、說明白其中危害，讓市民明白外部勢力的干預根本不能給香港帶來真正的人權、民主、自由，只會造成災難。

檢討區選成敗得失，爭取人心是政府接下來的最重要工作。政府如果不能擁有堅實的民意支持，希望通過發展經濟、改善民生來修補撕裂、化解矛盾，也只能是一廂情願。而爭取人心的關鍵，還是明辨是非、講清道理。如果是非黑白不清不楚，讓被扭曲的觀念繼續誤導市民、佔據話語權，香港將政爭不息、永無寧日。

2019年11月29日　文匯報社評

建制派需要更多支持　也需要更清晰的綱領
——區選痛定思痛系列社評之三

　　本屆區選，建制派取得4成選票卻只得1成多議席，很多選區以微弱票數惜敗，令人扼腕。修例風波遭反對派持續炒作，形成極不正常的社會氣氛，區選高度政治化，部分選民將投票當成只問立場、不看政績和素質的政治表態，建制派遭遇滑鐵盧，實在非戰之罪。如今，建制派面對前所未見的嚴峻挑戰，同時將迎接意義同樣重大的立法會選舉，社會各界要從精神上、資源上力挺建制派，幫助建制派穩住陣腳、重振士氣、東山再起；建制派更要激發越挫越勇的鬥志，努力提升政治智慧和能量，制定切合實際的政治綱領和行動綱領，以更扎實的服務，爭取更多市民的支持，打好翻身仗。

　　建制派區選遭受重挫，失去244個議席，在區議會的政治能量急速縮小，可運用的資源也大幅銳減。有統計顯示，計及區議員酬金、實報實銷開支及津貼等，一個議席4年的薪津，粗略計算至少涉及逾460萬元；建制派失去244個議席，等同在4年內失去高達11億元的財政資源。毫無疑問，這勢必影響到一大批區議員及其助理、義工，以及地區活動、服務能否正常繼續。

　　現在距離明年9月的立法會選舉不足1年時間，建制派政治人物持續開展地區服務，地區樁腳助選、聯絡選民的工作不可或缺。建制派失去大量區議會議席，當然會面臨龐大的財政壓力，地區工作如何持續、如何鞏固民心，當然會承受巨大壓力。

　　建制派是保持「一國兩制」行穩致遠、為特區政府施政護航的中流砥柱。建制派在區選中遭遇重挫，若因此再影響到明年立法會的選情，屆時再出現大家都不想見的挫折，後果將會非常嚴重。可以想像，如果反對派把持區議會、在立法

會有更多議席，勢必挾民意阻礙施政、削弱管治，將更有恃無恐挑戰、衝擊「一國兩制」底線，更肆無忌憚借外力干預香港、阻止國家發展，香港的政爭撕裂更劇烈，經濟民生發展更寸步難行，深層次矛盾更積重難返，最終受害的是廣大市民。

明乎此，社會各界、廣大市民必須認識到支持建制派挺過難關的重要性，用各種方式給予建制派足夠的支援和力量，讓他們盡快收拾心情，重新出發，繼續深耕社區，以更優質的服務爭取市民支持，保持並且擴大地區影響力和政治實力，為香港護法治、保穩定、求發展發揮更大作用。

經一事，長一智。面對區選的重挫，建制派也要全面檢討，對未來面對的困難更要有充分的預計，做足心理和實際準備。建議建制派集思廣益，規劃好短中長期的整體發展方向，制訂切實可行的政治綱領和行動計劃，包括準確分析、把握香港及世界的政經趨勢，在堅定維護「一國兩制」的前提下，真正貫徹實事求是、「是其是非其非」的路線，有效監督政府施政、協助政府彌補管治缺陷，化解深層次矛盾，令施政更順應民意、贏得民心。建制派只有在這個過程中，才能不斷提升政治能量，不斷完善準確把握民情動向、凝聚民意支持的政治技巧，培養更多更優秀的政治人才。

2019年11月30日　文匯報社評

綏靖妥協換不來和平
止暴制亂須動真格

　　不出預料，區議會選舉以反對派大勝而告終，原本由建制派主導的全港十八個區選會，十七個落入反對派手中。更加出乎不少人意料的是，反對派不僅沒有因為勝選而鳴金收兵，暴徒更沒有放下武器，而且街頭暴亂繼續上演，更出現向恐怖主義狂奔的勢頭，更多更大的亂象還在後頭。那些曾相信區選可以成為暴亂轉折點，「大和解」可以上場、妥協有助香港走出困境的人們，該清醒了！

　　僅僅半年前，香港還是繁榮穩定、全球最安全的城市之一，沒有多少人想過香港會淪落到今日地步。痛定思痛，梳理黑色暴力不斷升級的脈絡，其實不難發現，暴亂分子及幕後黑手固然窮兇極惡，沒有底線；而全社會的綏靖、鄉願，更是難辭其咎。

奉之彌繁　侵之愈急

　　黑色暴亂是五年前「佔中」失敗的延續，是一場旨在奪取香港管治權的「顏色革命」，反對派一早定下奪權三部曲，不達目標不罷休。而從暴徒的蒙面黑色裝束、連儂牆式文宣、「人鏈牆」行動、大規模抹黑警方、以血腥暴力製造寒蟬效應以及圖謀以冷槍殺人再嫁禍警方觀之，其他地方「顏色革命」的特點，香港都具備，有些方面甚至有過之而無不及。

　　但非常可悲的是，不少香港人卻一味天真地相信，暴亂起初是不滿特區政府修例，後來則是因為所謂「警暴」引起，只要政府答應有關訴求，暴亂就會煙消雲散，香港就會恢復往日的歲月靜好。結果卻是，一步被動，步步被動，終致一

瀉千里之勢。

事實是，當政府宣布擱置修例，反對派攻擊這是「文字僞術」，並非眞心放棄修例；當政府明確收回修例，用上「壽終正寢」的詞語，近乎於哀求，反對派非但拒不收貨，更進一步提出「五大訴求」；當政府再釋出善意，強調從未將反修例風暴定性爲「暴亂」，反對派又獅子開大口，終於亮出「眞普選」的底牌。何謂「奉之彌繁，侵之愈急」，這就是了。

妥協，只會被視爲軟弱可欺；讓步，必然刺激暴亂分子提出更多更無理的訴求。最近，縱暴政客又提出解散警隊的「第六大訴求」，不排除將來還會有「第七訴求」、「第八訴求」，沒完沒了。反對派的胃口是無底洞，永遠滿足不了，除非特區政府徹底投降，顏色革命大功告成，香港變天甚至「港獨」，否則他們是不會收手的。對反對派而言，奪取區議會只是第一步，現在還不到慶祝的時候，「黑暴尙未成功，手足還需努力」已成爲其新口號。妥協不僅刺激反對派更大的政治胃口，也爲暴力火上添油。先是粗口辱罵，用雨傘、鐵通打人，繼而投擲磚頭、汽油彈、土製炸彈，無差別地「私了」市民及「裝修」公私財產，再到成立「屠龍」小隊，以殺警爲目標，接着佔據大學校園並將之變成「兵工廠」。作爲香港交通大動脈的紅磡隧道，也因爲被暴徒大肆破壞而首次被迫關閉十多天。最近，警方在城門水塘發現大批化學品，又首次檢獲眞槍實彈，並在名校前發現土炸彈，顯示暴力迅速滑向恐怖主義深淵，香港由國際金融中心墮落爲國際恐怖中心。

最令人震驚的是，反對派在「國際人權日」發動大遊行，再次以暴力告終，不只有銀行及商舖遭破壞，連法院也未能幸免。金鐘高院、中環終審法院全部遭到汽油彈的攻擊，牆壁上復被噴上「法治已死」的塗鴉。而在上月，沙田地區法院亦遭到汽油彈攻擊。被燒焦的法院大門，滿地的碎玻璃，旣是黑色暴徒無法無天的寫照，更是綏靖主義的必然惡果。

早知今日何必當初

　　大律師公會終於忍不住出來「最嚴厲譴責」，並要求將暴徒繩之以法，但早知今日，何必當初！第二次世界大戰的爆發，讓世人認識到綏靖主義的巨大危害。其實，綏靖在中國歷史上屢見不鮮。「綏」者，妥協、安撫也；靖者，安定、和平也。通過妥協安撫，換來社會安寧，立意不是不好，但如果是無原則的退讓，結果只會適得其反，引發更大災難。「六國破滅，非兵不利，戰不善，弊在賂秦」。古人早就總結過，六國滅亡並不是打不過秦國，而是執政者過分天眞幼稚，一味向強敵退讓，以割地投降換取一時苟安，最終導致「譬如抱薪救火，薪不盡，火不滅」的可悲下場，教訓特別深刻。

　　黑色暴亂之火綿綿不絕，不也是全社會「賂暴」而助燃的結果嗎？暴亂是如此血腥，暴徒是如此兇殘，香港被破壞得滿目瘡痍，有目共睹。但莫名其妙的是，社會總有一些好心人，不顧及眼前的事實，或者不願相信；不面對嚴峻的未來，或者不願面對。他們主張息事寧人，因爲暴亂者只是「孩子、學生」，成不了大事；又一廂情願地相信，政府只要稍作讓步，讓暴徒消消氣，就會放下汽油彈。

　　如今，這些人又認爲反對派當選議員、進入建制，好比孫悟空被戴上金剛箍，會放棄暴力，乖乖做議員服務市民。更有人重提區選結束是坐下來談判、「大和解」上場的時候。「鄉愿，德之賊也」，說的不正是這些「好心人」嗎？

　　事實一再證明，以鬥爭求團結，則團結存；以退讓求團結，則團結亡。香港社會不是不可以和解，但前提條件是止暴制亂，恢復秩序，將暴徒及縱暴政客繩之以法。也只有重建法律的權威，重塑法治核心價值，將被顚倒的是非善惡美醜標準再顚倒過來，香港才有劫後重生的希望。一味妥協、退讓，只會繼續助燃暴力，進一步刺激恐怖活動，把香港在無休無止的暴力之火中化爲灰燼。

　　現在是最壞的時候，也是最好的時候。最壞，是因爲黑色暴亂之下，法治崩

潰、社會撕裂、經濟受損，絕大多數人淪爲受害者；最好，是因爲暴亂將香港的深層次矛盾一次過全暴露，爲撥亂反正、徹底淸除病灶提供了契機。香港正處在治與亂的十字關口，何去何從，就看香港人如何選擇。

2019年12月12日　大公報　龔之平文章

止暴制亂加把勁
寒冬過後是春天

　　二〇一九年進入尾聲，暴亂依然沒休沒止，除夕新年也不可能平靜。唯從半年多來黑色暴亂的發展軌跡觀之，縱證政客的動員能量、橫行街頭的黑衣暴徒人數、暴力烈度都呈現衰頹之勢，足證特區政府止暴制亂的工作取得階段性成效，警方居功至偉，而渴望社會恢復秩序成為民心所向。在這寒冷的冬天，人們開始感到春天即將到來的氣息。

　　黑衣暴徒連日發起名為「和你SHOP」、實則肆意搗亂商場的行動，騷擾消費者及「私了」街坊，更將矛頭指向內地旅客，有旅客被打傷，有警員遭襲擊，「搶嘢、搶犯、搶槍」等「三搶」暴行觸目驚心。大埔一間東南亞餐廳昨晨遭多名暴徒投擲燃燒彈，肇因是聖誕期間有黑衣人闖入該店搗亂，店員與之發生爭執，結果就遭到瘋狂報復。

　　伏爾泰關於「民主」有兩句名言，第一句是：「民主就是我不同意你的意見，但誓死捍衛你說話的權利」；第二句是：「任何人因不同意見迫害他人，如同惡魔無異」。顯而易見，那些被亂港傳媒及西方輿論冠以「民主自由鬥士」的黑衣人，其實是一群「順我者昌、逆我者亡」的野蠻人，與惡魔無異。

　　冤有頭，債有主，黑衣人目無法紀，窮兇極惡，固然要繩之以法，那些站在背後煽風點火的縱暴政客更加可惡，更應該被追究責任。財政司司長陳茂波昨日發表網誌，直指默許和放任暴徒的橫行是「真正毀掉香港的元兇」，這與警方員佐級協會主席林志偉日前炮轟那些自稱「和理非」的人為暴徒吶喊助威「難辭其咎」，可謂異曲同工，點出暴亂蔓延難息的要害所在。

　　事實上，香港陷入不堪境地，大批年輕人被鼓動上街充當暴徒，縱暴政客正

是始作俑者；他們至今不肯與暴力切割，亦印證雙方之間的分工協作。沒完沒了的「和你塞」、「和你SHOP」、「和你××」等等暴力現象，其實都是由「和理非」衍生出來的孽種。

先有縱暴政客，後有黑衣暴徒，正如先有蜂后，後有蜂群是同一個道理。黑色暴亂摧殘之下，香港已無一寸淨土，百業蕭條，旅業冰封，酒店、賓館十室九空，隨之而來的是大批員工被打破飯碗。今年第三季度本港經濟負增長百分之二點九，其中兩個百分點應算到暴亂及社會動盪的頭上；第四季度經濟數據尚未公布，但可以斷言沒有最差，只有更差。另一方面，政府庫房十五年來首度「見紅」亦是人禍造成，削弱政府調動資源扶貧紓困的靈活性，香港是輸家，而基層市民及中小企則是最大的輸家。

黑色暴亂何時才能結束，目前仍難以逆料，但可以見到的是，無論是民陣發起的遊行參與人數，還是黑衣人投擲的汽油彈數量都在減少。近日玩轉多區商場的黑衣人，都屬於小股「游擊隊」，與往日黑壓壓的一大片無法同日而語。同樣值得注意的是，近期搗亂商場的黑衣人似乎以中學生為主。有一張照片令人印象深刻，一名戴面具的暴徒，率領多名稚氣未脫的少年在商場內搗亂。「娃娃兵」亦被催出來充當暴亂主力，這除了說明縱暴政客無恥地將黑手伸向未成年人，也反映暴亂面對兵員枯竭，已呈強弩之末。

種種跡象顯示，中央堅定不移支持特區政府止暴制亂，令顏色革命的圖謀被挫敗。另一方面，愈來愈多市民認清「反修例風波」的本質，對沒完沒了的暴亂感到厭煩，希望社會恢復正軌的聲音上漲，這是縱暴政客由過去高調轉向近日低調的重要原因。黑色暴亂陷入進退兩難的窘境，黑衣人近日將矛頭轉向「水貨客」，企圖再次挑動香港與內地的矛盾，延續暴亂之火，某程度上也是黔驢技窮。

當然，香港形勢是否已出現拐點，還需要時間來檢驗。正所謂，百足之蟲，

死而不僵，亂港勢力是不會輕易收手的，何況他們嘗過暴亂的甜頭，在區選大勝後食髓知味；就算他們真的「累了」，想休息，幕後的主子也不會答應。這些口口聲聲「自由民主」的人，本身也是受制於人，沒有自由可言，也做不了主，這本身就是一個莫大諷刺。

說到底，六千多暴徒被捕，但大部分仍未被審判；違法達義謬種流傳，荼毒人心，短期內難以清除；縱暴政客唯恐天下不亂的本質不變，必然利用其在立法會的席位及區議會的壟斷地位繼續搞搞震；外部勢力圍堵中國，香港作為戰略棋子的定位不變，洋奴漢奸仍有被利用的價值。因此，指望暴亂之火很快平息並不現實，大規模暴亂仍有可能捲土重來，特區政府決不能存在任何僥幸之心，止暴制亂、恢復秩序仍然是當務之急，而嚴正追究暴徒及縱暴者的法律責任，應該成為今後一段時間的工作重點。

高天滾滾寒流急，大地微微暖氣吹。辭舊迎新之際，也是香港處在歷史的轉折點，何去何從，端賴特區政府及警方繼續努力止暴制亂。但無論風雲如何變幻，正義必將戰勝邪惡，暴徒和縱暴派必將以慘敗收場。

2019年12月30日　大公報社評

療傷止痛盡快復元
東方之珠重放光芒

2019年，借修例風波發動的黑色暴力曠日持久，香港經歷回歸以來最嚴峻的局面，「一國兩制」實踐、法治與自由、經濟和民生等各方面，都受到回歸以來前所未見的挑戰。風雨如晦，東方之珠失色，港人難免神傷。但滄海橫流，方顯英雄本色；越是艱難，越要迎難而上。國家主席習近平心繫香港，中央堅定不移支持香港全面準確貫徹「一國兩制」，特區政府特別是警隊全力止暴制亂、恢復秩序，努力振興經濟、改善民生；建制派作爲維護香港繁榮穩定的中流砥柱，不忘初心，堅定信心，支持特區政府依法施政，撥亂反正；廣大市民更應心明眼亮，齊聲向暴力說不，以強大民意推動香港重回正軌，讓香港治傷療痛，早日復元。展望2020年，我們相信，風雨過後見彩虹，東方之珠定能重放光芒。

修例風波及借其發動的暴力運動，本質是由本港縱暴派與外部勢力互相勾連策動的「顏色革命」。縱暴派乞求外部勢力對港「長臂管轄」，赤裸裸插手香港事務，企圖奪取香港管治權、遏止中國發展；黑衣暴徒明目張膽打出「港獨」旗、美英旗，侮辱國旗國徽，衝擊中聯辦，這些暴行明顯逾越不可觸碰的「三條底線」。「一國兩制」受衝擊，香港「兩制」的「枝葉」安能繁茂？

逾半年的暴力衝擊，更令香港引以爲傲的法治、自由大受打擊。暴徒打砸燒搶，肆意破壞公共設施、港鐵和商舖，無差別攻擊市民，甚至向法院縱火，對警員、議員、不同政見者刀刺火燒，「違法達義」、「以武抗暴」的歪理充斥社會，部分法律界所謂「有識之士」更聲稱「暴力有時是解決問題的辦法」。縱暴派和暴徒視法律如無物，打着爭取「民主自由」的旗號，實質奉行「順我者昌逆我者亡」的獨裁霸道，法律再不能保障公衆安全，市民失去免於恐懼的自由，是

非顛倒、黑白不分,令港人陷入毫無法治保障的無助之中。

更讓人擔憂的是,縱暴派文宣刻意美化暴力,誘導幼稚的青少年墮入違法陷阱。警方資料顯示,去年6月至12月底,已有2,591名學生被捕,佔總被捕人數4成。縱暴派為了達至反中亂港的目的,不惜犧牲年輕人的前程,摧毀香港的未來。

失去法治穩定的大環境,削弱國際投資者和遊客對香港的信心,令香港經濟步入衰退,中小企倒閉潮、裁員潮陸續有來,市民生計百上加斤。至今已有多達40個國家及地區對香港發出旅遊警示,剛過去的聖誕節消費市道一落千丈,餐飲行業的失業率更飆升至6.1%的高位。政府將去年全年經濟預測下調至負增長1.3%,是2009年以來首次全年倒退,今個財政年度更將錄得財政赤字,是15年以來首次。

修例風波充分暴露出香港治理體系的缺陷和不足,以及香港政治、經濟、教

■廣大市民支持政府依法施政,支持警方強力止暴制亂,推動香港重回正軌,東方之珠定能重放光芒。

育等各方面長期積累的深層次矛盾。危急關頭，特區政府和社會各界不僅看到止暴制亂迫在眉睫，更逐步堅定信心，要在中央支持下推動「一國兩制」實踐爬坡過坎、行穩致遠。

習近平主席在兩個月內三度會見特首林鄭月娥，對林鄭月娥表示高度信任和充分肯定。習主席參加澳門慶祝回歸祖國20周年活動發表的講話中，不僅用事實說明「一國兩制」行得通、辦得到、得人心，而且特別強調始終堅定「一國兩制」的制度自信，不為一時之曲折而動搖，不為外部之干擾而迷惘，表明了中央堅定不移貫徹「一國兩制」方針的意志和決心。昨日，習近平主席發表2020年新年賀詞時指出，近幾個月來，香港局勢牽動着大家的心。沒有和諧穩定的環境，怎會有安居樂業的家園！真誠希望香港好、香港同胞好。香港繁榮穩定是香港同胞的心願，也是祖國人民的期盼。習主席的講話，進一步增強香港各界對未來的

信心，也對特區政府提出工作要求和殷切期望。

辭舊迎新時刻，特首和特區政府必須拿出更大擔當，採取更有效的法律手段止暴制亂，同時推出更多振經濟、惠民生的切實可行措施，推動香港抓住融入國家發展的歷史機遇，在粵港澳大灣區建設等重大國家戰略中把握發展機遇。林鄭月娥昨日透過政府發佈的短片表示，她作為行政長官責無旁貸，會虛心聆聽為社會尋找出路，會堅守「一國兩制」的原則及維護法治核心價值。市民真誠希望，特區政府全力以赴做好止暴制亂、恢復秩序的首要工作，深入思考、積極探索破解深層次矛盾的政策和辦法，力挽狂瀾，助香港擺脫困境，走向更美好明天。

修例風波造成極不正常的社會氣氛，建制派在新一屆區議會選舉遭遇滑鐵盧。作為為「一國兩制」成功實踐護航、保障香港繁榮穩定的重要力量，建制派必須激發越挫越勇的鬥志，努力提升政治智慧和能量，不斷完善準確把握民情動向、凝聚民意支持的政治技巧，真正貫徹「是其是非其非」的原則，有效監督政府施政，協助政府彌補管治缺陷，化解深層次矛盾，令施政更順應民意、贏得民心。

暴力不止，法治不彰，受害最深的是廣大市民。過去半年因為暴力陰影揮之不去，聖誕、新年祥和歡樂的節日氣氛不復存在，市民連過節也難得安寧。暴力亂港久矣，止暴制亂刻不容緩。廣大市民應以實際行動支持政府依法施政，支持警隊強力止暴制亂。切盼獅子山下同舟共濟，重新出發，共創新年新氣象。

2020年1月1日　文匯報社評

香港精神一直在　共同珍惜這個家

春天是萬物復甦、萌芽、生長的季節，春天孕育希望。新春佳節到來之際，中聯辦駱惠寧主任以香港大家庭一名成員的身份，向香港人其實也是家人致以新春祝福，並寄語三點希望：發揮好「一國兩制」這個優勢，守護好法治文明這一核心價值，實現好繁榮發展這個美好心願。這份充滿深情的「家書」，透露出關愛香港的拳拳之意，蘊含着香港如何走出陰霾、重新出發的豐富信息。

駱惠寧這篇以「共同珍惜香港這個家」為題的演詞，愛「家」的情懷貫穿始終。他是這麼說的，也是這麼做的。受命於香港非常時期，駱主任剛剛履新就與香港記者見面，接着拜會林鄭特首及董建華、梁振英兩位前特首，繼而帶隊赴深圳及廣州討論大灣區合作等事宜，風塵僕僕，馬不停蹄，為的就是協助香港盡快走出困局，回歸正軌。

放開矛盾理想去追

過去的一年，香港發生「修例風波」，社會持續動盪，經濟衰退，好端端的家庭四分五裂，和諧不再，這一切令人痛心，令人神傷，更令人反思。香港是一個多元社會，大家語言不同，信仰不同，生活習俗不同，甚至膚色不同，但既然相聚於獅子山下，就是一家人。香港是我們的共同家園，是近七百五十萬市民安身立命之所，更是承載我們希望及未來之地。香港被毀了，首先是香港人的損失；香港衰落了，是所有香港人的悲哀；香港百業蕭條，會打爛打工仔的飯碗；香港法治崩潰，危及我們本身及子孫後代的福祉。

一家人應該齊齊整整，但也會鬧分歧。發生了問題，產生了矛盾，應該用理性的方式來處理，在法律的框架下解決，而不能吵翻天，傷感情，更不能為發洩情緒而將家裏砸個稀巴爛。駱惠寧說得好，大家對一些問題有不同意見甚至有重

大分歧並不奇怪，但不能走極端，更不能搞暴力。一家人之間有商有量，再大的事情都好解決，若是突破法治及文明的底線，對社會只會帶來災難性後果，損失的是多數香港同胞的共同利益、長遠利益、根本利益。這番肺腑之言，出乎內心，發諸真情，值得香港人認真傾聽，仔細咀嚼。

我們常言「獅子山精神」，其實獅子山精神的內核就是「放開彼此矛盾，理想一起去追」、「拋開區分求共對」。香港成為舉世矚目的東方之珠，在法治、廉潔、自由度、競爭力等國際排行榜上長期位居前列，正是幾代香港人團結一致、同舟共濟，努力打拚得來的成果。家庭和睦是香港的「傳家寶」，這個寶貝任何時候都不能丟掉。

中國的崛起正引領世界進入百年未有之大變局，中國人富起來、強起來受到國際社會的尊重，也惹來紅眼病。反華勢力全力圍堵中國，香港被視為牽制中國發展的一張牌，這也是老殖民主義者「以華制華」的老套路。不懷好意的人不希望「一國兩制」成功，更急着看「港人治港」的笑話。在錯綜複雜的國際情勢下，香港人更要警惕，更要團結，不能輕易着別人的道兒，做親痛仇快之事。

事實上，香港社會動盪已持續七個月，香港人痛心疾首，十四億內地同胞一樣是牽腸掛肚。國家主席習近平去年底一個半月內三度會見特首林鄭，更在萬里之遙的巴西就香港問題表達中國政府的嚴正立場。習主席早前視察澳門時強調「家和萬事興」，這也是說給香港人聽的；新年賀詞中，習近平強調「沒有和諧穩定的環境，怎會有安居樂業的家園」，一樣是意味深長。駱惠寧新春寄語重申「讓我們共同珍惜香港這個家」，既是個人感受，也是再一次傳遞中央期盼香港社會盡快回復平靜的誠摯心願。

止暴制亂不能鬆懈

另一方面，香港社會這些年來積累下不少深層次矛盾，有些已經到了極其嚴

重的地步，要解決這些問題，前提是有穩定的社會環境。特首林鄭近日公布十大惠民措施，包括調整長者生活津貼、放寬乘車優惠年齡、延長勞工假期等，顯示政府跳出傳統思維，大刀闊斧推進改革，讓市民尤其基層享受經濟發展的成果。社會對此反應熱烈，但能否及何時落到實處，視乎香港社會能否盡快凝聚共識。若香港社會繼續爭吵不休，立法會繼續拉布蹉跎歲月，再好的惠民措施也是「蜑家雞見水，唔飲得」。

失去了才會珍惜。經歷苦難歲月，大家才會覺悟幸福並非必然；穿過暗黑時代，大家才意識到光明之寶貴。香港繁榮穩定並非憑空而來，而是依賴於貫徹落實「一國兩制」，二十三年來的實踐證明，「一國兩制」堅持得好，香港就能贏得發展機遇，獲得成長空間；「一國兩制」堅持得不好，香港就會紛爭不止、亂象不斷。駱惠寧特別指出，不管什麼樣的政治光譜，都應形成這樣的共識，認同「一國」，珍惜「兩制」，是香港同胞的福祉所繫，也是香港明天的希望所在。言者諄諄，就看聽者能否入耳，認真思考了。

令人稍感欣慰的是，踏入新年以來，街上行人增加，酒樓恢復熱鬧，人們臉上重現久違的笑容，整體氣氛是在向積極的方向發展。但同時也要看到，暴力事件仍然不斷，小部分極端分子仍不死心，不願見到香港恢復寧靜，繼續唯恐天下不亂，這足以提醒香港人目前的平靜氣氛仍然相當脆弱，止暴制亂仍然是香港的當務之急，特區政府不能鬆懈，警方更不能懈怠。

香港目前還沒有走出困局，人們不免心中焦急，但正如駱惠寧指出，從更長的歷史維度看，香港的發展並不是一帆風順，而「一國兩制」作為前無古人的制度探索，在實踐中也不可避免地會遇到各種新情況新問題。時間已證明「一國兩制」是最適合香港的制度，也將繼續證明其強大生命力。因此，面對未來時我們需要朝乾夕惕，更有樂觀的理由，中國的崛起不可阻撓，「一國兩制」偉大事業的步伐也沒有任何力量可以阻擋。有國家支持，有「一國兩制」優勢，有永不磨

滅的香港精神，香港一定能再創輝煌。

　　「律回歲晚冰霜少，春到人間草木知。」走過不平凡的二○一九年，捱過漫漫冬天，我們已聽到春天到來的匆匆腳步聲，聞到撲面而來的溫潤氣息。

　　　　　　　　　　　　　　　2020年1月17日　大公報　龔之平文章

聚焦發展再出發　祖國永遠是靠山

香港靠什麼走出目前的困境、聚焦發展再出發？靠的是特區政府止暴制亂，靠的是家和萬事興，靠的是祖國堅定支持。中聯辦主任駱惠寧在新春講話中特別強調，「沒有比祖國更希望香港好的了」，這是肺腑之言，也早已為無數事實所證明。

自回歸那一天起，境內外反對勢力對中央在香港落實「一國兩制」誠意的質疑與攻訐從未停止過。去年六月香港爆發「修例風波」以來，有關攻擊更加猛烈。有人說「一國兩制」被侵蝕，變成「一國1.5制」；有人說「一國兩制」是權宜之計，走不下去了；更有人造謠香港即將進入「一國一制」，等等。反中亂港傳媒及外媒指鹿為馬，謠諑不斷，嚴重打擊香港人對未來的信心。

千方百計撐港挺港

但真的假不了，假的真不了。「修例風波」至今七個多月過去，在嚴重的政治動盪之下，中央始終保持高度的克制，堅定支持特區政府及警隊止暴制亂恢復秩序。當被別有用心者追問是否會採取行動時，國防部和駐港部隊一再重申嚴格遵守《基本法》及《駐軍法》的有關規定。那些唯恐天下不亂、巴不得香港「一國兩制」失敗的人，一次又一次被「打臉」。

堅持初衷，方得始終。中央堅定支持香港是持之以恆、貫穿始終的，決不會因為一時一事而改變，決不會因為政治風波而動搖。新中國建立不久，在一窮二白的嚴峻情況下，供應香港副食品的「三趟快車」一直暢通無阻，而東江之水越山來則解決了香港人的缺水之憂；香港回歸後，中央對香港更是關愛有加，有求必應，說是「含在嘴裏怕化了，捧在手心怕摔了」也不為過。

無論是一九九八年支持特區政府打「大鱷」、二〇〇三年支持香港抗擊「沙

士」疫情，還是推出CEPA等政策，力助香港經濟從谷底回升，中央從來不含糊，劍及屢及。歷代國家領導人談及香港時，始終強調只要是有利於香港的政策一定會支持。

國家主席習近平二〇一七年視察香港時強調，「我們既要把實行社會主義制度的內地建設好，也要把實行資本主義的香港建設好。」近年中央推出「一帶一路」倡議及「粵港澳大灣區」建設，既是國家本身發展的戰略需求，也是協助打破香港產業結構單薄的樽頸，兼為香港年輕人提供新的出路；二〇一九年出台的《粵港澳大灣區規劃綱要》，更是為香港找到了一條光明的發展道路。

有一種意見認為，隨着內地高速發展，香港對國家的重要性降低，沒有必要再維持「一國兩制」。這種觀念沒有根據，是完全錯誤的。內地大城市很多，有些城市的經濟產值後來居上，超過香港，但香港仍然無可取代，國家更不希望香港變成內地一個普通城市，而是希望繼續保持香港的特色，發揮其獨特功能。其實，就算「五十年不變」到期，只要「一國兩制」運行得好，為什麼要改變呢？將二〇四七年炒作為「香港大限」，甚至擔心「一國兩制」提前結束，若非庸人自擾，就是別有用心。

攜手打拚重鑄輝煌

事實上，即使在黑色暴亂最瘋狂時期，在反對派奪取區議會大部分席位之後，中央堅持「一國兩制」的信念也從未動搖，對香港的支持堅定如初。去年底的一個半月內，習主席三次接見林鄭，除了強調「止暴制亂」仍是當務之急，就是重申祖國永遠是香港的最堅定後盾。今年新年賀詞中，習主席重申「真誠希望香港好，香港同胞好」，為處在艱難中的香港人帶來了無比的信心與力量。

這不禁令人想起一個故事，有兩位婦人爭搶一個孩子，大家都說那是自己的孩子。法官建議將孩子一分為二，各得一半，其中一位婦人聞言露出痛苦的表

情，連連表示「我不要了」，退出競爭，另一位婦人則面露得意之色。故事結局不問可知，孩子被判給第一位母親，因為只有真正的母親才會以兒子福祉為依歸，決不希望孩子遭罪，哪怕只是萬分之一的可能。

何謂真愛，何謂假愛，在今次香港「修例風波」中也可見一斑。那些打着「關心」香港旗號、動輒說「與香港人站在一起」的西方政客及外部勢力，其實是將香港當成制衡中國的籌碼，甚至食香港的「人血饅頭」，他們見不得香港繁榮穩定，見不得「一國兩制」成功落實，香港愈亂，他們愈興奮。普天之下，只有祖國人民真正關心香港，就像母親無條件關心自己的子女。去年十一月，正值暴亂最嚴峻時期，特區政府與國家商務部簽訂CEPA「補充協議」，被視為對陷入衰退的香港經濟注入一劑強心針。

不管孩子表現如何，母親對孩子的愛永遠不變；不管香港發生了什麼，祖國對香港的關愛始終如一。一部分香港青少年成為「修例風波」的參與者，中央為此心痛，但沒有放棄。正如駱惠寧主任指出：「香港青少年是中華民族大家庭的兒女，也是中華民族復興、香港社會繁榮穩定的重要力量，真心希望香港青年能樹立國家觀念、香港情懷、國際視野，在參與國家發展、推動香港發展中把握自己的未來。」

千言萬語，歸根究底就是一句話：「沒有比祖國更希望香港好的了」，這也是駱惠寧主任新春寄語要傳遞的最核心信息。走過冬天，就是春天，春天生機勃勃，春天代表了希望。在中央支持下，香港必將浴火重生，重鑄輝煌，對這一點我們不會有絲毫的懷疑。

2020年1月18日　大公報　龔之平文章

書 名：真言‧諍言

　　　　大公報文匯報修例風波社評時評精選

出 品 人：姜在忠

總 編 輯：李大宏

主　　編：吳　明　于世俊

副 主 編：楊　友　潘江鯤

責任編輯：趙鵬飛　楊　飆

裝幀設計：張　敏

出　　版：香港文匯出版社有限公司

　　　　　香港仔田灣海旁道7號興偉中心29樓

電　　話：28738288

發　　行：香港聯合書刊物流有限公司

　　　　　香港新界大埔汀麗路36號中華商務印刷大廈3字樓

電　　話：21502100

印　　刷：美雅印刷製本有限公司

　　　　　香港九龍觀塘榮業街6號海濱工業大廈二期4字樓

版　　次：2020年4月初版

國際書號：ISBN 978-962-374-709-7

定　　價：港幣180元